Andreas Jacke
Stanley Kubrick

Andreas Jacke

Stanley Kubrick

Eine Deutung der Konzepte seiner Filme

Psychosozial-Verlag

Bibliografische Information der Deutschen Nationalbibliothek
Die Deutsche Nationalbibliothek verzeichnet diese Publikation in der Deutschen
Nationalbibliografie; detaillierte bibliografische Daten sind im Internet über
<http://dnb.d-nb.de> abrufbar.

Originalausgabe
© 2009 Psychosozial-Verlag
E-Mail: info@psychosozial-verlag.de
www.psychosozial-verlag.de
Alle Rechte vorbehalten. Kein Teil des Werkes darf in irgendeiner Form (durch
Fotografie, Mikrofilm oder andere Verfahren) ohne schriftliche Genehmigung des
Verlages reproduziert oder unter Verwendung elektronischer Systeme verarbeitet,
vervielfältigt oder verbreitet werden.
Umschlagabbildung: Regisseur Stanley Kubrick
am Set von »Shining« (1980) © ullstein bild 2008
Umschlaggestaltung & Satz: Hanspeter Ludwig, Wetzlar
www.imaginary-world.net
Printed in Germany
ISBN 978-3-89806-856-7

Inhalt

Vorwort: Ein kurzer Lehrgang über männliche Autonomie   7

1. Ein Blick in den Spiegel:
   Die Fotoarbeiten (1946–1950)   23

2. Der erste Spielfilm:
   Fear and Desire (1953)   33

3. Das realistische Bild eines Boxers:
   Killer's Kiss (1955)   37

4. Der Plan und seine Umsetzung:
   The Killing (1956)   55

5. Die Frage nach der gerechten Führung:
   Path of Glory (1957)   65

6. Ein Monumentalfilm über Liebe und Macht:
   Spartacus (1960)   79

7. Im Schatten der Weltliteratur:
   Lolita (1962)   95

8. Kubricks Version eines James-Bond-Films:
   Dr. No oder *Dr. Strangelove* (1964)   127

9.	Auf der einsamen Suche nach den ersten und den letzten Dingen: *2001: A Space Odyssey* (1968)	151
10.	Der destruktive Kobold aus dem Unbewussten: *A Clockwork Orange* (1971)	189
11.	Die traurige Zeit des Erhabenen: *Barry Lyndon* (1975)	221
12.	Auf der Schwelle zwischen innen und außen: *The Shining* (1980)	243
13.	Ein später Film über den Vietnamkrieg: *Full Metal Jacket* (1987) ist nicht *Apocalypse Now*	287
14.	Ein misslungener Film über die Subversion des Begehrens: *Eyes Wide Shut* (1999)	307
15.	Der Film über den Holocaust, der fehlt: *Aryan Papers* (1993)	337
Literatur		355

Vorwort:
Ein kurzer Lehrgang über männliche Autonomie

>»Die Kraft seiner Filme entsteht aus einem Gefühl frustrierender Unausweichlichkeit.«
>(Kolker 2001, S. 173)

Stanley Kubrick hat den Ruf, einer der wichtigsten Regisseure in der zweiten Hälfte des 20. Jahrhunderts zu sein. Seine Filme, allen voran *A Clockwork Orange*, haben bis heute eine außerordentliche *Popularität*. Sein Werk, in dem er schließlich alle Sektoren von der Auffindung eines geeigneten Filmstoffs bis zur Vorführung in passenden Kinos kontrolliert hat, steht sowohl für hohe technische als auch inhaltliche Qualität. Und Kubrick, der fast immer seine eigenen Wege gegangen ist, hat bewiesen, dass *anspruchsvolle* Filme durchaus große Publikumserfolge sein können. Kommerz und Kunst müssen keinen Gegensatz bilden, wenn nur zwei Regeln respektiert werden: zum einen der Wille, tatsächlich bedeutsame, filmische Aussagen zu treffen, und zum anderen, diese tatsächlich in eine ansprechende Form für den Zuschauer zu bringen.

Dabei liegt in der Haltung dieses Regisseurs ein solch mutiger, künstlerischer Eigensinn, dass man, ohne allzu viel Kühnheit an den Tag zu legen, von einem *männlichen Trotz* sprechen kann. Kubricks Methode wurde von keinem anderen als Malcolm McDowell, dem Darsteller des Alex in *A Clockwork Orange*, einmal zitiert. Auf die Frage nach seiner Arbeitsweise antwortete er dem Schauspieler: »Well, I never shoot anything I don't want« (Seeßlen 1999, S. 24). Kaum ein anderer Regisseur würde eine solche selbstbewusste Aussage über sich treffen können. Kaum ein anderer Regisseur nahm es schließlich in Kauf, lieber gar keinen als einen schlechten Film zu drehen. Hier liegt Kubricks große Stärke – und gleichzeitig führte ihn dieser hohe Anspruch oft bis an die Grenzen seiner Möglichkeiten.

Dieses sich bereits früh abzeichnende Streben nach *Autonomie* (Kiefer aus: Kinematograph 2004, S. 29) ermöglicht ihm ein Werk, das von ihm ab dem Zeitpunkt seines Erfolgs sehr frei gestaltet werden konnte. Er unterscheidet sich darin grundsätzlich von dem anderen Titanen der Filmgeschichte, Orson Welles, dem es nie gelang, die wirtschaftliche Kontrolle über seine Filme zu erlangen (Ciment 1982, S. 36). Und zugleich ist der männliche Eigensinn auch immer wieder ein wichtiges Thema *in* Kubricks Filmen. Ein wesentliches Motiv in seinem Werk ist das Drama der Selbst- oder Fremdbestimmung, das Problem der für ihn primär männlichen Unabhängigkeit und ihrer notwendigen Einschränkungen. Einerseits zeigt er dabei oft, wie Männer an ihrem Eigensinn zugrunde gehen, andererseits fasziniert dabei die enorme Kraft ihres aufrichtigen Willens. Manchmal nimmt dieses Streben nach männlicher Selbstbehauptung jedoch bereits eine *wahnsinnige* Form an – beispielsweise in The Shining – und wendet sich dann gegen alle Konventionen, die als primär weibliche Codierungen verstanden werden. Dann fallen die Männer in eine *archaische* Kulturstufe zurück, vor der Kubrick aber auch die Zukunft unserer Zivilisation möglicherweise nicht gut genug geschützt sieht. Im Krieg als Rückfall in eine primitivere Organisationsform offenbart sich das zuweilen *irrsinnige* Kalkül, auf dem die moderne Gesellschaft basiert. Dem Konflikt zwischen dem Wunsch nach männlicher Autonomie und einer Gesellschaftsordnung, die *zu sehr* vom Kampf um Macht als vom Interesse an sozialen Bindungen getragen ist, wurde er dabei stets gerecht.

Der Regisseur gibt sich dabei aber wohl kaum jenem genialen Schöpferkult hin, den einige seiner Rezipienten in ihn hineininterpretiert haben (Kirchmann 2001, S. 41f.), sondern er reflektiert umgekehrt in äußerst präzisen Bewegungen das Scheitern männlicher *Selbstüberschätzung*. Dabei wurde Kubrick oft ein kalter, distanzierter Blick vorgeworfen. Seine Filmbilder halten den Zuschauer tatsächlich auf Distanz, um ihm die *aktive* Möglichkeit zu lassen, sie zu interpretieren. Diese Bilder enthalten zunächst einen hohen Grad an Neutralität und wollen nicht bedingungslos verführen, sondern geduldig konfrontieren. Kubricks kafkaesker Realismus, indem er fantastische Geschichten mit einem möglichst detailgetreuen realistischen Setting erzählt (Kirchmann 2001, S. 30f. u. 251), liefert hochgradig durchreflektierte Parabeln auf das Scheitern des *menschlichen* Individuums und der Gesellschaft.

Sein *pessimistischer* Blick auf die Menschheit wurde ihm oft vorgeworfen, entspringt aber wohl kaum nur einer persönlichen Ansicht als vielmehr einer *realistischen* Beschreibung. Nach Jan Harlan glaubte Kubrick nicht daran, dass die Menschheit ewig existieren würde. Wie alles andere sah er auch sie unter dem Verdikt der Vergänglichkeit. Zugleich konnte der Regisseur aber aus dieser realistischen Einschätzung auch einen völligen Optimismus für die unmittelbare Zukunft schöpfen. Und kaum ein anderer Filmemacher entfaltete eine so enorme Faszination für die Koordinaten von Raum und Zeit, innerhalb derer sich der Mensch befindet. Dieser philosophische Standpunkt, welcher das Drama der menschlichen Selbstbehauptung einfach als eine Vermessenheit überschaut, ist es, der ihm eine grundlegende *positive* Haltung ermöglicht. Kubricks Filme verachten die in ihnen handelnden Personen nie, weil sie sich keinen Illusionen über das menschliche Drama hingeben, das immer auch eine negative Seiten besitzt. Kubricks *philosophischer* Horizont stellt sich dabei keineswegs jenseits von Gut und Böse, sondern akzeptiert *nur* die destruktiven Seiten des Menschen. Seine Filme parodieren in zugespitzter Form die in ihr agierende Männlichkeit, um deutlich werden zu lassen, welchen verheerenden Zielen sie zuweilen nachjagt.

In seinem wichtigsten Film *2001: A Space Odyssey* (1968) formuliert der Regisseur einen überwältigenden, philosophischen Ansatz aus Musik und Bildern, welcher den winzigen Menschen ganz gezielt in die ihn völlig überragenden Dimensionen von Raum und Zeit stellt, um ihm seinen Platz deutlich vor Augen zu führen. Der Film erzählt keine Theorie. Er versucht, die Erfahrung des Weltraums und der menschlichen Evolution spürbar werden zu lassen.

Nach meiner Ansicht lässt sich Kubricks Fähigkeit, eine ganz eigene Weltsicht mit einer unglaublichen Kraft in diesen Dimensionen visuell zu entfalten, allenfalls mit dem russischen Regisseur Andrej Tarkowskij vergleichen. Tatsächlich nahm dieser selbst auch einmal diesen Vergleich vor. In Tarkowskij eigenwilliger Auftragsarbeit *Solaris* (1972), welche auch ein Baustein im Kampf der Großmächte um die Vorrangstellung im Weltraum war, kann man eine Antwort des Ostens auf *2001* sehen. Tarkowskijs poetischer Realismus *verzichtete* dabei fast ganz auf das Vorführen von Weltraumtechnik, welche durch eine sehr lange, verfremdete Autofahrt am Anfang ersetzt wurde. Er nahm eine bereits gedrehte

Szene von Chris Kelvins (Donatas Banionis) Flug zur Raumstation Solaris sogar gar nicht in seinen Film herein. Kelvin fliegt auch jetzt einfach zivil gekleidet ohne Raumfahreranzug zu dieser Station. Tarkowskij betonte, dass er den Flug so *alltäglich* wie möglich aussehen lassen wollte (Jansen 1987, S. 119). Er bot nach meiner Ansicht mit einer gänzlich anderen Ästhetik, aber einer durchaus ähnlichen Fragestellung, die wichtigste Ergänzung zu *2001*.

Kubricks Filme haben bei aller Begeisterung innerhalb der Filmkritik zugleich auch immer wieder heftige *negative* Reaktionen hervorgerufen. So hat ein wichtiger deutscher Filmkritiker wie Peter W. Jansen, der in seinem Buch über Kubrick aus den 80er Jahren zweifellos große Sympathien bekundet, darauf hingewiesen, dass dieser Regisseur *bloß* ein meisterhafter Schüler sei, der alles, was er kann, von Anderen gelernt hat und dessen Filme deshalb »ohne jedes Geheimnis« seien (Jansen 1984, S. 10). Dass Kubrick in der Tat viele seiner Inspirationen nicht aus den Tiefen seiner *genialen* Seele, sondern aus der Film- und Literaturgeschichte genommen hat, lässt sich kaum verheimlichen. Es hinderte ihn aber nicht daran, diese Elemente zu einem völlig neuen Mosaik zusammenzusetzen. Der Eindruck, den Jansen beschreibt, dass beispielsweise *2001* aufgrund der angeblich vollkommenen Kontrolle durch den Regisseur kein wirkliches, sondern nur ein *berechnetes* Geheimnis verberge (Jansen 1984, S. 134), lässt sich aber kaum nachvollziehen. Denn hinter den scheinbar völlig transparenten Bildern entwickelt gerade dieser Film eine so schwierige, philosophische Struktur, deren Geheimnis mit seinen vielen Implikationen sich kaum aufschlüsseln lässt. Anderseits gehört Kubrick zu jener Generation von Regisseuren, die sich deutlich auf einen bereits bestehenden Fundus von Erfahrungen bezieht. Ein perfekter Plan und künstlerische Intuition schließen sich beim Filmemachen sowieso niemals aus. Und vielleicht suggeriert dieser Regisseur in allen Punkten seiner Produktion die größtmögliche Kontrolle, nur um am Ende etwas auszusagen, was sich *jeder* Kontrolle entzieht. Sicherlich haben Kubricks Filmbilder immer eine klare, geordnete Transparenz. Und er lässt dem Zuschauer auch genügend Zeit, um sie zu betrachten. Ebenso verhält es sich mit der klaren Gliederung der Geschichten, die er erzählt, und ihrem einfachen und oft linearen Ablauf. Kubricks Akzente auf allen Ebenen sind, wie Steven Spielberg gesagt hat, stets *überdeutlich*. Er malt nicht mit einem Bleistift feine Striche, er nimmt den dicksten Pinsel und malt ein wuchtiges Bild (Dokumentation, Harlan 2001). Hinter diesem barocken, üppigen Stil, der sein Werk ausmacht, versteckt sich aber eine feinsinnige Reflexion, die nicht einfach zu erkennen und zu deuten ist und in der zugleich das besondere und eigensinnige dieser Bilder liegt.

Man kann Filme dieses Regisseurs *immer* wieder sehen, sie verlieren nicht wie andere Werke an Faszination. Im Gegenteil: Ihre Aussage ist so subtil mit der Realität *verwoben*, dass sie den Zuschauer immer wieder erneut treffen können. Das ist auch das erklärte Ziel von Kubrick (Kinematograph 2004, S. 27). Und diese Bilder haben in ihrer Deutlichkeit und Perfektion einen enormen ästhetischen Reiz. Aufgrund dessen, dass jeder Kubrick-Film beim zweiten Sehen noch besser wird als beim ersten Mal, hat er kaum rasche Bestseller, aber über lange Zeiträume viele »Longseller« produziert (Jansen 1984, S. 182). Und ihre Aussagen gehen über ihre Entstehungszeit hinaus. Deshalb ging es ihm in seinem letzten Projekt *Eyes Wide Shut* auch nicht darum, die zugrunde liegende *Traumnovelle* von Arthur Schnitzler tatsächlich zu modernisieren. Er wollte in vielen Punkten einfach bei Schnitzlers Vorlage bleiben. Kubrick hatte sich die Rechte für den Stoff bereits 1970 gekauft und sich seitdem bereits mehrmals mit der Verfilmung der Novelle beschäftigt. 1975, nach *Barry Lyndon*, hatte er laut Jan Harlan sogar kurzfristig den Plan, den Stoff mit Woody Allen in der Rolle eines ernsthaften jüdischen Arztes in New York zu besetzen (Castle 2005, S. 130). Dies ist vielleicht das exklusivste Beispiel für den langen *Wandlungsprozess*, den ein Filmstoff bei dem Regisseur durchlief, bis er zu seiner endgültigen Form fand, die immer von der größtmöglichen *Qualität* geprägt war.

In allen Etappen einer Produktion brauchte Kubrick länger als andere. Dabei war die Suche nach einem Stoff, der sich für eine gute Filmhandlung eignete, schon eine erste Hürde, die für ihn nicht einfach zu nehmen war (Walker 1999, S. 17). Der vermutlich *belesenste* Regisseur der Filmgeschichte stellte dann sehr gründliche Recherchen an, wenn er sich für ein Thema entschieden hatte. Nach *2001* sagte Kubrick gegenüber der Zeitschrift *BOOKS*: »Es dauert ein Jahr, bis ein Gedanke ein solches Stadium von Besessenheit erreicht hat, dass ich weiß, was ich wirklich damit machen kann« (Seeßlen 1999, S. 25). Diese lange kognitive Vorbereitungszeit hing damit zusammen, dass es sich ausschließlich um

Literaturvorlagen handelte, die er »vorfabrizierte Ideen« nannte, welche dann von ihm weiterverarbeitet wurden (Seeßlen 1999, S. 26). Die *Transformation* dieser in Sprache ausgedrückten Ideen von immer wieder anderen Autoren in das Medium Film war äußerst schwierig. Hinzu kam, dass Kubrick dabei immer wieder nach neuen, eigenen Bildern suchte, die in der Lage waren, die Idee, die er in dem vorgegebenen Stoff sah, tatsächlich zum Ausdruck bringen zu können. Wenn man näher hinsieht, entfernen sich die Filme oft ganz deutlich von ihrer Vorlage und liefern eine sehr *eigensinnige* Interpretation des Inhalts, welche mit ihrer Visualisierung einhergeht. Kubrick nahm, was er gut fand, er veränderte, was ihm nicht gefiel oder sich eben nicht zur Verfilmung eignete. Er kam dabei stets zu einem ganz eigenen und äußerst einprägsamen Gestus.

Der Regisseur betrieb dabei immer eine äußerst genaue und umfangreiche Recherche. Das *Archiv* ist der Ort, dem sich kaum ein anderer so konsequent widmete wie Kubrick und mit dessen Hilfe er seinen Werken auch eine »Autorität« verleihen konnte (Derrida 1997, S. 12). Das Archiv war ein Garant für den Realitätsgehalt seiner Filme, und es erlaubte ihm, umfangreiche Reflexionen anzustellen. Kubrick war immer ein Experte mit wissenschaftlichen Dimensionen, wenn er über ein Thema arbeitete. Er *sammelte* alle Fakten, die er darüber auftreiben könnte. So sagte Barbara Baum, die Kostümbildnerin von *Aryan Papers*: »Ich denke, dass er wahnsinnig viel sammelte in seinem Kopf, tausend Eindrücke aufnahm, daraus etwas machte. Die Entscheidung, dabei zu bleiben, die fällt da noch nicht, damit man immer wieder etwas verbessern kann« (Kinematograph 2004, S. 230). Kubricks Filme leben nicht zuletzt davon, dass sie bis ins letzte Detail hinein sorgfältig durchkomponiert sind. Alle Faktoren sind genau überlegt, und wie im Barock wird ein Reichtum an Möglichkeiten, ein enzyklopädisches Wissen, zunächst einmal geschaffen, um dann die beste Variante daraus auswählen zu können. Und diese Wahl enthielt immer ein *innovatives* Element. *Barry Lyndon* beispielsweise ist ein Historienfilm, wie es zuvor und auch wohl danach keinen gegeben hat. Er stellt die Erwartungen, die mit dem Genre verbunden sind, durch seinen völlig eigensinnigen Stil total auf den Kopf (Walker 1999, S. 233). Kubricks Drang, immer wieder etwas Neues herstellen zu wollen, geht soweit, dass er sich nicht einmal selbst *wiederholen* wollte. Der Schwerpunkt seiner Arbeit liegt dabei weniger in der Schöpfung als vielmehr in einer sehr geschickten, innovativen *Montage*. Kubrick, der im Schnitt das Spezifische des Films sah, weil es diesen Vorgang ausschließlich in dieser Kunstform gibt (Walker 1999, S. 13), hat nie versäumt, auf allen Ebenen von der Montage Gebrauch zu machen. So wurden beispielsweise im Bereich von Bild und Musik Zusammenhänge hergestellt, die es so zuvor noch nie gegeben hatte. Prägnantestes Beispiel hierfür sind die futuristischen Bilder von *2001*, unter die er klassische Musik legte. Oder die Geschichte wurde innerhalb einer Struktur erzählt, die vollkommen *untypisch* ist. Oder die Schauspieler wurden zu Gesten animiert, die innerhalb der Szene einen äußerst eigenwilligen Eindruck hinterließen. Und stets behielt es sich der Regisseur vor, eine noch bessere Variante zu finden oder die Mischung zu verändern. Kubrick suchte nach immer noch geeigneteren – und das heißt *interessanteren* – Zusammenstellungen der einzelnen Elemente. Das Konzept einer barocken Sammlung liefert den Grundstock für die immer weiter fortschreitende Selektion, die das Material unaufhörlich auf eine neue und bessere Weise zusammenfügen will. Da Kubrick seine Filme selbst geschnitten hat, wurde auch hier stets das *gesamte* aufgenommene Material gesichtet und ausgewertet, bevor es dann häufig genug auf den Rhythmus der Musik geschnitten wurde. Also auch im tatsächlichen Schnitt fand eine weitere kreative und optimierende Zusammenfügung statt.

Diesen Prozess, das Ausprobieren vieler Möglichkeiten auf der Suche nach der besten Lösung, durchliefen alle Phasen der Herstellung. So nahm er auch entschieden mehr Takes auf als andere. Scheinbar simple Szenen, wie das Aussteigen des Kochs Hallorann aus einer Schneekatze in *The Shining* oder der Gang von Jack Nicholson über die schneebedeckte Straße, wurden bis zu 50 Mal in unterschiedlichen Formen aufgenommen, bis der Regisseur sich endlich zufrieden gab. Die Zeiträume, innerhalb derer er drehte, sind deshalb sehr groß. Aber auch die Zeiträume zwischen den Filmen wurden immer größer. Und wie Martin Scorsese richtig anmerkte, ist *ein* Film von Kubrick vielleicht auch soviel Wert wie *zehn* Filme von einem anderen Regisseur (Dokumentation, Harlan 2001). Diese zeitlich ausgedehnte Arbeit innerhalb einer äußerst sorgfältigen Produktion ermöglichte dann die Wiederholung und zeitliche Ausdehnung in der Rezeption. All dies spricht für eine enorme Arbeit der *Verdichtung*, der Kubricks Interesse wohl auch tatsächlich galt. Nur aufgrund einer präzise durchdachten Komplexität und ihrer einfach wirkenden, sinnlichen Schönheit gewinnen diese Filme beim zweiten und dritten Sehen an Reiz. Nur deshalb verzögert sich das endgültige Urteil über einen Film von ihm oft um Jahre.

Eine weitere Vorliebe des Regisseurs, die ganz zu seinem wuchtigen, barocken Stil passt, sind große, weite Räume, die dem Bild eine fast schon monumentale Tiefe geben. An seinem einzigen Horrorfilm *The Shining* drehte Kubrick beispielsweise nicht nur fast ein Jahr, sondern das Teuereste an diesem Film waren die riesigen Innenaufbauten des Overlook-Hotels in England. Denn Kubrick hatte bereits den größten Teil des 18-Millionen-Budgets in riesige Studiobauten investiert, als im Mai 1978 die Dreharbeiten begannen (Jansen 1984, S. 186). Demnach waren die fast einjährigen Dreharbeiten (bis April 1979) mit Stars wie Jack Nicholson keineswegs so kostenaufwendig wie die großen Innenbauten des Overlook-Hotels, in denen die Handlung spielt. Man kann wohl zu Recht behaupten, dass Kubrick das Geld beim Drehen »a priori« in die zwei Kategorien Kants investiert, die oft beim Film vernachlässigt werden, in *Raum* und *Zeit*.

Die Bilder enthalten so eine aufwendigere Komposition, welche in einer meist ruhigen Kameraführung einer längeren Betrachtung standhalten kann, ohne an Reiz zu verlieren. Kubricks Filme haben im Vergleich mit anderen nur wenige schnelle Montagen, die sehr gezielt die Aktionmomente unterstützen. Der Zuschauer wird also nicht, wie unterdessen in den meisten Filmen üblich, von Vornherein mit schnellen, kurzen Einstellungen in ein Ereignis hineingezerrt, sondern alle Effekte werden sublim und zurückhaltend eingesetzt. Der Regisseur kann sich auf seine exzellenten Bilder verlassen, deren Verkettung der Hauptträger seiner mentalen Aussagen ist.

Kubricks perfekter Umgang mit der Bildsprache wird deshalb von vielen Filmschaffenden sehr bewundert. Jeder Schnitt und jede Einstellung scheint hier an der Stelle zu liegen, wo sie hingehört. Das sichere Empfinden für den Rhythmus und die Wirkung seiner Bilder sind kaum zu übertreffen. Kubrick selbst stellte die Wirkung dieser Bilder an die erste Stelle, weit vor die Sprache. In vielen ist ein sehr intensives Schauspiel enthalten, und oft geht es dabei auch um die spezifische Wirkung des Raums. Sie konfrontieren den Zuschauer mit bestechender Deutlichkeit und einem klaren, oftmals sogar symmetrischen Aufbau. Aber eine bildliche Ausage kann sehr vieldeutig sein.

Kubrick sprach selbst bei *2001*, der von allen seinen Filmen am wenigsten Sprache enthält, davon, dass die Bilder direkt auf das *Unbewusste* des Zuschauers wirken sollen.

In diesem Zusammenhang war nur konsequent, dass sich der Regisseur bereits 1960 ganz deutlich für ein Konzept von *Mehrdeutigkeit* aussprach. Eine Aussage kann für ihn erst ihre wirkliche Kraft entfalten, wenn sie ihre klare Eindeutigkeit verloren hat (Crone 2005, S. 8). Wie man einen Raum nur eröffnen kann, indem man mehrere Dimensionen zulässt – so eröffnet sich für Kubrick der eigentliche Sinn auch nur als Feld, das als Ganzes den Zuschauer emotional bewegen soll. Kubricks üppig-barocker Stil zeigt sich so auch auf der Ebene der *Bedeutung*, die nicht mit Sinn geizt, sondern absichtlich mehrdimensional angelegt ist. Dieser Bedeutungsreichtum wurde dann in der Tat innerhalb der Rezeption des Films *2001*, über den es wohl die meisten Interpretationsversuche innerhalb seines Werks gibt, am deutlichsten. Wichtig ist, dass dieser Regisseur seine Zuschauer dazu auffordert, seine Filme *aktiv* zu deuten und sich so das Feld des Sinns mehr oder weniger selbst zu erschließen. Denn im völligen Gegensatz zur einfachen Transparenz seiner Bilder steht ihre komplexe Bedeutung. Deshalb reduziert sich der Sinn seiner Geschichten auch niemals auf eine völlig transparente, direkte Aussage, sondern vermittelt dem Zuschauer ein ganzes Feld indirekter, vor allem bildlicher Aussagen (Duncan 2003, S. 13).

Kubrick schickt seine Zuschauer auf eine relativ *autonome* Entdeckungsreise. Die Distanz innerhalb der Narration soll ihnen die Freiheit lassen, sich ein Stück weit selbst zurechtzufinden. Aber auf was es für Kubrick bei dieser Reise ankommt, ist nicht so sehr der Spielraum der Bedeutungen, sondern ihre Verbindung und Verdichtung zu einer sinnvollen, visuellen und akustischen *Erfahrung*. So sagt er selbst über *2001*: »Das Gefühl der Erfahrung ist das Wesentliche, nicht die Fähigkeit, sie in Worte zu fassen oder zu analysieren« (Seeßlen 1999, S. 25). So gesehen sind die vielen Spekulationen über den Sinn von *2001* nur dann sinnvoll, wenn man bedenkt, dass die meisten Fragen über den Weltraum für uns bisher nicht zu beantworten sind. Der Film ahmt genau diese Sphäre des Rätsels nach und verweigert sich jeder einfachen Antwort. Wesentlich ist dabei, dass er so das, was der Weltraum für uns darstellt, als ein Film-*Erlebnis* nachbilden möchte. Und jede Interpretation muss sich der Fragestellung unterziehen lassen, ob sie etwas zu dieser Erfahrung im Kino beizutragen hat oder längst davon abgekoppelt ist. Die Erfahrung von Raum und Zeit im Weltraum beispielsweise können den endlosen philosophischen Deutungsversuchen von *2001* entgegengesetzt werden. Und dahinter verbergen sich die Fragen, wie es Kubrick gelang, diese Erfahrung im Kino so unglaublich stark spürbar werden zu lassen, und welche Rolle dabei die Philosophie spielt. Die Felder des Sinns, welche dieser Regisseur herstellt, sind oft nur ein Instrument innerhalb der Produktion einer spezifischen Kinoerfahrung.

Für Kubrick war die *erste* Lektüre eines Romans, der erste Eindruck, ein so einmaliges Ereignis, dass er sich dessen im Laufe der langen Umarbeitung zu einem Drehbuch immer wieder gegenwärtig sein wollte. So ähnlich sollte jede Interpretation verfahren und nicht die Erfahrung mit dem Film selbst vergessen. Kubricks Filme sind glücklicherweise so einprägsam, dass es schon sehr schwer fällt, sich von ihnen komplett abzulösen. Trotzdem ist dies manchmal geschehen, und einige Interpretationen sind nach meiner Ansicht teilweise in den Abgrund reiner Sinnproduktion ohne nachvollziehbaren Erfahrungswert abgedriftet. Weil die Horizonte des Sinns, die Kubrick produziert, ziemlich groß sind, öffnen sie also keineswegs die Türen zur Beliebigkeit, solange sie die Erfahrung im Kino als Ausgangspunkt der Interpretation im Auge behalten. Und diese Filmbilder haben nicht bloß einen hohen Resonanzraum an Bedeutungen, sondern auch eine Entstehungsgeschichte, die zu ihrem Verständnis beitragen kann.

Kubricks Filme sind allein schon von ihren technischen Möglichkeiten, die gerade dieser Regisseur maximal verwendet hat, immer auch die *Kinder* ihrer Zeit. Insofern sind zeitgeschichtliche und wirkungsgeschichtliche Zusammenhänge von ihnen nicht zu trennen. Dabei gelang es Kubrick immer wieder, aktuelle Themen so zu verarbeiten, dass seine Filme ein sehr großes allgemeines Interesse fanden. Er nahm Stellung zur anstehenden sexuellen Revolution (*Lolita*), dem Kalten Krieg (*Dr. Strangelove*) oder der bevorstehenden Mondlandung (*2001*), die er in einer ganz eigenen Form kommentierte. Diese Kontexte sollen hier berücksichtigt werden, wobei ich einen bewussten Schwerpunkt auf *die*

Filmgeschichte setzen möchte und dabei einige Querbezüge zu anderen Filmen herstellen will. Allerdings können diese Erörterungen keineswegs den Anspruch auf Vollständigkeit haben, denn dies könnte nur eine viel breiter angelegte (film-)geschichtliche Studie leisten. Vielmehr möchte ich wichtige Verknüpfungen aufzeigen, welche das großartige Erbe dieses tollen Regisseurs betrachten, der ein Potenzial an Möglichkeiten bereitgestellt hat, von dem viel zu *lernen* (und nicht bloß zu kopieren) ist. Umgekehrt hat auch Kubrick sich in dem Genre, in welchem er gerade arbeitete, immer die besten Produktionen angesehen.

Sein eigener nachhaltiger Einfluss auf die Filmgeschichte ist nicht zu übersehen. Er hat den Blick auf einige Genres sehr innovativ verändert. Regisseure wie Steven Spielberg waren nicht bloß gut mit ihm befreundet, sondern auch in ihren eigenen Arbeiten von ihm beeinflusst. Der Kassenschlager *E. T.* (1983) – und noch mehr *Close Encounters of the Third Kind* (1977) – ist ohne Kubricks Einfluss nur schwer vorstellbar. *2001* hat die ganze Frage nach den Außerirdischen erst auf ein akzeptables *Niveau* gebracht, das diese Filme dann allerdings aufgrund ihrer Märchenhaftigkeit nicht ganz erreichen.

Spielbergs frühen Filme wie *Duell* (1972) oder *The Sugarland Express* (1974) sind noch erstaunlich anspruchsvoll und stehen ganz in der Tradition des New Hollywood Kinos. Schon bei seinem ersten richtigen Erfolg, *Jaws* (1975), einer klugen Mischung aus Melville's *Moby Dick* und Alfred Hitchcocks Meisterwerk *The Birds* (1963), kann man aber den häufig geäußerten Vorwurf geltend machen, dass es sich vor allem um einen sehr gut ausgetüftelten, kommerziellen Film *ohne* einen weitergehenden künstlerischen Wert handelt. Die Massenhysterie, welche *Jaws* in den 70ern hervorrief, basiert nach meiner Ansicht auf einem klugen Marketingkonzept, aber nicht auf einem substanziellen Inhalt. Mit *Close Encounters of the Third Kind*, Spielbergs »*E. T.–Film*« für Erwachsene, hingegen verhält es sich jedoch anders. Der Regisseur schrieb in diesem Fall das Drehbuch selbst und arbeitete auch bereits *vor Jaws* an diesem Projekt, das er aber erst danach realisieren konnte. Der Aufwand für diesen durchaus gelungenen Film war immens hoch. Der wichtige, französische Regisseur Francois Truffaut wurde dabei für die Rolle des Chefs eines weltweiten agierenden Ufologen-Teams engagiert. Der von Spielberg bereits in *The Sugarland Express* vorgeführte Interessenkonflikt zwischen Mutterschaftsgefühlen und Staatsrecht weitet sich nun nach der Watergate-Affäre zur Staatsverschwörung aus, weshalb die oberste Autorität in dem Forschungsteam, welches Spielberg zeigt, auch wohl einem soveränen und sympathischen Franzosen übertragen wurde. Hatte Lou Jean Poplin (Goldie Hawn) in *The Sugarland Express* schon gegen einen ganzen Polizeikonvoi gekämpft, um ihr Baby zurück zu bekommen, so sollte in *Close Encounters of the Third Kind* die Begegnung zwischen der Bevölkerung und den Außerirdischen durch den Staat systematisch verhindert werden. In diesem Film und auch in *E.T.* lassen sich deutliche Spuren von *2001* finden. Dabei ist es weniger die Darstellung der Außerirdischen, deren Fluginstrumente in *Close Encounters of the Third Kind* zunächst wie Glühwürmchen auf dem Highway durch die Nacht schwirren, als die gedankliche Grundlage, die ihm ein solches Projekt überhaupt ermöglichte. Spielberg sagte dazu, dass der Science-Fiction-Film das Genre sei, in dem die mentale Dimension des Menschen, seine Vorstellungskraft und Denkfähigkeit, im Kino am weitesten geführt werden könnten (Dokumentation, Schickel 2005). Er hatte also den besonderen Reiz von Kubricks philosophischer Meditation über den Weltraum sehr genau begriffen und vermochte daraus sehr eigenständig und innovativ seine eigenen Konsequenzen ziehen.

Besonders bedauerlich ist es, dass Kubrick sein Projekt *Aryan Papers* über den Holocaust in Polen, das er zunächst 1993 drehen wollte, aufgrund der inhaltlichen Nähe zu Spielbergs Film *Schindler's List* (1993) eingestellt hat. Spielbergs Stärke liegt nach meiner Ansicht *nicht* in Filmen mit einem hohen Wirklichkeitsanspruch, sondern in Märchenerzählungen. Auch der von Kubrick an Spielberg zu Lebzeiten bereits abgegebene Film *Artificial Intelligence* (2001), der von diesem erst nach Kubricks Tod umgesetzt werden konnte, erreichte nach allgemeinem Urteil keineswegs die *anspruchsvolle* Ebene, die er gehabt hätte, wenn Kubrick ihn selbst gedreht hätte. Es handelt sich leider nur um einen sehr kurzlebigen, sensationellen Unterhaltungsstreifen, der in dem raschen Tempo von nur vier Wochen abgedreht wurde. Hier fand kein einziger Versuch statt, etwas neu oder anders zu machen. Spielbergs Filme bedienen meistens vor allem den aktuellen Kinomarkt und haben deshalb oft enorm rasche Verfallszeiten. In *Artificial Intelligence* sieht man das am deutlichsten in dem von Spielberg selbst am meisten geprägten Mittelteil. Hier tritt in alter Tradition der einfache Ursprung des Kinos als Jahrmarktsattraktion vollständig zutage, als die Roboter auf einem Volksfest zerstört werden oder als David (Haley Joel Osment) mit Joe (Jude Law) in einem futuristischem Las Vegas nach der blauen Fee sucht. Tom Cruise hatte Recht, als er feststellte, dass es nach *Eyes Wide Shut* keinen Kubrick-Film mehr geben würde (Dokumentation, Harlan 2001), und dabei nimmt schon dieser letzte Film eine besondere Position im Gesamtwerk ein.

Der andere wichtige Regisseur, der die Massen begeisteren konnte, indem er das cineastische Erbe von *2001* antrat, war George Lucas. Seine *Star Wars*-Trilogie (1977–1983) arbeitete am Ende der 70er Jahre Kubricks Weltraumausflug zum turbulenten und vergnüglichen Actionfilm in Höchstgeschwindigkeit um. *Star Wars* wendet sich, wie die meisten Filme von Spielberg, dabei auch gar nicht an Erwachsene, sondern ist für Kinder und Jugendliche gedreht worden. Ähnlich wie in *2001*, von dem auch Lucas völlig begeistert war, arbeitet der Film mit einer *mythologischen* Ebene. Nur wird jetzt der häufig verwendete ödipale Vater-Sohn-Konflikt zum Herzstück der Handlung. Lucas inszeniert dabei innerhalb des gängigen Schemas von Gut und Böse ein einfaches Hollywoodspektakel. Er sagte über Kubrick, dass er ein Filmemacher *für* Filmemacher sei und wünschte sich, er hätte selbst soviel innovative Kraft gehabt, wie Kubrick bei *2001* (Dokumentation, Leva 2007c). In *Star Wars* ist das Weltall nur ein bereits vollständig definierter Raum, indem es im Grunde nichts wirklich Anderes, Fremdes mehr gibt. So sind hier der Mensch und seine vereinnahmende Sichtweise auf seine Umgebung die definitive Perspektive. Damit wird aus jedem Außerirdischen letztendlich wieder ein Mensch, der nur eine andere Gestalt angenommen hat. Es handelt sich um eine witzige, infantile Zukunftsfantasie, welche natürlich kaum einer Realität verpflichtet ist.

Kubrick fragte sich später bei der Planung von *A. I.*, wie er einen Film in der Dimension von *Star Wars* herstellen könne, ohne dabei seine »soziale Verantwortung« aufgeben zu müssen (Herr 2000, S. 95). Vermutlich war ihm dies nicht möglich, weshalb er *A. I.* abgab, obwohl er sich so lange damit beschäftigt hatte. Aber in der persönlichen Freundschaft zwischen Spielberg und Kubrick zeigt sich auch eine starke Seite dieses anspruchsvollen Regisseurs. Kubrick stand keineswegs in einer feindseligen Haltung gegenüber dem Unterhaltungskino. Wie Orson Welles suchte er nach einer Verbindung zwischen der Jahrmarktsattraktion, dem Zaubertrick, der das Kino immer gewesen ist, und einem anspruchsvollen, komplexen, kunstvollen Ausdruck. Bei Welles bestand die Quelle für den Anspruch vor allem aus der Weltliteratur und insbesondere aus den Dramen von Shakespeare. Bei Kubrick war es mehr ein komplexes, vieldeutiges und fast immer wissenschaftliches Expertenwissen, dem er sich verpflichtet fühlte.

Häufiger ist bemerkt worden, dass man im Fall von Kubrick so wenig über die Person hinter den Filmen weiß. Er war, anders als viele andere Regisseure, überhaupt *kein* Schauspieler. Er benutzte zwar gerne den Starkult für seine Projekte, aber er glaubte persönlich nicht daran. Aus dem *Wörterbuch des Teufels* von Ambrose Bierce stammen zwei seiner Lieblingszitate gegenüber einer der wichtigsten Krankheiten des 20. Jahrhunderts, dem »Prominentenkult«:

»**Vergessenheit** (Subst. fern.): Die ewige Schutthalde des Ruhms.«
»**Berühmtheit** (Subst. fern.): Weithin sichtbares Elend.«
(Castle 2005, S. 132f., Hervorhebung im Original)

Nach den Angriffen wegen *A Clockwork Orange* hat Kubrick die Presse weitgehend gemieden und nur noch wenigen Reportern Interviews gewährt. Seine über Jahre währenden Reflexionen für einen Film entsprachen nicht dem Stil der kurzlebigen Tagespresse. Zudem war er grundsätzlich der Meinung, dass alle wesentlichen Aussagen in seinen Filmen enthalten sind. Er war nicht daran interessiert, als eine Person überhaupt in Erscheinung zu treten, und tat dies nur, wenn es im Rahmen der *Werbung* für seine Filme unbedingt erforderlich war. Sein gesamtes Interesse galt dabei ausschließlich der optimalen Veröffentlichung seines Werkes. Und Kubrick wusste, dass dieses über ihn hinausgeht. Er hat es so herausragend angelegt, dass es mannigfach sein Publikum gefunden und beeindruckt hat. Daher ist es weit interessanter, die Inhalte und Formen seiner Filme, ihre Wirkungen, ihre zeitgeschichtlichen Zusammenhänge und ihre entstehungsgeschichtlichen Hintergründe zu analysieren, als Überlegungen über die Person anzustellen.

Am Ende dieses Vorworts möchte ich noch allen herzlich danken, die dieses Buch ermöglicht haben. Allen voran Kubricks Schwager und Executive Producer Jan Harlan, der mir ein persönliches Interview gewährte und in vielen E-Mails schwierige Fragen beantwortet hat. Harlans exzellente Filmdokumentation *Stanley Kubrick – A Life in Pictures* (2001) lieferte einst den Auslöser für dieses Buch. Danken möchte ich auch Louis Begley, dessen Roman über den Holocaust *Wartime Lies* (1991) Kubrick verfilmen wollte. Begley hat mir einige wenige, sehr schwierige Fragen per E-Mail beantwortet. Außerdem danke ich besonders Frau Cornelia Leschke und der Lektorin Frau Sandra Rolle für ihre hilfreiche Unterstützung. Weiterhin habe ich Herrn Prof. Friedrich Kittler und Frau Prof. Gertrud Koch für ihre mentale Unterstützung zu danken. Ferner wären hier noch die Autoren der vielen guten Bücher über Kubrick zu nennen, welche alle im Literaturverzeichnis aufgeführt sind. Und nicht zuletzt danke ich meiner sehr geduldigen und liebevollen Freundin Claudia Heimbächer.

Dr. Andreas Jacke, Berlin, Charlottenburg 2008

1. Ein Blick in den Spiegel:
Die Fotoarbeiten (1946–1950)

Ich möchte mit einer Fotoserie vom 13. Mai 1947 anfangen, die Stanley Kubrick für die Zeitung *Look* geschossen hat, für die er vier Jahre als Fotograf gearbeitet hat. Auf dieser Serie ist ein Säugling zu sehen, der vor seinem eigenen Spiegelbild Platz genommen hat (Crone/Schaesberg 1999, S. 111–113). Er jubelt auf dem ersten Foto sich selbst zu. Dann auf dem zweiten guckt er bereits irritiert. Auf dem dritten greift er nach einer Bürste, welche vor dem Spiegel liegt. Auf dem vierten schaut er skeptisch auf die Bürste, und auf dem letzten hat er zu *weinen* angefangen. Der Säugling *antizipiert* zunächst anscheinend seine Vollständigkeit, indem er sich als ganzheitliche *Gestalt* wahrnimmt. So könnte man mit der Hilfe von Jacques Lacans Theorie das erste Foto deuten (Crone/Schaesberg 1999, S. 17). Aber handelt es sich hier tatsächlich um eine Abbildung von Lacans Spiegelstadium? Der französische Psychoanalytiker hatte seinen Vortrag über dieses Thema zwar schon elf Jahre zuvor auf dem ersten internationalen Kongress von Marienbad gehalten (Lacan 1991a, S. 61ff.), aber der 18-jährige Fotojournalist Stanley Kubrick wird davon nichts gewusst haben. Außerdem haben dann die folgenden Fotos dieser Serie nur wenig mit dieser Theorie gemeinsam. Vielmehr scheint der Säugling selbst bereits sehr rasch von seinem Spiegelbild *enttäuscht* zu sein und fängt schließlich deshalb an zu weinen. Also ruft er nach einer realen Bezugsperson, weil er an dem seltsamen Trugbild vor seinen Augen kaum mehr seine Freude haben kann. Und *doch* kommen diese Aufnahmen, wie auch viele andere spätere optische Einfälle Kubricks, die alle das Konzept des Subjekts und seine Verdopplung betreffen, den weitreichenden Überlegungen Lacans oft ziemlich nahe.

Ihre andere Grundlage kann man aber erkennen, wenn man sich eine weitere Serie anschaut, die Kubrick bereits vier Wochen *zuvor* aufgenommen hatte. Auf ihr übt der Ex-Soldat der Marines, Bob Beldon, zusammen mit seinem Sohn, dem kleinen Dennis, das Phänomen der *Nachahmung* (Crone/Schaesberg 1999, S. 114–119). Beide, das Kleinkind und der Soldat, sind auf mehreren Fotos in denselben körperlichen Positionen abgebildet: auf dem Rücken liegend – die Faust vor dem Mund –, beide in der Hocke, beide auf der Seite liegend, beide vornüber gebeugt auf dem Sofa, beide mit einer Hand im Mund am Sofa lehnend, beide mit den Händen auf dem Boden bei einer Art Kniebeuge, und schließlich sind die Beiden beim Klavierspielen zu sehen. Die Blicke sind dabei häufiger aufeinander gerichtet, sodass nicht bloß das Kind die Bewegungen des erwachsenen Ex-Soldaten nachahmt, sondern auch der ehemalige Soldat die Bewegungen des Kindes. Dieses Lernen per *Imitation* sieht hier aber mehr wie eine Bebilderung von Piagets Theorie aus, als nach dem, was Lacans Theorie erklärt.

Kubricks Reflexionen über das Subjekt haben sich also vielleicht über den Lernprozess, der in der Nachahmung besteht, dem Phänomen der Verdopplung angenähert. Er selbst sprach allerdings später davon, dass er solche Auftragsarbeiten eher albern fand (Ciment 1982, S. 196). Seine Filme werden sich damit jedoch immer wieder beschäftigen. In *The Shining* wird der Spiegel, in dem das Subjekt sich mehr ver- als er-kennt, sogar unmittelbar im Bild auftauchen. Das Interesse des jungen Mannes aus New York zielt schon sehr früh auf den Moment der *Identifikation* und die Möglichkeit einer daraus resultierenden bzw. zugrunde gelegten Verdopplung im Bild ab. Im August 1948 fotografiert er, versteckt hinter einem Spiegel, Erstklässler, die vor ihrem Spiegelbild posieren und dabei komische Haltungen einnehmen (Crone/Schaesberg 1999, S. 124–127). Das groteske, seltsame Moment sticht dabei heraus. Es wird nur möglich, weil die Kinder nicht wissen, dass sie fotografiert werden. Kubrick ging es schon hier darum, den eigentlichen Spiegel, die Kamera, unsichtbar werden zu lassen. Später am Filmset von *Eyes Wide Shut* erreichte er dasselbe, indem er eine Szene so lange wiederholen ließ, bis die Schauspieler die technische Umgebung fast vergessen hatten. Kubrick ist zunächst der Mann hinter der Kamera, der genau weiß, dass die Darsteller sich vor einem Spiegel nicht *natürlich* verhalten. Deshalb versuchte er, diese Relation so weit es ging aufzulösen. Er gab Schauspielern oft keine Regieanweisungen, damit sie keine verbalen Spiegelungen erfuhren und nach endlosen Wiederholungen endlich bei sich selbst ankamen. Gerade weil Kubrick genau wusste, dass eine Kamera das perfekte Spiegelstadium eines Schauspielers evozieren kann, wollte er diese Dimension so unsichtbar wie möglich werden lassen. Er unterstützte so keineswegs jene verfremdende Funktion des Ichs, in der ein Schauspieler sich selbst als Anderen darstellt, sondern wollte ein Spiel, das ganz aus dem Inneren kommt. Die übliche Feedback-Schleife konnte so auch die umgekehrte Richtung annehmen. Kubrick schrieb immer während der Dreharbeiten das Drehbuch um und versuchte, es dabei besser auf die Schauspieler abzustimmen. Er war dabei stets auf der Suche nach dem *magischen* Moment, »das offenbarende Detail, das dem Schauspiel eine elektrisierende Wirkung gibt, sei es eine Geste, ein Blick, die Art wie ein bestimmtes Wort ausgesprochen wird« (Walker 1999, S. 22). Und um dieses Moment herauszufinden, arbeitete Kubrick oft mit langen, intensiven Improvisationen. Viele entscheidende Ideen enstanden für ihn so überhaupt erst in der Umsetzungsphase seiner Filme. Dieser Phase gab er deshalb eine besonders hohe Bedeutung und versuchte möglichst viele Varianten durchzuspielen, bevor er sich für die geeignetste entschied. Dieser Anpassungsprozess und die ausgiebige Arbeit am schauspielerischen Ausdruck waren entschieden wichtiger als die Festlegung der Kamerastandpunkte, die auch erst danach erfolgte. Der visuelle Aspekt einer Szene wurde ab *A Clockwork Orange* auf die Darstellung abgestimmt. »Es ist wichtig, das Pferd nicht beim Schwanz aufzuzäumen und erst alles für die Kamera aufzubauen, bevor man etwas in Szene setzt, das wert ist, gefilmt zu werden« (Kubrick aus: Walker 1999, S. 26). Der bestimmende Akzent liegt hier ganz darauf, zunächst einmal etwas Wertvolles mit den Schauspielern zu inszenieren, bevor man sich entscheidet, wie man es aufnimmt.

Wenn es dabei eine Grundvoraussetzung war den *imaginären* Selbstbezug des Schauspielers zu durchbrechen, so thematisieren seine Filme gleichzeitig immer wieder die innere Spaltung, welche das Subjekt durch sein Ich erfährt. In beruhigenden Verdopplungen zeigt Kubrick

1. Ein Blick in den Spiegel

diese Spiegel-Ebene immer wieder auf und koppelt sie dabei auch von einem reinen Selbstbild des Menschen ab. Denn auch die Räume, die der Mensch um sich herum baut, sind in seinen Filmen ebenso wie die Handlung oftmals *symmetrisch* angelegt. Dieser Aspekt wird häufig im Bild allein schon durch die Wahl des Ausschnitts, der Kadrierung, betont. Symmetrie ist aber nichts anderes als Verdopplung im Raum, in der die linke Bildhälfte dann exakt genauso aussieht wie die rechte. Es ist so, als ob die eine Bildhälfte »das Spiegelbild der anderen« sei (Schnelle aus: Beier 1999, S. 209).

Diese abstraktere Form der Verdopplung innerhalb des Optischen findet sich auch bereits in mehreren früheren Fotografien. So fotografiert Kubrick in der U-Bahn zwei schlafende Frauen, die sich sehr ähnlich sehen (Crone/Schaesberg 1999, S. 43), einen Maler, der dieselbe Pose einnimmt wie sein Model (Kinematograph 2004, S. 18), oder zwei Artistinnen auf einem Drahtseil, deren Bewegungen wie im Futurismus so aufeinander abgestimmt zu sein scheinen, als zeigten sie den Bewegungsablauf einer *einzigen* Person (Crone/Schaesberg 1999, S. 99). Oder er fotografierte zwei auf dem Rücken liegende Frauen, deren Beine so nebeneinander liegen, als gehörten sie zu einer Person (Crone/Schaesberg 1999, S. 102). Diese Fotografien sind zum Teil an visuellen Täuschungen interessiert, welche alle ein Bezugsystem aufzeigen, in dem eine Person die andere ersetzt. Wenn Dr. Floyd in *2001* bei einer Konferenz auf dem Mondkrater Clavius aufsteht, um nach vorne zu treten, wird sich spiegelbildlich sein Vorredner vom Pult weg bewegen, um den Platz neben seinem Sitzplatz einzunehmen. Die beiden Männer tragen dieselbe Kleidung und haben eine ähnliche Frisur.

Diese Form, *sich selbst* mehrfach zu haben, ist es, was später den Zusammenhang zwischen dem Raufbold Alex und einem seiner Opfer, Herrn Alexander, in *A Clockwork Orange* oder den Namen von Humbert Humbert in *Lolita* oder das seltsame Treffen zwischen Jack Torrance und Delbert Grady auf der Toilette des Overlook-Hotels ausmachen wird, um nur einige der offensichtlichsten Beispiele zu nennen. Paare von Doppelgängern in den unterschiedlichsten Formen durchlaufen alle Filme von Kubrick (Kirchmann 1995, S. 80–86). Selbst der Computer HAL in *2001* besitzt einen Zwillingscomputer auf der Erde. Aber bis auf die Grady-Zwillinge, die Danny in *The Shining* sieht, handelt es sich in den Filmen vor allem um Verdopplungen *männlicher* Protagonisten. Kubrick generiert so ein Subjekt, das nicht einfach singulär besteht, sondern dessen Individualität sich mindestens auf ein anderes, ähnliches Subjekt bezieht. Und im Extremfall völliger *Isolation*, wie sie kurz vor dem Ende von *2001* für den Raumfahrer Bowman existiert, gibt es dann noch die Möglichkeit, sich *selbst* in der Zeit zu verdoppeln.

Das Motiv des *Doppelgängers* kommt kulturgeschichtlich aus der Romantik. Es handelte sich dort zunächst um eine Fantasie am Schreibpult, die beispielsweise in der Literatur eines E.T.A. Hoffmann, von dem Edgar Allen Poe so begeistert war, ihr *geisterhaftes* Unwesen trieb (Kittler 1993, S. 81ff.). Damals wurde dieses Motiv vor allem mit der Angst und dem Unheimlichen in Verbindung gebracht. Weil die Romantik die emotionale Rückseite der Aufklärung darstellt, taucht dieses Thema in dem Moment auf, in dem der Mensch zu sich selbst kommt, sein Selbstbewusstsein ihm zum Gegenstand seiner Reflexionen wird. In dem Moment, in welchem das Subjekt sein eigenes Denken zum Objekt seines Denkens nimmt, kommt es um eine Verdopplung seiner selbst nicht mehr herum. Davor betritt aber die Figur des Doppelgängers immer schon die kulturgeschichtliche Bühne, wenn es um das Thema des *Narzissmus* geht. Das Spiegelbild ist aber erst seit Hegels Reflexion des Selbstbewusstseins tatsächlich der Ausgangspunkt für die Selbstsetzung des Individuums. Und wie in der Romantik oder bei Hegel und Lacan, so kann auch bei Kubrick der *narzisstische* Selbstbezug des sich im anderen spiegelnden Subjekts rasch umschlagen in einen Kampf um Rivalität, Vorteil oder sogar der eigenen Identität. Wer sich so im anderen wiedererkennt, möchte rasch mit seinem »Ebenbild« um die Vorherrschaft kämpfen. Der Spiegelung haftet immer die *aggressive* Seite im Kampf um eine Vorrangstellung an. Deshalb ist es das Bild des Boxers, welches Kubricks erste hervorstechende Passion sein wird.

Im Juli 1946 fotografiert Kubrick zwei kleine raufende Jungs in den Straßen von New York. Deutlich sichtbar ist dabei auf fast allen Fotos eine Freude auf den Gesichtern, die mit der kleinen Rauferei einhergeht (Crone 2005, S. 71–73). Der Fotograf fängt diese Stimmung ein und scheint sich dem Spaß bewusst zu sein, die diese Art des Kräftemessens darstellt. Im Oktober 1947 fotografiert Kubrick dann, innerhalb einer selbst inszenierten Fotostory über einen jungen Schuhputzer, einen gestellten Boxkampf, in dem der Junge in einer triumphierenden Pose zu sehen ist, die aufgrund seiner Schmächtigkeit und seines pfiffigen Gesichtsausdrucks nicht der Ironie entbehrt (Crone 2005, S. 64). Im selben Monat schoss Kubrick auch eine ernsthafte Fotostudie über den Boxsport, innerhalb derer der »Prizefighter Walter Cartier« zu sehen war. Wie später in seinem ersten Kurzfilm *Day of Fight* (1950) hatte er Cartier einen Tag lang begleitet. Man sieht den 27-jährigen Cartier, der schon als Junge mit seinem Zwillingsbruder Vincent in öffentlichen Schaukämpfen auf Jahrmärkten auftrat, in verschiedenen alltäglichen Situationen und schließlich am Abend bei einem Kampf. Da Cartier ebenso wie Kubrick in Greenwich Village lebte, ist es sogar möglich, dass Kubrick ihn zuvor einmal bei einem Kampf mit seinem Zwillingsbruder gesehen hatte. Kubrick war schließlich ein begeisterter Fan des Boxsports. Unterdessen war Vincent der Manager seines Bruders geworden. Er ist sowohl auf den Fotos (Crone 1999, S. 72, 94 u. 97) als auch in dem Kurzfilm zu sehen. Im Film sieht man Vincent, wie er frühmorgens zusammen mit seinem Bruder aufsteht und beide gemeinsam den Weg zur Kirche antreten. Man kann sie nur unterscheiden, weil Vincent eine Krawatte und Walter eine Fliege trägt. Das Subjekt ist also schon in Kubricks erstem Film ein doppeltes. Und sowohl auf einem Foto (Crone 2005, S. 186) als auch in dem Film sehen wir Walter Cartier am Tag des Kampfes vor einem Spiegel stehend, sich selbst betrachtend. Und selbstverständlich ist das sinnlose und zugleich kraftvolle männliche Duell der Schauplatz, um den die Handlung kreist. Die Vorbereitungen zu diesem Kampf, die lähmende Ruhe vor dem Sturm, dann in allen nur möglichen Details der Kampf selbst, das Szenario einer äußerst aggressiven männlichen Auseinandersetzung. Das ist es, was Kubrick von Anfang an zeigen will. Abstoßend und faszinierend, kraftvoll und sinnlos, würdevoll und traurig, ein Spiel, das man nicht gewinnen kann.

Wie präzise hier das *ödipale* Dreieck bereits eingezeichnet ist, kann man sehen, wenn man die Fotografien von Walter Cartier und seiner Frau betrachtet (Crone 2005, S. 154f. u. 188), die gegenüber den anderen Fotos eine gänzlich gelockerte Atmosphäre zeigen. Hier rudert der Boxer seine Freundin brav über den See oder er schläft neben ihr ein. Noch präziser inszeniert Kubrick den Konflikt der Rivalität in einem strikt ödipalen Rahmen in einer Fotoserie vom März 1947. Und hier wird auch die darwinistische Ebene deutlich, mit der er diese Form der männlichen Aggression dann in *2001* verbinden sollte. Ein Paar steht auf einer leeren U-Bahn-Station an einen Pfosten gelehnt. Arm in Arm eng umschlungen steht es da und es sieht so aus, als könnten sich die zwei im nächsten Moment küssen. Auf dem stärksten Foto liegt links daneben, aber nicht allzu weit entfernt, ein anderer Mann auf dem Boden. Er ist leicht gekrümmt und hält eine Hand schützend nach oben. Man kann sein Gesicht nicht sehen. An der Wand ist ein Schriftzug, der diese U-Bahn-Station benennt. Es handelt sich um »museum of natural history«, wobei die Buchstaben »nat« von dem Paar verdeckt werden (Castle 2005, S. 270). Anzunehmen ist bei dieser Szenerie, welche Kubrick mit seiner damaligen Frau Toba Metz und einem Schulfreund als Protagonisten umsetzte, dass der Mann, der die Frau hält, den anderen Mann zuvor niedergeschlagen hat. Und wenn man das Logo im Hintergrund entziffert, handelt es sich bei diesem Akt um ein Stück Naturgeschichte. Dieses klassische Motiv einer gewaltsamen männlichen Rivalität um eine Frau findet sich später wieder in Kubricks zweitem Spielfilm, *Killer's Kiss*, in dem einer der Rivalen erneut ein Boxer sein wird.

Der darwinistische Gesichtspunkt, aus dem heraus Kubrick vielleicht schon sehr früh lieber den Menschen als das Tier hinter Gittern sehen möchte, wird deutlich, wenn man sich eine Fotoserie vom Mai 1946 anschaut, bei der er eine ganze Menge Zoobesucher aus dem Innenraum eines Affenkäfigs fotografiert hat (Crone 2005, S. 194). Es sieht jetzt so aus, als wären die staunenden Besucher hinter den Gittern eingesperrt. Da dies exakt die Perspektive des Affen auf den Menschen ist, könnte man beim Menschen auch vom eingesperrten Tier sprechen. Dieses Motiv hat Franz Kafka in seinem berühmten *Bericht für eine Akademie*, in dem ein Affe das Leiden seines Menschseins zur Sprache bringt, sehr eindrucksvoll beschrieben (Kafka 1983, S. 147ff.).

Was bei Kubricks Fotografien auffällt, ist, dass er häufig den *Blick* der Menschen auf einen Gegenstand oder ein Ereignis abgelichtet hat. Sei es der Blick der Zuschauer auf eine Pferdebahn (Crone 2005, S. 136–143) oder der Blick der U-Bahn-Passagiere in die Zeitung und aus dem Fenster (Crone 2005, S. 20–29) oder sei es der männliche Blick auf ein attraktives Starlet (Crone, 2005, S. 162 u. 165) oder der Blick der Besucher in einem Kunstmuseum (Crone 2005, S. 198–201). Kubricks

Interesse, den menschlichen Blick zu zeigen, wird auch seine Filmsprache als ein wesentliches Element mitbestimmen. In *The Shining* ist beispielsweise der ängstliche Blick fast genauso wichtig wie das, was er Schreckliches betrachtet. In *2001* sieht man nicht nur, was Bowman in der Unendlichkeit erblickt, man sieht auch immer wieder seine Pupille in einer Großaufnahme. Dieses konventionelle Mittel des klassischen Kinos, den Blick zu thematisieren, beinhaltet bei Kubrick aber auch die Möglichkeit einer Selbst-Reflexion des Zuschauers, in der er das, was er sieht, mit den Augen eines Anderen wahrnimmt.

Mit dieser Dramaturgie des Blicks hatte Kubrick auch seine fotografische Karriere begonnen, denn sein erster Erfolg war das inszenierte Foto eines Verkäufers in einem Zeitungskiosk auf der Straße (Crone 2005, S. 10). Der Verkäufer schaut dabei sehr *deprimiert* und ist umgeben von der Schlagzeile des Tages, dem Tod von Roosevelt am 12. April 1945. Kubrick fand dieses Motiv mit 14 Jahren zwar spontan auf dem Weg zur Schule vor, musste den Verkäufer aber erst überreden, einen so deprimierten Blick in seine Kamera zu werfen. Es ist aber dieser inszenierte Blick, der dem Foto seinen Ausdruck verleiht. Typisch für Kubrick ist darüber hinaus die Mischung aus einem deutlich in Szene gesetzten Anteil und dem spontanen Erfassen einer vorgegebenen, dramatischen Situation: Der Gesichtsausdruck und das klar strukturierte Bild sind inszeniert, die Schlagzeilen der Zeitungen waren vorgegeben. Die Ausformulierung der Situation durch den Verkäufer ist schon wegweisend für die Arbeitsweise des späteren Regisseurs. Er drückt wie ein Schauspieler die Emotion aus, die dem Foto letztendlich die Überzeugungskraft verleiht.

Was Kubrick damals schon bewegte, wird ebenfalls auf mehreren Fotoserien sichtbar: der *Flirt*. Es gibt eine Serie über das erste Rendezvous (Crone/Schaesberg 1999, S. 177) ebenso wie über Teenager und ihre erste Liebe. Zur zweiten Serie gehört das Foto eines jungen Mädchens, welches den Satz »I hate love!« mit einem Lippenstift auf eine weiße Tür geschrieben hat (Crone/Schaesberg 1999, S. 183). Es steht mit gebeugtem Kopf an diese Tür gelehnt und hat den Stift noch in der Hand. Wie Danny, der in *The Shining* spiegelverkehrt das Wort »redrum« mit dem Lippenstift seiner Mutter auf die Schlafzimmertür seiner Eltern schreibt, ist auch hier die Verwendung dieses aussagekräftigen Schreibgeräts kein Zufall. Er drückt in beiden Fällen *Erotik* aus, die sich in ihr Gegenteil verkehrt hat. Aber die Aussage auf dem Foto ist selbstverständlich noch viel einfacher als die im Film. Die Haltung des Mädchens deutet an, dass sie den Satz gerade erst an die Tür geschrieben hat und nun resigniert vor ihm verharrt. Das Wort »love« hat sie dabei unterstrichen. Kubricks abstrakte Vorgehensweise lässt es auch schon hier nicht zu, den Sachverhalt zu konkretisieren. Sie schreibt zum Beispiel nicht »I hate Tom«, sondern das Gefühl selbst wird gehasst. Daraus resultiert als Folge jene tiefe Resignation, die das Foto zeigt. Der körperliche Ausdruck des Mädchens, der nicht in Wut, sondern in Trauer besteht, kommentiert so den Satz, den sie hingeschrieben hat. Deutlich zeigt sich in dieser sehr gelungenen Komposition bereits, wie gut Kubrick Bild und Sprache äußerst eng und durchaus gegensätzlich verdichten kann und so zu einem starken eigenen Inhalt kommt. Dieser ist in seiner Aussage mehrdeutig. Ist das Mädchen jetzt resigniert über eine Erfahrung oder über ihr eigenes Urteil darüber? Man weiß es nicht und wird es nie erfahren.

Kubrick arbeitete bereits als Fotograf mit der größtmöglichen Professionalität und einem starken Engagement. Fast alle seine Fotos sind darauf konzentriert, *nur* qualitativ hochwertige und deutliche Bildaussagen zu treffen und keine überflüssigen Dinge zu zeigen. Und er wollte auch schon damals so perfekt wie möglich sein. Wie sein Freund Alexander Singer sagte, arbeitete er an einer simplen Fotostory so, als würde er *Krieg und Frieden* drehen (Seeßlen 1999, S. 12).

2. Der erste Spielfilm: *Fear and Desire* (1953)

Nachdem der junge Mann mit seinem ersten Dokumentarfilm *Day of Fight* (1950) einigermaßen erfolgreich gewesen war, gab er seine Tätigkeit als Fotograf für *Look* auf und widmete sich nun ganz dem Filmemachen. Sein erster Spielfilm war *Fear and Desire* (1953). Leider ist dieser Film *offiziell* nicht zugänglich, weil Kubrick ihn selbst aus dem Verleih gezogen hat. Er hielt ihn für so schlecht, dass er ihn seinem Publikum nicht zumuten wollte. Aus diesem Grunde werden sich meine Überlegungen hier nur sehr kurz auf wenige Punkte beziehen.

Mit *Fear and Desire* drehte der junge Regisseur seinen ersten Kriegsfilm, nachdem er insgesamt drei kürzere Dokumentarfilme erfolgreich fertiggestellt hatte. Er übernahm dabei selbst die Kamera sowie Regie, Requisite und viele andere Funktionen. Seine damalige Frau Toba Metz war für die Dialogregie zuständig. *Fear and Desire* handelt von vier Soldaten, deren Flugzeug im Feindesland abgestürzt ist. Sie erschießen einige feindliche Soldaten aus dem Hinterhalt und beschaffen sich auf diesem Weg etwas zu Essen. Dann fesseln sie ein Mädchen, welches ihnen zufällig begegnet, an einen Baum, weil sie fürchten, es könnte sie verraten. Einer von ihnen dreht bei ihrem Anblick schließlich durch und versucht sie zu vergewaltigen. Als das Mädchen sich wehrt und zu fliehen versucht, erschießt er es. Der andere Teil der Truppe versucht einen feindlichen General und seinen Adjutanten zu töten. Bei näherem Hinsehen haben die beiden feindlichen Soldaten aber eine auffällige Ähnlichkeit mit ihnen selbst und sie werden auch von denselben Schauspielern dargestellt. So kommt es dazu, das Leutnant Corby (Kenneth Harp), als er dem toten General ins Gesicht schaut, sieht, »wie er selbst zurückstarrt« (Phillips aus: Castle 2005, S. 9).

Kubrick hatte *Fear and Desire* als eine *Allegorie* auf den Krieg angelegt. Die Handlung sollte keinen speziellen, sondern den Krieg im Allgemeinen wiedergeben. Das Thema der durch die Identifikation gegebenen Verdopplung findet so einen gesellschaftlichen Ausdruck. Der Feind ist dabei, wie Carl Schmitt sagen würde, ein Teil des Selbst. Der Krieg auf der Ebene der Soldaten basiert auf einer uniformen Einheitlichkeit, in der jeder Schuss gegen den Feind auch ein potenzieller Schuss gegen das eigene Spiegelbild ist. Wie bei einem Schachspiel sind zwar die Spieler und ihre Taktiken verschieden, aber die Figuren auf dem Feld haben, bis auf ihre unterschiedliche Farbe, eine sich spiegelnde Identität. Kubricks Faszination für das Schachspiel wird ein Ausgangspunkt für diese Kriegsparabel gewesen sein.

Ein weiteres Element, welches er später immer wieder darstellen wird, ist die problematische Position der *Weiblichkeit* innerhalb dieser männlichen Symmetrie. Die Frau wird zwar begehrt, aber gleichzeitig auch gehasst und als Verräterin gefürchtet. Sie kann das Spiel auflösen, weil sie aus der männlichen Perspektive kein Teil von ihm ist. Deshalb wird sie zu einem empfindlichen *Störfaktor*, welcher der männlichen sexuellen Obsession preisgegeben wird. Nur so kann das, was ihre eigentliche Qualität ausmacht, umgangen werden. Sie darf als *der Andere* nicht ankommen, weil dann der Krieg sinnlos würde, denn das ödipale Szenario der Rivalität verliert durch ihre Ankunft an Wert. Wenn der Krieg der Kampf um Selbstbestätigung ist, die immer nur aus einer besseren Positionierung in einem Spiegelspiel besteht, dann würde die tatsächliche Ankunft der Frau diese Struktur aufbrechen und beenden. Das ödipale Dreieck, in dem die Symmetrie der Männer im Kampf *um* die Frau das treibende Element ist, bekommt eine andere Bedeutung, sobald eine ernsthafte Bindung zwischen Mann und Frau entsteht. Schon in Kubricks nächstem Kriegsfilm *Path of Glory* wird es eine solche Ankunft der Frau am Ende des Films geben. In *Fear and Desire* wird *die Frau*, wie auch in *Full Metal Jacket*, am Schluss getötet.

Die nationale Unbestimmtheit, welche auf dem allegorischen Charakter des Films basiert, war für Kubrick zwar *intellektuell* gesehen vollkommen richtig, verhinderte aber, dass der Zuschauer in den Film hineinfand. Bei *Path of Glory* gab es dann erneut ähnliche Überlegungen, zumal die Story sich in *jeder* Armee der Welt hätte abspielen können (Jansen 1984, S. 218), aber Kubrick entschied sich dieses Mal genau umgekehrt, und die Nationalität wurde durch den Einsatz der französischen Nationalhymne gleich zu Beginn sofort deutlich unterstrichen. Das Problematische an *Fear and Desire* war also nicht das inhaltliche Konzept, hinter dem Kubrick auch später noch stehen sollte und das er in anderen Filmen weiter und besser ausformuliert hat, sondern die schwache dramaturgische Umsetzung (Walker 1999, S. 14). Es fehlte dem 25-jährigen Regisseur noch an Erfahrungen, um seine Ideen richtig und einprägsam zu vermitteln.

Dass die männliche Ökonomie, wie es im Kriegsfall nur allzu deutlich wird, häufig von *pathologischen* Motiven, die auch unsere Gesellschaft strukturieren, getragen ist, blieb aber Kubricks Lebensansicht. So schrieb William Burroughs über Schizophrenie: »Ein Schizophrener ist ein Mensch, der gerade herausgefunden hat, was los ist.« Als Michael Herr, der Drehbuchautor von *Full Metal Jacket*, Kubrick dieses Zitat vorlas, soll dieser geäußert haben, dass dies eine von den Aussagen sei, die man bereits so oft gedacht hätte, ohne sie jemals treffend formulieren zu können. Er soll dieses Zitat dann gegenüber allen Freunden erzählt haben (Herr aus: Castle 2005, S. 146). Alle Kriegsfilme Kubricks werden sich für den Grenzfall interessieren, wo der männliche Wahn ein Teil der Normalität geworden ist. Den eindrucksvollsten Ausdruck seiner Überzeugung hat der Regisseur später in *Dr. Strangelove* im Angesicht der atomaren Bedrohung gefunden.

3. Das realistische Bild eines Boxers: *Killer's Kiss* (1955)

Der junge Regisseur drehte nun zwei Kriminalfilme. *Killer's Kiss* (Der Tiger von New York) und *The Killing* (Die Rechnung ging nicht auf), welche tatsächlich den ersten *massiven* Baustein zu seiner Karriere im Filmgeschäft legten. Oft wird innerhalb der Rezeption von Kubricks Werk nicht sehr ausführlich auf diese beiden Kriminalfilme eingegangen. Das hängt damit zusammen, dass in ihnen ein Milieu vorherrscht, welches noch sehr unreflektiert von einer ungestümen, zuweilen sehr *rohen* Männlichkeit beherrscht wird. Wenn man allein die Rollen von Sterling Hayden in *The Killing* und *Dr. Strangelove* vergleicht, wird einem die unterschiedliche Haltung deutlich, in welcher männliches Verhalten dargestellt wird. An die Stelle des Pathos von *ungeschliffener*, roher Kraft tritt eine viel sublimere Form von Parodie, welche die triste, melancholische Form vom Anfang abgelöst hat. Das ist einer der Gründe, weshalb diese Filme bei allem Reiz eines *männlichen* Kraftausdrucks, der sich in ihnen ohne Zweifel bereits als eine der Stärken des Regisseurs zeigt, noch *nicht* jene Virtuosität erreichen, die später Kubricks Arbeiten prägen sollte. Es handelt sich hier noch um Werke eines jungen Mannes, dessen Auffassung von Männlichkeit noch sehr ungebändigt und weitgehend *ohne* Ironie auskommt. Das wird sich ab *Path of Glory*, der auch bereits in einem Vermittlungszusammenhang mit *höheren sozialen Schichten* steht, ändern. *Killer's Kiss* und *The Killing* spielen fast ausschließlich in der unteren sozialen Schicht.

Beide Filme sind keine gewöhnlichen »*Krimis*«, sondern werden vor allem dem »Film noir« zugeordnet (Phillips aus: Castle 2005, S. 12). Diese Richtung des amerikanischen Kinos nach dem Zweiten Weltkrieg brachte andere Charaktere auf die Leinwand. Jenseits vom Glamour der traditionellen Hollywoodfilme enstanden eine ganze Reihe *billiger* Filme, welche nüchtern die dunkle Seite des Landes, die kriminellen Charaktere in die Kinosäle brachte. Die Helden eines »Film noir« unterscheiden sich *nicht* sehr von ihren Gegenspielern. Es sind ebenso Verlierer, die sich in schäbigen Hotels, zweifelhaften Bars und in den nächtlichen Straßen der Großstädte herumtreiben. In einem »Film noir« sind die *moralischen* Verhältnisse von vornherein ins *Zwielicht* gerückt und die zwischenmenschlichen Beziehungen oft zweifelhaft und nicht von Dauer. Nicht selten sind die Helden, wie in *The Killing*, selbst Kriminelle. Deutlich beeinflusst vom *deutschen Expressionismus* mit seinen verzerrten Kameraperspektiven und symbolträchtigen Bühnenbildern enthielten viele dieser Filme auch psychoanalytische Elemente (Silver 2004, S. 11 u. 53). Da sie häufig von emigrierten europäischen Regisseuren hergestellt wurden, kam dieser Einfluss auch direkt aus Europa.

Kubricks Vorbild Max Ophüls hatte zwei wichtige Filme dieser Art mit dem Schauspieler James Mason gedreht, den Kubrick später für die Hauptrolle in *Lolita* engagieren sollte (Silver 2004, S. 143f.). Dem jungen Regisseur gab der »Film noir« die Möglichkeit, einen relativ *billigen* Film zu drehen, der zudem ein viel *ehrlicheres* Menschenbild vertreten konnte als das große Hollywoodkino. Allerdings hatte er dabei nur wenige Gelegenheiten, seinen eigenwilligen Sinn für Humor zur Geltung zu bringen. Darüber hinaus lag das soziale Niveau unterhalb der Klasse, aus der er kam: Kubricks Vater war Arzt, weshalb diese Filme nicht viel mehr als ein *Sprungbrett* sein konnten. Die meisten dieser Kriminalfilme haben eine klare Geschichte, die aufgrund ihrer fehlenden reflexiven Brechung und ihrer direkten Narration keineswegs dem entsprach, was dann Kubricks eigentliche Qualitäten ausmachen sollten. Obwohl sich seine zwei Versuche eng an die Konventionen dieser Richtung halten, gibt es in ihnen aber immer wieder Elemente, die nicht zum »Film noir« gehören und sich so mit dem Genre nicht mehr vereinbaren lassen. In *Killer's Kiss* sind dies vor allem melodramatische und *surreale* Züge (Nelson 2000, S. 23f.).

Weil der junge Regisseur mit *Fear and Desire*, den Angehörige und

Freunde Kubricks finanzierten, *keinen* Penny verdient hatte (Castle 2005, S. 9), musste er nun einen Film drehen, der vor allem finanziell erfolgreich sein sollte. Mit demselben Drehbuchautor, Howard O. Sackler, wurden ein paar Actionszenen zusammengebaut und daraus ein Drehbuch entwickelt. Die Schwäche von *Killer's Kiss* war weniger die Umsetzung als die *schwache Story*. Da Kubrick sich seinen eigenen Lebensunterhalt vom Arbeitsamt holen musste (Phillips aus: Castle 2005, S. 15), kann man sich vorstellen, welcher Druck auf ihm lastete. Vor diesem *existenziellen* Hintergrund werden einige Motive des Films rasch verständlich.

Der junge Regisseur griff anders als bei *Fear and Desire* nun auf seine Arbeit als Fotojournalist zurück. Während er den vorherigen Film im San-Gabriel-Gebirge in der Nähe von Los Angeles gedreht hatte, waren die Schauplätze für seinen ersten Kriminalfilm bis auf eine Ausnahme ausschließlich »on location in Manhattan« (Jansen 1984, S. 25). Er führte erneut selbst die Kamera und konnte dabei auf viele Motive, die ihm aus seiner Arbeit für *Look* bereits vertraut waren, zurückgreifen. Der Film enthält viele brillante und ungewöhnliche Kameraeinstellungen und einen hohen Grad an optischer Perfektion. Auch wenn es sich keineswegs um einen Dokumentarfilm über New York handelt, wie manche Kritiker behaupteten (Seeßlen 1999, S. 87), zeigt er die Bilder einer Großstadt doch mit einer überraschenden Genauigkeit. Kubrick verzichtet schon hier weitgehend auf künstliche Lichtquellen. So haben seine Bilder sehr harte Kontraste und Konturen und wirken deshalb sehr *realistisch*.

Der Film zeigt im Schauspiel zwar einige deutliche Schwächen, aber auch eine besondere Stärke: Kubrick gelingt es schon hier, seine Darsteller sehr eng mit ihrer Umgebung zu verbinden. Das Resultat war ein *Hyper-Realismus*, der auffällt. In ihren Wohnungen beispielsweise wirken die Schauspieler so, als würden sie sie schon ewig bewohnen. Es ist die Selbstverständlichkeit, mit der kleine Handgriffe vollzogen werden, welche auf die Gewohnheit alltäglicher Bewegungen schließen lässt. Diese wirken viel präziser angelegt und aufgenommen als in vielen anderen Filmen.

Kubrick, der nie eine Regieschule besucht hat, fand sein Konzept für die Arbeit mit Schauspielern vor allem in einem Buch von Nikolaj N. Gortschakow (Walker 1999, S. 21). Gortschakow beschreibt darin die Arbeitstechnik von Stanislawski. Ein Mittel, um eine realistische Darstel-

3. Das realistische Bild eines Boxers

lung zu erhalten, besteht für Stanislawski darin, eine möglichst realistische Dekoration herzustellen. Der Schauspieler soll seine Handlungen auf der Bühne annähernd und ungefähr so ausführen wie im Leben, nur dass diese deutlich ausdrucksvoller in Bezug auf ihre Sichtbarkeit, Hörbarkeit und emotionale Spürbarkeit dargestellt werden müssen (Gortschakow 1959, S. 191). Dazu soll er sich möglichst eng mit der Dekoration vertraut machen. Einmal schickte Stanislawski seine Schauspieler sogar los, damit sie die Einrichtungsgegenstände für ihre Bühne kaufen und so ihren Spielraum selbst gestalteten (Gortschakow 1959, S. 204). Aber nicht bloß der Spielraum hat dabei eine »*Patina*« bekommen, welche ihn äußerst glaubwürdig erscheinen lässt, der Schauspieler soll sich so mit dem Raum verbunden fühlen, als wäre es sein eigener. Dieses Konzept sollte Kubrick beibehalten. Ihm war immer daran gelegen, äußerst sorgfältig und detailliert alle optischen Elemente seiner Filme möglichst realistisch zu zeigen.

Weil Kubrick den Ton in einer viermonatigen Kleinarbeit selbst angelegt hat, beginnt der Film in einer ungewöhnlichen Form mit einem Geräusch eines abfahrenden Zuges kurz bevor das Bild einsetzt. Am Ende werden die beiden Hauptdarsteller die Stadt mit einem Zug verlassen.

Davy Gordon (Jamie Smith) erzählt nun gleich zu Beginn aus dem Off, dass seine Probleme vor drei Tagen mit einem Boxkampf gegen Kid Rodriguez begonnen haben. Der Film weckt so Neugier. Aber in einer Rückblende zeigt er sogleich, dass dieser Kampf nicht besonders bedeutsam war. Es sind nun mehrere Plakate zu sehen, welche ihn ankündigen. Eines von ihnen flattert lose im Wind, eines liegt in einer Wasserpfütze und ein Mann geht darüber hinweg. Das war augenscheinlich *kein* wichtiges Ereignis. Die nächste Szene zeigt Davy vor einem Spiegel, wie er seine Augenbraue auf Spuren vergangener »fights« hin untersucht und sich am Ende über die Nase fährt. Ein flüchtiger Hinweis auf eine gebrochene Nase. Das ist das offensichtlichste Zeichen im Gesicht eines Boxers für seinen Beruf. Davys ist noch heil. Seine Selbstgefälligkeit wirkt stur und ungebrochen. In dieser für Kubrick typischen Selbst-Feststellung eines Individuums vor einem Spiegel wird das Gefängnis des Egos, in dem Davy steckt, sofort als sein Problem herausgestellt.

In der nächsten Szene wird das noch deutlicher. Davy füttert darin seine Goldfische. Kubrick zeigt dabei in einer Großaufnahme sein

Gesicht, welches hinter einem Aquarium auftaucht. Es ist viel zu nah aufgenommen worden und fällt deshalb aus der Narration heraus (Elsaesser 2007, S. 92). Das Gesicht des Boxers in Großaufnahme hinter dem Fischglas wirkt wie eine Parabel auf seine eigene Situation. Typisch für den »Film noir« wird er so als Gefangener seiner eigenen Lebensumstände gezeigt (Philipsen aus: Castle, S. 13). Wie später Alain Delon in Jean-Pierre Melvilles Film *Le Samourai* (1967) seinen Kanarienvogel füttert, so ist auch Davy in New York ein *vereinsamter* Mensch, der wohl nicht viel mehr als seinen nächsten Kampf kennt. Das einzige, um was sich Davy kümmern kann, sind neben seinem Beruf *nur* seine Fische. Gleichzeitig ist aber dieser sorgenvolle Blick auf die stummen Zierfische ein weiterer Spiegel für Davy und damit ein sehr deutlicher Ausdruck seiner *narzisstischen* Struktur. Auf diese Szene wird in *Rocky* (1976) am Anfang angespielt, wenn Rocky (Sylvester Stallone), der ebenfalls ein ausgesprochener Tierfreund ist, in seiner Wohnung einfach *zwei* Aquarien nebeneinander stellt und die Fische darin fragt, ob sie keine Lust hätten, sich zu treffen. Doch im Gegensatz zu der im Rocky-Film stattfindenden pathetischen, christlichen Idealisierung des draufgängerischen Verlierers zum eigentlichen Sieger bleibt Kubricks Film bei der *deprimierenden* Wahrheit, in der Davy von Anfang ein Verlierer ist und es auch bleibt. Es hat den Anschein, als ob sein Selbstbezug dafür verantwortlich sein könnte.

In seiner Wohnung gibt es noch einen »*dritten Spiegel*«, der eine Öffnung *zum Anderen* beinhaltet. Durch das Fenster seines Zimmers kann Davy in die gegenüberliegende Wohnung sehen, und darin befindet sich *eine Frau*, Gloria Prize (Irene Kane), die dort ebenfalls alleine wohnt. Ihre Wohnung ist so gesehen das *zweite Aquarium*. Davy wirft nur einen flüchtigen Blick zu ihr herüber. Der Zuschauer kann aber sehen, dass auch sie sich vor einem Spiegel schminkt. Beide sind in einer sehr ähnlichen Situation. Der Film wird nicht nur ihre Wohnsituation spiegeln, sondern auch ihre Berufe und die engen und problematischen Bindungen an ihre Herkunftsfamilien. Davy ist ein Boxer, der seine *besten Zeiten* längst hinter sich hat und dem die große Karriere versagt geblieben ist. Gloria arbeitet aufgrund psychischer Probleme in einem Tanzclub als Hostess. Beide bekommen für ihren Körper Geld, und beide sind mit ihren Körpern beschäftigt.

3. Das realistische Bild eines Boxers

Wenn kurz darauf Kubrick die Kameraperspektive wechselt und Davy aus Glorias Perspektive zeigt, teilt der Zuschauer ihren *voyeuristischen* Blick auf ihn. Sie beobachtet, wie Davy seine Sachen packt und sich seine Jacke überzieht. Das ganze Szenario ist sehr klassisch in dem Setting von Rahmen und Fenster in Szene gesetzt (Elsaesser 2007, S. 29). Der Blick des Zuschauers wird so zunächst durch den von Gloria auf Davy verdoppelt und gleichzeitig wird so die zwischenmenschliche Relation der beiden Protagonisten durch den *Blick* begründet. Die Szene erinnert deutlich an den Anfang von *Don't Bother to Knock* (1952), in der Marilyn Monroe und Richard Widmark sich über die Fenster ihrer Hotelzimmer kennenlernen (Jacke 2005, S. 185f.). Was aber hier fehlt, ist der Dialog, der dort geführt wird.

Kubrick hat alle Szenen in Davys und Glorias Wohnung in einem winzigen Studio inszeniert (Walker 1999, S. 15). Es sind die einzigen, welche nicht an Originalschauplätzen gedreht werden konnten, weil sich diese Konstellation aufgrund der schwierigen Lichtverhältnisse kaum an echten Schauplätzen herstellen lässt. Das ganze optische Arrangement erinnert vor allem an Alfred Hitchcocks *Rear Window* (1954), der nur ein Jahr zuvor ins Kino kam und in Kubricks damaliger Heimat Greenwich Village spielt. Er handelt von einem invaliden Fotografen (James Stewart), welcher den ganzen Tag mit seiner Fotokamera aus seinem Fenster heraus die Menschen in seinem Innenhof beobachtet. Kubrick muss diese Situation sehr bekannt vorgekommen sein. Für Hitchcock bot sie die Möglichkeit, »einen vollkommen filmischen Film zu machen« (Truffaut 2003, S. 211). *Rear Window* wurde in einer riesigen Dekoration mit 31 anderen Wohnungen komplett im Studio gedreht. Zwölf dieser Wohnungen waren sogar vollständig eingerichtet. Hitchcock sagte über diesen großen Aufwand: »An einem realen Schauplatz hätten wir sie nie richtig ausleuchten können« (Spoto 2005, S. 409). Bei Kubrick wirkt der Set, anders als bei Hitchcock, kaum virtuell. Er dürfte nicht aus dem realistischen Stil des Films herausfallen.

Als Gloria und Davy dann gleichzeitig ihre Wohnungen verlassen, beginnt der Film mit einer *Parallelmontage* zwischen den beiden, die ihre Handlungen abwechselnd zeigt. Er wählt also eine typische Form der Narration des klassischen Kinos: *zwei Handlungsstränge*, die aber von Anfang an miteinander verbunden sind (Elsaesser 2007, S. 61). Immer wieder wird dabei die *Spiegelung* zwischen Davy und Gloria betont. Wenn sie das Treppenhaus heruntergehen, ähneln sich die Aufgänge so sehr, dass man sich fragt, weshalb sie nicht schon dort aufeinander treffen. Die Szenen sind *sicher* im selben Treppenhaus gefilmt. Im Hof treffen sie dann aufeinander. Sie grüßen sich flüchtig und gehen nun ein kurzes Stück bis zur Straße nebeneinander her. Auf diesem Weg sind sie flankiert von zwei identischen, großen, weißen Blumentöpfen auf beiden Seiten. Kubrick spiegelt so symmetrisch das ganze Bild und damit auch nochmals die beiden menschlichen Protagonisten. Gloria steigt nun in das luxuriöse Auto ihres Arbeitgebers Vincent Rappalo (Frank Silvera), der auf der Straße auf sie wartet. Davy steigt in die U-Bahn. Die Symmetrie wird aufgelöst und ein Dreieck eingerichtet. Glorias Chef Rappalo ist vermutlich *südamerikanischer* Herkunft. Sein dunkler Teint und die ihm später so häufig unterlegte Latino-Musik, ein »Rumba mit jazzigen Akzenten« (Sperl 2006, S. 42), legen eine solche Assoziation nahe. Über ihn erfährt der Zuschauer nichts, außer dass er ein Gangster ist und einen Tanzclub leitet. Rappalo hat Davy den Boxer erkannt. Er vermutet sofort ein Verhältnis zwischen ihm und Gloria und reagiert eifersüchtig. Sein unerfülltes Interesse an Gloria ist auf diese Konstellation *programmiert*. Es muss einen anderen Mann geben, den sie ihm vorzieht. Kubricks Raffinesse besteht darin, diese Konstellation zu zeigen, *bevor* Davy und Gloria sich überhaupt kennen gelernt haben. Rappalo wird sie sogar zueinander führen. Er will sich Davys Boxkampf, der an diesem Abend stattfindet, zusammen mit ihr ansehen. Ein Dreieck, in dem zwei Männer um eine Frau kämpfen, ist so bereits hergestellt, ohne dass ein Mann davon auch nur das Geringste weiß. Aus Rappalos Sicht ist Davy darin ein Rivale und damit ein Double seiner Interessen (Cocks 2004, S. 82; Nelson 2000, S. 24). Eigentlich basiert die Inszenierung aber auf einer Spiegelung zwischen Davy und Gloria. Für Gloria ist Rapallo eine Vaterfigur, für Davy einfach ein Krimineller.

Davy liest während der U-Bahnfahrt einen Brief von seinem Onkel aus Seattle. Der lädt ihn dazu ein, ihn und seine Familie bald wieder einmal zu besuchen. Dann wird Davy für den Kampf präpariert. Seine Hände bekommen Bandagen, sein Oberkörper wird eingeölt. Dazwischen wird sowohl der Broadway als auch Gloria gezeigt, die sich ebenfalls für ihre Arbeit als Tanzhostess in Rappalos Club umziehen muss. Während

3. Das realistische Bild eines Boxers

Davy alle Vorbereitungen *stur* über sich ergehen lässt ohne auch nur eine Miene zu verziehen, entwickeln die Bilder von Gloria zumindest ein wenig weiblichen Charme. Das Tanzlokal ähnelt allerdings auch mehr einer schäbigen Absteige, einzig Glorias graziöses Aussehen gibt ihm ein wenig erotisches Flair. Rappalo knipst schließlich seinen Fernseher an. Er hört dann sogleich, dass Davys Chancen, den Kampf zu gewinnen, nicht besonders groß sind. Der Boxer hat schon in anderen entscheidenden Kämpfen versagt. Der Vergleich zwischen dem stoischen Davy und dem lüsternen Rappalo, der sich nun darauf *freut*, die Niederlage seines imaginierten Rivalen anzusehen, liefert einen deutlichen Kontrast. Der ehrliche Boxer und der hinterhältige Clubbesitzer haben nicht viel gemeinsam. Schließlich beginnt der Kampf, und Gloria wird von Rappalo in sein Büro gezerrt. Er will, dass sie sich Davys Niederlage ansieht. Die Schläge von Kid Rodriguez, ebenfalls ein Südamerikaner, sollen seine eigenen sein. Rappalo ist anscheinend klar, dass er mit Davys männlichem Ausdruck nicht mithalten kann. In seiner Vorstellung überbordet das ödipale Dreieck die Realität, weil er sich nicht eingestehen kann, dass Gloria ihn nicht liebt; sein Schema geht nur soweit festzustellen, dass sie dann einen anderen Mann, nämlich Davy, lieben muss.

Kubricks Konzept, den Boxkampf und diese *erzwungene* Verführung abwechselnd zu zeigen, ist sehr interessant, aber etwas zu schwach umgesetzt. Gloria und Rappalo sind in allen Zwischenschnitten viel zu statisch in immer der gleichen Haltung und Einstellung zu sehen. Sie stehen wie hindrapiert vor dem Fernsehen und sowohl Glorias leicht verwunderter Blick als auch Rappalos feistes Grinsen wirken marionettenhaft und aufgesetzt. Dagegen gehört Davys Boxkampf ganz klar zu den visuellen Höhepunkten des Films. Anders als später in *Spartacus*, wo die eingeölten, makellosen Körper der todgeweihten Gladiatoren teilweise ein kitschiges, *fast* schon homosexuelles Bild erzeugen, lässt Kubrick hier einen *nüchternen* Realismus walten, der keine Ästhetisierung zulässt. Man sieht die Schweißtropfen der Boxer durch die Luft spritzen. Mit dieser ungeschminkten Szene setzte Kubrick seine »Ikonographie von *Männlichkeit*« fort (Castle 2005, S. 7). Wie in seinem Kurzfilm *Day of the Fight* wurden große Teile des Kampfes außerhalb des Ringes aus der Perspektive des Publikums gedreht. Und in den entscheidenden Momenten nimmt Kubrick die Handkamera und geht in den Ring, um alles aus einer *Binnenperspektive* zu zeigen. Diesen Wechsel zur Handkamera wird er immer wieder in seinen Filmen vollziehen, wenn es um den Ausdruck männlicher Gewalt geht. In entscheidenden Momenten verlässt er damit seine sonst oft distanzierte Haltung und nimmt eine subjektive und distanzlose Position ein. So wird der Zuschauer als Teilnehmer in den Schlagabtausch aus Davys Sicht mit hineingenommen. Zweimal geht er zu Boden, bevor er dann beim dritten Mal k. o. geschlagen wird. Beim zweiten Mal sehen wir aus Davys Perspektive, wie hinter dem zählenden Ringrichter von der Decke die Neonlichter grell auf ihn herunter scheinen. Den endgültigen K. o.-Schlag sieht man dann wieder von außen. Der Gegner, Kid Rodriguez, wird weder eingeführt noch nach dem Kampf weiter beachtet. Er ist ja auch innerhalb der Narration *nur* der Vertreter von Rappalo. Sowohl in Kubricks Kurzfilm als auch in seiner Fotoserie hatte Cartier den Kampf jeweils *gewonnen*. Nun geht es dem jungen Regisseur in einer inszenierten Form aber um den Verlierer. Schon in *Day of the Fight* zeigt er am Anfang in einer raschen Bilderfolge, wie mehrere Männer k. o. geschlagen werden und zu Boden gehen. Martin Scorseses bisher kaum übertroffener Boxerfilm *Raging Bull* (1980) mit Robert De Niro als Jake La Motta ist nicht zufällig auch in Schwarz-Weiß gedreht worden und zeigt noch viel drastischer die brutale Tristess dieses harten Berufes.

In der nächsten Szene geht Gloria nachts nach ihrer Arbeit über die 42. Straße nach Hause. Dann sieht man Davy allein in seiner Wohnung. Er ist nun auch psychisch so *niedergeschlagen*, dass er sich nicht einmal Licht gemacht hat. Gloria, die nun ihre Wohnung betritt, kann ihn nicht sehen. Davy, der zuvor mit sich selbst beschäftigt war, zeigt nun sofort ein starkes Interesse an ihr. Die selbstbezogene Spannung vor dem Kampf ist vorüber. Jetzt gilt sein Blick der attraktiven Frau, die ihm gegenüber wohnt. Dann ruft ihn sein Onkel Georg aus Seattle an. Während des Gesprächs stellt sich Davy so hin, dass er weiterhin in Glorias Wohnung sehen kann. Er stellt sich dabei neben den Spiegel in seinem Zimmer, sodass auch der Zuschauer sehen kann, was er sieht: Gloria, wie sie ab und an vorübergeht, schließlich ihren Pullover auszieht und später im Pyjama zu Bett geht. In das Gespräch mit Onkel George fließen in Davys Rede Anspielungen auf seine zeitgleichen Beobachtungen ein: Er betont zweimal hintereinander das Wort »*look*« sehr doppeldeutig, nachdem Gloria ihren Pullover ausgezogen hat. Obwohl Davy scheinbar sehr entspannt die Einladung seines Onkels entgegennimmt, doch nun einmal für ein paar Tage zu ihm auf Besuch zu kommen, gibt es einen kurzen Zwischenschnitt, in dem sein Gesicht im Profil wesentlich näher zu sehen ist. Der Take geht bloß zwei Sekunden, aber jetzt sieht man, dass er sehr angespannt zuhört. Die *Demütigung*, welche in der Einladung seines Onkels aufgrund des verlorenen Kampfes besteht, wird so sichtbar gemacht. Seine Augen haben während dieses kurzen Takes etwas lauerndes, wie die eines geschlagenen Raubtieres. In dem Moment, als Kubrick wieder zurück in die vorherige Einstellung schneidet, ist Davys Ausdruck wie zuvor, und er führt das Gespräch in einem sehr *freundlichen* Ton zu Ende. Es sind häufig diese kurzen Einstellungen, die dem Film eine *mehrdimensionale* Tiefe verleihen.

Dann geht Davy zu Bett. Er träumt nun in einer oft besprochenen Traumsequenz von vier Straßen, die er in rascher Folge durchläuft. Die Szene ist als Negativfilm gedreht und erinnert bereits an den berühmten Weltraumkorridor in *2001*, den der Astronaut Bowman auf seinem Flug in die Unendlichkeit durchläuft (Phillips aus: Castle 2005, S. 13). Akustisch fordert eine entfernte Männerstimme Davy während seines Traums dazu auf, nach Hause zu gehen. »Go on home, you lying bum! You're a bum! Go on home, boy. I don't ...« Der Traum wiederholt, anders als in der deutschen Synchronfassung, nicht bloß die Niederlage, sondern verzerrt auch den Inhalt der Einladung seines Onkels, die nun nicht mehr nur als freundliches Angebot, sondern als mahnender Aufruf gewertet wird. Die Fahrt durch die Straßen soll diese im Traum ins *Negative* gesetzte Bewegung visualisieren. Der Zuschauer weiß auch durch die Rahmenhandlung am Bahnhof, dass Davy tatsächlich schon bald eine *Fahrt* antreten wird. Die Szene enthält so eine beachtliche Kenntnis von Freuds Traumdeutung, nach der auch jeder Albtraum einen unbewussten *Wunsch* ausdrücken will. Denn Davy wird sich schon am nächsten Tag dafür entscheiden, die Einladung seines Onkels anzunehmen und die Fahrt nach Seattle tatsächlich anzutreten.

Der kurze Traum wird durch den schrillen Schrei einer Frau abgebrochen. Davy wacht davon auf und rennt zum Fenster. Dort sieht er, wie Rappalo Gloria zu Boden wirft. Er öffnet sein Fenster und ruft herüber: »Hey! What's goin' on there?« Rappalo versucht das Rollo herunterzuziehen und dabei sein Gesicht mit den Händen zu verstecken. Es gelingt ihm aber nicht.

Davy rennt über die Dächer zu Glorias Wohnung und erreicht sie, als Rappalo bereits geflohen ist. In dieser Schlüsselszene wird das voyeuristische Setting zu seinem Höhepunkt gebracht. Im Grunde ist es Rappalos Niedertracht, die es Davy ermöglicht, Gloria kennenzulernen. Diese Szene ähnelt sehr einer wichtigen Sequenz aus *Rear Window*, in welcher James Stewart durch das Fenster seines Zimmers einen Mord beobachten kann.

Dann erzählt Gloria Davy in einer weiteren Rückblende, was innerhalb der letzten Stunde in ihrer Wohnung vorgefallen ist. Diese Rückblende ist zunächst mit lauter Latino-Musik unterlegt. Rappalo klopft dabei an Glorias Wohnungstür. Nach einem kurzen Zögern öffnet sie ihm. Die Einstellung ist zunächst in einer Nahaufnahme und fährt dann, nachdem sie die Tür geöffnet hat, zurück. Anders als in späteren Kubrick-Filmen wird hier der dramatische Durchgang durch eine Tür kaum besonders akzentuiert, obwohl es sich bereits um eine wichtige *Überschreitung* handelt. Später, bevor in *A Clockwork Orange* die Haustür geöffnet wird, bedarf es einer längeren Überredung. Und wenn Jack Torrance in *The Shining* zwei Türen mit seinem Beil zerschlägt wird er dieses gewaltsame Eindringen kommentieren. Auch Dave Bowman wird versuchen, HAL erst zu überreden, ihn doch einzulassen, bevor er die Notluftschleuse benutzt. Die Dramaturgie der *Türschwelle* ist neben dem Korridor ein wichtiges Motiv in vielen Kubrick-Filmen. In *Killer's Kiss* ist diese Stelle zwar bereits optisch hervorgehoben, doch da Gloria fast sofort öffnet, nicht besonders herausgearbeitet. Rappalo erweist sich dann auch zunächst als ein Mann, der sich tatsächlich in seine Angestellte verliebt hat. Er erklärt ihr sogar seine *Unterwürfigkeit*, die ganz im Gegensatz zu seinem zudringlichen Sadismus zuvor steht. Aber der Zuschauer weiß ja bereits, dass er es dabei nicht belassen wird. Als Gloria ihm erwidert: »To me you're just an old man. You smell bad.« verändert sich langsam sein Gesichtsausdruck. Dass sie ihn dabei aber verwegen anlächelt, als würde es ihr Spaß machen ihn zu demütigen, wirkt sehr seltsam. Die Szene, die so neben Abweisung auch Verführung enthält, ist irritierend. Weil man Glorias Verhalten nicht versteht, wirkt sie unglaubwürdig. Außerdem ist sie, wie die Szene mit Rappalo und Gloria zuvor, auch etwas hölzern gespielt. Kubrick wollte die einfache und und häufig verwendete Struktur, in der Davy als Retter, Rappalo als Täter und Gloria als das weibliche Opfer positioniert wäre durchkreuzen. Später wird deutlich, dass Gloria nicht bloß für Rappalo gearbeitet hat, sondern längst ein Verhältnis mit ihm hatte. Erst dann kann man ihr Verhalten verstehen. Rappalo wird nach dieser Mischung aus Abweisung und Flirt tatsächlich zudringlich, sodass Gloria schreit. Mit diesem Schrei, der Davy zuvor aus dem Schlaf gerissen hat, endet die Rückblende.

Nachdem Gloria nun in Davys Armen eingeschlafen ist, sieht er sich in ihrem Zimmer genauer um. Kubrick zeigt dabei eine Nahaufnahme von einer *Plastikpuppe*, welche direkt über ihrem Bett an einem Stahlgeländer befestigt ist. Sie trägt einen Bademantel und hat blonde Haare. Später wird Gloria diese Puppe in der Hand halten, während Davy telefoniert, und gegen ihre Wange drücken. In dieser Szene in der Nacht zeigt Kubrick die Puppe gleich *zweimal* in einer Großaufnahme. Sie stellt eine Charakterisierung von Gloria dar (Duncan 2003, S. 32). Sie ist in ihrem Job eine käufliche Tanzpuppe, nicht viel mehr als lebendige Materie. Ihr Nachname lautet deshalb »*Prize*«. Davys Interesse an Gloria inszeniert Kubrick so, dass er mit seinen Fingern durch ihre aufgehängten Nylonstrümpfe streift. Dann riecht er an ihrem Parfüm und schaut sich eine Postkarte an. Er ist wie Rappalo auch an ihrer *erotischen* Seite interessiert. Nur wird er keine Gewalt brauchen, um sie zu bekommen. Diese Frau war von vornherein an ihm interessiert.

Am nächsten Morgen frühstückt er mit Gloria zusammen in ihrer Wohnung; Davys Stimme aus dem Off erzählt dabei die Situation. Dann fragt er sie nach zwei Fotos, welche er am Abend auf ihrer Kommode schon kurz betrachtet hatte. Kubrick zeigt die Fotos in einer Nahaufnahme. Ein älterer Herr mit einem Schnauzbart und dunklem Taint ist darauf abgebildet. Er hat offensichtlich Ähnlichkeit mit Rappalo, und neben ihm auf dem Foto befindet sich eine graziöse Frau im weißen Ballkleid mit vor dem Bauch verschränkten Armen. Es handelt sich um Glorias Vater und ihre Schwester, die eine Balletttänzerin gewesen ist. Es folgt nun wieder eine Rückblende, in der Gloria ihre traurige Familiengeschichte erzählt. Während dieser Rückblende sieht man Glorias Schwester Iris Ballett tanzen. Die Rolle wurde gespielt von Kubricks damaliger Ehefrau Ruth Sobotka, die Mitglied des New York City Ballet von Georg Balanchine war (Jansen 1984, S. 286). Kubrick nahm die gesamte Szene an einem Tag auf. Sie wurde nachträglich eingefügt, um Glorias Charakter interessanter und wohl auch *verständlicher* werden zu lassen (Walker 1999, S. 48). In mehreren Einstellungen wird nun eine Theaterbühne gezeigt, auf der die mit einem Scheinwerfer beleuchtete Iris sehr graziös ihren *sublimen* Tanz vollzieht. Ein größerer Kontrast im körperlichen Ausdruck wie zu dem vorher gesehenen Boxkampf ist kaum möglich. Das männliche und weibliche Prinzip werden in *Killer's Kiss* in Bildern von Körperbewegungen vermittelt. Diese Szene stellt optisch gesehen zweifellos einen weiteren Höhepunkt dar. Die leise unterlegte Musik ist dabei mehr auf Glorias Erzählung als auf die Bewegungen der Tänzerin abgestimmt (Sperl 2006, S. 47).

Gloria erzählt ganz im Sinne Freuds ihren »*Familienroman*«. Der beginnt damit, dass bei ihrer Geburt ihre Mutter gestorben ist, was ihren Vater sehr unglücklich gemacht hat. Er habe nie wieder eine andere Frau angesehen. Den Platz der Mutter scheint dann mit der Zeit ihre acht Jahre ältere Schwester Iris eingenommen zu haben, die auch äußerlich der Mutter sehr ähnlich sah. Sie wurde zur Lieblingstochter des Vaters. Gloria hasste sie dafür und war sehr eifersüchtig. Die große Berufung der Schwester war der Balletttanz, in dem sie es mit 20 Jahren zu beachtlichen Erfolgen brachte. Ein junger reicher Mann hält schließlich um ihre Hand an. Er möchte aber, dass sie aufhört zu tanzen. Iris entscheidet sich schweigend für ihre Kunst. Da wird ihr Vater sehr krank. Die Gelder der Familie sind schnell verbraucht. Gloria ist mit ihren 13 Jahren noch zu jung, um arbeiten zu gehen. Iris gibt das Tanzen auf, heiratet den reichen Mann und ermöglicht so ihrem Vater eine angenehme Pflege. An dem Tag, an dem der Vater stirbt, wirft Gloria ihrer Schwester aus Eifersucht vor, dass sie ihm bloß ihre Liebe vorgespielt habe. Iris, welche am Bett des toten Vaters lange sitzenbleibt, schweigt. Schließlich wird sie abends selbst tot in ihrem Bett gefunden. Sie hat sich die Pulsadern aufgeschnitten. In einem hinterlassenen Brief steht, dass sie Gloria geliebt habe und unglücklich über ihre Entzweiung war. Ein paar Tage danach hat Gloria, einem raschen Impuls folgend, ihren Job in Rappalos *Pleasureland* angenommen. Wie in einem Zoo wurde sie so zu einem weiblichen ausstellbaren Objekt. Sie sagte sich dabei jeden Abend: »At least Iris never had ... to dance like this.« Es handelt sich dabei aber nicht *nur* um einen neurotischen Schuldkomplex (Philipsen aus: Castle 2005, S. 14), der den Tod der Schwester und dahinter noch tiefer den Tod der Mutter büßt, für den sich Gloria verantwortlich fühlt. Denn gleichzeitig verstrickt sie sich dabei erneut in Schuld, weil sie die Position der Schwester als Tänzerin einzunehmen versucht und den Vater (Rappalo) so verführen will. Es ist die *erotische* Komponente, die ihren Tanz von dem von Iris unterscheidet.

Aus diesem ambivalenten Anliegen, Verführung und Buße – »Kiss me, Kill me« war der ursprüngliche Titel des Films – leitet sich Glorias Verhalten gegenüber Rappalo ab. Aber diese Erklärungen kommen innerhalb der Filmhandlung viel zu spät, denn erst jetzt wird Glorias Verhalten in den Szenen zuvor nachvollziehbar. In der deutschen Synchronfassung wird übrigens ihr Monolog am Ende immer noch falsch wiedergegeben und zunächst übergangen, dass ihr Vater gestorben ist (Jansen 1984, S. 22f.). Die Szene zeigt in ihrem Konzept zwischen Text und Bild bereits die Fähigkeit des Regisseurs, interessante und ungewöhnliche Verknüpfungen herzustellen. Die Bewegungen des Tanzes sind zwar auf Glorias Erzählung abgestimmt, aber die Verknüpfung ist bewusst *mehrdeutig*. Man kann das Bild der tanzenden Iris mit ihrer *versteinerten* Miene als Richterin sehen, die Gloria schuldig spricht, oder auch als das Bild einer tragischen Frau, die sich für ihren Vater geopfert hat.

Aus *Killer's Kiss* wird leider im Folgenden immer mehr ein actionreicher Gangsterfilm. Davy und Gloria küssen sich und beschließen, gemeinsam nach Seattle zu fahren. Beide wollen aber vorher noch ihr verdientes Geld abholen. Als Rapallo am Telefon erfährt, dass Gloria gekündigt hat, bekommt er einen Wutanfall, bei dem er ein Glas auf zwei comicartige, grinsende Gesichter eines gezeichneten Mannes in seinem Büro wirft. Dadurch, dass Rappalo sein Glas auf einen Cartoon wirft, lässt Kubrick sehr deutlich werden, dass seine Eifersucht nur auf einer Einbildung basiert. Er ist unfähig zu akzeptieren, dass Gloria ihn nicht liebt. Als Gloria dann die steile Treppe zum Pleasureland hinaufgeht, ist am oberen Bildrand ein großes Schild zu sehen, auf dem steht: »WATCH YOUR STEP«. Diesen herkömmlichen Satz wird später der Koch Hallorann in *The Shining* zu Wendy und Danny sagen. Das Schild, welches hier angeblich zufällig hing (Nelson 2000, S. 28), meint weniger die steile Treppe als die Gefahr, welche an ihrem Ende lauert.

Davys weißer Schal wird währenddessen auf dem vollen Broadway von zwei Betrunkenen gestohlen.

Einer von ihnen spielt auf der Mundharmonika »Oh Suzanna« und beide tragen feine Anzüge und türkische Hüte. Sie tanzen sehr ausgelassen und eigenwillig und sind wie Iris' Balletttanz das Letzte, was ein Zuschauer in einem »Film noir« erwarten würde. Dieses burleske Paar könnte aus Kafkas Roman *Das Schloss* (Kafka 1992, S. 168ff.) stammen, wo es zwei Gehilfen gibt, die den Hauptprotagonisten mit ihrer naiven Plumpheit sehr nerven. Davy rennt hinter ihnen her und holt sich seinen Schal zurück. So verpasst er seinen Trainer Albert, der ihn auszahlen wollte. Albert wird aber von Rappalos Männern für Davy gehalten. Sie erschlagen ihn in einem Hinterhof. Diese düstere Szene ist wie im *expressionistischen* Film aufgenommen worden. Die großen, schwarzen Schatten zweier Schläger gleiten über die Hauswände des schäbigen Hofes, und sie drängen den Boxtrainer solange in die Ecke bis es für ihn keine Fluchtmöglichkeit mehr gibt. Kubrick kontrastiert den Mord an Albert sehr geschickt mit Davys Ärger mit den zwei betrunkenen Dieben.

Die nächsten Szenen handeln davon, wie es Davy gelingt, Gloria zu befreien, und schließlich mündet der Film in einem klassischen Showdown, in dem sich Rapallo und Davy in einem Duell gegenüberstehen. Zuvor zeigt uns Kubrick noch eine längere Verfolgungsjagd über die Dächer eines Industriegeländes. In mehreren Totalen aufgenommen, wird hier erstmals die Weite des Raums vollkommen ausgeschöpft. Der eigentliche Showdown ist es aber, der von *Killer's Kiss* am besten in Erinnerung bleibt (Nelson 2000, S. 29), weil Kubrick dafür einen wirklich ungewöhnlichen Ort ausgewählt hat: eine Schaufensterpuppenfabrik. Rapallo und Davy kämpfen in einer Halle voller Schaufensterpuppen um Gloria. Kubrick verwendete dafür denselben Raum, den er zuvor als Drehort für den Tanzraum des Pleasureland benutzt hatte (Nelson 2000, S. 29). Da es sich bei den Mannequins fast ausschließlich um *weibliche* Puppen handelt, kann wohl kaum ein Zweifel darüber bestehen, wen sie im Bild *substituieren* sollen. Und es ist vor allem Davy, der nach Rappalo mit einzelnen Körperteilen von weiblichen Schaufensterpuppen wirft. Wenn dann Rapallo und Davy – mit Beil bzw. Spieß bewaffnet – vor allem die Schaufensterpuppen beschädigen, bekommt ihr Kampf schon etwas sehr Absurdes. Dieses Dekor nimmt schon ein wenig die berühmte erste

3. Das realistische Bild eines Boxers

Sequenz aus *A Clockwork Orange* vorweg, in der Alex und seine Droogs in der Korova-Milchbar sitzen, wo weiblichen Puppen als Möbel benutzt werden. Auch als Bill Hartfort (Tom Cruise) dann in *Eyes Wide Shut* in einem Kostümverleih an einer Galerie von angezogenen Schaufensterpuppen vorbei geht, wird dieses Thema erneut in Szene gesetzt.

Glorias Arbeit als Tanzhostess wurde am Anfang gezeigt, indem Kubrick Schilder vor dem Club aufnahm, auf denen eine gezeichnete Frau abgebildet war. Daneben stand: »Dancing Partners«, »Dancing Hostesses« und darüber »Couples Invited«. Mehrfach hat Kubrick in diesem Film die Frau als eine *Puppe* dargestellt. Wie bereits erwähnt, befindet sich eine Spielzeugpuppe über Glorias Bett. Auch ihre Schwester Iris Prize wirkt in der Ballettsequenz wie eine *mechanische* Puppe, wie eine Ballerina aus einer Spieldose. Dann zeigt uns Kubrick direkt, bevor er zum ersten Mal die Plakate am Pleasureland ins Bild bringt, sehr kurz eine kleine nackte mechanische Puppe zum Aufziehen, die in einem weißen Wasserbehälter immerzu im Kreis schwimmt. Der Showdown *dekonstruiert* den männlichen Blick auf das phallisch-codierte weibliche Objekt der Warenwelt. In der Tat kämpfen die Herren jetzt mit den *Einzelteilen* davon, und beiden geht es dabei um Glorias Körper. Schließlich ersticht Davy Rapallo mit seinem Spieß.

Den Todesschrei Rapallos lässt Kubrick dann in das Pfeifen eines Zuges übergehen. Innerhalb der Rahmenhandlung steht Davy nun am Ende wieder am Bahnhof und wartet auf Gloria. Er zweifelt aber daran, dass sie überhaupt kommen wird. Dann erscheint sie und umarmt ihn. Die beiden werden wohl zusammen nach Seattle fahren. Ob ihre Probleme damit wirklich gelöst sind, ist fragwürdig, denn weder die soziale Stellung von Davy als einem *absteigenden* Boxer noch Glorias massive, psychologische Probleme sind so beseitigt. Sie trägt ihre *belastende Vergangenheit* immer noch mit sich herum (Silver 2004, S. 15). Die beiden werden Verlierer bleiben, weshalb man wohl kaum von einem *Happy End* sprechen kann (Seeßlen 1999, S. 88).

Für den Regisseur hingegen brachte dieser Film einen entscheidenden Fortschritt. Kubrick gelang es, *Killer's Kiss* an United Artists zu verkaufen, die ihn aufgrund seiner Länge von nur 67 Minuten hauptsächlich im Vorprogramm laufen ließen (Castle 2005, S. 15). Außerdem fand er durch diesen Film den Produzenten James B. Harris, der das Kapital für sein nächstes Filmprojekt beschaffen konnte (Walker 1999, S. 16). Auch war *Killer's Kiss* Kubricks letzter Film ohne *literarische* Vorlage. In Zukunft sollte die Suche nach einem geeigneten Stoff sogar immer aufwendiger und wichtiger werden (Walker 1999, S. 17). Alle folgenden Drehbücher waren besser durchdacht.

4. Der Plan und seine Umsetzung: *The Killing* (1956)

Von der Form her viel ausgereifter, aber vom Inhalt um einiges konventioneller drehte Kubrick seinen zweiten »Film noir«. Dieser kam zu einem Zeitpunkt in die Kinos, als diese Richtung in ihrer klassischen Form sich gerade aufzulösen begann (Silver 2004, S. 187). *The Killing* (Die Rechnung ging nicht auf) ist aber nicht nur ein »Film noir«, sondern gehört zu einem Subgenre des Kriminalfilms, dem »big caper movie« (Müller aus: Beier 1999, S. 55). Dieses handelt stets von der Planung und Ausführung eines Verbrechens, in diesem Fall von einem Geldraub. Für einen jungen Regisseur, welcher selbst für seinen Film nicht *entlohnt* wird (Beier 1999, S. 56), sicher keine zufällige Themenwahl. Kubrick distanzierte sich später aber deutlich vom Inhalt dieses Films, indem er zugab, dass der Sinn von *The Killing* gewesen sei, zu zeigen, in welchem Maße man aus einer völlig *bedeutungslosen* Geschichte einen guten Film machen könne (Seeßlen 1999, S. 93). Der Film hat das einfache Grundmotiv eine *Meute* von Menschen zu zeigen, die hinter dem großen Geld her ist. In der Tat ist seine Handlung nicht gerade originell.

Sie lässt sich so zusammenfassen: Johnny Clay (Sterling Hayden), der gerade aus dem Gefängnis gekommen ist, plant mit zwei Angestellten einer Pferderennbahn, einem älteren Geldgeber, einem Polizisten und zwei professionellen, kleinen Gangstern einen Überfall auf das Wettbüro der Rennbahn. Der sorgfältig vorbereitete Coup läuft trotz vieler Zwischenfälle präzise ab. Aber ein Komplize, der Kassierer im Wettbüro, George Peatty (Elisha Cook Jr.), hat seiner verlogenen Ehefrau Sherry

(Marie Windsor) alles erzählt. Die schickt ihren Liebhaber Val Canon (Vince Edwards) los, damit er sich das Geld nach dem gelungenen Raubüberfall unter den Nagel reißt. Es kommt zu einer Schießerei, in deren Folge fast alle außer George umkommen, der tödlich verwundet gerade noch die Kraft aufbringt, sich nach Hause zu schleppen, um seine Frau zu erschießen. Nur Johnny Clay, der zu spät am Treffpunkt ankommt, kann fliehen. Er hat die gesamte Beute in einem Koffer untergebracht, der sich aber am Flughafen aus Versehen öffnet, sodass das ganze Geld durch die Luft wirbelt. Kurz darauf ergibt sich Johnny der Polizei.

Das Drehbuch basiert auf der Kriminalgeschichte *Clean Break* von Lionel White, einem bekannten Autor von Groschenromanen (Phillips aus: Castle 2005, S. 16). Kubrick schrieb es zusammen mit dem Kriminalschriftsteller Jim Thompson, der wohl vor allem engagiert wurde, um sich einige zusätzliche Dialoge auszudenken (Kiefer aus: Kinematograph 2004, S. 18). Das besondere an der Vorlage war nicht die recht gewöhnliche Handlung, sondern dass die Story während des Raubes *nicht* chronologisch erzählt wurde. Diesen besonderen Erzählstil, in dem die *lineare* Zeitstruktur aufgebrochen wird und die Zeit immer wieder zurückschnellt, sollte Kubrick für den Film übernehmen. Aber dies sollte sein *einziges* Experiment mit der Zeit in dieser *direkten* Art bleiben. Alle weiteren Filme außer *Lolita* arbeiten nicht einmal mehr mit Rückblenden, sondern verfolgen einen einfachen, linear fortschreitenden Handlungsstrang. Kubrick fand darin aber einige Male andere, subtilere Wege, um komplexe Zeitstrukturen zu erzählen.

Die Ablösung von der linearen Erzählstruktur war 1956 nichts vollkommen Neues. In *Citizen Kane* (1941) wurde bereits die Chronologie aufgelöst, ebenso in Akira Kurosawas *Rashomon* (1950), welcher einige Perspektivenwechsel durch verschiedene Protagonisten auf dasselbe Ereignis vorgenommen hatte (Jansen 1984, S. 43). Ungewöhnlich war es allerdings, mit einer solchen Struktur in einem »Film noir« zu arbeiten, der sonst fast nur Rückblenden wie in *Killer's Kiss* kannte. Dafür verzichtete Kubrick während des Raubes auf die Parallelmontage, welche die Handlung gebündelt und intensiviert hätte. Er stellt in *The Killing* die Uhr immer wieder zurück und zeigt den Ablauf des Überfalls mehrmals jeweils aus der Position eines anderen Beteiligten. Damit wird sehr gezielt jeder Standpunkt als ein *subjektiver* vorgeführt und dem Zuschauer ein

The Killing (1956)

präziser Überblick auf das *gesamte* Geflecht ermöglicht. Die Wiederholung tritt an die Stelle der Verdichtung. So wird der genau geplante Raub selbst zum eigentlichen *Hauptdarsteller,* dem alle teilnehmenden Personen untergeordnet sind. Im Film wird diese Ent-Individualisierung durch den philosophischen Schachspieler und Ringer Maurice auch sehr präzise ausgesprochen. Bevor Johnny Clay ihn in der »Akademie of Chess« anheuert, sagt Maurice zu ihm: »Individuality is a monster, and it must be strangled in its cradle.«

Der Film wurde häufiger mit einer Schachpartie verglichen, da er zeigt, wie eine gezielte Strategie umgesetzt wird (Jansen 1984, S. 38f.). Weiterhin kann *The Killing* auch als ein Film über das Filmemachen betrachtet werden (Walker 1999, S. 53). Der Off-Sprecher redet am Anfang von einem *»Puzzle«,* das sich nach und nach vor den Augen des Zuschauers zusammensetzen wird. Wie bei der Montage eines Films, in dem jede Einstellung ein Puzzleteil darstellt, aus dem sich dann am Ende durch den Schnitt ein Gesamtbild ergibt, wird jeder Teilnehmer des Coups als ein Teil beschrieben, dessen Handlung erst ihren vollständigen Sinn erhält, wenn man das *Ganze* betrachtet. Alle Teile müssen funktionieren, damit das Ganze gelingt. Ein solcher Plan und seine möglichst interessante Umsetzung ist ein Thema, das Kubrick stets sehr fasziniert hat und für ihn ein ganzes Stück weit auch die entscheidende Herausforderung darstellte, einen Film anzufertigen. Daher spiegelt sich in diesem Film seine eigene Arbeitsweise, die der *kopflosen* Emotion des Dramatischen stets eine exakt kalkulierte, detaillierte Logistik unterlegt hat, sehr genau wieder. Kubrick arbeitet hier mit einem *Zeitbild,* das den Film selbst als Kalkül reflektiert (Deleuze 1991, S. 265). Dabei kommen aber der Plan und seine Ausführung niemals vollständig zur Deckung. Die vielen Zwischenfälle, welche den reibungslosen Ablauf stören, sind so erheblich, dass der Vollzug immer wieder gefährdet ist, bis er schließlich am Ende sogar ganz gestoppt wird.

Darin zeigt sich bereits, dass Kubrick tatsächlich seinen Schwerpunkt mehr in seinem *Inhalt,* wie bei Chaplin, als in einer *Form,* wie bei Eisenstein, sucht (Jansen 1984, S. 212). Denn dass in *The Killing* die reine Form, welche die Durchführung des Plans darstellt, immer wieder von seiner konkret ablaufenden Handlung unterbrochen wird, welcher in seiner Art von Chaplins burlesker Komik stammen könnte, gehört zu einem der wenig beachteten Grundkonzepte des Films. So als würde eine Schachpartie immer wieder von äußeren Umständen unterbrochen werden, so fällt die Realität in den Plan ein. Und es sind diese Zwischenfälle, die Jansen einfach als lächerliche Konstruktionen abtut (Jansen 1984, S. 39), welche dem Film einen beachtlichen Anteil an Realitätsbezug verleihen. Kubrick interessiert sich eben nicht *nur* für den Ablauf eines Schemas, sondern im Gegenteil gerade für all die *Störfaktoren*, welche dieses Schema verändern. Wenn man *The Killing* als eine selbstreflexive Aussage des Regisseurs versteht, dann zeigt dieser darin ganz offen sein Interesse daran, dass ein Plan bei seiner Umsetzung in die Realität stets verändert und angepasst werden muss. Und genau diese Fähigkeiten sollte er später immer weiter perfektionieren. *The Killing* konnte aber noch keineswegs mit jenem aufwendigen Perfektionismus gedreht werden, welcher für den Regisseur typisch werden sollte. Der Film wurde in »nur 20 Tagen« abgedreht (Kubrick aus: Castle 2005, S. 17). Auffällig ist schon hier, dass er einigen Schauspielern kaum Regieanweisungen gab (Colleen Gray aus: Castle 2005, S. 17). Trotzdem setzt er einen sehr deutlichen Akzent auf ziemlich unterschiedliche und teilweise durchaus *dubiose* Charaktere. Kubrick arbeitete an diesem Set aber noch nicht an einer besonders ausgefallenen Darstellung (Hayden aus: Beier 1999, S. 71), sondern griff auf das bestehende Reportoire bereits etablierter Schauspieler zurück. Er besetzte fast alle Rollen in *The Killing* mit Darstellern, die sie so ähnlich bereits in anderen Filmen gespielt hatten (Seeßlen 1999, S. 94). Selbst der Off-Sprecher war von der Art eine *Imitation* der *Highway Patrol*-TV-Serien, die zu dieser Zeit (1955–59) gesendet wurden (Nelson 2000, S. 34). So verwendete der junge Regisseur bereits vorhandene Seh- und Hörgewohnheiten, um seinen Film einem breiten Publikum zu verkaufen.

Eine besondere Mischung besteht darin, dass die Szenen mit den Schauspielern, die fast alle im Studio gedreht wurden, immer wieder mit *dokumentarischen* Material verknüpft werden, welches von einer echten Pferderennbahn stammt. Die unterschiedliche Qualität dieser beiden Sorten von Material ist zwar nicht unsichtbar, aber die virtuelle Ebene wird so immer wieder mit einer authentischen verknüpft. Und da Kubrick die Pferderennen sehr ausgiebig zeigt, ist dies, neben dem Überfall, die zweite übergeordnete Aktion, die den Film zusammenhält.

The Killing (1956)

Als Zugpferd gegenüber der Produktionsfirma und dem Publikum diente Sterling Hayden, der durch seine Leistungen in *The Asphalt Jungle* (1950) von John Huston bekannt geworden war. *The Asphalt Jungle*, in dem auch Marilyn Monroe ihre erste wichtige, kleine Nebenrolle hatte, wurde häufig mit *The Killing* verglichen (Jansen 1984, S. 33). Auffällig ist in beiden Filmen, dass Hayden mit seinem gezielt rohen »*Underplaying*« die entscheidende Figur darstellt. Auch handeln beide Filme vom Scheitern eines geplanten Raubüberfalls, aber sie arbeiten dabei doch mit ganz anderen Mitteln. In Hustons Film bestimmen lange Dialoge die Szenen, während *The Killing* vielmehr von den Handlungen der Personen getragen wird. Huston zeigt den eigentlichen Überfall nur sehr kurz, der dann auch sehr einfach abläuft. Ihm verdankt Kubrick aber nicht nur seinen Hauptdarsteller, sondern wohl auch das Ende mit den fliegenden Dollarnoten, welches es in der Form von verrinnenden Goldstaub auch am Ende von Hustons berühmten Film *The Treasure of the Sierra Madre* (1948) mit Humphhrey Bogart vorkommt (Beier 1999, S. 68).

Besonders auffällig sind in Kubricks Film die Teilnehmer des Coups. Diese Reihe von Möchtegern-Ganoven und auch die zwei Profis, die Johnny außerdem anheuert, sind sehr *eigenwillig*. Der ungewöhnlich kluge Ringer Maurice (Kola Kwarian), Schachspieler und Philosoph, ein sehr großer, kahlköpfiger Russe, sagt Johnny ins Gesicht, dass er ihn nicht für besonders clever hält: »Johnny, you were never very bright but I love you anyway.« Er bekommt die Aufgabe, eine Schlägerei anzuzetteln, um die Wachpolizisten während des Raubes abzulenken. Kubrick inszeniert hier das Gegenteil vom Klischee eines dummen Raufbolds und besetzte diese Rolle mit einem persönlichen Freund, der tatsächlich Schachspieler war.

Dann wohnt Johnny bei dem *homosexuellen* Geldgeber des Unternehmens, Marvin (Jay C. Flippen), dessen Neigung zu dem Gangsterboss Kubrick aus Gründen der Zensur nur *versteckt* wiedergeben durfte. Dieses Problem wird bei *Spartacus* erneut auftreten (Phillips aus: Castle 2005, S. 17). Kubricks Interesse an dem Thema *Homosexualität* sollte hier erstmals auftauchen, und er wird immer wieder auf diese »*Alternative*« von Männlichkeit, meistens in sehr humorvoller, oft ironischer Weise, zurückkommen. Damals war dieses Thema im Kino tabu – obwohl eine beachtliche Anzahl Homosexueller im Filmbusiness tätig waren. Eine stärkere Ausprägung in dem Film hätte die Zuschauer sicher verwirrt und dem üblichen Männerkult im »Film noir« eine äußerst seltsame Note verliehen. Aber es blieben nur versteckte Anspielungen übrig, aus denen der Zuschauer nun erahnen kann, weshalb Marvin das Unternehmen unterstützt. Kubrick interessierte sich für dieses Thema allein schon aufgrund seiner *Nähe* zur narzistischen Spiegelung.

Die auffälligste und bösartigste Figur des Coups ist Nikki Arane (Tim Carey), den Johnny anheuert, um ein Pferd während des Rennens zu erschießen. Erneut vermischt der junge Regisseur am Punkt der *männlichen* Aggression, wie auch schon in *Killer's Kiss*, die Ebenen von Realität und Comic. Nikki führt Johnny seine neuste Schusswaffe vor, indem er damit auf drei lebensgroße FBI-Attrappen schießt und diese arg durchlöchert. Wie oft bemerkt worden ist, lässt Kubrick am Schluss diese Attrappen lebendig werden, wenn er zwei Polizisten am Flughafen auf Johnny zukommen lässt, um ihn zu verhaften (Jansen 1984, S. 42). Was aber an der Szene mit Nikki *wenig* beschrieben wurde, ist, dass es sich darin um eine Darstellung einer *verrückten* Kaltblütigkeit handelt, denn Nikki würde ohne Weiteres auch in eine Menschenmenge schießen, als wären es nur *Attrappen*. In dem Gespräch betont Johnny, dass er *nur* ein Pferd für ihn zu erschießen habe. Nikki nennt Johnny zweimal ironisch *Pops* (Pappi) und, als es ernst wird, John. Einmal fährt er rasch mit der Hand über Johnnys Krawatte; eine sehr seltsame und wiederum *homosexuelle* Andeutung, obwohl Nikki keineswegs ein Homosexueller ist. Er wirkt sehr schräg, weil er total relaxt und zugleich sehr angespannt ist. Das freche Grinsen in seinem Gesicht schaut dabei so aus, wie eine *Grimasse* und scheint nur aufgesetzt zu sein. Es verschwindet auf einmal plötzlich, als er sich nervös über sein Auge fährt. Nikki gehört zu der Sorte Männern, welche sich von anderen nur schwer etwas sagen lassen. Während des gesamten Gesprächs trägt er paradoxerweise zärtlich seinen kleinen Hund im Arm, während er versucht, gegenüber Johnny seine *Coolness* herauszustellen. Dieses exzellent gespielte Paradox zwischen hoher Sensibilität und einem fiesen, brutalen Verhalten lässt die Figur sehr realistisch erscheinen. Der Schauspieler Tim Carey sollte auch in *Path of Glory* eine wichtige, wenngleich auch völlig andere Rolle bekommen. Kubrick gelingt es hier, den Killer sehr subtil als eine leicht *gestörte* Persönlichkeit zu zeigen.

The Killing (1956)

Nikkis Auftritt während des Raubes gehört dann zweifellos zu den Glanzleistungen des Films. Er beginnt damit, dass er den schwarzen Parkplatzwächter (James Edwards) darum bittet, ihm doch vor der eigentlichen Öffnungszeit Einlass zum Parkplatz in der Nähe der Pferderennbahn zu gewähren. Der Wächter lehnt zunächst ab. Auch als Nikki vortäuscht, gelähmt zu sein, will der Wächter, der selbst humpelt, ihn nicht einlassen. Erst als sich ihre Verletzungen als Folgen des Zweiten Weltkrieges erweisen und Nikki ihm zudem noch etwas Geld zusteckt, lässt er sich erweichen. Die erste Hürde ist genommen, und er kann sich so einen idealen Platz auf dem Parkplatz aussuchen. Allerdings wird er nun von dem Parkwächter einige Male belästigt. Er kann ihn nur abschütteln, indem er ihn barsch »Nigger« nennt. Das Hufeisen, welches ihm der Parkwächter als Glücksbringer schenken wollte, wird dann achtlos auf den Boden hinter Nikkis Auto geworfen. Als der Killer nach dem Schuss auf das Pferd seinen Wagen zurücksetzt, bohrt es sich in seinen Reifen, sodass er nicht rasch genug wegfahren kann. Ein Polizist erschießt ihn. Mit viel *Ironie* behandelt Kubrick so ein weiteres, schwieriges soziales Thema. Nikki ist ja keineswegs ein *Rassist*, sondern benutzt dieses Vokabular nur, weil ihn der Wächter bei seiner Arbeit stört. Kubricks Film behandelt so ganz nebenbei die Rassendiskriminierung in den USA. Diese wurde in den 50er Jahren noch sehr drastisch betrieben. Eine Schranke, die auch die Männersolidarität alter Kriegsveteranen nicht beseitigte. Auch dieses Motiv kehrt in *Spartacus* wieder.

Zu der Bande, welche den Coup konkret ausführt, gehören zwei Angestellte der Rennbahn und ein korrupter, verschuldeter Polizist (Ted De Corsia), welcher die Aufgabe hat, den vollen Geldsack aus der Rennbahn herauszuschmuggeln. Die Angestellten sind beide verheiratet und begehen dieses Verbrechen *für* ihre Ehefrauen. Zusammen mit Johnny und seiner attraktiven Freundin Fay (Coleen Gray) werden so im Film drei sehr unterschiedliche Paare gezeigt: Johnny und Fay bilden ein *verliebtes* Paar, in dem der Mann das Sagen hat. Der Barkeeper Mike O'Reilly (Joe Sawyer) hat eine kranke Frau, die er mit dem geraubten Geld retten will. Ihr Verhältnis zueinander ist von gegenseitiger *Fürsorge* getragen. Der schwächste Mann innerhalb des gesamten Unternehmens ist George Peatty (Elisha Cook Jr.). Er ist mit Sherry (Marie Windsor), einer *vergnügungssüchtigen* Frau, in deren Augen er viel zu wenig verdient, verheiratet. Johnny schätzt sie richtig ein, als er ihr ins Gesicht sagt, dass sie ihre eigene Mutter verkaufen würde: »You'd sell out your mother for a piece of fudge.« Außerdem erkennt er auch ihre Geldgier: »You got a big dollar sign where most women have a heart.« Diese *verlogene* Person, mit ihrem schlechten Geschmack und ihrem billigen, dekadenten Sex-Appeal, hat kaum etwas anderes als Intrigen im Sinn, um sich ein *angenehmeres* Leben zu verschaffen. Ihre Ehe, in der sie die dominante Position einnimmt, ist längst gescheitert. Der schwache und ängstliche George, der seine Frau unterwürfig liebt, hat eine klassische *Femme fatal* geheiratet, welche sich, ähnlich wie Gilda (Rita Hayworth) im gleichnamigen Film (1946) oder Rose (Marilyn Monroe) in *Niagara* (1953), längst einen jüngeren Liebhaber genommen hat. Der jugendliche Val (Vince Edwards) besitzt jene oberflächliche, erotische Schönheit, die Sherry begehrt. Er hat die »punch line«, die ihrem eifersüchtigen und nach ihrer Ansicht *infantilen* Ehemann fehlt.

Ähnlich wie in *Killer's Kiss* handelt es sich also um ein *Dreieck*, in dem George bereits *abgeschrieben* ist. Denn anders als Gloria hat sich Sherry gegen ihre Ehe und für das Abenteuer entschieden. Genau wie in *Killer's Kiss* setzt Kubrick Latino-Musik ein, um die erotische Atmosphäre zu unterstützen. Dieses Mal handelt es sich um einen *wilden* Mambo (Sperl 2006, S. 54), der im Hintergrund zu hören ist, wenn Sherry Val in seiner Wohnung aufsucht. In einer kurzen Abblende ins Schwarze, welche den Sexualakt andeutet, stellt Kubrick die Musik dann lauter. Danach ersetzt er sie durch eine jazzartige Musik, welche zu hören ist, während Sherry Val ihr gesamtes Wissen von dem Überfall verrät.

Kubrick spielt den Mambo dann erneut, *bevor* Val zusammen mit einem Freund Tiny (Joseph Turkel) die Bande der Möchtegern-Ganoven nach dem Raub überrascht. Er will ihnen die gesamte Beute entwenden. Die folgende Szene, in welcher sich bis auf George, der schwer verletzt wird, alle Personen gegenseitig umbringen, ist ebenfalls mit dieser Tanzmusik unterlegt, die so dem brutalen Austausch mit den tödlichen Schusswaffen einen ironischen und sogar erotischen Akzent verleiht. Ein Regisseur wie Quentin Tarantino fand diese Szene so anregend, dass er aus ihr allein einen *ganzen* Film machen konnte. In *Reservoir Dogs* (1992), Tarantinos erstem Spielfilm, gestaltete er sein eigenes »Killing«, das nach seinen Aussagen von Kubricks Film inspiriert war, ohne ihn

The Killing (1956)

jedoch kopieren zu wollen (Nagel 1997, S. 28). Aber auch Tarantino unterlegt seine Massaker sehr gern mit *beschwingter* Musik. Nach dem »Killing« in *The Killing* erfolgt die *einzige* Einstellung des Films, welche mit der Handkamera gedreht wurde. Man sieht aus Georges Perspektive, der nun die Wohnung verlässt, die Leichen der Männer am Boden liegen (Nelson 2000, S. 38).

Kurz danach erschießt George seine Ehefrau. Anders als zwei deutsche Filmkritiker behaupten, entlädt er dabei *nicht* sein gesamtes Magazin auf ihren Körper (Jansen 1984, S. 35; Seeßlen 1999, S. 94, 96f.), sondern schießt nur ein *einziges* Mal. Unfähig zu bemerken, dass ihr Mann ihren Liebhaber bereits erschossen hat, provoziert Sherry diesen tödlichen Schuss und erhält, bevor sie stirbt, noch die Gelegenheit, ihre ganze Enttäuschung *vorzutragen*: »It isn't fair. I never had anybody but you. Not a real husband. Not even a man. Just a ... bad joke without a punch line.« Die Femme fatal erscheint hier aber weniger selbst als ein Opfer (Silver 2004, S. 131), sondern einfach als unbelehrbar. Ihr ist nicht klar, dass die Liebe eines vielleicht sogar *impotenten* Mannes mehr bedeutet als jedes noch so *erotische* Abenteuer.

Die tragende Figur des Films, Johnny Clay, ist zweifellos nicht impotent. Er besitzt den Ausdruck eines Mannes, der rasch zum Ziel kommen will und dabei wenig Aufhebens um seine eigene Person macht. Dieser Charakter ist so »straight« wie sein Darsteller Sterling Hayden, der den Beruf des Schauspielers bei einem Mann für unwürdig hielt (Jansen 1984, S. 229). Diese *rohe* Einstellung zeigt er auch im Film. Johnny ist der Drahtzieher der Bande, welcher wie ein stoischer Motor das gesamte Projekt bis zur letzten Sekunde mit voller Kraft vorantreibt. Ein *bizarrer* Einfall des Regisseurs besteht darin, dass er eine Clownsmaske aus Gummi mit einem erstarrten Grinsen aufsetzt, bevor er die Kasse überfällt. Auch wenn diese Idee oft nachgemacht worden ist – in *The Killing* hat sie eine besondere Bedeutung. Denn so wird aus dem völlig humorlosen, *ehrlichen* Gangster eine fast schon surreale Figur, welche den brutalen Vorgang karikiert. Und dabei hat der Darsteller noch nicht jene *zynische* Haltung, die später Alex in *A Clockwork Orange* bei seinen Gewaltverbrechen einnimmt. Aber der Grundstein dafür wird hier gelegt. Der militärische Rhythmus des Schlagzeugs während Johnnys Einsatzes beim Überfall wird erneut in den Szenen mit dem Kriegsbomber in *Dr.*

Strangelove zu hören sein. Diese Analogie führt weit, denn Kubricks Interesse am Plan und seiner Ausführung dürfte auch mit seinem Interesse an militärischen Strategien zusammenhängen.

Das gut geplante *Räderwerk* von *The Killing* wird dann endgültig zum Stillstand gebracht, als auch Johnnys letzter Schachzug, die Beute in Sicherheit zu bringen, scheitert. Diese letzte Phase des Films beginnt damit, dass er nun das *gesamte* Geld und nicht bloß seinen Teil in einem Flugzeug transportieren will. Dafür kauft er sich spontan den größten Koffer, den er finden kann. Leider bemerkt er zu spät, dass dessen Schlösser *defekt* sind. Der Koffer lässt sich nicht abschließen. Dann ist er viel zu *groß*, um wie beabsichtigt als Handgepäck mit in das Flugzeug genommen werden zu können. Nach einigem Zögern gibt Johnny ihn am Schalter ab. Schließlich fällt der Koffer von dem Gepäckwagen herunter und öffnet sich. Die Dollarscheine wirbeln durch die Luft.

Kubrick erzählt hier so präzise wie möglich eine ganze Kette von Niederlagen, die schließlich zu Johnnys Verhaftung führen. Sie hinterlassen den Eindruck einer fatalen *Vorbestimmung* (Silver 2004, S. 38) innerhalb derer Johnny kaum eine Chance hatte zu entkommen. Dazu passt, dass *The Killing* von Vornherein keinen Zweifel daran lässt, dass die Dinge für alle Beteiligten schlecht ausgehen werden. Nach Kubrick gehört dieses Muster zum »*Ritual*« eines Gangsterfilms, welches der Zuschauer genau kennt, auch wenn er es zwischendurch vergisst (Jansen 1984, S. 38).

Immer wieder betont der Regisseur anhand von in den Bildern liegenden Gittermustern (Beier 1999, S. 69f.), dass die Figuren bereits *Inhaftierte* sind. So steht auch Johnny am Flughafen schon hinter einem Maschendraht, noch bevor sich sein Koffer vor den Augen der erstaunten Passagiere öffnet. George reißt einen Papageienkäfig mit sich zu Boden, als er stirbt. Der Papagei in dem Käfig, aus dem es kein Entkommen gab, war er selbst. Es hat nie einen Ausweg aus dem Desaster gegeben – und dass, *obwohl* der Plan gelang.

5. Die Frage nach der gerechten Führung: *Path of Glory* (1957)

Kubrick drehte *Path of Glory* (Wege zum Ruhm) als einzigen seiner Filme in Deutschland. Die Drehorte waren in den Münchener Studios und rund um das Schloss Oberschleißheim. Der Regisseur und der Drehbuchautor, Calder Willingham, schrieben die Dialoge während des Drehens noch spontan um. So kam auch ein wesentlich spannenderes Ende als ursprünglich geplant zustande (Duncan 2003, S. 48). Diese Methode behielt Kubrick bei. So wurde auch bei *Spartacus* täglich das Script umgeschrieben (Duncan 2003, S. 60).

Path of Glory gilt zwar heute intern als Kubricks *erstes* Meisterwerk, hatte aber beim Publikum damals keinen Erfolg und löste auf der ganzen Welt Widersprüche aus. Auf der Berlinale wurde der Film kurzfristig aus dem Programm gestrichen, weil die Franzosen damit drohten, sonst ihre drei Festivalfilme zurückzuziehen (Roth aus: Kinematograph 2004, S. 53), und in Frankreich selbst war er bis 1974 sogar verboten (Duncan 2003, S. 50). Aber innerhalb der amerikanischen Filmwelt wurde Kubrick damit von Produzenten und Kritikern als ein bedeutender Regisseur anerkannt (Walker 1999, S. 67). Mit *Path of Glory* drehte er aber vor allem seinen ersten explizit *politischen* Film, wenn man von *Fear and Desire*, welcher kaum wahrgenommen worden ist, einmal absieht. Und wie Walker anmerkt, kritisiert *Path of Glory* nur am Rande den Krieg als solchen. Das Szenario des Ersten Weltkrieges als einem völlig sinnlosen *Fiasko* bot Kubrick Gelegenheit für ein ganz anderes Thema. Der eigentliche Konflikt besteht in *Path of Glory* zwischen »den Führern und den Geführten« (Walker 1999, S. 68). Allerdings sind diese beiden Themen so eng miteinander verzahnt, dass die Sinnlosigkeit dieses Krieges durch seine *intrigante* Führung bloß erheblich potenziert wird. Viele Bilder in *Path of Glory* zeigen das Elend des Krieges. Außerdem untersucht Kubrick dabei, wie innerhalb der militärischen Struktur die Klassenunterschiede in einer extrem verschärften Form weitergeführt werden. Deshalb dinieren die kommandierenden Generäle in einem prunkvollen Barockschloss, während die gewöhnlichen Soldaten im Schützengraben krepieren. Dieser starke Kontrast wird durch die luxuriöse Einrichtung des Schlosses und den stets unter Beschuss stehenden Schützengräben deutlich herausgestellt. Bedenkt man aber, dass sich Kubrick später selbst in einer Art Schloss in der Nähe von London niedergelassen hat, wird deutlich, dass sein Film wohl kaum die Hierarchie als solche in Frage stellt, sondern nur die Verlogenheit der Führungskräfte im Kriegsfall betonen wollte. Die Monstrosität strategischer Menschenopfer ist der Skandal eines jeden Krieges, und deren Verwaltung *kaltblütig* zu übernehmen wohl immer ein Verbrechen – und dies umso mehr, je weniger ein General die Verantwortung für seine Soldaten tatsächlich übernimmt.

Schon im Vorspann legt der Regisseur anders als zuvor den Akzent auf eine Musik, welche in die folgende Handlung *ironisch* einführt: Gespielt wird die französische Nationalhymne *La Marseillaise* mit teilweise verstimmten Instrumenten (Sperl 2006, S. 67). Dieser Marsch antizipiert durch die heftigen Trommelwirbel bereits die militärische Atmosphäre des gesamten Films. Dabei wird der Zuschauer sogleich auf ein grundlegendes Motiv der Handlung eingestimmt, den *Nationalismus*, welcher später für die widrigsten Verbrechen herhalten wird. Der Vorspann ist also (wie der gesamte Film) bereits ein Hohn auf die durch diese Hymne ursprünglich ausgerufenen Rechte des Menschen, welche ihm das Vaterland verbürgt. Sie wird deshalb mit Absicht etwas verstimmt vorgetragen, weil ihr Inhalt längst reines Beiwerk geworden ist. Die Trias von Brüderlichkeit, Gleichheit und Freiheit bedeutet für den gemeinen Soldaten nicht viel mehr als sein Todesurteil. Die Generäle beerben das feudale Zeichensystem, als sie Quartier und auch Haltung des einstigen Adels einnehmen, um so ihre eigene Position zu markieren. Doch diese Vorgehensweise ist *nicht* ungewöhnlich und hat bis heute Tradition. Sie wird aber aufgrund ihrer Verlogenheit und durch die kühle, boshafte Routine, mit der sie über Menschenopfer entscheiden, zu einer *Ungeheuerlichkeit*. Die verblüffende Realitätsnähe, welche *Path of Glory* herstellt, hängt mit seinen komplexen Charakteren und dem *ethischen* Empfinden zusammen. Die extrem bewegliche Kamera mit ihren äußerst gelungenen Kamerafahrten trägt ihren Teil dazu bei. Und die Inszenierung begeht nicht den Fehler, sich völlig auf die Seite der Soldaten zu stellen, sondern verhält sich wie ihr Hauptdarsteller Dax (Kirk Douglas) zwar engagiert, aber auch *diplomatisch*. Sie zeigt dabei eine intrigante, militärische Organisation, die sehr skrupellos mit dem Leben des einzelnen Soldaten umgeht.

Die Handlung wird eingeleitet durch einen für Kubrick typischen Off-Sprecher, der aber in *Path of Glory* nur am Anfang vorkommt und kurz alle notwendigen Erklärungen über den Ersten Weltkrieg abgibt. Der Zuschauer erfährt dabei, dass er sich im Jahr 1916 befindet. Der Erste Weltkrieg hat sich zwischen Frankreich und Deutschland in einem langwierigen Stellungskrieg festgefahren. Konkret sehen wir nun, wie der hochrangige General Broulard (Adolphe Menjou) seinen untergebenen General Mireau (George Macready) in dessen selbstgewählten Herrschaftssitz, einem kleinen Barockschloss im eroberten Deutschland, besucht. Die beiden tauschen Höflichkeiten aus, wobei Broulard bemerkt, wie schön es Mireau hier habe. Die gepflegte Atmosphäre des Schlosses und seiner reizvollen Inneneinrichtung wird von beiden sehr geschätzt, wobei Mireau immer darauf hinweist, dass er vor allem ein Soldat ist und sich damit trotz der *sublimen* Umgebung ehemaliger Hochkultur als *einfacher* Mann des Krieges versteht. Diese verlogene Attitüde ist es, die ihn besonders unglaubwürdig erscheinen lässt. Kubrick denunziert weit weniger Mireaus feudalen Anspruch als seine vollkommen *aufgesetzte* Solidarität. Broulard hingegen ist zumindest in seinem autoritären Anspruch authentisch. Er versteckt seine wirklichen Absichten gegenüber Mireau allerdings hinter einer übertriebenen Freundlichkeit. Der eigentliche Grund seines Besuchs wird schon rasch klar: Man möchte in Frankreich bald Erfolge sehen, und deshalb soll ein Angriff auf eine bestimmte Anhöhe, die »ant hill« (Ameisenhügel) genannt wird, möglichst bald erfolgen. Diese deutsche Stellung ist jedoch äußerst schwierig zu nehmen und ein Angriff wird mit großen Verlusten verbunden sein. Aber beide Generäle sind sich darin einig, dass es sich um eine strategische

5. Die Frage nach der gerechten Führung

Schlüsselstellung handelt, deren Eroberung den Verlauf des weiteren Krieges grundlegend für sie bestimmen könnte. Mireau blockt den Vorschlag zunächst ab, doch Broulard lässt durchblicken, dass er sonst seine schon geplante Beförderung riskiere, bei der Mireau auch einen *neuen* Stern bekommen würde. Der verlogene General ziert sich dann ein wenig künstlich, sagt ganz offen, dass ihm die *Verantwortung* für seine Männer mehr bedeuten würde als seine Karriere, willigt aber schließlich doch ein. Er, der Zeit seines Lebens Soldat war, könnte es schaffen, hier den Sieg davon tragen. Broulard bestätigt ihn darin, dass er der einzig Richtige für diese Aufgabe sei. Der Zuschauer weiß schon jetzt, dass Mireau nur den Stern *abkassieren* will und dafür viele seiner Soldaten ohne auch nur mit der Wimper zu zucken in den Tod schicken wird.

Bereits in der nächsten Szene sieht man, wie Mireaus Verhältnis zu seinen Soldaten tatsächlich aussieht: Er geht durch den Schützengraben und achtet darauf, nicht *dreckig* zu werden. Er fragt ab und an einen seiner Soldaten, ob er bereit sei, *mehr* Deutsche zu töten. Durch diese absurde Frage reduziert er seine Männer auf bloße Werkzeuge des Krieges. Schließlich antwortet ihm ein Soldat *nicht*, der nach Ansicht seines Kameraden »shell-shocked« ist. Der General reagiert darauf äußerst aggressiv. Für ihn gibt es solche *psychischen* Phänomene nicht. Als der gestörte Soldat dann noch entsetzt sagt, er werde seine Frau nie wieder sehen und getötet werden, befiehlt Mireau, ihn sofort aus der Armee zu entfernen. Männer wie er würden die Moral der Truppe gefährden. In dieser ersten Szene mit den Soldaten zeigt uns Kubrick sie schon als Menschen, die Angst haben vor dem Sterben, die heulen und die völlig verzweifelt sind und dennoch versuchen, ihre Aufgabe zu erfüllen.

Als dann Mireau in den Unterschlupf von Colonel Dax (Kirk Douglas) eintritt, merkt er sofort an, wie *ordentlich* dieser kleine Ort ist. Wieder lügt er drastisch, wenn er Dax das Märchen vorspielt, er hasse die Menschen, die meinen, sie könnten einen Krieg vom Schreibtisch aus führen. Mireau stellt sich hier selbst als ein Mann dar, welcher kaum dazu kommt, sich tagsüber hinzusetzen. So dreht er den Spieß um und inszeniert sich selbst als den *aktiven* Soldaten, welcher eigentlich Colonel Dax ist. Dax war vor dem Krieg Anwalt für Strafsachen. Dieser Beruf hat seinen Charakter geprägt. Er ist ein *ehrlicher* Mann, der für die gerechte Sache eintritt, aber zugleich im Kriegswesen seine Aufgabe sieht. Er wird nun von Mireau beauftragt, mit seinen Soldaten am nächsten Tag den Ameisenhügel einzunehmen. Umgehend wird dabei von Mireau eine *zynische* Rechnung der Verluste aufgestellt, welche davon ausgeht, dass ungefähr 60 Prozent seiner Truppe bei einem derartigen Unternehmen fallen werden. Darin sieht er aber kein wirkliches Hindernis, wenn es ihm nur die Möglichkeit eröffnet, seine Karriere weiter auszubauen. Mireaus Narbe auf dem Gesicht, seine leichte Kurzatmigkeit und sein *rigider*, falscher Ton bilden dabei die lächerlichen Eigenschaften eines aufgeblasenen Vorgesetzten, der sein letztes Argument in einem nicht zu hinterfragenden *Patriotismus* sucht. Für Dax beruft sich aber nur die Unterschicht, der Pöbel, auf die Nation und deshalb widerspricht er dem General zunächst. Erst als Mireau ihm mit einer Beurlaubung auf unbestimmte Zeit droht, willigt Dax ein. Hier zeigt sich, dass der Colonel *unbedingt* an der Front bei seinen Männern bleiben will. Mit größtem Widerwillen, aber letztendlich *gehorsam*, nimmt Dax den Befehl entgegen. Hinzu kommt, dass dieser Plan aufgrund dessen, dass er *unmittelbar* ausgeführt werden soll, keinerlei Rücksicht auf die Wetterverhältnisse nimmt. Denn dass es am nächsten Tag völlig klares Wetter ohne Nebel und Regen geben wird, ist für diese Aktion denkbar ungünstig. Allen Soldaten ist bewusst, dass es sich im Grunde um ein *Todeskommando* handelt, bei dem die meisten von ihnen sterben werden. In der Nacht diskutieren zwei von ihnen, einer ist Professor, darüber, bei welcher Art von Kriegswaffe es sich am leichtesten sterben lässt. Auch diese Szene zeigt die Neuordnung der Verhältnisse unter Kriegsbedingungen und damit die absurden Gedanken, welche diese gut organisierte und legitimierte Art zu Töten und zu Sterben mit sich bringt.

Kubrick zeigt in *Path of Glory* keine deutschen Soldaten. Alles ist auf französischer Seite gehalten. Der Film verweigert, wie später auch *Full Metal Jacket*, einen *übergeordneten* Standpunkt. Der Feind bleibt in *Path of Glory* fast völlig *unsichtbar*. Beide Filme interessieren sich weit mehr für die Organisation der Truppe als für den Kampf gegen den Kriegsgegner.

Nachts werden innerhalb einer Nebenhandlung ein paar Späher ausgesandt, wobei der betrunkene Leutnant Roget (Wayne Morris) aus Panik einen seiner eigenen Soldaten mit einer Handgranate ins Jenseits bombt. Der ebenfalls beteiligte Corporal Paris (Ralph Meeker) will ihn dafür vor

5. Die Frage nach der gerechten Führung

das Kriegsgericht bringen. Da die beiden alte Schulkameraden sind, ist es ausschliesslich die höhere militärische Stellung des *saufenden* Offiziers gegenüber dem ihm untergebenen Soldaten, welche hier entscheidend ist, und Corporal Paris wird selbst, noch bevor er die Gelegenheit dazu bekommt, seinen General anzuzeigen, von diesem vor das Kriegsgericht gestellt. Kubrick etabliert so nochmals das Thema seines Films und zeigt, wie die Führenden sich völlig verantwortungslos gegenüber den Geführten verhalten.

Am nächsten Tag beginnt der Sturm auf die Ameisenhöhe. Die Kamera zeigt uns zunächst in einer äußerst langen Kamerafahrt die vom langen Stellungskrieg völlig heruntergekommenen Soldaten in ihren Schützengräben. Dann geht Dax ihnen wie ein *großer Held* mit einer Trillerpfeife entschlossen voraus und verlässt als Erster seinen Graben. Er hat eine ähnliche Position wie Johnny in *The Killing*. Wie eine »*Ameisenarmee*« versucht sich die Truppe mühsam dem Hügel zu nähern. Immer wieder kann man sehen, wie dabei Soldaten hinter Dax tödlich getroffen umfallen. Es ist von vornherein klar und gehört zum heroischen Motiv des Films, dass dem Colonel nichts passiert. Er ist auch der einzige, der keine Angst zeigt. Ab und an vibriert die Kamera unter den Detonationen. Das Gefecht ist sehr stringend mit der sich stets wiederholenden Bewegung der Franzosen nach vorn von der Seite gefilmt. Es sind diese Szenen, welche Kubrick bis ins kleinste Detail so präzise vorführt, dass sie einen sehr starken Eindruck von der Schlacht hinterlassen und im Gedächtnis bleiben.

Plötzlich fragt sich Dax, wo ein Teil seiner Leute ist, die er nicht im Gefecht sehen kann. Der Zuschauer erfährt durch Mireau, welcher die Schlacht aus *sicherer* Entfernung in einem Bunker unter der Erde mit einem Feldstecher beobachtet, dass ein Teil der Soldaten noch in den Schützengräben geblieben ist. Er befiehlt nun, dass auf diese Männer von den eigenen Soldaten geschossen werden soll, um sie aus der Stellung zu treiben. Dieser brutale Befehl wird aber verweigert. Ohne schriftliche Aufforderung kann er nicht ausgeführt werden. Dax kehrt selbst zum Graben zurück und versucht, den Rest der Soldaten mit sich zu ziehen. Da ist es aber bereits zu spät. Die Schlacht ist verloren.

Aufgrund der verlorenen Schlacht, will nun Mireau *ein Exempel* statuieren, welches seiner Wut über die verlorene Beförderung Luft machen

Path of Glory (1957)

kann. Er sucht sich nun einen Sündenbock für das Scheitern. Dabei wird noch deutlicher als zuvor, wie sehr er seine Soldaten verachtet. Er will zuerst 100 seiner eigenen Männer exekutieren lassen. Im Gespräch mit Broulard und Dax werden dann aus den 100 schließlich drei. Gegenüber Dax spricht Mireau davon, dass es sich bei seinen Soldaten bloß um Abschaum handele: »They're scum, Colonel. The whole rotten regiment.« Dax bietet ihm danach ironisch an, dann solle er doch einfach das gesamte Regiment erschießen lassen. Mireau ist über diese freche Bemerkung nur empört. Sein eigentliches Ziel ist jedoch, die *Niederlage* gegenüber Broulard wieder *auszubügeln*.

Drei Männer, jeweils einer aus jeder beteiligten Kompanie, werden als Abschreckung für alle vor das Kriegsgericht bestellt. Einer davon ist Corporal Paris (Ralph Meeker), der von seinem Schulfreund, dem immer noch trinkenden Leutnant Roget (Wayne Morris), so aus dem Weg geschafft werden soll. So verbinden sich die Intrigen der verlogenen Führungskräfte miteinander. Dax versucht alle drei zu verteidigen, hat aber *vor* der Ignoranz des Gerichts, dessen Urteil schon vor der Verhandlung feststeht, keine Chance. Der Schauplatz der Verhandlung ist ein Saal im Barockschloss mit schwarz und weiß gekacheltem Fußboden. Wie bei einer Schachpartie wird sie Zug um Zug geführt. Dabei sind bis auf Dax' Engagement alle Züge bereits zuvor festgelegt. Die Verurteilten verhalten sich in ihren abgezirkelten, mechanischen Bewegungen überbetont militärisch korrekt. Das Gericht zeigt keinerlei Interesse an der *Wahrheit* und reduziert die gesamte Frage ausschließlich darauf, ob die angeklagten Männer den Schützengraben verlassen haben und bis zum Ameisenhügel vorgedrungen sind oder nicht. Ähnlich wie in Mireaus Haltung geht es ausschließlich darum, ob sie ihre Funktion erfüllt haben. Das hat aber *keiner* des gesamten Regiments, einschließlich Dax selbst. Die Ehre der Nation muss wiederhergestellt, der Schmutzfleck von der eigenen Flagge entfernt werden. Wieder ist das abstrakte Argument der Ordnung für die Nation der entschiedene Endpunkt innerhalb der Verhandlung. Dax widerspricht diesem Kurzschluss, der die Realität einfach übersieht und den *vorgefertigten* Plan an die höchste Stelle setzt. Aber sein Plädoyer stößt auf taube Ohren.

Path of Glory handelt vom Misslingen einer verantwortungslosen, militärischen Strategie, denn es hätte immerhin auch die Möglichkeit bestanden, zumindest eine günstigere Wetterlage abzuwarten. Die Ursache des Scheiterns liegt, wenn überhaupt, nur zu einem Teil in der mangelnden Todesbereitschaft der Soldaten. Die *Etiketten* von Ruhm und Ehre sind aber wichtiger als die tatsächlichen Ereignisse.

Am Abend: Die drei ausgewählten Todeskandidaten bekommen ein letztes Essen, unter anderem Ente, serviert. Ein Pfarrer kommt zu ihnen und ermöglicht ihnen zu beichten. Einer von ihnen, Amand (Joseph Turkel – er spielte später den Barkeeper in *The Shining*), betrinkt sich mit Brandwein und wird daraufhin wütend über die frommen Sprüche des Geistlichen. Als der Pfarrer ihm sagt: »You can be saved«, schlägt ihm Amand mit der Faust ins Gesicht. Daraufhin bekommt der aufgebrachte Soldat von Corporal Paris einen heftigen Schlag zurück, stößt mit dem Kopf gegen eine Wand und erleidet dabei einen Schädelbasisbruch. Diese Szene ist sehr ungewöhnlich. Nicht nur, dass sie einen weiteren, recht kurzen Boxkampf in Kubricks Repertoire darstellt, ich habe es auch noch nie gesehen, dass ein Geistlicher bei einer derartigen Szene niedergeschlagen wird. Amand regt sich furchtbar über die Anmaßung des Pfarrers auf, der ihnen in einer solch hoffnungslosen Situation die Rettung verspricht, die selbstverständlich allein in ihrem Seelenheil im Jenseits liegen kann. Darin zeigt sich die uralte Allianz von Kirche und Staat. Amands Haltung ist gut nachvollziehbar, denn die Kirche segnet hier im Grunde die Verbrechen des Staates ab.

Vor diesem ungewöhnlichen Disput gab es noch einen weiteren seltsamen Dialog. Corporal Paris beobachtet eine Küchenschabe, die auf dem Tisch herumkrabbelt. Pathetisch sagt er, dass diese Schabe seiner Frau und seinen Kinder schon bald näher stehen wird als er selbst. Sie wird leben, während er tot ist. Mit einem Schlag auf den Tisch tötet der Soldat Feról (Timothy Carey) das Insekt und bemerkt nur leicht grinsend, dass Paris nun wieder im Vorteil ist. Feról glaubt zunächst am meisten von allen, dass Dax sie noch wird retten können. Später wird er nur noch zu Gott beten und schließlich, vom Pfarrer geleitet, völlig verzweifelt zur Hinrichtungsstätte geführt werden.

Währenddessen geben die oberen Militärs im Schloss einen kleinen Ball. Gespielt wird ein Walzer *Künstler-Leben* von Johann Strauß. Man sieht kurz, wie die Paare kreisförmig tanzen. Dies ist der erste Hinweis darauf, welche ironischen Assoziationen Kubrick mit Walzer verbindet,

Path of Glory (1957)

die dann in *2001* erst richtig zutage treten werden. Hier drückt die Szene die perfide Nichtachtung vor der *Tragödie* der Soldaten aus. Diese *dürfen* sterben, aber die Generäle feiern. Unterdessen hat auch Dax erfahren, welchen unsinnigen Befehl Mireau während der Schlacht erteilt hat. Er wendet sich damit an Broulard. Dax will so die drei Soldaten retten, indem er ihre Verurteilung zum Tod als die reine Fortsetzung von Mireaus willkürlichem Befehl interpretiert. Broulard steigt aber nicht darauf ein, im Gegenteil, er weist Dax darauf hin, dass es dem Regiment guttue, die Männer sterben zu sehen. Er sagt: »These executions will be a tonic for the division. Few things are more encouraging and stimulating than seeing someone else die.« Broulard zeigt sich so als ein dekadenter Mann mit *perversen, sadistischen* Interessen.

Am nächsten Morgen werden die drei Soldaten vor dem prunkvollen Barockschloss standrechtlich erschossen. Das gesamte Regiment muss dabei zusehen. Kubrick inszeniert hier eine auffällige Symmetrie, welche die Szenerie zu einem absurden Ritual stilisiert. Tatsächlich wird Mireau danach beim Frühstück zu Broulard sagen: »The men died wonderfully« und so eine *ästhetische* Sicht auf den Vorfall einnehmen, der jede *ethische* Perspektive übertünchen soll. Der Zuschauer hingegen, der mit den Gefangenen die Nacht *durchlitten* hat und den quälenden Weg ihrer *Passion*, den sie zur Hinrichtungsstätte gehen mussten, aus ihrer Perspektive gesehen hat, ist wie Dax vollkommen anderer Ansicht. Auch bei der Hinrichtung inszeniert Kubrick kaum Heroismus und dafür umso mehr einen schockierenden Realismus. Einzig Corporal Paris kann, nachdem er zuvor bereits heulend zusammen gebrochen ist, seinem Tod entschlossen und mutig gegenübertreten. Amand ist fast die ganze Zeit bewusstlos, und Feról weint verzweifelt wie ein kleiner Junge an der Seite des Pfarrers. Immer wieder kommt in diesem Film der verzweifelte Satz der Soldaten, »I don't wanna die«, vor, der ihre entsetzliche Lage einfach und klar ausdrückt. Mit dieser Hinrichtung hat der Film dramaturgisch den Gipfel der *Ungerechtigkeit* erreicht. Die letzte Einstellung, in welcher die Männer erschossen werden, erinnert optisch an die drei lebensgroßen FBI-Attrappen, auf die Nikki Arane in *The Killing* geschossen hatte. Dort, wo aber im letzten Film noch bloß Pappkameraden standen, hat Kubrick nun echte Menschen hingestellt.

Beim Frühstück im Schloss teilt Broulard Mireau mit, dass er durch

Dax von dem unsinnigen Befehl, auf die eigenen Männer zu schießen, erfahren hat. Broulard will diesen Vorfall untersuchen lassen und weiß genau, dass dies Mireau die Position kosten wird. Mireau verlässt daraufhin sehr betreten den Raum, nicht ohne nochmals darauf hinzuweisen, dass es *ein Soldat* ist, dem hier in den Rücken gefallen worden ist. Dann bietet Broulard sogleich Mireaus freigewordene Position Dax an, der sie aber ablehnt. Broulard nennt Dax dabei »my boy« und situiert sich so als gönnerhafte Vaterfigur. Dax erwidert, er sei alles Mögliche, aber sicher nicht »your boy«. Er findet es nur grotesk, was ihm Broulard anbietet. Dafür wird er von dem General als ein idiotischer *Idealist* gescholten. Dax habe also Mireau tatsächlich *nur* verraten, weil er die Soldaten habe retten wollen, nicht aber um seine *eigene* Karriere voranzutreiben. Ein solches Handeln ist für Broulard unverständlich und auch unzulässig, weil es sich nach ethischen Gesichtspunkten und nicht nach Machtinteressen richtet. Damit fällt es aus seinem Herrschaftsbereich heraus. Dax ist nicht durch seine Karriereinteressen *köderbar*. Umgekehrt charakterisiert nun Dax Broulard verbal sehr deutlich und macht dabei seiner Wut über die Exekution Luft: »You are a degenerate, sadistic old man.« Die *Perversion* ist ein Grundthema vieler Kubrick-Filme. Der Regisseur hat dieses Thema in sehr unterschiedlichen Formen behandelt. Hier und auch in *Spartacus* führt es zur Tragödie. Genauer: Der Kampf des tragischen Helden, in beiden Fällen gespielt von Kirk Douglas, richtet sich mutig *gegen* die sadistische Dekadenz und scheitert dabei.

Der Film endet mit einem für Kubrick typischen *Anhang*, einer Coda, wie Georg Seeßlen es genannt hat, welche das Ende ersetzt. Darin zu sehen sind die Soldaten in einem Wirtshaus beim Bier trinken. Eine junge, deutsche Frau, gespielt von Kubricks späterer Ehefrau Christiane Harlan, wird unter lautstarkem Gegröle auf eine Bühne hinaufgezerrt und singt dort ein deutsches Lied. Zaghaft fängt die Frau an zu singen. Zunächst ist sie gar nicht zu hören, weil die Männer lauter grölen, dann aber schlägt die Stimmung auf einmal um. Die junge Frau singt so anmutig, dass aus der Ignoranz der Soldaten zunächst Betroffenheit und schließlich offene Trauer wird. Jeder der Soldaten muss sehnsüchtig an seine eigene Frau denken, die zuhause auf ihn wartet. Dax, der die Szene beobachtet, hat bereits den Befehl, mit seinen Männern wieder an die Front zu gehen. Er gibt die Anweisung, seinen Soldaten noch ein paar Minuten Zeit zu lassen. Dieses Ende, das keines ist, rundet den Film gleichsam ab. *Das Lied des treuen Husaren*, keiner der französischen Soldaten wird seinen Text verstehen, handelt davon, dass das Mädchen des Husaren schon tot ist, bevor er nach Hause zurückkehrt. Das Thema der Rückkehr in die Heimat zur geliebten Frau, das auch ohne jegliches Textverständnis für die Soldaten in diesem Augenblick sehr tief empfunden wird, bringt sie zum Weinen. Hier entlädt sich auch bei manchem Zuschauer die Trauer über das gesehene Elend des Krieges und das grausame, sadistische Unrecht, dessen Fortsetzung sicherlich folgen wird.

Ursprünglich war diese Sequenz nicht geplant, aber sie fasst emotional besser als jede andere den gesamten Film zusammen und stellt sich so resolut gegen den Irrsinn des Szenarios. Die Frau wird darin nicht als *Retterin* verehrt, sondern sie erweckt die Erinnerung daran, was in dieser männlichen Kriegswelt so fundamental fehlt. Und in dieser Szene zeigt sich, dass dieser Regisseur wesentliche Aussagen seiner Filme mithilfe der Musik und bloßen Bildern treffen kann. Denn es sind ausschließlich der Gesang und die Bilder der traurigen Gesichter der abgekämpften Soldaten, welche diese Stimmung erzeugen. Eine ähnliche Szene, in welcher die einzelnen Gesichter der Seefahrer bei einem Vortrag über Demokratie zu sehen sind, hatte Kubrick im letzten Drittel seines Dokumentarfilms *The Seafarers* (1953) gezeigt. Diese Sequenz ist sogar ähnlich geschnitten, aber erreicht natürlich noch nicht jene Intensität, die sie in *Path of Glory* aufgrund der sorgfältig inszenierten Situation bekommt.

Augenscheinlich ist Kubricks zweiter Kriegsfilm auch sein erster wirklich *gelungener* Film. Dieses Ergebnis hängt nach meiner Ansicht ganz entschieden mit seiner komplexen und feinen Struktur zusammen. Auch liegt dem Regisseur das Thema weit mehr als der »Film noir«. Kaum ein Genre ist geeigneter, die männliche Struktur in einer reineren Form zu beschreiben als der Kriegsfilm, handelt es sich beim Militär doch um eine männliche Organisationsform, aus der Frauen von vornherein weitgehend ausgeschlossen sind. Kubrick hat das Drehbuch von Jim Thompson, das auf dem gleichnamigen Roman von Humphrey Cobb basiert, umarbeiten müssen, um darin Colonel Dax eine Hauptrolle zu geben, die er im Roman nicht hatte (Phillips aus: Castle 2005, S. 22). Die Besetzung des Films ist zum ersten Mal ausgezeichnet und Douglas' Darstellung eines energischen, ironischen und zugleich realistischen Colonels hervorragend.

5. Die Frage nach der gerechten Führung

Er bildet das Verbindungsglied zwischen oben und unten, ein gleichsam idealer Anführer und zugleich selbstständiger Untergebener. Weiterhin zeigt sich die sorgfältigere Ausarbeitung von *Path of Glory* in der Wahl der Schauplätze, die erstmals ganz gezielt als dramatische Orte eingesetzt wurden, die hier sogar gegeneinander gestellt sind: der Schützengraben und das Schloss. Dazu kommt, dass die Kamera hier viel beweglicher ist als zuvor. Geführt wurde sie von dem deutschen Kameramann George Krause. Die vielen Fahrten, welche der Film enthält, zeigen schon sehr genau die für Kubrick typische, immer gezielt eingesetzte, optische Dynamik. Und zum ersten Mal verwendet er auch die Musik als ironisches Stilmittel. Darin sollte es dieser Regisseur noch zu einer wahrhaften Meisterschaft bringen. Alles dies zusammen lässt den Film als Kubricks ersten großen Wurf dastehen, dessen besondere Qualitäten bis heute auffallend sind. Dennoch fehlt in *Path of Glory*, wenngleich auch mit Absicht, ein Element, das in *Fear and Desire* und seinen beiden Krimis bereits vorhanden war: *das erotische Begehren*. Das könnte ein Grund für den damaligen Misserfolg an den Kinokassen gewesen sein.

Kubrick schrieb nach *Path of Glory* zunächst ein Drehbuch für Kirk Douglas, das dieser aber ablehnte, und plante dann einen Film, welcher während der Zeit des amerikanischen Sezessionskrieges spielen sollte. Er musste aber auch dieses Projekt aufgeben (Seeßlen 1999, S. 18). Der Regisseur wollte sich also auch weiterhin mit dem Thema des Krieges als dem Vater *aller* Dinge beschäftigen. Und in der Tat sollte er noch zwei weitere hervorragende Kriegsfilme (*Dr. Strangelove* und *Full Metal Jacket*) inszenieren. Mit dem ersten gelangte er zu *Weltruhm*, der zweite ist ein beachtliches Spätwerk.

Mit Marlon Brando zusammen wollte Kubrick dann einen Western drehen. Der exzentrische Schauspieler, um dessen Projekt es sich handelte, wollte die Hauptrolle darin spielen, und Kubrick sollte Regie führen. Der Regisseur arbeitete sechs Monate an diesem Projekt. Dabei war es ihm nicht gelungen, den Inhalt des Films in eine bündige Form zu bekommen. Es endete damit, dass Brando jedem der eng daran Beteiligten drei Minuten auf seiner Stoppuhr gab, um ihm von seinen Problemen zu berichten. Kubrick, der anders als die anderen schließlich die Verantwortung für das Ganze übernommen hatte, kam als Letzter dran und wurde ausfällig, als Brando ihn mit seiner Stoppuhr unterbrach. Kurz darauf war die

Zusammenarbeit für den Schauspieler beendet (Raphael 1999, S. 153f.). Brando übernahm schließlich selbst die Regie. Der Film kam unter dem Namen *One-Eyed Jacks* (1961) in die Kinos. Er war kein großer Erfolg, und in einer Nebenrolle war bereits Slim Pickens zu sehen, den Kubrick vorgeschlagen hatte und der dann auch in *Dr. Strangelove* als Major T. J. King Kong erneut als Cowboy auftreten sollte. Kubrick hielt später *The Godfather* (1972) von Francis Ford Coppola aufgrund der Besetzung für einen der besten Filme aller Zeiten (Herr 2000, S. 43). Marlon Brando spielt darin in der Tat als Don Vito Corleone eine herausragende Rolle. Coppola, der gegenüber den Studios, welche sehr abgeneigt gewesen waren, auf die Besetzung mit Brando und auch Al Pacino bestanden hatte, gelang es so, eine korrupte, machtbesessene, düstere Vater-Imago in einer streng patriarchalen Struktur mit einer unglaublichen Wucht und tiefer Faszination auf die Leinwand zu bringen.

6. Ein Monumentalfilm über Liebe und Macht: *Spartacus* (1960)

Meistens werden *Path of Glory* und *Spartacus* als weit voneinander entfernte, getrennte Werke behandelt, weil der Einfluss, den Kubrick auf *Spartacus* nehmen konnte, für ihn selbst viel zu gering gewesen ist. Er stieg in dieses Projekt sehr *kurzfristig* ein und hatte nur wenige Möglichkeiten, das Drehbuch zu verändern. Oft wird dieser Film deshalb als eine reine Auftragsarbeit angesehen und bei der Rezeption von Kubricks Filmen ausgelassen (Dehrmann 2002, S. 163). Ich glaube aber, dass auch umgekehrt behauptet werden kann, dass gerade die Möglichkeiten, welche sich für den Regisseur aus diesem Sandalen-Film ergaben, bei ihm deutliche Spuren hinterlassen haben. Diese waren so groß, dass es sich hier lohnt, ihn sehr ausführlich zu besprechen. Auch liegt der Inhalt *näher* an seinem Vorgänger, als man auf Anhieb glauben mag. *Spartacus* ist nicht wegen Kirk Douglas, welcher darin erneut die Hauptrolle spielt, eine Fortsetzung von *Path of Glory*, sondern aufgrund seiner Fragestellung, die sich erneut gegen die Autorität einer dekadenten, staatlichen *Macht* richtet.

Als Douglas Kubrick kurzfristig die Übernahme der Regie von *Spartacus* anbot, hatten der Regisseur und sein Produzent Harris bereits die Rechte an der Verfilmung zu *Lolita* gekauft (Seeßlen 1999, S. 18). Trotzdem muss es als ein *Glücksfall* angesehen werden, dass Kubrick ein Projekt von solch *gigantischen* Ausmaßen übernehmen durfte. Anderseits wollte vor allem Douglas, der selbst der Executive Producer war und dessen eigene Firma Bryna den Film produzierte, einen wesentlichen Teil der Kontrolle über *dieses Projekt* behalten. Er war mit den Leistungen des bisherigen Regisseurs Anthony Mann nicht zufrieden gewesen und hatte deshalb Kubrick angeheuert. Es kam zwischen den beiden, die zuvor sehr freundschaftlich zusammen gearbeitet hatten, rasch zum Streit (Philipps aus: Castle 2005, S. 31). Der Grund dafür liegt sicher in den umgkehrten Positionen: Kubrick stieg nun in ein Filmprojekt von Douglas ein und hatte dabei keineswegs die vollständige Kontrolle über seine Arbeit. *Spartacus* ist deshalb der *einzige* Film, den er *nicht* hinreichend nach seinen Vorstellungen anfertigen konnte. Kubricks Haltung gegenüber diesem Film veränderte sich deshalb: Aus den ersten Äußerungen, es stecke eine Menge von ihm selbst darin, wurde immer mehr die Aussage, er habe das Drehbuch nicht entschieden genug verändern können (Rother aus: Beier 1999, S. 91ff.). Und wenn er am Anfang von *Lolita* Humbert Humbert sagen lässt: »No, I'm Spartacus. Have you come to free the slaves or something?« und damit seinen vorhergehenden Film gründlich *parodiert*, hat er sich schon endgültig von ihm distanziert. Kubrick zog eine berühmte Konsequenz aus diesem Projekt: Er würde *nie* wieder einen Film drehen, bei dem er nicht die vollständige Kontrolle über *alle* Phasen seiner Entstehung hätte. Sein Streben nach Autonomie ließ ihm keine andere Wahl. Aber da *Path of Glory* kein Erfolg an den Kinokassen gewesen war, bestand anscheinend auch ein verständliches Misstrauen gegenüber diesem Regisseur. Und Douglas wollte sicherlich kein Risiko eingehen. Die hohen Kosten dieses Projekts erforderten einen kommerziellen Erfolg, der *Spartacus* dann auch tatsächlich wurde. Der Film spielte an den Kinokassen bis 1982 fast dreimal soviel ein wie beispielsweise *Dr. Strangelove* (Jansen 1982, S. 70).

Kubrick wußte also nach *Spartacus* weit mehr als nach *Path of Glory*, wie man einen *kommerziellen* Film dreht. Und das war für ihn enorm wertvoll, denn durch *Spartacus* gewann er das Vertrauen der Studios für große Projekte. Ohne *Spartacus* hätte es ein so gigantisches Projekt wie *2001* vielleicht niemals gegeben. Und das starke Grundkonzept dieses Films lässt sich so gut verkaufen, dass es Ridley Scott für seinen blutrünstigen Film *Gladiator* (2000) sogar 40 Jahre später teilweise wieder aufnehmen konnte (Castle 2005, S. 35). *Gladiator* war dann der erste Monumentalfilm über die Antike nach den 60er Jahren, und in ihm kehrt nicht *nur* der Senator Gracchus aus *Spartacus* zurück. Kubricks

Spartacus (1960)

Spartacus handelt wie sein Vorgänger *Path of Glory*, wenngleich auch in einer extrem verschärften Form, von Untergebenen und ihren *korrupten* Anführern. Dieses Mal sind die Geführten nur *vollständig* Unterworfene und die Herrschaft unter der sie sich befinden gehört zu einer weitgehend *dekadenten* Kultur. Selbstverständlich lässt sich die französische Militärorganisation während des Ersten Weltkrieges kaum mit den Herrschaftsansprüchen des römischen Imperiums in der Antike vergleichen, aber dennoch, die Frage der *Macht* stellt sich in beiden Filmen. Und die Zuspitzung dieser Frage ist im Grunde das Thema von *Spartacus*. Dadurch, dass dieses Thema nun in dem Verhältnis zwischen Herren und Sklaven verhandelt wird, landet es in jener *totalitären* Relation, von der die Generäle in *Path of Glory nur* träumen konnten. Wollte Mireau nicht, dass die Soldaten auf sein Kommando hin in den Tod gehen? Und hatte Broulard nicht bereits genau jene sadistische Ansicht geäußert, die nun die Römer gegenüber ihren Menschenopfern ganz offen einnehmen? In *Gladiator* wird aus dem kämpfenden Heeresanführer Maximus (Russell Crowe) ein Gladiator. Der Unterschied besteht für ihn darin, dass sein Morden nun keinen *nationalen* Sinn mehr hat, sondern ausschließlich einer *sadistischen* Schaulust dient. Spartacus geht den umgekehrten Weg. Er ist zunächst ein Gladiator, aus dem dann der militärische Anführer einer Sklavenarmee wird.

Über den Film ist zutreffend gesagt worden, dass sich hier hochinteressante Szenen mit vollkommen belanglosen abwechseln (Günther aus: Kinematograph 2004, S. 65). Das liegt daran, dass *Spartacus* mehrere *konventionelle* Schemata enthält, die zwar zu seinem kommerziellen Erfolg beigetragen haben, aber *künstlerisch* gesehen nicht besonders interessant sind. Kubrick hat zwar versucht, diese Schablonen aufzubrechen (Castle 2005, S. 34), doch es ist ihm nur begrenzt ermöglicht worden. Eine davon ist der stetige Wechsel der Szenen zwischen Liebe und Macht und damit verbunden auch das Wechselspiel zwischen Gut und Böse. *Spartacus* wird aber immer dann zu einem spannenden Film, wenn dieses Wechselspiel zugunsten eines Zusammenspiels aufgelöst worden ist. Kubrick gelang es beispielsweise, durch einen cleveren Schnitt die konventionelle Schranke zwischen dem *guten* Spartacus (Kirk Douglas) und seinem *bösen* Gegenspieler Crassus (Laurence Olivier) in einer wichtigen Szene zu unterlaufen. Wenn beide eine Rede halten, die ihre Leute auf die kommende Schlacht vorbereiten soll, dann hat der Regisseur diese Reden so ineinander montiert, dass sich dabei eine Spiegelung ergibt. Als Spartacus seinen Leuten das Kommando zum Aufbruch erteilt, sieht man durch einen geschickten Umschnitt innerhalb dieser Parallellmontage, wie die römischen Legionen losmarschieren. Außerdem erinnert diese Szene an den Schluss von *Path of Glory*, wenn Kubrick die sorgenvollen Gesichter der einzelnen Sklaven in halbnahen Einstellungen zeigt.

Douglas und der Drehbuchautor Dalton Trumbo waren mit dem ersten Rohschnitt des Films durch Kubrick nicht einverstanden, und deshalb wurde nachgedreht. So konnte der junge Regisseur seinen Gedanken, eine große Schlacht-Szene in den Film einzufügen, verwirklichen, welche er dann *ohne* Douglas in Spanien drehte (Douglas 1988, S. 316f.). Der Plan zu dieser sicherlich *eindrucksvollsten* Szene des gesamten Films kam vollständig vom Regisseur und leistete einen wesentlichen Beitrag zu seinem dramaturgischen Konzept. Denn es handelt sich zweifellos um den Höhepunkt des Films, in dem der Konflikt zwischen Sklaven und Römern kulminiert, die entscheidende Schlacht, in der das Sklavenheer von der römischen Armee unter Crassus geschlagen wird. Das Drehbuch sah vor, diese Schlacht nur *symbolisch* auszuführen. Kubrick konnte sie aber dann mit 8.000 Komparsen inszenieren (Castle 2005, S. 31). Der Bildaufbau füllt in einer Totalen die gesamte Breitwand in der Horizontalen mit den Anordnungen der Formationen römischer Soldaten aus und zeigt in weitgehend statischen Einstellungen den gigantischen Aufmarsch dieses Heeres. Exakt im Rhythmus der Musik nimmt dieser Aufmarsch, der in vielen Zwischenschnitten die Anführer beider Heere zeigt, genauso viel Zeit in Anspruch wie die nachfolgende eigentliche Schlacht selbst. Aus jener musste Kubrick alle Szenen, welche die brutalen Verstümmlungen der Soldaten zeigen, bis auf eine wieder herausschneiden. Am Anfang von *Gladiator* gibt es eine ganz ähnliche Schlacht zwischen den Römern und den Germanen. Auch Scott baut eine ähnlich bedrohliche Dynamik auf und konnte dann noch viel brutalere Sequenzen problemlos zeigen. Den Clou in Kubricks Szenerie, die sehr darauf angelegt ist, die *Geometrie* der römischen Kampfformation auf offenem Feld zu zeigen, gibt es in *Gladiator*, der sich überhaupt nur wenig um historische Genauigkeit bemüht, nicht. Hier findet die Schlacht auf einem relativ unübersichtlichen Gelände im Wald statt. Eine Finte ist aber identisch: Ein unerwarteter

Teil der römischen Armee greift den Feind plötzlich von der Seite an. In *Spartacus* hat das Sklavenheer aufgrund der plötzlich über sie hereinbrechenden römischen Übermacht keine Chance mehr, und es verliert die Schlacht. Die anschließende trostlose Kamerafahrt über die Leichenberge von Sklaven erinnert an die toten Amateurgangster in *The Killing*.

Spartacus entwickelt von Anfang an eine sehr einfache Dynamik, die von restloser, unmenschlicher Unterdrückung in die Freiheit und dann wieder zurück in Unterdrückung und schliesslich den Tod führen wird. Und der negative Schluss geht mit dem Versprechen auf eine bessere Zukunft einher, welches auch schon gleich zu Beginn im Off-Kommentar versprochen worden ist. Der Film ist auch insofern relativ *eindimensional*, als dass er deutlich vor allem auf eine *Identifizierung* mit dem *guten* Spartacus angelegt ist. Die Römer werden aber dennoch keineswegs einheitlich gezeigt, weshalb die Trennung zwischen Gut und Böse nicht auf einer *nationalen* Ebene funktioniert. Es gibt unter ihnen zwei Männer, die mit Spartacus sogar ein Stück weit sympathisieren: zum einen der Leiter der Sklavenschule Batiatus (Peter Ustinov), der Spartacus gleich zu Beginn freikauft, und zum anderen der erste Senator von Rom, Gracchus (Charles Laughton), welcher demokratische Absichten verfolgt. Diese beiden Männer sind eng miteinander befreundet und teilen sich eine Faible für das weibliche Geschlecht. Während Batiatus ein Geizhals ist, dem es vor allem um seine Einkünfte geht, tritt Gracchus tatsächlich innerhalb einer *Realpolitik* für die Sache der Demokratie und damit letztendlich auch für die Freiheit ein, die er der Frau des Spartacus Varinia (Jean Simmons) und ihrem Sohn auch schenken wird. Batiatus wird Varinia dabei helfen, Rom heimlich – aber frei – zu verlassen, und er ist es auch, der die Beziehung zwischen ihr und Spartacus, wenngleich auch mit anderen Absichten, initiiert hat. Der ängstliche und empfindliche Batiatus wird am Schluss fast zum Ehrenmann. Peter Ustinov sollte für diese Nebenrolle seinen ersten Oskar bekommen. Er hatte diese Trophäe neun Jahre zuvor für seine Hauptrolle als Nero in *Quo Vadis* (1951) nur knapp verfehlt gehabt (Warwick 1992, S. 146f.).

Der Senator Gracchus hingegen versucht zu verhindern, dass der erste Feldherr von Rom, Crassus, auch sein alleiniger Herrscher wird. Crassus entwickelt im Film eine Strategie, die dazu führt, dass die Sklavenarmee des Spartacus nicht einfach aus Italien über das Meer abziehen kann, sondern direkt in Richtung Rom marschieren muss. So kann er sich als dessen Retter aufspielen und verlangt dafür, zum ersten Konsul des Imperiums ernannt zu werden. Das kommt dem Beginn einer *Diktatur* gleich und bedeutet für Gracchus die vollkommene Entmachtung, welcher er selbst zustimmen muss, um Rom vor der Sklavenarmee zu retten. Gracchus, der damit alle Macht verliert, wird sich am Ende selbst umbringen.

Und hier weicht der Film sehr stark von den historischen Quellen ab: Denn weder war Crassus die entscheidende Persönlichkeit im Übergang von der Republik zur Diktatur (Dehrmann 2002, S. 169), noch hat es für Spartacus und seine Leute *keine* Möglichkeit gegeben, dass Land einfach über die Berge zu verlassen. In einem Interview von 1972 sagte Kubrick gegenüber Ciment, dass der historische Spartacus zweimal die Möglichkeit gehabt hat, Italien über die Nordgrenze zu verlassen. Dies habe er jedoch *nicht* getan,

> »stattdessen führte er seine Armee wieder zurück und plünderte römische Städte. Die Gründe hierfür dürften wohl die interessanteste Frage sein, mit der sich der Film hätte beschäftigen können. Änderten sich die Ziele der Rebellion? Verlor Spartacus die Beherrschung über seine Unterführer, die inzwischen mehr an Beutezügen als an Freiheit interessiert waren?« (Ciment 1982, S. 152f.)

Hätte Kubrick diesen Gedanken durchgesetzt, der in einer anderen Form auch zu seinem später geplanten Film über Napoleon gehörte, so hätte sich das Schema zwischen den guten Sklaven und ihren bösen Herrschern einer dynamischen Entwicklung unterzogen, die einer aufregenden Frage nachgegangen wäre. Spuren davon enthält der Film aber bereits: So muss Spartacus mehrmals seine Männer davon abhalten, sich an den Römern zu rächen. Sie wollen nach ihrer Befreiung in der Gladiatorenschule in Capua zwei römische Gefangene wie Gladiatoren gegeneinander antreten lassen. Spartacus verbietet ihnen ein derartig *menschenverachtendes* Spektakel. In einer anderen Sequenz, nach der Einnahme eines Römerlagers, lässt Spartacus den Heerführer Glabrus (John Dall) unbeschadet nach Rom reiten und zerbricht *nur* vor dessen Augen sein römisches Zepter, das *phallische* Symbol seiner Macht. Spartacus verhält sich also im Gegensatz zu den Römern stets *human* und kann, anders als in der historischen Wirklichkeit, seine Leute davon abhalten, ein Unrecht zu begehen.

Spartacus (1960)

Trotzdem ist er wie Colonel Dax kein völlig *kompromissloser* oder ungebrochener Held. Er sagt am Anfang als Gladiator ganz deutlich zu seinem befreundeten Mitstreiter Crixus (John Irland), dass er *ihn* in der Arena töten würde und auch dasselbe von ihm erwartet. Er lässt sich wie Maximus in *Gladiator* auf die harten Bedingungen ein und sich so zum Werkzeug römischer Gewalt machen. Genau deshalb wird die Opferung des schwarzen Gladiators Draba (Woody Stroke) für ihn zum Wendepunkt (Seeßlen 1999, S. 112). Draba weigert sich, nachdem er den Kampf in der Arena gegen Spartacus gewonnen hat, diesen zu töten. Er wirft seinen Dreizack stattdessen gegen die Tribüne, als die römischen Frauen ihm befehlen, den besiegten Spartacus zu töten. Dann klettert er die Brüstung hoch, wo Crassus ihm schließlich persönlich die Kehle aufschlitzt. Dieses *geschenkte* Leben ist ein Motiv, das Spartacus zum Kampf in die Freiheit führen wird. Durch den getöteten Draba aus Äthiopien, dessen Leiche die Römer wie die eines Tieres mit dem Kopf nach unten aufhängen lassen, wird der Sklavenaufstand provoziert und die Handlung mit dem späteren Sklavenhandel aus Afrika verbunden. Dessen Konsequenzen hatten in den USA durch Martin Luther King zu dem Zeitpunkt, als der Film entstand, gerade eine brisante Phase erreicht. Auch in *Gladiator* gibt es einen afrikanischen Gladiatoren, der Maximus am Ende als ein freier Mann überlebt.

Das wirkliche Motiv, welches Spartacus aber zum Aufstand bewegt, ist ganz in klassischer Hollywoodtradition seine *Liebe* zu einer Frau. Und Kubrick inszeniert diese Liebe zwischen dem mutigen Mann und Varinia so hingebungsvoll, dass sämtliche Vorurteile gegenüber dem Regisseur, welche immer wieder von Kälte und Distanz sprechen, zumindest für diesen Film keinerlei Bestand haben. Vielleicht ist dies einer der Gründe, weshalb *Spartacus* nicht ins Bild über Kubrick passt und deshalb so oft in Büchern über ihn ausgespart wird (Dehrmann 2002, S. 163). Der Film widerspricht dem *falschen* Bild von einem Regisseur, der in dem Ruf steht, dass Frauen in seinen Filmen *kaum* eine Rolle spielen würden. *Spartacus* und dann noch viel mehr *Lolita* haben neben *Eyes Wide Shut* sehr starke weibliche Charaktere. Wenngleich man auch zugeben muss, dass Kubrick den Konflikt der Geschlechter immer wieder von der männlichen Perspektive aus sehr drastisch in Szene gesetzt hat. *Spartacus* bildet insofern die Ausnahme, als dass der Film beweist, dass er auch einfach eine *romantische* Liebesgeschichte inszenieren konnte. Wenn er es sich in seinen »*eigenen*« Filmen nicht so einfach gemacht hat, dann deshalb, weil er es nicht wollte.

Da die gesamte Dynamik des Films aus dem Wechselspiel zwischen Krieg und Liebe besteht (Spartacus wird gegenüber Antoninus sagen: »There's a time for fighting, and a time for singing«), haben die Liebesszenen in *Spartacus* eine wesentliche Funktion. Denn, wie gesagt, wird Spartacus *nur*, weil er die Sklavin Varinia liebt, überhaupt mit dem Aufstand beginnen: Als er erfährt, dass Varinia an Crassus verkauft worden ist und nun nach Rom gebracht werden soll, ertränkt er im wütenden Affekt den Gladiatorentrainer Marcellus (Charles McGraw), welcher ihm im fiesen Ton gesagt hat, er soll noch einen letzten Blick auf Varinia werfen. Damit beginnt der Aufstand, der schnell die Römer in der Gladiatorenschule übermannt hat. Kurz darauf treffen sich Spartacus und Varinia im Wald wieder. Hier gesteht sie ihm ihre Liebe und stellt sich nun *sklavisch* in seinen Dienst. »Forbid me ever to leave you« lautet der Wunsch, den er ihr erfüllen wird. In dieser Liebe ist *sie* das Objekt seines Begehrens. Es wird *ihr* Körper sein, den Spartacus später beim Baden im See beobachtet. Dies alles steht in Opposition zu den Römerinnen, die zuvor seinen Körper in der Arena sehen wollten. Auch lehnt Spartacus von Anfang an die Reduktion seiner Beziehung auf die rein sexuelle Komponente ab. Dadurch, dass er Batiatus und Marcellus »I'm not an animal« entgegenschreit, als sie ihm Varinia als Sexsklavin zur Verfügung stellen, wird deutlich, dass sein Interesse an ihr nicht bloss körperlich ist. Er fordert Varinia auf, sich wieder anzukleiden, und hat sich sogleich in ihre Anmut verliebt. Es sind ihre Gefühle füreinander, die zwischen Varinia und Spartacus eine *schamhafte* Grenze bilden, welche die römische Dekadenz nicht kennt. Crassus wird Varinia umgekehrt dazu auffordern, ihren Umhang abzuwerfen und ihren Körper in einem brustbetonten, eng geschnittenen Kleid zur Schau zu stellen. Überhaupt zeigt der Film die Römer häufig beim Baden, um sie zu charakterisieren. Dreimal nehmen sie Spartacus die geliebte Frau weg. Am Anfang wird Varinia mit Absicht in eine andere Zelle als die seine gesteckt und muss einem anderen Mann ihre Liebesdienste zur Verfügung stellen, dann soll Batiatus sie nach Rom bringen, weil er sie an Crassus verkauft hat, und am Ende will Crassus Varinia sogar zu seiner Ehefrau machen. Das ödipale Dreieck, in dem eine böse, tyrannische und machtvolle Vater-Imago dem Sohn die Frau wegnimmt, misslingt aber immer wieder, weil Varinia Spartacus liebt. Damit wird er aber *selbst* zum Vater und im Bezug auf die Römer zum überlegenen Rivalen. Und deshalb scheitern auch alle Versuche, ihn aufgrund seiner Kreuzigung am Ende zum Christus verklären zu wollen (Beier 1999, S. 97), obwohl Varinia in der letzten Sequenz wie Maria mit blauem Kopftuch heulend vor ihrem sterbenden Gatten steht. Christus hatte aber weder Frau noch Kind und war definitiv *kein* Vater. Viel eher handelt es sich bei Spartacus um eine Art Moses, der zwar selbst nicht mehr, aber dessen Volk (hier Frau und Kind) das gelobte Land ihrer eigenen Freiheit betreten werden. Für Douglas war Spartacus in erster Linie ein Gleichnis für die Versklavung des jüdischen Volkes, aus dem er kam, und er hatte sogar die Idee, ihn mit der Figur des Juden David zu kombinieren (Douglas 1988, S. 296/306). Auch der spätere Mitstreiter des Spartacus, der in Poesie geschulte Sklave Antoninus (Tony Curtis), nennt ihn *seinen* Vater, bevor ihn Spartacus tötet. In dieser Szene, in der die beiden letzten Sklaven um Leben und Tod kämpfen, erfüllt sich das in der Gladiatorenschule geführte Gespräch mit Crixus, welches davon handelte, dass er und Spartacus, obwohl sie Freunde sind, in der Arena dazu gezwungen sein würden einander zu töten. Spartacus tötet Antoninus, um ihm den Tod am Kreuz zu ersparen.

Antoninus, ein gebildeter Sklave aus Sizilien, war zuvor der Leibsklave des dekadenten Crassus gewesen und aus dessen Palast geflohen, als Crassus ihm ein *homosexuelles* Angebot gemacht hatte. Crassus deutet in einer sehr *verschlüsselten Sprache* Antonius seine bisexuelle Veranlagung an, in dem er ihm erklärt, dass er sowohl *Austern* als auch *Schnecken* gerne essen würde. Diese bekannte Szene ist in einer einzigen Einstellung in einer Totalen eines römischen Bades gedreht. Antoninus wird dabei aufgefordert, zu seinem *Herrn* ins Wasser zu steigen und ihm den Rücken zu schrubben, während Crassus seine *machtlüsterne* Erklärung abgibt. Die ganze Szene ist hinter einer Gardine arrangiert und wurde von Universal nach den ersten Aufführungen des Films herausgeschnitten (Castle 2005, S. 33). Sie konnte erst 1991 im Rahmen der Restaurierung wieder eingefügt werden. Danach verlässt Crassus das Bad und erklärt Antoninus in der nächsten Sequenz, dass er sich Rom zu *unterwerfen* habe, was in dem ursprünglichen Zusammenhang auch die sexuelle Unterwerfung des Antoninus bedeutet. Als Crassus sich umdreht, ist Antoninus aber längst geflohen, um sich Spartacus und seinen Leuten anzuschließen. Dem guten Vater (Spartacus) wird so ein *perverser* gegenüber gestellt. Crassus, der Draba die Kehle durchgeschnitten hat und Antoninus zu seinem *erotischen* Leibsklaven machen wollte, wird es später sogar *fast* genießen, wenn Spartacus ihm ins Gesicht spukt. In ihm gipfelt der Ausdruck römischer *Dekadenz*, die unterstützt wird von einem weiteren wichtigen Schema, dem Gegensatz zwischen Kultur und Natur.

Denn Antoninus liest bei den Versammlungen des Sklavenheeres vor allem Lyrik über die Natur und verleiht so den Motiven, die Kubrick auch optisch dieser Gruppe zugeordnet hat, eine Stimme. Das enge Verhältnis der Sklaven zur Natur steht im Kontrast zur *degenerierten* Kultur der Römer. Die Szene, in der Spartacus Varinia heimlich beim Baden in einem See beobachtet, liefert das exakte Pendant zu der Szene zwischen Antoninus und Crassus im römischen Bad.

Hier sind es Blätter und Äste, die den Bildausschnitt begrenzen und so ein schamvolle Grenze zwischen der nackten Frau und ihrem heimlichen Beobachter ziehen, obwohl Kubrick dabei Varinia *nicht* aus der Perspektive des Spartacus zeigt. Der Schauplatz ist nicht zufällig ein Wald, so wie die Sklavenarmee zunächst vor allem in *freier Natur* gezeigt wird. In einer anderen kurzen Einstellung zuvor badet Varinia zwei Babys, die augenscheinlich Zwillinge sind. Das Bild der *natürlichen, harmonischen Familie* bekommt der Zuschauer nur bei den Sklaven zu sehen. In *Gladiator* wird Maximus auch von Anfang an mit Familie und Natur verbunden. Schon in der ersten Szene greift seine Hand durch die Kornfelder, die hier ein Bild für den Gang zum Totenreich, der endgültigen Heimat, sind. Maximus reibt sich seine Hände vor jedem Kampf mit dem Sand vom Boden ein. Er beschreibt sein Haus, in dem sein Sohn und seine Frau in Spanien leben, vor allem, in dem er den Sonneneinfall und die Gewächse benennt. Und Maximus ist ein ebenso einfacher Mann wie Spartacus. Er rächt am Ende den fürchterlichen Vatermord des Commodus (Joaquin Phoenix), durch den Rom unter die Herrschaft eines degenerierten, unfähigen Kaisers fiel. War er selbst als Nachfolger vom alten Kaiser bestimmt worden, so wird auch deutlich, um was es in *Spartacus* eigentlich geht: Maximus noch viel mehr als Spartacus ist der aufrichtige, *zeugungswillige* und *verantwortliche* Mann, ein Schutzschild unserer Gesellschaft gegenüber der Dekadenz. Ihn richtet der römische Kaiser in einem *ungeheuren Verbrechen* hin.

Als Crassus Varinia nach dem Charakter des Spartacus fragt, sagt sie: »He wasn't God. He was a simple man.« Spartacus kann weder lesen noch schreiben. Er ist schlicht, gutmütig und manchmal sogar naiv.

Aber im Gegensatz zu Crassus ist er ein *ganzer* Mann. Varinia wird von ihm ein Kind bekommen. Die dargestellten römischen Männer hingegen zeigen mehr Gefallen am puren Sex innerhalb der Polygamie (Gracchus und Batiatus) oder sogar der Bisexualität (Crassus). Nur Glabrus verhält sich halbwegs wie ein Ehemann, seine zukünftige Frau (Joanna Barnes) und seine Schwester (Nina Foch) hingegen wie typische Römerinnen, welche die Gladiatoren, unter ihnen Spartacus und Draba, halbnackt sterben sehen wollen.

In der Filmgeschichte nach 1945 haben die Römer häufiger einen schlechten Ruf, der oft in Kontrast zur Moral und Lebensweise von Jesus Christus gezeigt wird. Diese Auffassung, welche *insbesondere* auch das späte, untergehende Rom betrifft, hat einige philosophische Vorläufer. Der antichristliche, deutsche Philosoph Friedrich Nietzsche favorisierte wohl deshalb die grausame Wollust innerhalb der römischen Weltbeherrschung, weil er dessen kulturgeschichtliche Gegnerschaft zu Jerusalem klar erkannt hatte (Nietzsche 1988, Bd. 5, S. 275 u. 286). Hegel hingegen vertrat die Ansicht, welche auch in *Spartacus* eingenommen wird. Für ihn waren innerhalb der Geschichte die Römer insgesamt nicht vielmehr als ein gewaltsamer Übergang, ein notwendiger Schritt, der das Christentum erst ermöglichte. Die Römer werden als solche aber sehr negativ bewertet, weil sie keine *Innerlichkeit* kannten. Sie verlieren sich deshalb nach Hegel ganz an die Endlichkeit:

> »Statt menschlicher Leiden in den Tiefen des Lebens und des Geistes, welche durch die Widersprüche des Lebens herbeigeführt werden und im Schicksal ihre Auflösung finden, veranstalten die Römer eine grausame Wirklichkeit von körperlichen Leiden, und das Blut in Strömen, das Röcheln des Todes und das Aushauchen der Seele waren die Anschauungen, die sie interessierten« (Hegel 2002, S. 409).

Der Platz, den zuvor bei den *Griechen* noch die Tragödien einnahmen, wurde nun sadistischen *Spielen* gewidmet, bei dem sich die Römer am Leiden anderer Menschen erfreuten. Und Hegel beschreibt auch, dass die Revolte des Spartacus durch die militärische Disziplin des römischen Reichs niedergeschlagen werden konnte: »Wir sehen so die fürchterlichsten, gefährlichsten Mächte gegen Rom auftreten, aber die Militärmacht dieses Staates trägt über alle den Sieg davon« (Hegel 2002, S. 429).

Wie Maximus, der ein Spanier ist, war auch Spartacus kein Römer, sondern ein Thraker, also ein Grieche. Dieses nationale Konzept war auch ein Faktor bei der Besetzung der Rollen. Denn wie zuvor in *Ben Hur* (1959), dem noch viel erfolgreicheren Vorbild zu *Spartacus*, wurden die römischen Herrscher von britischen Schauspielern dargestellt, während die anderen unterworfenen Nationen vor allem von Amerikanern gespielt wurden. Douglas übernahm nach eigenen Angaben dieses Konzept aus dem Film *The Vikings* (Die Wikinger, 1958), in dem er die Hauptrolle gespielt hatte (Douglas 1988, S. 306). Der amerikanische und englische Akzent in der Aussprache sollte dabei den Unterschied hervorheben und so die amerikanische Unabhängigkeit vom Joch der englischen Vormundschaft ins Spiel bringen. Es gab jedoch zwei wesentliche Ausnahmen: Varinia wird im Film als eine Sklavin aus England vorgestellt und die Schauspielerin Jean Simmons war auch tatsächlich eine Britin. Ihr vornehmer Akzent lässt darauf schließen, dass sie *kultiviert* genug ist, um zu den Römern zu gehören. Für diese Rolle war aber zunächst sogar Ingrid Bergman, also eine Schwedin vorgesehen gewesen, und sie war lange Zeit mit der deutschen Schauspielerin Sabina Bethmann besetzt gewesen. Laut Douglas war Kubrick maßgeblich daran beteiligt, Bethmann durch Simons zu ersetzen (Douglas 1988, S. 310). Jean Simons war vermutlich Kubricks erste Wahl, weil sie zuvor an der Seite von Marlon Brando in *Désirée* (1954) die Geliebte und erste Frau Napoleons gespielt hatte. Diesen Film kannte der Regisseur sicherlich aufgrund seiner vorherigen Zusammenarbeit mit Brando. So gesehen steht schon *Spartacus* in der Nähe zu Kubricks verhindertem Projekt über Napoleon. Weiterhin war John Garvin, der im Film den jungen Julias Cäsar spielt, ein Amerikaner.

Die größte Schwäche von *Spartacus*, welche Kubricks Film über Napoleon sicherlich nicht gehabt hätte, besteht darin, dass der Held immer mehr *glorifiziert* wird. Stattdessen hätte sich der Film damit auseinander setzen müssen, welche Form der Macht Spartacus tatsächlich angewendet hat, um Rom zu trotzen. Je erfolgreicher Spartacus bei seinem Aufstand gegenüber Rom wird, desto *unwirklicher* wird daher die Handlung des Films. Man fragt sich tatsächlich, ob er wirklich so erfolgreich gewesen ist, weil der Aufstand zu naiv dargestellt wird. Gerade dann, wenn Spartacus seinen größten Triumph in der Stadt Metapontum feiert und dort schon fast wie ein Messias empfangen wird, gerät die Handlung mehr zu einer Wallfahrt als zu einer historisch glaubwürdigen Beschreibung. Die Realität kehrt erst wieder durch die dann anstehende Schlacht. Der *zeitlose* Bezug auf den Helden stand aber bereits im Roman von Howard Fast. Dort steht, dass Spartacus ein Mann gewesen sei, der für »alle Menschenalter gelebt hat«, sodass sein Beitrag zur Freiheit den Menschen heute Mut und Hoffnung geben soll (Seeßlen 1999, S. 113f.). Diese Perspektive war aber völlig unkritisch. Auch der Drehbuchautor Dalton Trumbo, selbst damals ein Opfer der Kommunistenverfolgung, wollte in dem Stoff ein Plädoyer für die Freiheit sehen. Vermutlich deshalb lässt der Film keinerlei Ambivalenz in Bezug auf den Herrschaftsanspruch des Spartacus zu. Auch die Frage jeglicher Korruption innerhalb der Sklavenarmee entfällt vollständig. Sie wird nun als eine homogene Gruppe *guter* Menschen gezeigt.

Zugleich veranstaltet der Film innerhalb seiner Handlung bereits gezielt die Inszenierung einer überzeitlichen Legendenbildung, die das Leben des Spartacus wie in *Gladiator* den Tod des Maximus zum politischen Symbol werden lässt. Die römischen Gegner Crassus/Commodus wollen diese Legendenbildung verhindern. Crassus sagt vor der entscheidenden Schlacht zu Batiatus bereits, dass er nicht bloß den Mann, sondern vor allem seine *Legende* zerstören will. Und genau diese Absicht wird ihm, wie der Zuschauer von Anfang an weiß, misslingen. Der Film kokettiert hier, wie viele Historienfilme, mit dem Rang, den die gezeigten Ereignisse innerhalb der Geschichte längst eingenommen haben. Und er erzeugt einen interessanten Effekt, wenn schließlich *jeder* der männlichen Sklaven aufsteht und bezeugt: »I am Spartacus.« Denn in diesem Satz zeigt sich innerhalb der Handlung zwar der ungebrochene Mut der Sklaven, darüber hinaus liefert sie aber den entscheidenden Grundstein zur *Transzendierung.* Denn nunmehr ist Spartacus keine Person mehr, sondern eine Haltung, die man nicht ermorden kann. Nebenbei liegt die irritierende Kraft dieser Aussage, in einem dubiosen Spiel mit der *Identität*, die sich über den Eigennamen definiert. Damit setzen die Sklaven das plurale Prinzip der *demokratischen* Mehrheit gegen das einstimmige Diktat eines Tyrannen. Dafür lässt Crassus sie alle hinrichten.

Im Finale trägt der Film der historischen Tatsache Rechnung, dass die überlebenden Männer des Sklavenaufstandes entlang der Via Appia bis Rom gekreuzigt worden sind. Dabei erweiterte aber Kubrick erneut in einem wesentlichen Punkt das Drehbuch. Trumbo, der Drehbuchautor, sagte dazu: »Im Roman wie im Drehbuch stirbt Spartacus auf dem Schlachtfeld, erst dann wird er gekreuzigt. Kubrick hat Spartacus gefilmt, wie er am Kreuz stirbt, und das gibt eine Analogie, die nichts mit seinem Aufstand zu tun hat« (Seeßlen 1999, S. 112). Diese *offene* Analogie zu Christus gefiel dem kommunistischen Drehbuchautor nicht. Sie ist aber nur konsequent in Bezug auf die Legendenbildung des Spartacus und seiner Geschichte. Anders als in *Ben Hur*, wo Jesus einige Male an der Seite des jüdischen Helden auftritt, wird er hier selbst zu seinem menschlichen Vorläufer. Spartacus liegt innerhalb eines breiten kulturellen Bewusstseins in der Nähe von Christus. Und Kubrick führt diesen Kontext nur eng, indem er einen der ersten überlieferten *aktiven* Revolutionäre und Anführer der Unterdrückten an die Stelle des *passiven* Religionsstifters setzt. Wie schon beschrieben, wird dabei *weniger* aus Spartacus Christus, sondern vielmehr aus Christus Spartacus, denn Spartacus wagt im Gegensatz zu Christus den offenen Aufstand. Er lässt sich nicht freiwillig in einer Gladiatorenschule *zermalmen*, und er will die befreiten Sklaven ins gelobte Land der Freiheit führen, auch wenn ihm dies am Ende misslingt. Anders als Christus hat er auch nicht bloß eine Mutter, sondern eine Frau, die um ihn weint. Kubrick wollte die Kreuzigung von Spartacus zunächst mit einem melancholischen Motiv aus Charles Spencer Chaplins *Limelight* (1952) unterlegen (Phillips 2002, S. 268). Dieses heroische und zugleich traurige kleine Musikstück, welches Chaplin selbst komponiert hat, zeigt aber, wie wichtig für Kubrick diese Szene war, welche das Bild des Spartacus in einer Coda abrundet. Gehören die Liebeszenen zwischen Spartacus und Varinia zu den schönsten des Films, so sollte in diesem Bild ein letztes Mal die Liebe die Macht besiegen.

Der Soundtrack wurde dann aber von dem Profi Alex North komponiert. Er ist, wie alle »scores« von North, sehr konventionell und wurde auch so von Kubrick eingesetzt. Er hat hier immer nur die Funktion, den Bildinhalt zu verstärken. Andererseits hat er für die damaligen Verhältnisse einen ungewöhnlich progressiven Stil, eine eigenwillige Instrumentierung und eine sehr große Komplexität (Sperl 2006, S. 82). Besonders gelungen ist dabei das Liebesmotiv, welches das Verhältnis zwischen Varinia und Spartacus von Anfang an begleitet und auch eine Nähe zu dem Freiheitsmotiv aufweist (Sperl 2006, S. 77). Die Vertonung der großen Schlacht mit vor allem von Schlaginstrumenten dominierten Klängen und die seltsam verhaltene Musik, die North unter manche Szenen mit den dekadenten Römern gelegt hat, sind zwei weitere bemerkenswerte Kompositionen. Kubrick verwendete auch beim Drehen Musik. »Wenn es keinen Dialog gab, spielte Kubrick Musik, wie in Stummfilmzeiten, um die Szene gefühlsstärker zu machen« (Duncan 2003, S. 61f.).

Douglas warf Kubrick in seiner Autobiografie vor, keine Gelegenheit ausgelassen zu haben, *Spartacus* und ihn *negativ* darzustellen (Douglas 1988, S. 324). Der Regisseur hat sich dabei aber stets *nur* über den Film und nicht über die Person geäußert. Der enttäuschte Schauspieler hingegen macht durchaus einige abfällige Bemerkungen über Kubrick. Dieser kündigte nach der Fertigstellung des Films seinen Vertrag mit dessen Produktionsfirma, welcher ihn noch für drei weitere Filme verpflichtet hätte (Douglas 1988, S. 325). Kubrick ging für seinen nächsten Film aufgrund der niedrigeren Kosten nach England. Er hatte mit *Spartacus* genug Lorbeeren geerntet und wohl auch sehr gut verdient. Es ergab sich, dass er in England bleiben sollte und alle seine nächsten Filme dort drehte. Kubrick ließ sich später Videotapes von der *The Johnny Carson Show* nach Europa schicken, bevor es die Satellitenübertragung gab. Er lebte ganz sicher *nicht* in England, weil er Amerika nicht mochte (Herr 2000, S. 46).

7. Im Schatten der Weltliteratur: *Lolita* (1962)

> »Humbert: I always write my poems in a diary.
> It's one of my little idiosyncrasies.
> Lolita: Afraid somebody's going to steal your ideas
> and sell them to Hollywood, hä?«
> *(Dialogsequenz aus Lolita)*

Lolita stellt einen *Wendepunkt* in Kubricks Werk dar. Denn es war dieser Film, mit dem er endgültig zu seinem *eigenen* Stil fand. Dieses Projekt, so sagte er selbst, habe ihm *neue* Wege eröffnet, bestimmte Sorten von Geschichten auf *eine Art* zu erzählen, die bisher im Film noch nicht ausprobiert worden ist (Phillips aus: Castle 2005, S. 44). Erst mit *Lolita* kommt Kubrick tatsächlich zu seinem *eigenen* psychologischen Stil (Nelson 2000, S. 62). Doch bis heute ist dieser Film innerhalb seines Werkes am wenigsten oder zumindest falsch verstanden worden (Nelson 2000, S. 64). Das hängt unter anderem mit den zahlreichen subtilen, versteckten verbalen Anspielungen zusammen, welche er enthält.

Zu dem Zeitpunkt als *Lolita* entstand, hatte Marilyn Monroes infantiler Sex-Appeal sich in den »Männerfantasien« bereits festgesetzt und den *perversen* Wunsch nach einer Frau mit der Seele eines Kindes etabliert. Monroe wurde zum *Traumbild* einer libidinösen Kindfrau, deren kurvenreicher, ausgereifter Körper und die vor Naivität strotzende Seele zusammen ein männliches Ideal ergaben. Und sie war dabei so unglaublich überzeugend, weil sie tatsächlich in ihrer *psychischen* Entwicklung gestört war. Das Heranreifen zu einer *erwachsenen* Persönlichkeit war ihr aufgrund einer schwierigen Sozialisation und einer frühkindlichen Störung nicht gelungen (Jacke 2005). In dem männlichen Wunsch, die weibliche Ratio auf ein *ungefährliches*, infantiles Niveau herabzustufen und sie so zu *reduzieren*, liegt aber ein erheblicher männlicher Machtanspruch verborgen, welcher jeder Emanzipation zuwider läuft.

In der Mitte der 50er Jahre erreichte das Lolita-Thema durch den Skandalfilm *Baby Doll* (1956) von Elia Kazan dann direkt eine breite Öffentlichkeit. Das Drehbuch dafür schrieb Tennessee Williams, dessen Theaterstück *A Streetcar Named Desire* (1947) bereits zuvor von Kazan als Theaterstück und auch als Film (1951) umgesetzt worden war. Williams hätte gerne Monroe als Baby Doll gesehen, aber Kazan war dagegen (Victor 2000, S. 327). Die Rolle wurde schließlich mit der damals *24-jährigen* Carroll Baker besetzt, die darin ein 17-jähriges Mädchen spielt, das *geistig* etwas zurückgeblieben ist. Sie wird früh mit einem doppelt so alten Mann (Karl Malden) verheiratet, der ihrem Vater versprechen muss, sie nicht anzufassen, bevor sie 18 ist (Sinclair 1989, S. 164). Ihr Ehemann bohrt ein Loch in die Wand, um seine jugendliche Gemahlin beim Schlaf zu beobachten. Der Film ist offensichtlich eine Komödie, die aber nicht wie *Lolita* in der männlichen Hauptrolle einen *bürgerlichen* Akademiker, sondern einen vulgären Proletarier zeigt.

Kubrick wechselte mit *Lolita* endgültig die Perspektive gegenüber der Klasse, aus der die Protagonisten seiner Filme stammen sollten. Er verzichtete von nun an darauf, seine Geschichten in einer unglaubwürdigen *Solidarität* mit den unteren Klassen aufzulösen, wie er es noch in *Path of Glory* und *Spartacus* getan hatte. Vielmehr kommt es von jetzt an häufig zu einem Gemisch verschiedener Klassen, wobei dem *Bürgertum* aber deutlich mehr Sympathie zugestanden wird als zuvor. Im Gegensatz dazu wird die proletarische Klasse aufgrund ihrer schlechten und unreflektierten Umgangsformen mehr als skeptisch betrachtet. In *Lolita* zeigt Kubrick sie von einem viel kritischeren Standpunkt aus als in seinen beiden Kriminalfilmen. Gleichzeitig wird das sprachliche Niveau der Filme viel subtiler. Grundsätzlich drehte der Regisseur aber von nun an gar keine Filme mehr, die sich nicht mit dem Milieu des *Bildungsbürgertums* beschäftigten. So haben zum Beispiel alle drei Hauptpersonen in *2001* einen akademischen Doktortitel. Der Intelligenz dieses Regisseurs waren Ausdrucksformen, die nicht in Korrespondenz mit den höflichen Umgangsformen der Mittelschicht standen, im Grunde auch nicht zuträglich. Das gilt auch und in besonderem Maße für *A Clockwork Orange*.

Weil Kazan mit *Baby Doll* wie schon bei *A Streetcar Named Desire* Schwierigkeiten mit den zuständigen Zensurbehörden hatte, vermied

Lolita (1962)

Kubrick eine *offene Darstellung* der erotischen Dimension zwischen Lolita (Sue Lyon) und Humbert Humbert (James Mason), was ein Nachteil für das gesamte Projekt sein sollte. »Aufgrund des Drucks, der damals von den Vertretern der freiwilligen Selbstkontrolle der Filmindustrie und von den katholischen ›Legionären des Anstands‹ ausging, habe ich wohl den erotischen Aspekt von Humberts Beziehung zu Lolita nicht nachdrücklich veranschaulicht« (Castle 2005, S. 43). Kubrick verhandelte im Vorfeld mit den zuständigen Institutionen und versuchte, einen seriösen *Rahmen* zu finden, indem sie ihm keine Schwierigkeiten machen würden (Castle 2005, S. 38). Er hatte am Anfang sogar die Idee, dass sich am Ende herausstellt, dass Humbert mit Lolita *verheiratet* gewesen sei, um die Zensoren zu beschwichtigen, was selbstverständlich völlig unglaubwürdig gewesen wäre (Nabokov 1999, S. 7). Diese Finte hätte es ihm aber vielleicht ermöglicht, mehr zu zeigen, weil dann alles am Ende in den seriösen Hafen der Ehe eingelaufen wäre. Eine Ehe hätte aber auch die laszive Subversion, welche in Humberts Verhalten liegt, kaschiert. Eine Szene, in der Humbert Lolitas Mutter Charlotte (Shelley Winters) im Bett umarmt und er mithilfe des Alkohols an Lolita denken will, indem er auf ihr Foto auf Charlottes Nachttisch starrt, musste gekürzt werden. Es war ein allzu direktes Zeichen für Humberts frivoles Interesse an Lolita.

Der Trailer und das Plakat des Films warben mit dem Spruch: »How did they ever make a movie of Lolita?« Darin drücken sich die vielen Schwierigkeiten aus, die Kubrick hatte, um aus dem exzellenten Roman von Vladimir Nabokov einen *guten* Film zu machen. Nabokov hatte mit seinem Roman zuvor bereits Probleme mit der *Zensur* gehabt. Mindestens einmal war er selbst sogar kurz davor gewesen, sein unvollendetes Manuskript zu verbrennen (Nabokov 1989, S. 511). Dann hatte er keinen Verleger für sein fertiggestelltes Buch finden können. Schließlich war der Roman nach seinem Erscheinen rasch zu einer *Sensation* geworden. Gleichzeitig wurde er aber auch scharf kritisiert. Der Autor äußerte dazu, dass es schlicht gereicht hätte, aus Lolita einen *Jungen* zu machen, und seine Gegner hätten keinerlei Einwände mehr gehabt (Castle 2005, S. 37). Wenn man den Skandal um *Lolita* vergleicht mit den Rezensionen über Thomas Manns Novelle *Tod in Venedig* (1912), die einen ähnlichen Sachverhalt – nur viel *versteckter* und, weil es zu keiner Annäherung kommt, auch weit weniger problematisch – schildert, muss man Nabokov Recht geben. Thomas Manns Geschichte löste nur ästhetische Reflexionen über den platonischen Eros aus. Nabokov hingegen, der Humberts Neigung im Gegensatz zu Mann sogar als *pathologisch* beschrieb, bekam dafür sehr viel mehr Ärger.

Kubrick entschied sich aus Sympathie und Interesse 1960 dafür, bei Nabokov ein Drehbuch in Auftrag zu geben. Der spätere Film basiert aber nur zu *20 Prozent* auf dem ursprünglich 400 Seiten starken Drehbuch (Castle 2005, S. 37). Der Regisseur interessierte sich dabei besonders für die *kinematografischen* Ideen des Schriftstellers (Nelson 2000, S. 61), von denen es im Roman zahlreiche gibt. Er bekam sie aber *nicht* von Nabokov. Im Gegenteil glich das Drehbuch mehr einem schlechten Theaterstück, weil der Autor viele Beschreibungen seines Romans in lange Dialoge *gepackt* hatte. Auch in seiner zweiten, überarbeiteten und gekürzten Fassung von 155 Seiten war es überhaupt nicht als Vorlage für einen Film geeignet. Nabokov konnte zwar, wie viele Stellen beweisen, hervorragend filmische Visionen in seinen Roman integrieren, welche aus Lolita in Humberts Augen einen Traum aus Zelluloid werden lassen. Aber er konnte umgekehrt aus seinem Roman nur sehr *unbeholfen* ein Drehbuch für einen Film machen. Er wollte zwar sehr gern mit Filmregisseuren zusammenarbeiten, aber auch aus einem späteren Versuch mit Hitchcock wurde nichts (LoBrutto 1997, S. 198). Kubrick, der auf jeden Fall einen Wettstreit zwischen dem Schriftsteller und seinem Film vermeiden wollte, behielt Nabokovs *Namen* als den Alleinverantwortlichen im Vorspann bei und arbeitete das Drehbuch zusammen mit Harris um. Sie schlossen sich dafür einen Monat lang ein und griffen vor allem auf den Roman zurück (Castle 2005, S. 37). Nabokov konnte sein Drehbuch zehn Jahre später mit Kubricks Einverständnis veröffentlichen. Es ist zwar nicht viel mehr als ein Studienobjekt für Filmwissenschaftler, aber es war sicherlich keine schlechte Inspirationsquelle für den Regisseur.

Der Roman ist voller Sprachspiele, die Kubrick nun für seinen Film selbst *transformieren* musste. Kubrick, der sich für Verschlüsselungen interessierte, fing bei *Lolita* an, sein eigenes Werk mit mehr Doppeldeutigkeiten auszustatten. Wortspiele wie Lolitas Nachname »Haze«, eine Mischung aus dem deutschen Begriff Hase und dem englischen Wort für Dunst oder Nebel (Nabokov 1989, S. 548), waren jedoch für seinen

Film ziemlich wertlos, weil man den Namen nie geschrieben sah. Aber andere Anspielungen aus dem Roman wurden sehr diskret in den Film hinein genommen. In seinen zukünftigen Projekten hat die Wahl der Namen, welche die Protagonisten tragen, oft eine wichtige Bedeutung. Und sein Feingefühl für die sprachlichen Nuancen zeigte der Regisseur zum ersten Mal sehr deutlich in *Lolita*. Kubrick gab sich die größte Mühe, den Ton von Nabokovs Roman zu treffen. Das wurde aber innerhalb der Kritiken kaum nachvollzogen. Obwohl Kritikerinnen wie Pauline Kael, die später für jeden Film des Regisseurs einen Verriss schrieb, *Lolita* mochten (LoBrutto 1997, S. 223f.), wurde der Film, gemessen an dem populären Roman, oft abgewertet. Nach *Lolita* gab es für den Regisseur die neue Kategorie von Stoffen, die zu *gut* geschrieben sind, um verfilmt zu werden. Mit anderen Worten entwickelte er ein schärferes Bewusstsein für einen sprachlichen Raum, welcher sich nicht in einen Film übertragen ließ. Von nun an waren für Kubrick viele Bücher einfach nicht verfilmbar.

Er verlor deshalb trotz des Fehlschlags innerhalb der Zusammenarbeit nie ein schlechtes Wort über Nabokov, sondern erklärte später, dass es einfach *nicht* sehr klug war, den Roman eines so außergewöhnlichen Schriftstellers zu verfilmen (Nabokov 1999, S. 329). Er wusste, dass sein Film dem Vergleich mit dem Roman nicht standhalten konnte. Umgekehrt äußerte sich der russische Schriftsteller niemals abfällig über Kubrick. Er erkannte wohl dessen Leistungen an, die sich im sprachlichen Sektor schon allein in den scheinbar unsinnigen Reden von Quilty zeigen. Der übliche *Streit* zwischen Buch- und Filmkultur fand hier trotz auffälliger Unterschiede zwischen beiden Werken nicht statt. Die beiden Autoren hegten zu viel aufrichtige Bewunderung füreinander. Schließlich waren sie beide Schachspieler, die sich mit Verdopplungsphänomenen innerhalb der Subjektbildung glänzend auskannten und wussten, in welche düsteren und perversen Regionen das Begehren abdriften kann.

Der Regisseur entschied sich bei der Besetzung für Lolita für die 14-jährige Sue Lyon. Auf den häufigen Vorwurf, dass seine Lolita zu alt sei, erklärte er polemisch: »Lolita war im Roman zwölfeinhalb, und Sue war 14. Ich habe den Verdacht, viele Leute hatten eine Neunjährige im Sinn« (Castle 2005, S. 38). Da sie im Roman am Anfang zwölf und am Ende zwischen 16 und 17 Jahre alt ist, musste er einfach ein Mädchen finden,

»das beides spielen konnte« (Castle 2005, S. 43). Er hatte zunächst vor, die Rolle mit Tuesday Weld zu besetzten, die ebenfalls etwas älter war. Sie missfiel aber Nabokov, der ihre *anmutige* Naivität unpassend fand (Nabokov 1999, S. 10). Gegen Sue Lyon hatte der Autor nichts einzuwenden, außer, dass sie auf ihn etwas *spröde* wirkte (Nabokov 1999, S. 13). Zweifellos hätte die *brave* Tuesday Weld in das Klischee einer naiven Kindfrau besser gepasst. Durch die Entscheidung für Lyon bekam der Film dann etwas Herausforderndes und Reales. Denn ihre Mentalität war viel *cooler* und cleverer. Sie gab dem Film Bodenständigkeit und hatte nichts gemeinsam mit einer weichen Monroe-artigen Kindfrau. Vielmehr handelte es sich um einen *frechen* Teenager. Lyons leicht androgyne Art gab *Lolita* »Biss«. Außerdem konnte sie die Rolle *dominanter* spielen.

Für die Besetzung von Humbert Humbert hatte Kubrick bereits Laurence Olivier am Set von *Spartacus* gefragt, dessen Agentur riet ihm aber davon ab, bei diesem umstrittenen Projekt einzusteigen. Auch David Niven wurde gefragt und sagte aus zeitlichen Gründen ab. Kubrick wollte sehr gern einen gut aussehenden Engländer mit Format für die Rolle haben. Schließlich übernahm James Mason sie, der ein Bewunderer von Nabokovs Roman war (LoBrutto 1997, S. 201f.). Und nicht nur der russische Autor kannte Mason vor allem aus dem sehr erfolgreichen Film von Alfred Hitchcock *North by Northwest* (1959), in welchem er drei Jahre zuvor mitgespielt hatte (Nabokov 1999, S. 15). Mason war ein gestandener Mann und ein echter Gentlemen dazu, der in *North by Northwest* einen verlogenen aber vornehmen Agenten gespielt hatte, welcher, ohne es zu wissen, ein Verhältnis mit einer *feindlichen* Spionin (Eva Marie Saint) eingegangen war. Auch dabei war die Figur, welche er darstellte, schon an der Blindheit ihres Begehrens gescheitert. *Lolita* bekam durch diese Wahl eine gewisse Schwere, weil gezeigt wurde, wie ein durchaus ernstzunehmender Mann sich durch seine perverse Objektwahl restlos verrennt.

Humbert Humbert ist, wie sich durch den Doppelnamen, den Nabokov ihm gegeben hat, schon ausdrückt, vor allem eine *narzistische* Persönlichkeit, welche vor allem in sich selbst verliebt ist. In diesem Film gibt es *keine* äußeren optischen Spiegelungen oder Symmetrien zwischen Humbert und Lolita oder ihrer Mutter Charlotte oder Claire Quilty, weil der Professor schon in sich *selbst* gespiegelt ist. Gleich in der Eröffnungssequenz richtet Kubrick die Szene so ein, dass Humberts ehrliche Zuneigung und zugleich das seltsame Objekt, auf das sie gerichtet ist, einen komischen Kontrast liefern. Man sieht in einer Vorwegnahme der kommenden Ereignisse, wie Humbert Lolita die Fußnägel lackiert. Dabei sind aber bloß ihr nackter Fuß und seine Hände im Bildausschnitt. Kubrick abstrahiert so von der Handlung und zeigt *nur* das Lolita-Thema. Während die Titel des Films eingeblendet werden, sieht man, wie ein Fuß *gebieterisch* von oben ins Bild eintaucht. Eine Männerhand »empfängt« und »umschließt« ihn sanft (Walker 1999, S. 58). Dann steckt eine zweite Männerhand sehr liebevoll Mull zwischen die Zehen und lackiert die Nägel.

Dazu spielt Kubrick das sehnsuchtsvolle *Love Theme*, das elf Prozent des Films abdeckt. Es ist präsenter als die restlichen Musikstücke zusammen (Sperl 2006, S. 86). Dieses *traumhafte*, von aufbrausenden Streichern begleitete Klavierstück erinnert in seinem Stil durchaus an Kompositionen von Chopin. Ursprünglich war Bernard Hermann, der Hauskomponist von Hitchcock, von Kubrick gefragt worden, ob er die Musik für *Lolita* schreiben würde. Hermann zeigte Interesse, sagte jedoch ab, als Kubrick darauf bestand, dass dieses bereits *existierende* Musikstück von Bob Harris, dem Bruder des Produzenten James B. Harris, als zentrales Motiv in dem Film verwendet werden sollte (LoBrutto 1997, S. 214). Hier zeigt sich schon Kubricks Hartnäckigkeit, vorher existierender Musik den Vorrang vor jener zu geben, die *nur* für einen Film komponiert wurde. Für ihn drückte sich durch dieses sentimentale Stück genau Humberts emotionale Lage aus. Es passt *nicht* zu der profanen Situation, welche dazu gezeigt wird. Offensichtlich gehört die Musik zu Humberts Gefühlen, die aber *komisch* wirken, weil sie sich hier ganz offensichtlich auf etwas rein Körperliches richten. Die Sequenz könnte aus dem Werbefernsehen der 60er Jahre stammen und eine Reklame für Fußpflege sein. Weil weder Nabokov noch Kubrick die Psychoanalyse verachteten (Corliss 1994, S. 39), sieht man hier Kubricks optische Übersetzung von Nabokovs eingehend beschriebener Passion: Die Gefühle des Literaturprofessors richten sich offensichtlich auf den Fuß eines jungen Mädchens, den er wie einen *Fetisch* behandelt (LoBrutto 1997, S. 210). Lolita ist für Humbert nicht nur ein junges Mädchen, sondern ein *Jungen*-Mädchen, dem er sich weiblich nähert, indem er ihren Fuß umfängt. Sie ist für ihn ein

7. Im Schatten der Weltliteratur

nicht kastriertes Wesen, dessen trotzig-pubertäre Vitalität er als *phallische* Energie deutet. Und dass Humberts Vorstellung *zunächst* vom Körper *ausgeht,* hat der Regisseur sogleich an den Anfang gestellt, um *keine* Missverständnisse aufkommen zu lassen. Die Szene wurde ganz zum Schluss mit einem neuen Kameramann, Gilbert Taylor, gedreht. Kubrick war von ihrer optischen Brillanz so begeistert, dass er Taylor für *Dr. Strangelove* verpflichtete (Castle 2005, S. 39). Es war nicht der Einzige, den der Regisseur für seinen nächsten Film übernehmen wollte. Mit dem Kameramann von *Lolita,* Oswald Morris, hatte er wie zuvor schon mit dem von *Spartacus,* Russell Metty, große Schwierigkeiten (LoBrutto 1997, S. 210). Diese Männer waren es nicht gewohnt, mit einem Regisseur zu arbeiten, der so gründliche Kenntnisse über Kameratechnik hatte und sie innovativ einzusetzen versuchte.

Der Dramatiker Claire Quilty ist in der Romanvorlage eine mysteriöse, rivalisierende Vaterfigur, die bei Humbert *paranoide* Effekte auslöst. Er bleibt dort bis zum Finale eine nur *angedeutete* Figur, welche mehr in verschlüsselten und versteckten Hinweisen vorhanden ist, als dass man tatsächlich etwas von ihr erfährt. In Kubricks Film hingegen wird Quilty (Peter Sellers) gleich zu Beginn zum *satirischen* Gegenpart von Humbert. Er ist es, der die verzweifelte Liebe zu *Lolita* und vor allem Humberts daraus resultierende Eifersucht als eine reine *Herrenfantasie* offenlegt.

Nach der Ouvertüre beginnt der Film, indem in einem *Prolog* gezeigt wird, wie Humbert Quilty erschießt. Der Roman beginnt ähnlich. Hier befindet sich Humbert aber nach dem Mord an Quilty bereits in einem Gerichtsverfahren. Der Roman selbst, so heißt es bereits im Vorwort, ist dabei nichts anderes als ein *Geständnis,* geschrieben von einem »demented diarist« (Nabokov 1980, S. 7). Humbert richtet dabei sein Wort unmittelbar an die *Geschworenen* (Nabokov 1980, S. 9). Diesem *juristischen* Rahmen gibt Kubrick im Film durch seine Quilty-Figur etwas *Possenhaftes,* das mehr von einem schlechten Traum als von der Wirklichkeit handelt. *Lolita* wird so im Kino als Kollektiv-Problem im unbewussten Traumfeld des Zuschauers *abgehandelt* und nicht mehr als Fallstudie vorgeführt. Bis heute wandeln sehr viele *Lolitas* in den Medien umher. Von Nastassja Kinski bis Britney Spears gibt es immer wieder ein deutliches männliches Interesse an sehr jungen Mädchen. Oberflächliche Filme wie *American Beauty* (1999) zeigen, wie man damit immer noch sehr viel Geld verdienen kann. Dieser preisgekrönte Film verwendete das Lolita-Motiv im Grunde vor allem sensationslüstern und plakativ als imaginäres Zubehör einer *regressiven*, männlichen Aussteigerphantasie, ohne die Obsession, welche sich damit bei Nabokov verbindet, auch nur zu berühren. Der Haken besteht dabei darin, dass Lester Burnhams (Kevin Spacey) fröhlicher Ausstieg aus dem Job in seine Pubertät, welcher den eigentlichen Elan des Films ausmacht, schon sehr bald in einen Abgrund führen würde. Aber bevor dies passieren kann, wird er von seinem faschistischen und homosexuellen Nachbarn Colonel Fitts (Chris Cooper) erschossen. Das geschickte Arrangement, welches in einem weiteren Handlungsstrang zeigt, wie der weiche Sohn des verhärteten und verklemmten Militaristen Ricky Fitts (Wes Bentley) Burnhams Tochter Jane (Thora Birch) mit seiner Videokamera erotisch verewigt, gibt es so ähnlich bereits in Steven Soderberghs Erstlingswerk *Sex, Lies and Videotape* (1989).

Kubricks Film geht da sehr viel weiter, weil er am textlichen *Original* versucht, das Grundproblem des in *American Beauty* bloß gefeierten Jugend-Kultes aufzuzeigen. Dazu gehörte, Quilty nicht wie im Roman als ein unsichtbares Phantom darzustellen, sondern als einen seltsamen Richter.

Quilty *redet* dabei fast ununterbrochen mit Humbert wie ein Wasserfall. Der Sinn, den er produziert, hat dabei etwas von einem Fass ohne Boden. Seine Bestrebungen, Humbert moralisch zu belehren, ihm »*die Leviten*« zu lesen, werden in der Art eines »stream of unconsciousness« sehr verwirrend geäußert. Er parodiert gleich zu Beginn *Spartacus,* indem er eine unsinnige Bemerkung über ihn vom Stapel lässt, bei der er sich und Humbert bereits als Subjekte vertauscht und die Möbelabdeckung so benutzt, als trüge er eine römische Toga. Dann versucht er, mit Humbert eine Partie Tischtennis zu spielen. Als dieser seinen Revolver hervorholt, sagt Quilty, dass er ihn für einen Australier oder einen deutschen Flüchtling halte. Er solle besser gehen, dies sei ein *freundliches* Haus. Schließlich, nachdem Humbert den ersten Schuss abgefeuert hat, geht Quilty ans Klavier und spielt eine Polonaise von Chopin. Er behauptet, die Musik wäre *gestern* von ihm komponiert worden und fragt Humbert, ob sie sich nicht gemeinsam einen Schlagertext dazu ausdenken wollen. Das ist eine skurrile Anspielung auf die Ouvertüre des Films, in der eine ähnliche Klaviermusik gespielt wurde. Quilty thematisiert so genau Humberts Problem: Ein Professor, der sich in ein junges, schönes Mädchen verguckt hat, ist genauso unpassend, wie zu einem Klavierstück von Chopin einen Schlagertext zu dichten. Es geht um die Niveauunterschiede auf den Ebenen von Bildung, Alter und Erfahrung, die Humbert einfach ignoriert. Außerdem ist er vor allem Lolitas attraktiven Körper verfallen. Nabokov gefiel diese erste Szene (Nabokov 1999, S. 16). Die Umstellung, den Film mit dem Mord an Quilty beginnen zu lassen, war zwischen ihm und Kubrick abgesprochen worden. Nabokovs erster Drehbuchentwurf enthält sie bereits. In der zweiten Fassung ist die Szene sogar noch erweitert worden (Nabokov 1999, S. 21f. u. 251ff.). Kubrick hat sie aber dann für den Film fast komplett umgeschrieben.

Die Zusammenarbeit mit Peter Sellers erwies sich als eine der wichtigsten Errungenschaften dieses Projekts, denn Sellers war mehr als alle anderen für die Ausarbeitung der komischen Untertöne verantwortlich. Mit ihm fand Kubrick einen Schauspieler, der seine Ideen teilte und umsetzten konnte. Seller, welcher zweifellos einer der wichtigsten Vorläufer von Woody Allens Komik war, hatte bereits jenen Sinn für die neurotischen Untertöne, die Kubrick sehr mochte und die hervorragend in diesen Film passten. Die beiden formten die Figur von Quilty in aufwendigen *Improvisationen*. Beim Drehen war Sellers oft im ersten Take am besten, beim zweiten hatte er schon viel weniger Energie und beim dritten war es an der Zeit, zur nächsten Einstellung überzugehen (LoBrutto 1997, S. 205). Der englische Schauspieler hatte die Fähigkeit, andere Typen zu *imitieren*, was Kubrick sehr gezielt verwendete. Sellers war sehr begabt in der Aussprache verschiedener Akzente, was zu einem Film, der auf Sprache den größten Wert legte, natürlich sehr gut passte. Er lernte für Quilty einen amerikanischen Akzent. Weil er dafür ein Vorbild brauchte, ließ Kubrick Tapes mit dem Amerikaner Norman Granz aufnehmen, die Sellers dann nachahmte (LoBrutto 1997, S. 204).

Lolita hatte eine ausgedehnte Vorbereitungsphase, bevor die eigentlichen Dreharbeiten begannen. Hier konnten die Schauspieler zusammen mit dem Regisseur ihre Rollen zunächst entwickeln (LoBrutto 1997, S. 206). In *Lolita* arbeitet Kubrick erstmals sehr genau an einem *ungewöhnlichen* Ausdruck der Charaktere. Das von der Außenwelt abgeschirmte Studio war dafür der geeignete Ort. »For a psychological story, where the characters and their inner emotions and feelings are the key thing, I think the studio is the best place« (Kubrick aus: Nelson 2000, S. 63). In diesem Film funktioniert die Vermittlung der Story erstmals *ausdrücklich* über schauspielerische Darstellung. Dabei steht nach der Definition des Regisseurs die Emotion im Zentrum: »Schauspieler sind vor allem gefühlsproduzierende Instrumente« (Kubrick aus: Jansen 1984, S. 227). Eine »authentische Gefühlsregung« aufzubauen ist ihr Hauptproblem (Castle 2005, S. 44). Bei den Dreharbeiten zu *Lolita* benutzte der Regisseur die Lieblings-Musik der drei Hauptdarsteller, um eine tiefere, emotionale Stimmung zu erzeugen (Castle 2005, S. 44). Obwohl der Film dann in *nur* 88 Tagen gedreht wurde (Duncan 2003, S. 80), erreichte er damit ein ungewöhnliches Ergebnis.

Die hier ausgearbeitete Grundform sollte er bei seinem nächsten Film *Dr. Strangelove* mithilfe von Sellers weiter verbessern. Schon in *Lolita* spielt Sellers mehrere Rollen, weil Quilty sich gegenüber Humbert zweimal verstellt. Einmal tritt er als der deutsche Schulpsychologe Dr. Zemph auf. Den deutschen Akzent verwendete Sellers dann in einer noch viel ausgeklügelteren Form in seiner Rolle als *Dr. Strangelove*. Und an einer anderen Stelle gibt er sich als Polizist aus. In beiden Fällen spielt er staatliche Personen, die Humbert scheinbar auf die Schliche gekommen sind.

In Hitchcocks erstem Tonfilm *Blackmail* (1929) versucht ein Maler, ein Mädchen (Anny Ondra) zu vergewaltigen. Sie ersticht in daraufhin mit einem Messer hinter einem Vorhang, sodass der Zuschauer es nicht sehen kann. Als das Mädchen danach ihr Kleid findet, das über einem Bild des Malers hängt, auf dem ein lachender Narr mit einem Finger auf sie zeigt, wird sie erneut wütend und ohrfeigt das Gemälde. Hier wird die Wut an einem Bild, das eine Person vertritt, abreagiert. Kubrick hatte eine ähnliche Szene bereits bei einem Wutanfall von Rappalo in *Killer's Kiss* inszeniert, der ausbricht, als er erfährt, dass Gloria ihre Stelle bei ihm gekündigt hat. Nun verwendet der Regisseur erneut ein Gemälde, welches eine Person vertritt. Der Mord an Quilty bekommt so eine Mehrdeutigkeit, weil Humbert *ihn* durch das Portrait einer jungen Dame von Gainsborough aus dem 18. Jahrhundert erschießt (Nelson 2000, S. 73). Dieser Mord ist also zugleich auch ein symbolischer Mord an Lolita, deren Interessen Quilty im Film weit mehr vertritt als im Roman. Am Ende des Films wird dieses durchlöcherte Gemälde nochmals eingeblendet. Auf ihm erscheint, was Nabokov reimhaft im Roman als »guilty of killing Quilty« beschrieben hat (Nabokov 1980, S. 32). Dort steht: »Humbert Humbert died of coronary thrombosis in prison awaiting trial for the murder of Clare Quilty.«

Nach diesem Prolog erzählt der Film die gesamte Handlung mit relativ wenigen eingestreuten Off-Kommentaren von Humbert in einer Rückblende. Bereits in der ersten Szene, in der Humbert sich ein ruhiges Zimmer in Ramsdale sucht, tauchen viele Details des Romans unmittelbar im Bild auf. So hängt beispielsweise im Film tatsächlich eine Reproduktion von van Goghs *Arlésienne* im Flur des Hauses Haze. Humbert äußert sich darüber im Roman verächtlich: »that banal darling of the arty middle class, van Gogh's Arlésienne« (Nabokov 1980, S. 36). Die Gemälde berühmter Maler sollen, wie Humbert richtig bemerkt hat, das Haus *künstlich* aufwerten. Tatsächlich hat Charlotte, die ihm darin gleich zu Beginn mit einer Zigarettenspitze entgegen kommt, kaum eine Ahnung von Malerei. Sie ist eine Pseudointellektuelle, die sich mit den Attributen bürgerlicher Wertschätzung nur umgibt, um ihren eigenen Status aufzubessern. Sie will die Bilder nicht verstehen, sondern nur mit ihnen *imponieren.* In ihrem Schlafzimmer zeigt sie Humbert gleich eine ganze Sammlung von »Reproduktionen« großer Gemälde und deutet ihm an, dass sie weiß, wie großartig Paris gegenüber Ramsdale ist. Sie präsentiert sich so als eine Dame von Welt.

Shelley Winters spielt die Rolle von Charlotte in einer speziellen Mischung aus Sentimentalität und vulgärer Rohheit. Wichtig ist, dass sie den Professor stets *dominiert.* Obwohl er ihr haushoch überlegen ist, akzeptiert sie nach den typischen Manieren der Proletarier keine Instanz über sich. Alles wird so zu ihrer *Privatangelegenheit,* in der vor allem Egoismus der entscheidende Antrieb ist. Charlotte hat die Urne mit der Asche ihres ehemaligen Mannes in ihrem Wohnzimmer aufgebaut und so eine Art persönlichen Altar für ihn errichtet. Ihre *Pietätlosigkeit* gipfelt darin, dass sie mit Humbert vor dem Foto und der Urne ihres toten Mannes flirtet. Das Motiv führt schon hier in das Thema des Films ein, in dem Tod und Begehren eine interessante Fusion eingehen. Charlotte lässt aber auch sonst keine Gelegenheit aus, ihr seichtes Begehren nach Humbert zu äußern. Sie neigt in ihrem schlechten Geschmack zu einer aufdringlichen Form von aufgesetzter Verführung, die eine sehr billige Form von Erotik enthält. Ihre Respektlosigkeit vor dem Tod liegt genau auf jener profanen, imaginären Bahn, die Kubrick bereits in *The Killing* bei Sherry Peatty gezeigt hatte. Auch Charlottes misslungener Ausdruck von Verführung ohne wirkliche Liebe wird mit südamerikanischen Rhythmen, dem *Cha-Cha-Cha*, unterstützt. Kubrick dachte bei der Besetzung auch zunächst an Marie Windsor, die Sherry gespielt hatte (LoBrutto 1997, S. 214). Dennoch ist Charlotte aufgrund ihrer Verletzlichkeit nicht ganz so unsympathisch, wie Sherry es war.

Winters soll von den dauernden Versuchen Kubricks, eine Szene auszuloten, in dem er sie in verschiedenen Variationen ausprobierte, sehr genervt gewesen sein. Der Regisseur hätte sich deshalb *fast* während der Dreharbeiten von ihr getrennt, tröstete sich aber damit, dass sie ohnehin nach dem halben Film ausschied (Castle 2005, S. 40). Sie verhielt sich ein wenig wie eine »*Diva*« und schien in diesem Punkt ihrer Rolle sehr nah zu kommen. Sicherlich war sie eine passende Besetzung. Winters trug aber wohl wenig zu einer entspannten Arbeitsatmosphäre am Set bei, was sich auf das Ergebnis eines Films immer *negativ* auswirkt. Nabokov hingegen war sehr erleichtert über diese Wahl, »weil sie aus Charlotte Haze keinen Drachen machen werde« (Castle 2005, S. 37). In der Tat wäre das zu einfach gewesen. Kubrick setzte sie viel deutlicher als eine sehr dumme und vulgäre Frau mit ziemlichen Machtansprüchen in Szene. Alles ist bei ihr oberflächlich, banal und künstlich oder unverhältnismäßig sentimental. Humbert will deshalb das angebotene Zimmer in ihrem Haus auch zunächst gar nicht nehmen. Er lässt sich ihre Telefonnummer geben, die »*1776*« lautet, das Jahr der amerikanischen Unabhängigkeitserklärung, wie er sofort bemerkt. Auf derartige Daten griff Kubrick in seinen Filmen häufiger zurück.

Doch dann führt Charlotte Humbert in ihren Garten. Der enorme Reiz, den Humbert verspürt, als er Lolitas Körper hier das erste Mal im Bikini sieht, ist in einer langen Einstellung auf Humberts Gesicht sehr genau festgehalten. Lolita trägt einen Sonnenhut aus Federn und eine herzförmige Sonnenbrille. Als Humbert sich dann weiter doppeldeutig über den *schönen* Garten unterhält, wirft er noch zweimal verschämte, kurze Blicke auf sie. Das Mädchen scheint, im Gegensatz zu ihrer Mutter, sofort zu durchschauen, weshalb er nun auf einmal doch das Zimmer haben möchte. Charlotte hingegen ist überrascht, weshalb Humbert so plötzlich seine Meinung geändert hat. Der klassische Kontrast in der Inszenierung besteht hier zunächst natürlich in der Differenz zwischen jugendlicher Schönheit und einem schon reiferen Alter.

Dann unternimmt Kubrick aber etwas, das es bei Nabokov nicht gibt. Er zeigt Lolitas schönes Gesicht in einem Close-up. Sie ist augenscheinlich amüsiert über ihren neuen Untermieter. Dann folgt ein Schnitt. Man sieht nun eine Gestalt aus einem alten Horrorfilm, die sich gerade eine Binde vom Gesicht reist. Zum Vorschein kommt ein aus Leichenteilen zusammengesetztes, entstelltes Antlitz. Die Kamera fährt dabei auf dieses Gesicht zu. Durch diese Montage wird aus der erotischen Fassade Lolitas per Umschnitt das Gesicht eines Toten. Kubrick arbeitet so einen Kern des Romans *indirekt* heraus, ohne ihn zu erklären. Dem schönen Schein *unvergänglicher* Jugend schließt sich umgehend die Drohung des Todes an. Die Szene mit dem Monster stammt aus dem Hammer-Horrorfilm *The Curse of Frankenstein* (1957), den sich Lolita, Humbert und Charlotte nun zusammen im Kino ansehen (Nelson 2000, S. 67), was den Schnitt innerhalb der Handlung erst rechtfertigt. Humbert ist dabei offensichtlich gut unterhalten, während die beiden Frauen, insbesondere Charlotte, es mit der Angst zu tun bekommen.

Nabokov nennt in seinem Roman in vielen Anspielungen insgesamt *fünf* wichtige literarische Quellen: Carmen, Lewis Carroll, James Joyce, Marcel Proust und Edgar Allan Poe. Carmen steht im Finale für die Eifersucht Humberts wegen Lolita (Nabokov 1980, S. 241). Lewis Carroll ist Humberts wichtigster Vorläufer (Nabokov 1989, S. 579). Nabokov hatte 1923 seinen Roman *Alice in Wonderland* (1872) ins Russische übersetzt. Joyce ist das Vorbild für die vielen Wortspiele (Nabokov 1980, S. 6). Proust drückt die Sehnsucht nach der *entflohenen* Lolita aus. Poe schließlich war der Mann, der eine Minderjährige geliebt und auch *geheiratet* hat, die er dann durch *ihren Tod* verlor. Und er ist es, welcher im Roman in Bezug auf die Gründe für Humberts krankhafte Leidenschaft eine *Schlüsselposition* einnimmt.

Im Film gibt es nur eine einzige Szene, in welcher der Literaturprofessor Humbert Humbert Lolita sein Faible für Edgar Allan Poe, den Meister des Grauens, erklärt. Humbert nennt ihn »The divine Edgar«. Er liest Lolita zwei gekürzte Stellen aus seinem Lieblingsgedicht des amerikanischen Schriftstellers vor. Es handelt sich um einige Zeilen aus der Ballade *Ulalume* (1847), welche der Dichter kurz nach dem Tod seiner jungen Frau anonym veröffentlicht hatte (Poe 1979, Bd. 10, S. 872). Er erklärt dazwischen Lolita die besondere klangliche Wahl einiger Wörter und dann vor allem eine Wortverdrehung. Poe verdreht das Wort »dim« (düster), sodass es in der nächsten Zeile als »mid region« (mittlere Region) wieder auftaucht. Lolita, die Humberts Feststellung wiederholt, dreht dabei die Reihenfolge erneut um, sodass nun aus »mid region« wieder das Wort »dim« entsteht. Indirekt sagt sie damit, dass sie ihn, einen Mann *mittleren* Alters, als *düster* empfindet. Erfreut über ihre *eigene* Aussage findet sie Poes Wortspiel gut: »That's pretty good, pretty clever.« Humbert ist nun aufgefordert, deutlicher zu werden und springt in dem Gedicht zu einer anderen Stelle, die eine offene Anspielung auf seine Liebe zu ihr enthält und dazu die Anmerkung, dass *sie* ihre Zweifel und Skrupel überwinden soll. Sie lautet:

»Thus I pacified Psyche and kissed her. And conquered her scruples and gloom. And we passed to the end of vista. But were stopped by the door of a tomb. And I said, what is written, sweet sister? She replied: Ulalume – Ulalume!«

Lolita bemerkt die Anspielung auf sich durchaus und findet den Reim, der darin enthalten ist, zwischen »vista« (Aussicht) und »sister« (Schwester) heraus. Sie vergleicht ihn sogleich mit einem Wortspiel *über* ihren Namen *Lolita* und »sweeter« (süßer). Nun lobt Humbert sie für ihre scharfsinnige Beobachtung. In der Schule hätte er ihr dafür eine ausgezeichnete Note gegeben. Gleichzeitig schaut er sehr nachdenklich. Kubrick hat so deutlich gemacht, dass Humbert Poes Zusammenhang zwischen Obsession und einem dem Tode geweihten Objekt durchaus kennt, aber augenscheinlich nicht über ihn hinausgehen kann.

Poe, der mit 27 Jahren seine *13-jährige* Cousine Virgina Clemm geheiratet hat (Poe 1979, Bd. 1, S. 33), wird im Roman mit Humbert so verbunden, dass er Humberts Passion als *Totenkult* entlarvt. Als Poes junge Frau elf Jahre nach ihrer Eheschließung nach langer Krankheit starb, erlitt der Dichter einen regelrechten Nervenzusammenbruch (Poe 1979, Bd. 1, S. 64), welcher an Humberts Verhalten erinnert, als Lolita ihn verlässt. Das letzte veröffentliche Gedicht von Poe *Annabel Lee* (1849), geschrieben hatte er es vermutlich bereits 1846 (Bonaparte 1934, Bd. 1, S. 217f.), handelte, wie so viele seiner Werke, von seiner sterbenden jungen Gemahlin. Nabokov zitiert es bereits am Anfang seines Romans, in dem es nun ein Teil von Humberts Biografie wird.

Humbert berichtet dabei von seiner ersten großen Liebe, bei der er selbst 13 Jahre alt war. Damals verliebte er sich in das fast *gleichaltrige* Mädchen Annabel. Er verbrachte einen Sommer mit ihr. Dann starb sie völlig unerwartet in Korfu an Typhus. Humbert selbst beschreibt diesen Sommer mit Annabel und ihren Tod als den Grund für seine Obsession. So steht darüber im Roman: »I also know that the shock of Annabel's death consolidated the frustration of that nightmare summer, made of it a permanent obstacle to any further romance throughout the cold years of my youth« (Nabokov 1980, S. 14). Es handelt sich in einem *psychoanalytischen* Sinn um eine *Fixierung*, welche Humbert daran hindert, eine *erwachsene Frau* zu lieben. Sowohl bei ihm als auch bei Poe verbirgt sich hinter dieser Objektwahl aber noch ein anderes Erlebnis. Denn der frühe Tod der Mutter ist für Poe und für Humbert die eigentliche *Ursache* ihrer Fixierung. Nabokov hat in seinem Drehbuch für den Tod von Humberts Mutter sogar eine kurze Szene geschrieben (Nabokov 1999, S. 25). Im Roman steht, dass sie eine Engländerin gewesen ist. Sie wurde vom Blitz erschlagen, als Humbert drei Jahre alt war (Nabokov 1980, S. 9f.).

Kubrick verteidigte in einem Interview das Alter seiner Hauptdarstellerin, indem er darauf hinwies, dass es sich am besten durch die Beschreibung der sinnlichen, weiblichen Physis von Annabel im Roman bestimmen lasse (Interview, Kubrick, 1966). Er hatte Recht. Annabel ist schließlich die Ur-Lolita. Innerhalb der Handlung seines Films ließ Kubrick aber diese wichtige Vorgeschichte komplett aus. Sie hätte die Ursachen für Humberts Verhalten *erklärt*, was der Regisseur nicht wollte. Es war für ihn wesentlich, die Motive *nicht* in einer *Vorgeschichte* zu zeigen, aus der sich die eigentliche Handlung erst ergab. Diese Vorgehensweise findet sich auch später in seinen Filmen und gehört zu seinem Konzept.

Kubrick versuchte immer, die Elemente aus der Vorgeschichte, wenn sie wichtig waren, in die eigentliche Handlung zu integrieren. Das beste Beispiel dafür ist Jack Torrances Alkoholproblem in *The Shining*.

Kubrick verliert darüber, anders als Kings Roman, kein einziges Wort und setzt den Mann einfach im entscheidenden Augenblick an eine Bar, wo er sich bestens auszukennen scheint. Dasselbe gilt auch für Lolita. Viele Elemente aus der Vorgeschichte werden nur *indirekt* ausgedrückt und selten explizit erklärt. Sie bekommen so, weil der Zuschauer sie nur unbewusst wahrnimmt, einen viel stärkeren Gehalt. Aufwendige biografische Erklärungen, warum jemand so geworden ist, wie er innerhalb der Filmhandlung ist, werden mit Ausnahme von Gloria in *Killer's Kiss* nie gegeben.

Mithilfe von Poe lässt sich nun auch Humberts Problem näher bestimmen. Lacans Seminar über Poe, welches später den »Eingangsposten« seiner Schriften darstellte (Lacan 1991, S. 9ff.), bezieht sich, wie Derrida gezeigt hat, wesentlich auf die umfangreichen Forschungen der französischen Psychoanalytikerin Marie Bonaparte (Derrida 1987, S. 222ff.). Diese Urgroßnichte Napoleons und Schülerin Freuds (Roudinesco 2004, S. 119) schrieb eine umfassende psychoanalytische Deutung über den amerikanischen Dichter. Innerhalb ihrer Studie wird der *Fetischismus* als Prozess der »*Rephallisierung* der Mutter« beschrieben (Derrida 1987, S. 221; Bonaparte 1934, Bd. 3, S. 395). Es handelt sich darum, der Mutter zurückzugeben, was ihr *entwendet* worden ist. Humberts Problem ist, dass er an jene Imago des Phallus gekettet ist, welche er Lolita *andichtet*. Nach Lacan ist der imaginäre Wunsch, einen Phallus zu bewahren, der das Subjekt an der Mutter interessiert hat, der häufigste Ausdruck der männlichen Perversion (Lacan 1994, S. 233). Lolita ist so gesehen nicht das, wofür Humbert sie hält, sondern *sein* Fetisch. »Dieses ambige, weibliche Wesen verleiblicht gewissermaßen jenseits der Mutter den Phallus, der ihr fehlt. Es verleiblicht ihn umso besser, als es ihn selbst nicht besitzt, sondern vielmehr voll und ganz in seiner Repräsentation, seiner *Vorstellung* aufgeht« (Lacan 2007, S. 199). Lacan spricht in diesem Zusammenhang davon, dass es eine ganze Reihe *literarischer* Konstruktionen gäbe, welche von derlei »perversen Trugbildern« handeln und nennt Goethes *Mignon* (Lacan 2007, S. 197). Nach meiner Ansicht gehört *Lolita* ebenfalls zu dieser Thematik, die nur äußerst selten bei Frauen vorkommt (Lacan 2007, S. 181). Wenn Nabokov in seinem Drehbuch *das Grab* von Annabel als ein »romantischen Arrangement à la Poe« mit einer Allee hoher Zypressen beschribt, so liefert dies den

Ausgangspunkt für Humberts Krankheit, welche Kubrick in seinem Film auch durchaus andeutet.

In *Birth* (2004), einem nicht besonders bekannten Film von Jonathan Glazer, möchte ein zwölfjähriger Junge (Cameron Bright) eine erwachsene Frau, Anna (Nicole Kidman), heiraten, indem er ihr vorgaukelt, die Reinkarnation ihres verstorbenen Ehemannes zu sein. Anna, geblendet von dieser Täuschung, ist schließlich kurz davor, mit dem Jungen durchzubrennen. Es handelt sich um eine ganz ähnliche Situation. Nur geht hier, weil das Geschlechterverhältnis *asymmetrisch* ist, die gesamte Aktivität wieder von der männlichen Seite aus. Anna fühlt sich durch den Jungen dabei zunächst sogar bedroht. Es gibt schließlich eine gemeinsame Szene in einer Badewanne, die nicht ohne erotische Elemente ist. Schließlich überlegt sie ernsthaft, ob sie nicht mit dem Jungen zusammen fliehen will und warten möchte, bis er erwachsen ist, um ihn dann zu heiraten. An keiner Stelle des Films kommt der Verdacht auf, die Frau sei *pervers*, weil die gesamte Aktivität vom Jungen ausgeht. Es handelt sich aber ebenfalls um ein genauso *unmögliches* Verhältnis wie in *Lolita*. Sie kann den Jungen nur lieben, indem sie in ihm etwas sieht, was er nicht ist, nämlich ihren toten Mann. Die Autofahrt durch den englischen Nebel zum Schloss von Quilty, mit der die Handlung des Films beginnt und welche auch am Ende nochmals gezeigt wird, ist eine der wenigen Stellen, in denen Kubrick das Gothic-Element der Handlung einmal herausgearbeitet hat und das *Gespenstische* nochmals etwas deutlicher hervortritt. Humberts Liebe zu Lolita basiert, wenn man den Roman zu Rate zieht, auf seiner Liebe zu der *toten* Annabel.

Während der ersten Begegnung im Garten kommt aus einem Transistorradio ein auffallendes musikalisches Motiv, das auch im Folgenden immer dann gespielt wird, wenn es um Lolitas verspielten Lebensausdruck geht. *Lolita Ya Ya* ist eine Art schwungvoller Popsong, welcher im Rhythmus eines *Cha-Cha-Chas* ebenfalls von Bob Harris komponiert wurde. Kubrick verwendet ihn auf ironische Weise immer dann, wenn Humberts Interesse für den Teenager ausgedrückt werden soll. Er erklingt zum zweiten Mal, als Humbert mit Charlotte Schach spielt und Lolita ihm danach einen Gute-Nacht-Kuss gibt, und dann nochmals, als sie mit einem Hula-Hoop-Reifen im Garten spielt (Sperl 2006, S. 88). Bei dieser Szene bekommt man heute das Gefühl, dass Sue Lyon als Lolita doch etwas zu alt und schon zu vernünftig ist, um mit einem Reifen zu spielen. Am Ende der fünziger Jahre war dieses Spielzeug jedoch sogar bei Erwachsenen sehr beliebt.

Humbert hat sich hinter einem Buch verschanzt, wobei er Lolitas hüftkreisende Bewegungen aus seinem Versteck sehr genau »*studiert*«. Als er dabei von Charlotte fotografiert wird, die gar nicht bemerkt, in welcher Form Humbert ihre Tochter beobachtet, ist die Konstellation schon vollständig ausgedrückt: Lolita interessiert sich im Grunde, wie viele Teenager, vor allem für sich selbst, Humbert hat nur Augen für Lolita und Charlotte interessiert sich für Humbert. In einem Interview von 1962 sagte die Darstellerin Sue Lyon über Lolita: »I feel sorry for her. She's neurotic and pathetic and she is only interested in herself« (Corliss 1994, S. 30). Humbert hat sich in *ihren* Narzissmus verliebt, der seine eigene phallische Vorstellung wiedergibt. Und Charlotte buhlt um den attraktiven Humbert, der ihrem *toten* Mann ähnlich sieht.

Im Roman gibt es den nun folgenden Tanzabend in der High School nicht, aber Nabokov hatte ihn in seinem Drehbuch bereit entworfen und Kubrick übernahm auch wesentliche Elemente daraus, vor allem in Bezug auf Quilty (Nabokov 1999, S. 74ff.). Im Film zeigt Humbert hier seine Unterwürfigkeit gegenüber Charlotte und ihren Freunden, während er heimlich Lolita beim Tanzen mit einem jungen Mann zuschaut. Kubrick nutzt jede Gelegenheit, um Humberts voyeuristisches Interesse deutlich in Szene zu setzen. Dann schneidet er um auf Quilty. Sellers zeigt hier mit deutlicher Ironie, was Quilty vom Tanzen hält. Mit einem übertriebenen männlichen Gestus und völlig ohne jenen »*swing*« (Schwung), welcher Lolitas einfache Bewegungen ausmacht, bewegt er sich betont lässig und schaut dabei äußerst gelangweilt und arrogant. Seine komische Coolness suggeriert, dass er sich für einen tollen Verführer hält, der jede Frau im Saal um den kleinen Finger wickeln kann. Das ganze ist eine Parodie auf das menschliche Balzverhalten beim Tanz. Als sich dann Charlotte *an seinen Hals* wirft, sie kennt den berühmten Dramatiker, zeigt er sich genau wie im Drehbuch zunächst abweisend und desinteressiert (Nabokov 1999, S. 76f.). Es wird aber deutlich, dass sie einmal einen aufregenden Abend zusammen verbracht haben, und auch Quilty war Charlottes *hübsche* Tochter dabei aufgefallen. Nach dem Ball versucht Charlotte dann, Humbert in ihrem peinlich-vulgären Stil bei einem Dinner zuhause in einem Kleid aus Leopardenfell zu verführen. Sie tanzen zusammen *Cha-Cha-Cha*. Man kann dabei nun ganz Humberts Steifheit sehen. Während Quilty, der auch kein besonders akurater Tänzer war, sein Unvermögen hinter einer Fassade von selbstbewusster Arroganz zu verstecken wusste, zeigt sich hier, dass Humbert Dinge ausprobiert, die er noch nie gemacht hat. Der Akademiker, dem die ganze Sache wie alles Erotische im Grunde ziemlich peinlich ist, kann überhaupt nicht tanzen und hopst ungeschickt mit Charlotte herum. Sein nicht vorhandenes Körpergefühl steht im völligen Kontrast zu Lolitas normalem und Charlottes vulgärem Körperausdruck. Humbert wird als klassischer Bildungsbürger gezeigt, der das begehrt, was ihm selbst fehlt. Wie bei Thomas Mann in *Tod in Venedig* wird das Pathos der Jugend sehr naiv gegen Bildung und Alter ins Spiel gebracht. Durch die aufdringliche Charlotte zu diesen, für ihn unsinnigen, Bewegungen gezwungen, fühlt sich Humbert nur gedemütigt und nutzt die Gelegenheit, als Lolita sie unterbricht, sofort dazu, sich zurückzuziehen (Nabokov 1999, S. 85). Kleinigkeiten in dieser Szene, wie dass Charlotte sich über Humberts Namen lustig macht und dabei die Spiegelung des Vornamens in den Nachnamen betont, stehen fast wörtlich im Drehbuch (Nabokov 1999, S. 82). Andere Ideen, wie dass Lolita *Donald Duck* nachahmt, als sie von ihrer Mutter ins Bett geschickt wird, sind zweifellos allein vom Regisseur. Der Film arbeitet insgesamt mit zahlreichen Provokationen, die auf gesellschaftliche Zusammenhänge wie Standesunterschiede und familiäre Strukturen abzielen.

Einmal sogar grüßt Lolita ihre Mutter beispielsweise, bevor sie ihren »*Befehl*« ausführt, mit dem deutschen Hitlergruß »Sieg Heil«, was nicht in der deutsche Synchronfassung übernommen wurde. Was hier noch als Ausdruck einer alltäglichen Rivalität zwischen Mutter und Tochter verwendet wurde, taucht dann in *Dr. Strangelove* als Zeichen einer widerspenstigen Nazivergangenheit in einer viel brisanteren Form wieder auf. Aber Charlottes Abneigung gegenüber ihrer Tochter gibt es bereits im Roman (Nabokov 1980, S. 80). Die progressive Reaktion des Teenagers darauf ist im Film aber aufgrund von Lolitas Alter viel weiter fortgeschritten. Tatsächlich sucht Lolita Humberts Nähe, um sich mit ihm gegen ihre unverschämte Mutter zu *solidarisieren*. Darum schickt Charlotte ihre Tochter in ein Feriencamp. Dann macht Humbert einen schriftlichen Heiratsantrag.

Lolita (1962)

Die Szene, in welcher Lolita, bevor sie in das Feriencamp fährt, nochmals die Treppenstufen des Hauses zurückgerannt kommt, um Humbert einen Abschiedskuss zu geben, steht so schon im Roman (Nabokov 1980, S. 65f.). Kubrick spielt dazu das Sehnsuchtsmotiv aus der Ouvertüre, das jetzt in seiner Überschwänglichkeit genau Humberts *Trennungsschmerz* ausdrückt. Als er sich danach in Lolitas Zimmer begibt, hängt dort wie im Roman ein Plakat, auf dem Quilty Werbung für die Zigarettenmarke Drom (eine Anspielung auf Camel) macht (Nabokov 1980, S. 68). Niedergeschlagen breitet sich Humbert auf ihrem Bett aus. Spätestens jetzt weiß der Zuschauer, wie sehr er sich in das Mädchen verliebt hat. Aufgrund des Altersunterschieds entzieht er sich so aber der Verantwortung, die er als erwachsener Mann gegenüber ihr einnehmen sollte. Schließlich ist er für das junge Mädchen so etwas wie ein Ersatzvater, und Humbert wird seine Vaterrolle pervertieren, indem er den Inzest mit ihr tatsächlich sucht und zulässt. Der Preis für dieses Vergehen ist denkbar hoch, denn er verliert so jegliche Autorität. Und sein Fehlgehen beginnt *nicht* mit dem Ausführen der Handlung, sondern mit ihrer Planung. Denn auch gegenüber Charlotte ist er aufgrund seines obszönen Geheimnisses ein »*Hanswurst*« (Penning aus: Beier 1999, S. 114). Als er sie heiratet, was er für ein cleveres Manöver hält, begibt er sich damit endgültig in die Höhle des Löwen. Folglich nimmt Humberts Alkoholkonsum während seiner kurzen Ehe drastisch zu, um so Charlottes Schwanken zwischen kitschiger Sentimentalität und fehlendem Taktgefühl zu ertragen. Es ist seine Perversion, die, augenscheinlich aus *erotischen* Gründen, die Vermählung des Bürgertums mit dem Proletariat zum Erreichen seiner Ziele in Kauf nimmt. Letztendlich hat er sogar tatsächlich Angst vor Charlotte (Nabokov 1980, S. 83). Ihm gelingt es jedenfalls nicht, sich ihr gegenüber zur Wehr zu setzen. Im Roman wie im Film wird er sich ihr gegenüber *nur* einmal aussprechen, als er ihr erklärt, dass es nun genug sei. Er habe sehr viel für sie getan, aber nun müsse sie sich auch mal zufrieden geben. Dieser *Aufstand* kommt aber nur zustande, weil Charlotte Lolita in ein Internat schicken will (Nabokov 1980, S. 89ff.). Kurz darauf plant Humbert, seine Gemahlin in einem Waldsee zu ertränken (Nabokov 1980, S. 81ff.). Kubrick verzichtete aber auf die natürliche Umgebung, weil er die Szene im Studio drehen wollte (LoBrutto 1997, S. 208). Humbert denkt jetzt in Charlottes Wohnung über einen Mord nach, den er später gegen Quilty dann auch tatsächlich verüben wird. Er benutzt dazu dieselbe Waffe, die er gegen Charlotte einsetzen wollte: den Revolver ihres verstorbenen Ehemannes. Er erkennt aber, dass er sie niemals wird töten können. Das ist die reife Einsicht eines Mannes mit einer tiefen Mutterbindung. Quilty hingegen wird er aber in einem verzweifelten Akt erschießen können, und zwar durch ein Gemälde, auf dem eine Frau abgebildet ist, die nicht nur Ähnlichkeit mit Lolita, sondern auch mit Charlotte besitzt.

Schon nach einigen Wochen ihrer Ehe entdeckt Charlotte Humberts Tagebuch und kommt unmittelbar darauf bei einem Autounfall vor ihrer Haustür ums Leben. Kubrick zeigt es genau so, wie Nabokov es beschrieben hatte. Die anschließende Szene des betrunkenen Humberts in der Badewanne gibt es aber weder im Roman noch im Drehbuch. Nabokov fand sie angemessen (Nabokov 1999, S. 16). Humbert setzt nun künstlich eine Gebärde der Trauer für die tote Charlotte auf. In Wirklichkeit freut er sich aber *diebisch* darüber, wieder frei zu sein und nun ungehindert seiner perversen Neigung nachgehen zu können. Weil der Film in der Tat Charlotte als eine unausstehliche Person vorgeführt hat, teilt der Zuschauer seine Freude. Der unterdrückte Ehemann triumphiert. Dazu erklingt wieder *Lolita Ya Ya*, wie auch während der nächsten Szene, in der Humbert Lolita aus dem Ferienlager abholt und sie in ein Hotel bringt. Die Musik betont nun mit ihrem ironischen Ausdruck, dass er sein Ziel erreicht hat.

Das Bett, in dem Humbert plant, sich Lolita sexuell zu nähern, wurde von Nabokov als ein Doppelbett im Spiegel beschrieben. Zu beiden Seiten stehen zwei Nachtische mit zwei Nachtischlampen darauf (Nabokov 1980, S. 83). Diese *Symmetrie* wurde aber nun von Kubrick gerade *nicht* übernommen. Dort muss sich Humbert – auch wohl vor allem aufgrund der Zensur – nachts mit einem Klappbett herumschlagen, das im Roman zwar erwähnt, aber dort erst in der nächsten Nacht geliefert wird. Im Film gibt es eine längere, nicht besonders gelungene Slapstick-Sequenz, in der dieses Bett aufgestellt wird. Lolitas Warnung, dass ihre Mutter sie erwürgt und sich von Humbert scheiden lässt, wenn sie erfährt, dass sie in *einem* Zimmer schlafen, stammt nahezu wörtlich aus dem Roman (Nabokov 1980, S. 119). Die anschließende freche Anmerkung von ihr, dass es sich dabei um einen »Inzest« handelt, entfällt im Film aufgrund der

Zensur. Ebenso Humberts Trick, Lolita mit Schlaftabletten ruhigstellen zu wollen (Nabokov 1980, S. 122).

Die Sequenz, in der Humbert nun zum ersten Mal auf Clare Quilty trifft, wurde von Kubrick gegenüber dem Roman *stark* verändert. Das *unheimliche* Moment der Szenerie, die Nabokov so beginnen lässt, dass Humbert an die freie Luft tritt und dort von hunderten gepuderten Insekten empfangen wird, die um die Lampen kreisen, ist dabei vollständig entfernt worden. Bei Nabokov nimmt der betrunkene Quilty eine väterliche Position ein, indem er sich zu Humberts Absichten wie ein perverser, bedrohlicher Richter verhält. Er verkörpert so auch sein schlechtes Gewissen und seine paranoiden Ängste, bei seinem Vorhaben entdeckt zu werden. Die Szene ähnelt auch in Kubricks Version einem Verhör, doch bei Nabokov handelt es sich dabei um ein kurzes, mysteriöses Frage- und Antwortspiel mit einem zukünftigen Rivalen, den Humbert gar nicht sehen kann, weil er im Dunklen sitzt. Quiltys dreiste Feststellungen über Humberts Begehren werden dabei zweimal, als Humbert sie akustisch *nicht* verstanden hat, in harmlose Bemerkungen über das Wetter verwandelt. Im Film steht Quilty nun gut ausgeleuchtet im Vordergrund des Bildes und kehrt Humbert den Rücken zu. Die Szene wird trotz einiger Umschnitte die meiste Zeit von *seiner* Seite aus erzählt.

Der folgende Dialog könnte als *ironischer* Kommentar zu der Szene im Buch verstanden werden. Quilty stellt sich darin in vielen kurzen und extrem nervös gesprochenen Sätzen als Polizist vor, der aber niemanden verdächtigt und selbst oft verdächtig wird. Er sagt, dass Humbert das *normalste* Gesicht besitze, welches er je in seinem Leben gesehen habe, und dass er auch selbst ein ganz normaler Kerl sei. Beide Bemerkungen handeln vom Gesetz und spiegeln dabei gleichzeitig Humberts Charakter mit dem von Quilty. Nabokovs Interesse, das Tabu und seine Überschreitung durch diese Szene nochmals drastisch in Szene zu setzten, wird von Kubrick überhaupt *nicht* eingelöst. Quilty redet sich um Kopf und Kragen, um aus Humbert herauszubekommen, ob dieser tatsächlich das mit Lolita vorhat, was er vermutet. Aber er klagt ihn nicht an. Kubrick sah in diesem eigentlich *kafkaesken Szenario* vor allem die *komische* Seite (im Gegensatz zu Orson Welles, der im selben Jahr mit *Le Pròces* eher Kafkas beklemmende Seite ins Kino brachte). Er sprach in diesem Zusammenhang davon, dass Sellers wie jemand wirkt, der aus einem schlechten Traum kommt, aber aus einem komischen (Castle 2005, S. 44). Mit diesem surrealen Element steigt der Film, wie bereits im Prolog, aus einer realistischen Beschreibung aus und benutzt Quilty weder um Humberts Perversion zu denunzieren noch um sie zu unterstützen, sondern um sie zu *karikieren*. Das phallische Begehren ist das Begehren des Idioten, lautet eigentlich die Quintessenz von Quiltys Monolog. Dass dieser Mann, wie im Roman beschrieben wird, selbst perversen Neigungen nachgeht, ist dabei höchst unwahrscheinlich.

Humberts Nervosität und auch sein ganzer Verfolgungswahn basieren auf einem *gesunden* Rechtsempfinden, welchem er sich *absichtlich* durch seine imaginären Wünsche widersetzt. Kubrick, anders als Nabokov, setzt Humberts Schuld nicht die erwartete Justiz entgegen, sondern seiner Perversion den Humor eines quirligen Dramatikers, der einen neurotischen Diskurs mit ihm führt. Deshalb zeigt der Film nicht Humberts moralische *Verdammung*, sondern versucht viel präziser die Absurdität seiner Handlung komplett zutage treten zu lassen. Dies ist die wichtigste Änderung gegenüber der Vorlage.

Qulity beschreibt Lolita in seinem gehetzt gesprochenen *Monolog* als gar nicht mehr so kleines (little, tall girl) aber sehr *attraktives* Mädchen. Als Humbert sagt, es handele sich um seine Tochter, fragt Qulity besorgt nach Charlotte, die er schließlich, wie der Zuschauer von dem Tanzabend weiß, kennt. Humbert erklärt ihm, dass sie einen Unfall hatte. Quilty stellt fest, dass es dann kein Wunder sei, dass sie nicht da sei. Er vertritt so ihre Stelle, das heißt, er zeigt die Verantwortung, welche Eltern für ihre Kinder übernehmen. Am Schluss bietet er Humbert Hilfe wegen seines Hotelzimmers an, da er mit dem Nachtportier des Hotels, George Swine (Schwein), befreundet sei. Damit trifft er Humberts *wunden* Punkt, welcher darin besteht, dass er sich Lolita in dieser Nacht in ihrem gemeinsamen Zimmer nähern will. Deshalb bricht Humbert an dieser Stelle das Gespräch einfach ab und geht.

Wie seltsamerweise viele männlichen Rezipienten des Romans betont haben, ist es aber nun Lolita, die am nächsten Morgen Humbert verführt (Reich-Ranicki 1998, S. 67f.; Nabokov 1980, S. 132f.). Kubrick deutet diesen Vorgang nur an, in dem Lolita Humbert zeigt, was für ein neues Spiel sie bei Charlie im Camp gelernt hat. Welches Spiel das ist, erfährt man im Film nicht. Später im Auto, wenn sie ihm zum Spaß damit droht, es der Polizei zu erzählen, wird aber deutlich, dass es zumindest etwas *Verbotenes* gewesen sein muss. Laut Kubrick war das größte Problem des Buches, wie dann auch des Drehbuches, die Frage, auf dem die Geschichte beruht: »Wird Humbert Humbert mit Lolita schlafen, und wann wird er es tun?« (Jansen 1984, S. 221f.) Der Film bekommt jetzt dramaturgisch eine andere Richtung. Im Roman beginnt bald darauf der zweite Teil.

Die Innenaufnahmen der Autoszenen wurden mit der damals üblichen Technik der Rückprojektion gedreht. Kubrick hat später kritisiert, dass diese Technik bei Hitchcocks Filmen immer so unecht aussehen würde (Herr 2000, S. 60). Dasselbe gilt für *Lolita*, weshalb der Film nicht viele Autoszenen enthält, wenn man ihn mit dem Roman vergleicht. Lolita wirkt im Auto gegenüber Humbert zuweilen auch etwas zu groß und das gesamte Setting unrealistisch. Wie üblich bei dem Stil des Regisseurs sind die Szenen im Auto dann aber in relativ langen Einstellungen gedreht, was ihren künstlichen Charakter natürlich noch deutlicher werden lässt. Die Bewegung des Romans, welche hier fast zu einem *Roadmovie* mit vielen Schauplätzen Anlass gegeben hätte, teilt der Film aber überhaupt nicht. Später, als Quilty Humbert und Lolita im Auto verfolgt, kommt Kubrick aber auch um weitere Sequenzen im Auto nicht herum.

Jetzt schneidet er umgehend auf Humberts und Lolitas neues Zuhause in Beardsley. Kubrick zeigt, dass Humbert Lolita fast *hörig* geworden ist. »*Brav*« lackiert er in der nächsten Szene, welche den Sinn der Ouvertüre offenlegt, ihre Fußnägel. Die Mischung aus seiner Unterwürfigkeit und Eifersucht ist unerträglich. Er verbietet ihr, sich mit Jungen zu treffen und auch in einem Theaterstück in der Schule mitzuspielen. Daraufhin wird er im Roman und auch im Drehbuch zur Schulleiterin Miss Pratt bestellt (Nabokov 1980, S. 191ff.; Nabokov 1999, S. 179). Es war zunächst geplant, dass Sellers Miss Pratt spielen sollte. Im letzten Augenblick entschied man sich gegen diese *plumpe* Lösung und erfand die Rolles des Schulpsychologen Dr. Zemph (Castle 2005, S. 45). Es sollte aber auf jeden Fall anders als bei Nabokov Quilty sein, der sich verkleidet hat, um Humbert zu täuschen. Er wartet nachts in Humberts Wohnung. Nach einer kurzen Begrüßung erklärt Dr. Zemph dem Professor, dass er im Halbdunkel sitzt, um Strom zu sparen. Zuerst ähnelt der Dialog in der Art sehr dem mit Miss Pratt, und Dr. Zemph erklärt Humbert, dass er glaube, Lolita leide unter einer *unterdrückten* Libido. Dann jedoch erklärt er ihm, dass es nun notwendig sei, dass ein Psychologe und sein Team von drei Mitarbeitern das Haus einmal gründlich unter die Lupe nehmen. Mit dieser grotesken und übertriebenen Drohung erreicht er, dass Humbert Lolita gestattet, doch noch an der Schulaufführung des Theaterstücks teilzunehmen. Am Ende lässt Dr. Zemph wohlwollend durchblicken, dass er durchaus weiß, welche Dinge in diesem Haus vor sich gehen, und dass es wohl besser ist, wenn darüber keine *genauere* Untersuchung stattfindet. Die Szene im Roman ist genau umgekehrt: Hier freut sich Humbert darüber, wie er die naive Schulleiterin hinters Licht führen kann. Im Film ist die Szene aber nach meiner Ansicht viel *gelungener* und dies vor allem, weil Dr. Zemph am Ende Humbert in der Manier älterer Herren mit einem verbalen Schulterklopfen deutlich macht, dass sie sich da ein *süßes* Geheimnis teilen, das doch nicht von einem älteren Psychologen und seinem Team entdeckt werden soll. Kubrick parodiert die Form von väterlichem Beistand, die Quilty im Roman ausübt. Der deutsche Akzent des Psychologen verschärft die Szene dabei und bringt sie in Zusammenhang mit einem perversen deutschen Verbrecherstaat aus der Vergangenheit. Die deutliche Verlegenheit, in welche Quilty Humbert in beiden Szenen bringt, ist dabei meisterhaft von Mason gespielt und zeigt, wie verkorkst und verlogen sich dieser Intellektuelle aufgrund seiner Fixierung verhält. In Kubricks Film wird Quilty so zum eigentlichen Helden, dessen Komik Lolita aus den Klauen eines Mannes befreit, den sie weit weniger liebt als er sie. Humberts stoische Vermessenheit verkennt durchgängig, dass sein Begehren nicht auf einem *reziproken* Liebesverhältnis basiert, sondern auf einem Fetischismus.

Im Roman kommt es dann gar nicht zur Aufführung (Nabokov 1980, S. 205). Im Drehbuch und im Film fordert Humbert nach der Aufführung Lolita auf, sofort mit ihm nach Hause zu kommen, nachdem er erfahren hat, dass sie in den letzten Wochen nicht zu ihrem Klavierunterricht erschienen ist (Nabokov 1999, S. 188ff.). Zuhause macht er ihr eine heftige Szene. Im Roman wie im Film telefoniert Lolita dann zunächst mit Quilty und entscheidet sich, mit Humbert fortzugehen. In der zweiten Drehbuchfassung trifft sie Quilty sogar, bevor sie mit Humbert abreist (Nabokov 1999, S. 309f.). Hier hat Nabokov den Inhalt ihres Gesprächs wiedergegeben, in dem sie mit Quilty den Plan schmiedet, dass er ihnen folgen wird. Eine solche Klarheit existiert im Roman und auch im Film nicht. Hier lügt Humbert die Schule an, dass sie zurückkommen, wenn er seinen Job in Hollywood beendet hat. Er sei dort als Berater bei einem Film tätig, der von Motiven des Existenzialismus handelt – damit eine heiße Angelegenheit sei, wie Humbert im Off sagt. Ein weiterer vieldeutiger Insider-Witz des Regisseurs. Dann kommt es zu der speziellen Art von paranoider »*Verfolgungsjagd*«, mit der Humbert auch im Roman zu kämpfen hat. Er glaubt sich sowohl durch das Gesetz als auch durch sich selbst verfolgt. Im Roman heißt es, dass Humbert von irgendeinem anderen Humbert verfolgt wird (Nabokov 1980, S. 215). Der Verfolger ist in seiner Psyche der *moralische* Teil von ihm selbst und die Angst, dass ein anderer Mann ihm Lolita wegnehmen wird; beides berechtigte Ängste, die Quilty durchaus verkörpert.

Ähnlich wie im Roman sieht er auf einer Tankstelle, wie Lolita mit Quilty spricht (Nabokov 1980, S. 216). Bei Kubrick wäscht er sich gerade auf dem WC seine Hände, im Roman ist er dabei, eine Sonnenbrille zu kaufen. Die Szene, in der Humbert ein Reifen platzt und er sich seinem Verfolger-Wagen zu Fuß nähert, wurde ebenfalls von Kubrick stark verändert. In Film steigt er nämlich, anders als im Roman, nicht aus, sondern bekommt auf einmal sehr starke Schmerzen im linken Arm. Lolita sagt frech, es handele sich um ein Anzeichen für eine mögliche Herzattacke. Tatsächlich ist es aber ein erster subtiler Ausdruck für Humberts psychischen Zusammenbruch, der mit dem Gefühl, dass er Lolita verlieren wird, einhergeht. Da sie für ihn *unbewusst* den Phallus symbolisiert, handelt es sich um eine Art Kastrationsschmerz. Er wird stärker, als sie ihm dann rät *nicht* auszusteigen, um mit dem Mann in dem Wagen hinter ihnen zu sprechen. Er ahnt, dass sie unter *einer Decke* stecken. Der Wagen hinter ihnen setzt dann plötzlich zurück und verschwindet.

Lolita wird nun krank und Humbert bringt sie in ein Krankenhaus. Er ist selbst auch angeschlagen. Lolitas Aufenthalt im Krankenhaus und ihr plötzliches Verschwinden finden ähnlich wie im Roman beschrieben statt. In einer späteren Version des Drehbuches hatte Nabokov diese Episode so angelegt, dass Lolita gar nicht krank ist und Humbert gegenüber nur vortäuscht, es zu sein, um sich von ihm zu trennen (Nabokov 1999, S. 316). Im Film gibt es aber dafür keinen Hinweis. Hier ist es wie im Roman sogar so, dass er sich bei ihrer Infektionskrankheit ansteckt und selbst auch krank wird. Humbert bringt ihr, anders als im Roman (Nabokov 1980, S. 240), eine Ausgabe von Joyces *A Portrait of the Artist as a Young Man* (1916) mit ins Krankenhaus. Der wichtigste Unterschied ist, dass Quilty Humbert nachts anruft, um ihn in ein absurdes Gespräch über seine Vorliebe für Lolita zu verwickeln. Er geht dabei auf Humberts *pathologische Haltung* ein, indem er ihn fragt, ob er einen *Psychiater* habe. Humbert bricht diese Konversation schließlich ab. Diesen Anruf gibt es auch in Nabokovs Drehbuch (Nabokov 1999, S. 214f.). Dort erzählt Quilty aber Humbert, dass er Lolita mitnimmt. In beiden Fällen, im Drehbuch wie im Film, ist *dies* der Grund, weshalb Humbert noch in derselben Nacht zum Krankenhaus eilt. Im Film ist es es drei Uhr, Lolita ist aber bereits fort. Nach einem kurzen aber heftigen Kampf mit dem Personal ergibt sich Humbert in sein Schicksal und erklärt, dass er ein wenig betrunken sei und deshalb falsch reagiert habe. Die Szene ist mit der romantischen Musik aus dem Vorspann, dem *Love Theme*, unterlegt, das erneut Humberts *Trennungsgefühle* gegenüber Lolita ausdrückt. Seine anfänglich verzweifelte Wut ist der Trauer über den Verlust gewichen. Im Roman geht er erst am nächsten Vormittag ins Krankenhaus, und es kommt auch keineswegs zu jenem heftigen und grotesken Gerangel mit dem Personal, weil Humbert dort sehr rasch einen Polizisten entdeckt (Nabokov 1980, S. 244f.). Die anschließend sehr ausführlich berichtete Episode, in der Humbert Quiltys Weg zurück*verfolgt* und Lolita wie Prousts Ich-Erzähler der *Entflohenen* nachtrauert (Nabokov 1980, S. 251), entfallen im Film. Hier setzt die Handlung erst mit der erneuten Begegnung zwischen Humbert und Lolita lange Zeit später wieder ein.

Kubrick zeigt eine Schreibmaschine in einer Großaufnahme. Lolita tippt einen Bittbrief an Humbert. Sie schreibt, dass sie geheiratet habe, ein Baby bekomme und Geld brauche. In der nun folgenden Szene trägt sie im Roman ein rosa Brillengestell (Nabokov 1980, S. 267), im Film ein schwarzes, sodass sie jetzt Ähnlichkeit mit Quilty bekommt. Im Romanvergleich sie Humbert, wie Swann Odette bei Proust (Proust 1981, S. 296ff.), mit einem Gemälde von Botticelli (Nabokov 1980, S. 269). Im Drehbuch spricht Nabokov an dieser Stelle von ihrer *botticellihaften Anmut* (Nabokov 1999, S. 236). Kubrick hat diesen Kontext durch das Gemälde von Gainsborough, auf das Humbert schießt, ersetzt.

Lolita (1962)

Die Abschlussszene zwischen Humbert und Lolita ist, wie viele Kritiker beschrieben haben, genauso wie im Roman. Allerdings raucht Lolita im Film *nicht*, wie Charlotte es getan hat (Nabokov 1980, S. 273), und überhaupt bekommt man *nicht* den Eindruck, dass Lolita so einen schlimmen Charakter bekommen wird wie ihre Mutter. Sie heißt jetzt wie im Roman »Schiller« – von *schillern* und auch eine Anspielung auf den deutschen Dichter, der die Standesunterschiede thematisiert hat. Sie verhält sich gegenüber Humbert keineswegs so herrschaftlich und verlogen wie am Anfang Charlotte. Sie liebt einfach nur den jungen Mann, welchen sie geheiratet hat. Im Roman, im Drehbuch und auch im Film fängt Humbert schließlich an zu weinen, weil er keine Chance mehr hat, mit Lolita jemals wieder zusammenzukommen. Doch während Lolita im Roman Verständnis zeigt (Nabokov 1980, S. 267), ist es ihr im Film eher *peinlich*. Humbert erfährt von ihr dann Quiltys Namen. Der Professor füllt noch selbstlos einen Scheck für die junge schwangere Frau aus und fährt zu ihm. Kubrick erklärte *Lolita* vor allem aufgrund des Endes zu einer »der wenigen modernen Liebesgeschichten« (Walker 1999, S. 24). Sein Film zeigt aber sehr genau die Einseitigkeit und *Inkonsistenz* dieser auf einem sehr flachen Begehren basierenden Liebe.

Gegenüber Mason soll Nabokov später geäußert haben, dass er sich eine Neuverfilmung von *Lolita* wünscht, weil er Sue Lyon doch für zu alt halte (LoBrutto 1997, S. 225). Kubrick bedauerte, dass sein Film nicht mehr Erotik enthalten durfte (Corliss 1994, S. 85). Adrian Lyne sollte *Lolita* (1997) nochmals verfilmen. Der neue Film schlägt eine ganz andere Richtung ein. Er arbeitet weit *weniger subtil* und sehr viel konventioneller mit Mitteln der Filmindustrie. Lyne kommt aus dem Werbefilm und hatte vor allem mit *Flashdance* (1983) gezeigt, dass er körperbetonte, erotische Filme mit einem starken emotionalen Ausdruck drehen konnte. Für *Lolita* mischte er noch einige Elemente aus der Ästhetik von David Lynchs Albtraum-Filmen dazu und erhielt so genau jenes Ergebnis, welches Kubrick vermeiden wollte. Während der frühere Film wie eine Parodie auf die Perversion angelegt ist, nimmt der spätere das Thema sehr viel ernster.

Lyne wählte dafür eine Hauptdarstellerin, die viel mehr den Vorstellungen entspricht, welche sich bei der Lektüre des Romans einstellen. Die 15-jährige Dominique Swain verkörpert einen viel weicheren und zärtlicheren Mädchentyp als Sue Lyon. Mit ihrer graziösen Anmut und ihren kindlichen Zügen drückt sie das *romantische* Liebesideal des Romans viel konkreter aus. Die *neue* Lolita trägt dann aber, anders als im Roman, durchgängig eine Zahnspange und meistens bauchnabelfreie Kleidung. Dass sie im Roman auch geschlossenere Kleidung, zum Beispiel »a plaid shirt, blue jeans and sneakers« oder Röcke mit eng anliegenden Oberteilen (Nabokov 1980, S. 41 u. 57) trägt, entfällt. Lyne filmt sie oft mit Weichzeichner, den er, wie überhaupt die ganze Figur, vor allem von den Filmen und Fotografien von George Hamilton übernommen hat. Sie bietet dem männlichen Zuschauer nun genau jenes körperliche Lust-Schauspiel, das Nabokov an den *schlüpfrigsten Stellen* des Romans beschreibt. Sie ist ganz das frühreife, verspielte Objekt männlicher Fantasien. Ganz offensichtlich gelingt es dieser Verfilmung, die nicht mehr jene Probleme mit der Zensur hat, denen sich Kubrick unterwerfen musste, den erotischen Akzent des Romans weit besser darzustellen, analysieren hingegen kann sie ihn nicht. Und sehr offensichtlich geht es vor allem darum zu zeigen, wie Lolita Humbert scharf macht (Nabokov 1980, S. 57), um dann Humbert und den Zuschauer mit diesem *verbotenen Begehren* zu schockieren.

Sicherlich zeigt Lyne auch im Gegensatz zu Kubrick, dass Humbert in Lolita Annabel wiedererkennt (Nabokov 1980, S. 39) und erzählt auch die Vorgeschichte seiner Jugendliebe in *nostalgischen* Bildern. Dazu verwendet er die Musik von Ennio Morricone, welche die Handlung atmosphärisch hervorragend unterstützt. Auf Nabokovs Spuren kreiert er dafür möglichst originalgetreu das Dekor der 40er Jahre. Zwei Jahre zogen Lyne und seine Location Managerin durch die USA, um geeignete Drehorte zu finden, welche die Zeit des Romans wiedergeben konnten. Die Zeit, in welcher Kubricks Film spielt, ist aber von vornherein eine andere. Während Humbert im Roman in Ramsdale im Mai 1947 eintrifft, ist es in Kubricks *Lolita* bereits Frühsommer 1960 (Zimmer aus: Nabokov 1999, S. 328). Der Regisseur wollte einen direkten Gegenwartsbezug herstellen und das ganze Drama keineswegs als *ein Vergangenes* zeigen. Durch diese zeitliche Verschiebung wirkt die ältere Verfilmung zuweilen jünger als die modernere.

Lyne erreichte aber, dass sein Film nicht bloß mit Erotik, sondern auch mit *Nostalgie* aufgeladen ist. Humberts Verhalten ist nun auch viel deutlicher als bei Kubrick mit einer *perversen* Vater-Imago verbunden. Die Besetzung durch Jeremy Irons als neurotischen Humbert und Frank Langella als Clare Quilty verifizieren diese Komposition. Quilty wird hier zu einer mysteriösen, perversen und *machtvollen Vater-Imago*, die unsichtbar alle Fäden in der Hand zu haben scheint. Er erinnert in Kleidung und Gestus tatsächlich an »The Black Hand«, den Gangsterboss der Mafia Don Fanucci (Gastone Moschin) aus *The Godfather II* (1974), welchen der junge Vito Corleone (Robert De Niro) tötet, um selbst seinen Platz einzunehmen. Das Humbert Quilty am Ende tötet, ist eine *Befreiung*. In einer regelrechten Blutorgie, die sehr schrille Töne besitzt und viel zu gewaltig ist, um komisch zu sein, streckt er so den väterlichen, perversen, nackten Rivalen nieder. Lyne lässt dabei das *ödipale* Verhältnis zwischen Humbert und seiner *perversen Vater-Imago* wie eine Tragödie von Shakespeare ausgehen. Schon das erste Gespräch zwischen Humbert und Quilty, welches abends auf der Veranda des Hotels stattfindet, trägt vor allem *bedrohliche* Züge. Wenn im Roman erwähnt wird, dass einige Insekten in dieser Nacht unterwegs sind, dann fliegen im Film nun die ganze Zeit Motten in das flackernde Licht einer Glühlampe. Das dadurch entstehende Zischen und das wechselhafte Licht erzeugen eine bedrohliche Atmosphäre des Ekels. Diese Sequenz erinnert deutlich an die Filme von David Lynch. Humbert soll zugreifen und sich an Lolita heranmachen: Das ist hier die plumpe Quintessenz in der Rede eines betrunkenen und perversen *Vaters*. Humberts *sexuelle Überschreitung* wird so zum Thema des Films, was dem Roman sehr nahe kommt. Aber anders als dort hat Lyne Lolitas Mutter Charlotte (Melanie Griffith) nun nur noch als einen Drachen dargestellt. Diese rein negative Person bekommt so kaum ein Profil. Auch Lolita wird sehr deutlich zum körperlichen, tanzenden Objekt degradiert. Sie spielt im Grunde wie ihre Mutter nur noch eine Nebenrolle. In diesem Film wird das verfehlte Begehren Humberts einfach nachgeahmt. Seine Fixierung bestimmt so die Ästhetik der Bilder. Diese *schlittern* ganz bewusst an der Realität vorbei. Eine Traumvorstellung aus Hollywood, in der das Imaginäre nicht wie bei Kubrick als Unsinn *destruiert*, sondern gefördert wird. Lyne reflektiert Humberts Problem nicht, er stellt es nur nach. Und anders als Kubrick, welcher Quilty als eine *»Quasselstrippe«* inszeniert hat, kehrt Lyne zum Phantomcharakter dieser Figur im Roman zurück. Kubricks Interesse,

Humberts Verhalten durch ein *quatschendes*, mütterliches Über-Ich als Schwachsinn bloßzustellen, in welchem Quilty auch durchaus Züge von Charlotte bekommt, hat Lyne nicht interessiert.

Die parodistische Struktur für Kubricks nächsten Film wurde teilweise in *Lolita* entwickelt. Er hätte ihn ohne diese *Vorarbeit* nicht drehen können. Für *Dr. Strangelove* verwendete der Regisseur wesentliche Erfahrungen, welche er bei *Lolita* gewonnen hatte. So sollte es ihm gelingen, bei seinem nächsten Projekt nicht *nur* einen kommerziellen Erfolg zu erreichen, sondern auch einen Platz in der Filmgeschichte zu bekommen. Er musste dafür zunächst einmal den *familiären* Kontext dieses Films durch einen *politischen* ersetzten. Mit *Dr. Strangelove* setzte Kubrick seine Überlegungen zur Perversion fort, nur handelt er sie jetzt nicht mehr auf der familiären Ebene des Subjekts ab, sondern auf der politischen Ebene der Gesellschaft. Er sagte in einer Verteidigung seines Lolita-Films über diesen Kontext: »Im Zusammenhang mit der unmittelbar bevorstehenden Zerstörung der Welt können Heuchelei, Missverständnisse, Lüsternheit, Verfolgungswahn, Ehrgeiz, Beschönigung, Vaterlandsliebe, Heldentum und sogar die Vernunft nur ein schauerliches Lachen hervorrufen« (Castle 2005, S. 53).

8. Kubricks Version eines James-Bond-Films: *Dr. No* oder *Dr. Strangelove* (1964)

»If you try any perversions in there, I'll blow your head off!«
(Colonel Bat Guano zu Capitan Mandrake in Dr. Strangelove)

Zunächst arbeitete Kubrick zusammen mit Peter George bei dem Drehbuch von *Dr. Strangelove* (»Dr. Seltsam«) an einer *ernsthaften* Verfilmung von Georges Thriller *Red Alert*. Das Buch handelt von der Entscheidung eines *psychotischen* Generals, im Alleingang ein Geschwader von Bombern auf Russland zu schicken. Es fiel dem Regisseur bei der Ausarbeitung des Drehbuchs aber immer mehr auf, wie *verrückt* die Story eigentlich war, sodass er sich dafür entschied, *keinen* Thriller, sondern eine Komödie daraus zu entwickeln. »Bei der Umsetzung des Themas (als einer Komödie) bemerkte ich dann, dass die gewählte Form einer wohlbegründeten Argumentation überhaupt nichts im Wege steht« (Kubrick aus: Walker 1999, S. 29). Der Film sollte in Fortsetzung der Szenen mit Quilty in *Lolita* nun *insgesamt* eine schwarze Albtraum-Komödie werden. Schon in *Path of Glory* und *Fear and Desire* hatte Kubrick ja letztendlich die *Absurdität* des Krieges deutlich in den Vordergrund gestellt. Gleichzeitig hatte er dabei aber den Militärapparat akzeptiert und sehr viel Sympathie für die schreckliche Position der Soldaten bekundet. Jetzt, im Angesicht der Atombombe, war es ihm kaum mehr möglich, das militärische Szenario *überhaupt* noch als ein seriöses darzustellen. Schließlich zog er Terry Southern hinzu, »den Vertreter eines subjektiven Gonzo-Journalismus« (Duncan 2003, S. 86), um das Drehbuch zu einer beißenden Satire umzuarbeiten. Southern war für die extrem schrägen Dialoge verantwortlich, hatte aber mit der Ausarbeitung der eigentlichen Handlungslinie nichts zu tun (LoBrutto 1997, S. 249).

8. Kubricks Version eines James-Bond-Films

Kubrick benutzte das Komische als Schlüssel dafür, den Verteidigungsmechanismus der Rationalität beim Zuschauer außer Kraft zu setzen und ihn so in das spekulative Feld einer »Was-wäre-wenn-Situation« zu führen. Was wäre, wenn der atomare Overkill von einigen Politikern wie ein alltägliches Ereignis diskutiert werden würde? Nur durch den überzogenen Humor konnte der Regisseur erreichen, dass umgekehrt die *Absurdität* einer solchen Situation ernst genommen werden musste. Nur so konnte er seine Zuschauer mit den *abwegigen* Strategien eines atomaren Overkills vertraut machen (Smoltczyk 2002, S. 96). Die Ängste des Zuschauers hätten sonst bei der Inszenierung einer solchen *traumatischen* Situation jede mögliche Reflexion verhindert. Insofern war der vollständige Filmtitel tatsächlich Programm: *Dr. Strangelove or: How I Learned to Stop Worrying and Love the Bomb* sollte den Zuschauer mit dem Gedanken der Bombe wirklich vertraut machen. Darin lag seine Leistung.

Das Risiko, das der Regisseur dabei einging, war immens hoch. Harris, der erneut den Film ursprünglich als Produzent begleitete und dann absprang, um selbst Regie zu führen, war davon überzeugt, dass Kubrick seine Karriere beendete, als er erfuhr, dass er den Stoff als eine Komödie umsetzen wollte (LoBrutto 1997, S. 249). Kubrick wurde geraten, den Präsidenten zumindest aus der Tortenschlacht, welche am Ende des Films erfolgen sollte, herauszulassen (LoBrutto 1997, S. 232). Eine Woche lang drehte er aber dann an dieser Szene *mit* dem Präsidenten. Es wurden dabei *täglich* 1.000 Torten geworfen. Er schnitt die Szene aber vollständig heraus, nachdem er den Film zusammen mit Publikum gesehen hatte (Castle 2005, S. 51). Sie wäre etwas zu *albern* innerhalb der restlichen Handlung gewesen.

Mit *Dr. Strangelove* gelang es dem Regisseur erstmals, sich international mit einem äußerst *eigenwilligen* Werk einen Namen zu machen. Zum ersten Mal tritt das, was die kommenden Meisterwerke ausmachen sollte, sehr klar in den Vordergrund. Viele gedankliche Implikationen, welche *Dr. Strangelove* zugrunde liegen, begründeten seinen wichtigsten Film *2001*, welcher auch unmittelbar folgen sollte. Der Zusammenhang zwischen einer Politik der menschlichen Vernichtung durch Atomwaffen und Science Fiction, den Filme wie *The Day the Earth Stood Still* (1951) von Robert Wise bereits aufgemacht hatten, lässt die Brücke zwischen den beiden Kubrick-Filmen deutlich erkennen. Der Regisseur nähert sich der globalen Dimension, doch für ihn ist der *Kalte Krieg* nicht bloß ein moralisches Thema, sondern sein Film versucht, die männlich-libidinöse Seite zu zeigen, die nach seiner Ansicht den ambivalenten Kern dieses politischen Problems darstellt. Kubrick sagte später, als er das Thema von *Dr. Strangelove* bereits in den Gedankengang der Evolution von *2001* eingeordnet hatte, dass die Entdeckung der Kernenergie den Scheidepunkt *jeder* Zivilisation darstellt, der darin besteht, ob sie sich damit selbst zerstört oder einen Weg findet, ihn für friedliche Zwecke zu nutzen (Castle 2005, S. 72).

Der Film beginnt mit einer ähnlichen Ouvertüre wie *Lolita*, bevor die eigentliche Handlung einsetzt. Gezeigt wird das Auftanken eines B-52-Bombers durch ein anderes Flugzeug in der Luft. Man kann die Szene als *Kopulation* oder als Geburtsvorgang mit Nabelschnur deuten. Jedenfalls suggeriert der langsame Foxtrott *Try a Little Tenderness*, welcher darunter gelegt ist, während alle Geräusche fehlen, dass es sich um einen schwebenden und sehr zärtlichen Vorgang *unter* Flugmaschinen handelt. Die mit der Hand gezeichneten Titel, welche die Bilder überdecken, zeigen bereits das kindliche Niveau an, auf dem Kubrick die politischen und militärischen Interessen vorführen wollte (Nelson 2000, S. 96). Damit betont er, dass es sich bei allen technischen Raffinessen immer noch um Menschen handelt, welche diese technischen Möglichkeiten bedienen.

Kubricks Parodie über den Weltuntergang steht nach meiner Ansicht in einem wichtigen Kontext mit der sehr erfolgreichen, kommerziellen Serie der James-Bond-Filme, deren Popularität ungebrochen bis in die Gegenwart andauert. Auch die Bond-Filme lieferten eine amüsante Persiflage auf den *Kalten Krieg*. Der berühmteste Geheimagent der Filmgeschichte unterhielt dabei häufig clevere Flirts zu russischen Agentinnen, die den Kampf der Großmächte auf einem erotischen Terrain ansiedelten und seine gefährliche Dimension auf das Niveau eines reinen Unterhaltungsfilms herabsenkten. Oft spielt in der Nachfolge des Zweiten Weltkrieges auch ein wahnsinniger Oberschurke, der häufig von einem *deutschen* Schauspieler dargestellt wurde, den Gegner von Bond. Die Bond-Filme wiederholten so den englischen Kampf gegen den Nazi-Terror in einem Zug mit der folgenden atomaren Bedrohung durch die Russen.

Der erste Film dieser Reihe, *Dr. No* (1962), von Terence Young kam zwei Jahre vor *Dr. Strangelove* heraus. Der Film zeigt gleich am Anfang, wie Bond (Sean Connery) von seinem Chef eine neue Pistole bekommt. Anstatt mit seiner geliebten Beretta wird er nun mit einer (deutschen) Walther in geheime Mission geschickt. Alle Formen von Waffen, die wie Projektile durch die Luft sausen und in denen stets *versteckt* die männlich-*eruptive* Sexualität hervorgehoben wird, haben in den Bond-Filmen absoluten Vorrang. Die drei Austin-Powers-Filme (1997–2002) haben diesen Umstand in den letzten Jahren gründlich parodiert. Bei Bond ist von der Pistole bis zur Rakete alles vertreten. Dieser Kult männlicher, maschineller Erektion zeigt sich auch in den Fahrzeugen, die vom Auto bis zum U-Boot ebenso wie fahrende Geschosse gestaltet worden sind. Zugleich ist in einem Bond-Film nichts *weniger* erlaubt als tiefe zwischenmenschliche Beziehungen. Alles ist hier angelegt auf den schnellen Flirt. Bond ist kein Ehemann, weshalb Miss Moneypenny für immer ein Single bleiben wird, während der Geheimagent in stetiger Fluktuation eine Frau nach der anderen nimmt, was ein weiblicher Mythos vom Mann als ein Don Juan ist (Lacan 1986, S. 15). Nichts darf in diesem reinen Unterhaltungsfilm über das oberflächliche Niveau eines Kultes von »*luxuriöser Materie*« und schönen Frauen hinausgehen. Demzufolge spielt das Design, die äußere Gestaltung einer faszinierenden und schönen Fassade in den Filmen stets eine *wesentliche* Rolle.

Für die Gestaltung dieser Fassade war der Produktionsdesigner Ken Adam in *sieben* Bond-Filmen verantwortlich. Seine Aufgabe bestand darin, das visuelle Konzept eines Films zu entwerfen und dessen Umsetzung zu überwachen (Smoltczyk 2002, S. 18). Adam kam aus einer jüdischen Familie, die von Berlin 1934 nach England emigriert war. Danach war er während des Zweiten Weltkrieges neben seinem Bruder der einzige *deutsche* Jagdflieger in der britischen Luftwaffe gewesen. Er hatte also sehr viel Ahnung von Kriegsflugzeugen und militärischen Einrichtungen. Kubrick sah *Dr. No*, der sogleich sehr erfolgreich war, in einem Kino in London. Er erkannte sofort die Nähe zu seinem eigenen Projekt und ihm fiel vermutlich die außergewöhnliche Gestaltung einiger Räume ins Auge. Jedenfalls rief er Ken Adam an und engagierte ihn, die Sets von *Dr. Strangelove* zu bauen (Smoltczyk 2002, S. 85). Diese Wahl trug wesentlich zum Erfolg des Films bei.

Adam war bisher vor allem durch groß angelegte Studiobauten her-

Dr. No oder *Dr. Strangelove* (1964)

vorgetreten. Das besonders Innovative an *Dr. No* war, dass sich darin einige Szenen befanden, in denen der *Filmset* sehr stark die Dramaturgie bestimmte. Das »Tarantel-Zimmer«, das in der 37. Minute als erste Inneneinrichtung auf Dr. Nos Insel Cap Key gezeigt wird, ist dafür ein sehr *berühmtes* Beispiel. Es hat laut Adam nur 450 Pfund gekostet, weil der Produktion zu diesem Zeitpunkt schon das Geld ausgegangen war (Smoltczyk 2002, S. 17). Es handelt sich um einen hohen und relativ großen Raum, der bis auf einen winzigen Stuhl und einen kleinen Tisch vollständig leer ist. Seine einzige Öffnung besteht aus einem riesigen, kreisrunden Fenster in der Decke, worüber ein riesiges Gitter gespannt ist. Ein hagerer Mann, ein Gegenspieler Bonds, der für Dr. No arbeitet, betritt den Raum. Er wirkt erbärmlich klein, und der Schatten des Gitters zeichnet sich deutlich auf seinem Körper ab. Dem Mann war es verboten worden, seinen *übermächtigen* Chef am Tage aufzusuchen. Er wirkt deshalb wie eingesperrt in einem Dekor, welches eine erdrückende und surreale Stimmung erzeugt, die an Kafka erinnert. Der Raum wirkt viel mehr wie der überdimensionale Ausdruck seines *Schuldgeständnisses* als wie ein realer Ort.

Es war diese *psychologische* Architektur, die Kubrick dazu veranlasste, mit Adam zusammenzuarbeiten. Mit *Dr. Strangelove* erreicht Kubrick erstmals mithilfe von Adam andere *Größenverhältnisse* als bisher. Erstmals wird die Wucht *mächtiger* Räume explizit ein Thema des Films. Kurze Shoots, wie das Pentagon bei Nacht von oben, zeigen diese Dimension ebenso an wie das architektonische Zentrum des Films, der sogenannte »War Room«, in dem der amerikanische Präsident und sein Krisenstab tagen. Die politische und globale Ebene der Handlung verlangten diese Dimensionen, die Kubrick aber von nun an in allen seinen Filmen haben sollte. Der feudale Stil mächtiger Bauwerke ist nicht länger Signatur der Verlogenheit, wie noch in *Path of Glory*, sondern wird zum Ausdruck erhabener Schönheit. Ronald Reagan soll bei seinem Einzug ins Weiße Haus von seinem Stabschef verlangt haben, in den »War Room« geführt zu werden (Smoltczyk 2002, S. 98). Es gab keinen. Kubrick und Adam war es gelungen, eine so solide *Hyperrealität* zu erschaffen, welche die Vorstellung produzierte, dass es einen solchen Raum geben müsse. Es gibt ihn vielleicht auch, nur liegt er nicht im Weißen Haus, sondern möglicherweise im Pentagon? Man weiß es nicht.

Viele Fantasien, welche man sich in den 70er Jahren vom Weltuntergang machte, waren aus den Sets von *Dr. Strangelove* geformt (Smoltczyk 2002, S. 19). Der »War Room« sollte den Eindruck einer großartigen Höhle demokratischer Macht unter der Erde hinterlassen, den Eindruck eines Raumes, in dem es nie Tageslicht geben würde, weil er keine Fenster hatte. Das für Kubrick ebenfalls sehr typische Motiv der Isolation tritt in ihm bereits hervor. Alle Figuren in ihm sind in ein Halbdunkel getaucht, das aber *nicht* mysteriös, sondern unglaublich realistisch wirkt. Über ihren Häuptern schwebt ein sie illuminierender, kreisförmiger Lichtring, während der Raum sonst keine Lichtquellen enthält. Das Licht wirkt wie ein Heiligenschein, womit die irdische Macht optisch eine göttliche Position bekommt. Weitere theologische Komponenten, wie die »doomsday-machine« und das gemeinsame Gebet, nachdem die nukleare Katastrophe abgewehrt erscheint, unterstützen diese Ebene. Hier tagt zweifellos eine *Weltmacht*, die über den Weltuntergang in der Form weitreichender Vernichtung entscheidet.

Die Ausleuchtung des Raums orientierte sich hier, wie fast immer bei Kubrick, an einer echten Lichtquelle. Für die Einrichtung des War-Room-Sets von Ken Adam war allerdings auch Tageslicht erforderlich, damit Kubrick die Kamera überall aufstellen konnte (Duncan 2003, S. 91). Scheinwerfer durften die freie Sicht auf den *ganzen* Raum nicht verstellen. Der Fußboden war ebenfalls schwarz, aber spiegelglatt. Weil es in vielen Totalen während des gesamten Films auf die Inszenierung des Raums ankam, trugen die Darsteller in vielen Szenen versteckte Mikrofone am Körper (Duncan 2003, S. 91). So konnten sie sich frei bewegen und das lästige Tonangeln entfiel. Außerdem betont der Hall im »War Room« immer das Massive und die Größe des Raums. Kubrick ließ ihn zum Teil aus Beton anfertigen, um diesen akustischen Effekt zu erreichen. Der Eindruck, tatsächlich in der Zentrale einer atomaren, demokratischen Macht zu sein, wurde also vornehmlich durch den Raum hergestellt.

In der Mitte vom »War Room« ist ein großer, kreisrunder Tisch aufgestellt, der nach der Vorstellungen des Regisseurs wie ein Poker-Tisch aussehen sollte, an dem um das zukünftige Schicksal der Welt *gespielt* werden sollte (LoBrutto 1997, S. 235). Dieser runde Tisch hat einen Durchmesser von sieben Metern. An ihm sitzen 36 Männer (Dokumentation, Naylor 2000). So soll eine parlamentarische Ordnung gezeigt werden, welche über das Schicksal der Welt verhandelt. Alle Formen dieses Raums sind streng geometrisch (Nelson 2000, S. 92). Die geneigten Wände, die zusammen mit dem Fußboden den Aufriss eines Dreiecks ergeben, suggerieren *Stabilität*. Sie sind das Gegenteil von den schrägen Formen eines *expressionistischen* Dekors wie zum Beispiel in *Dr. Caligari* (1919). Die Idee dafür stammt vom Regisseur. Er fragte Adam: »Isn't the triangle the strongest form in geometry?« (Kinematograph 2004, S. 80). Mit *2001* sollte Kubrick dann einen Film über den *Kreis* drehen. Im »War Room« steht ebenfalls ein runder Tisch mit einer kreisrunden Lampe im Zentrum. Auf diese Weise wird hier die Gleichberechtigung der Teilnehmer, das Ideal der Demokratie deutlich. In *Spartacus* tagt der Senat in einem halbrunden Kreis. In *2001* findet die Konferenz in einer rechteckigen Raum- und Tischform statt. Hier ist es der Kreis, in dem General Turgidson und der Präsident ihre Meinungsverschiedenheiten austragen. Die überdimensionierten Wandschirme weisen dabei zugleich auf die drohende Gefahr hin.

Der größte Set, den Ken Adam für *Dr. No* gebaute hatte, war ein Atomreaktor-Kontrollraum, der allein bereits 100.000 Dollar kostete. Dieses erste Kontrollzentrum eines bösen Tyrannen hatte aber keinerlei Ähnlichkeit mit dem »War Room« oder den anderen Räumen in *Dr. Strangelove*. Die sterile Kleidung, die alle tragen müssen, um nicht verseucht zu werden, erinnert an Sets von *2001*, an deren Gestaltung Adam aber nicht beteiligt war. Tatsächlich basieren *aber* viele der späteren Entwürfe Adams für die »Schaltzentralen der Macht« in den Bond-Filmen umgekehrt auf dem »War Room« (Kilzer 2005, S. 144), der auch als ihr »*Archetyp*« bezeichnet werden kann (Smoltczyk 2002, S. 101). Dennoch liegt der *wichtigste* Unterschied darin, dass der »War Room« ein Plenarsaal war und nicht die Machtzentrale eines Tyrannen. Außerdem enthält er in seiner kargen Form nichts Überflüssiges.

Einmal zog Adam Kubrick für die Ausleuchtung einer atomaren Vernichtungsanlage in dem Bond-Film *The Spy Who Loved Me* (1977) hinzu. Der deutsche Bösewicht Stromberg (Curd Jürgens) verfügt darin über ein Waffenarsenal in der Form von drei Atom-U-Booten, die sich im Laderaum eines riesigen Supertankers befinden. Adam hatte diesen Laderaum in einer äußerst großen und aufwendigen Studiokulisse gebaut. Er wollte für die Ausleuchtung dieser Anlage die Beratung eines Profis

8. Kubricks Version eines James-Bond-Films

haben. Kubrick kam unter äußerster *Geheimhaltung* an einem frühen Sonntagmorgen an das leere Set. Er kletterte und kroch vier Stunden durch die Kulisse, um die richtige Beleuchtung zu finden (Smoltczyk 2002, S. 111). Die Bühne war, nicht nur aufgrund ihrer Größe, sondern wegen all der glänzenden Flächen, sehr schwer zu beleuchten. Kubrick riet Adam, unter anderem die Deckenbeleuchtung durch Flutlichter zu verstärken (Dokumentation, Cork 2000). Er half ihm sehr, das richtige Licht für diesen riesigen Set zu finden. Das zeigt erneut seine großartigen technischen Fähigkeiten. Der Regisseur hatte bereits am Set von *Dr. Strangelove* mit Polaroidbildern gearbeitet, um die Lichtverhältnisse besser abstimmen zu können. Erst später sollte diese Technik ein Standard der Filmindustrie werden (LoBrutto 1997, S. 250).

Die riesige Tafel, auf welcher die Bewegungen der Bomber in *Dr. Strangelove* zu sehen sind, wollte Adam zunächst mittels *Rückprojektion* darstellen (Smoltczyk 2002, S. 99). Dieses Verfahren hatte er auch schon bei *Dr. No* benutzt. Die Wohnung von *Dr. No* lag unter Wasser im Meer, sodass es in seinem Wohnzimmer ein Fenster gab, welches den Blick auf die Meeresfische ermöglichte.

Dieser schöne Ausblick wurde per Rückprojektion einkopiert. Adams griff später auf dieselbe Technik bei Strombergs Kommandozentrale »Atlantis« in viel komplizierterer Form wieder zurück. Kubrick war aber *gegen* Rückprojektionen im »War Room«, weil durch diese der Raum mehr Künstlichkeit bekommen hätte. Er wollte zwar einen psychologischen, aber, anders als in den Bond-Filmen, keinen virtuellen Filmset. Kubrick wusste, dass die optische Täuschung bei einer Rückprojektion hier niemals vollständig zu kaschieren gewesen wäre. Für die riesigen Tafeln in *Dr. Strangelove* wurde also eine andere Lösung gefunden: Sie wurden gebaut. Etliche 100-Watt-Glühbirnen zeigten den bisherigen Weg der amerikanischen Flugzeuge in Russland an. Sie entwickelten eine derartige Hitze, dass für sie extra ein Kühlsystem installiert werden musste (Smoltczyk 2002, S. 99).

Die Inszenierung der Bond-Filme verlief damals von einem noch relativ realistischen Action-Set immer mehr zu einer rein *virtuellen* Kommando-Zentrale eines Oberschurken, welcher meistens in einem Wohngehäuse haust, das aus einem *kitschigen* Science-Fiction-Film stammen könnte. Dabei wird die albtraumhafte Realität der atomaren Drohung

Dr. No oder Dr. Strangelove (1964)

in die beruhigende Sphäre einer erotisierten Fantasiewelt überführt. *Dr. Strangelove* arbeitet mit denselben Motiven an einer viel stärker auf die Realität bezogenen Struktur. Kubrick entlarvt den erotischen Kitsch der Bond-Filme als eine Mogelpackung, indem er den atomaren Krieg tatsächlich als erotische Männerfantasie zeigt.

Auch *Dr. Strangelove* enthält viele Rückprojektionen, wenn der B-52-Bomber im Flug gezeigt wird. Der Flieger ist dabei sehr schön als *phallisches*, glänzendes *Silber*-Geschoss in den Hintergrund einkopiert. Spätestens nachdem er fast von einer Rakete abgeschossen wurde und seinen Flug direkt über den Boden fortsetzen muss, fällt diese Rückprojektion aber sehr auf und diese Sequenzen wirken sehr künstlich. Auch bei den Innenaufnahmen sind in den Fenstern Rückprojektionen. Oft sind diese Fenster aber gar nicht im Bild oder nur angeschnitten zu sehen. Angeblich mietete Kubrick einen B-17-Bomber und flog damit über Island und Grönland (Seeßlen 1999, S. 149), um alle Hintergründe aufzunehmen. Sehr nahe an der Realität war das nachgebaute Cockpit des B-52-Bombers. Es ist mit sehr vielen Details so exakt wie möglich ausgestattet worden. Mit einem schon dokumentarischen Realitätsgehalt ist die militärische Attacke auf Burpelson Air Base gedreht worden, welche Kubrick mit zwei Handkameras aufnehmen ließ, wobei er eine davon selbst führte (Walker 1999, S. 145). Mit ihrem lichtempfindlichen Material und der wackligen Kamera ist sie ganz im Stil einer Kriegsreportage aufgenommen worden. Alle diese Sequenzen dienen dazu, die im Studio gedrehten Szenen in vielen Zwischenschnitten mit »echtem« Material zu verbinden. Dieses Verfahren hatte Kubrick bereits in *The Killing* verwendet, wo er das dokumentarisch aufgenommene Pferderennen ebenfalls mit reinen Studioszenen im Schnitt verbinden konnte. Fiktion und Wirklichkeit sollten so auf einem möglichst hohen Niveau verknüpft werden. Durch die genaue Gestaltung vor allem militärischer Details wirkt *Dr. Strangelove* so *überzeugend*, dass man ihm trotz aller Satire einen realistischen Anspruch nicht absprechen konnte.

Gegen diese raue Wirklichkeit hat Kubrick dann dasselbe Element gestellt, welches auch die Bond-Filme verwenden: pure *phallische* Erotik. Aber anders als dort benutzt der Regisseur diese Erotik, um ihren *irrealen*, fantastischen Charakter als *komisches* Element aufzuzeigen. Ähnlich wie Alfred Hitchcock, nur weniger sublim, arbeiten die Bond-Filme mit

8. Kubricks Version eines James-Bond-Films

einem Fetischismus, der nicht nur Waffen, sondern, wie in *Lolita*, auch Frauen zu *phallischen* Attributen von Männern stilisiert. Doch während Hitchcock sich kritisch mit dem Thema auseinandersetzt, gehen die Bond-Filme seinem reinen Kult nach. In *Vertigo* (1958) beispielsweise wurde der Fanatismus eines Mannes (James Stewart) entlarvt, der eine Frau (Kim Novak) ausschließlich aufgrund ihrer rein imaginären, sublimen Geschichte und so im Grunde als eine entsinnlichte *Tote* liebt (Zizek 1992, S. 185). Genaus dasselbe zeigt Guy Hamilton im dritten Bond-Film *Goldfinger* (1964), wenn er die totale fetischistische Wertsteigerung eines toten, weiblichen Körpers zu einem makellosen Phallus vorführt, indem die Frau so eine groteske Form von *Unsterblichkeit* erreicht hat (Baudrillard 1991, S. 163). Die dort mit Goldlack überzogene, weibliche Tote wurde zum Symbol einer unsterblichen Erektion, indem ihr Körper ganz zu der edlen Materie geworden ist. Der letzte Austin-Powers-Film *Goldmember* (2002) lieferte, wie der Titel schon zeigt, eine schrille Satire auf diesen Zusammenhang. Grundsätzlich werden aber alle »*Bond-Girls*« wie *Tauschobjekte* gehandelt. Deshalb müssen es auch immer wieder neue sein.

In Kubricks Film wird das Prinzip eines Fetischs viel ernsthafter gezeigt und bekommt eine wichtige Funktion zur Charakterisierung der militärischen Figuren. Die einzige Frau im Film taucht zum ersten Mal bei der Lektüre eines *Playboy* von Major T.J. King Kong (Slim Pickens), dem Piloten im Cockpit des B-52-Bombers, auf. Sie ist auf der aufklappbaren Faltseite zu sehen, welche das »Playmate of the Month« zeigt. Kong betrachtet es in Ruhe. Das Bild zeigt eine auf dem Rücken liegende, nackte Frau, deren Po mit der politischen Zeitung *Foreign Affairs* bedeckt ist. Der Titel der Zeitung meint hier doppeldeutig soviel wie »*Außenpolitik*« als auch »*auswärtige Affären*«. Die auf dem Foto abgebildete Frau ist die Sekretärin des Generals *Buck* Turgidson (George C. Scott), Miss Scott (Tracy Reed). In einer Szene schon kurz darauf sieht man sie in exakt derselben Pose auf dem Bett in seinem Schlafzimmer liegen (Nelson 2000, S. 94). Sie trägt aber jetzt immerhin einen Bikini. Zunächst hat sie wie Lolita eine Sonnenbrille auf und nimmt ein Sonnenbad unter der Höhensonne. Weil das kleine Schlafzimmer zwei Spiegelwände enthält, sind die Figuren darin oft in mehreren Perspektiven zu sehen. Kubrick inszeniert sie so in jenem narzisstischen Phantasma wie eine Gleichung des Phallus, wo Penis und weiblicher Körper dasselbe sind. Der General befindet sich gerade auf dem WC, als das Telefon läutet. Kubrick überspitzt sofort die Situation, wenn er das Playmate nicht mit einem gut aussehenden Verführer, sondern mit einem nicht besonders attraktiven General zusammen zeigt. Wenn Turgidson sich in seinem Schlafzimmer mit der flachen Hand auf den Bauch schlägt, wird rasch deutlich, dass dieser Mann kein schnittiger Casanova ist, sondern ein robuster Kerl. Und Miss Scott ist, sobald sie spricht, auch kein Glamour-Girl mehr, sondern eine kühle, große Frau, die sehr genau weiß, was sie will. Sie nimmt nun den Telefonanruf entgegen und ruft sehr *laut* das Gehörte dem General zu. Dazwischen flirtet sie in *leisen* Tönen und sehr höflich mit dem Anrufer Colonel Puntrich, den sie dann auch bei seinem Vornamen »Freddie« nennt. Kubrick zeigt diese amüsante Differenz, bei der Miss Scott dann die rohen Zurufe von Turgidson in ein feines Englisch für Aristokraten mit einem vornehmen Ton übersetzt. Als dann Turgidson mit seinem offenen Hawaii-Hemd und kurzer Hose von der Toilette ans Telefon gestürzt kommt und sich plump mit »Buck« zu Wort meldet, ist aber sofort jede Eleganz dahin. Nun wird ihre körperbetonte Schönheit durch seine stabile, ungeschminkte, männliche Realität im Bild ersetzt. Ein größerer Gegensatz als Turgidson zu James Bond ist schwer vorstellbar. Jede trügerische Maskerade des Weiblichen, die Kubrick so als Kunst der *Verführung* kenntlich werden lässt, bleibt jetzt auf der Strecke.

So *dekonstruiert* Kubricks Inszenierung die klassische James-Bond-Kunstwelt glamourös gestylter Designs, indem er sie mit einer bodenständigen männlichen Realität konfrontiert. Die neusten Bondfilme mit Daniel Craig haben allerdings diese bisherige Tradition beendet und zeigen nun auch einen viel härteren Männertyp. Dabei fällt auf, dass die Filme realistischer geworden sind, was auch *offiziell* der Grund für ihre Neugestaltung war. Das übertriebene Actionkonzept wurde dabei jedoch nur noch weiter perfektioniert und die Brutalität gesteigert. Der Agent verlor dabei sehr an Charme, was vermutlich nicht lange durchgehalten werden kann, weil es auf das Besondere der Reihe im Grunde verzichtet. Dass Bond sich in *Casino Royal* (2006) zum ersten Mal seit *On Her Myjesty's Secret Service* (1969) wieder ernsthaft in eine Frau verliebt, gehört zu dieser neuen Richtung und wird in *Qantum Of Solace* (1998) auch als Motiv fortgeführt. Auffällig ist dabei, dass auch die Gegner von

Bond nun nicht mehr die ganze Welt erobern können und ebenfalls einen realistischeren Status bekommen haben.

Anders als James Bond vertritt Turgidson aber nicht die Ansicht, dass der atomare Overkill um jeden Preis verhindert werden muss. Der Mann ist plump, grob und dumm, aber *ehrlich*. Was hier zählt, ist die alltägliche Banalität, mit welcher ein General ein Verhältnis zu seiner attraktiven Sekretärin unterhält und sich nebenbei um die Weltpolitik kümmert. Während die James Bond-Filme eine Welt zeigen, in der alles zur glamourösen Schaufensterdekorationen wird, arbeitet *Dr. Strangelove* in einer sehr charmanten Form daran, die Fixierung auf diese Warenhaus-Fantasien, in deren Zentrum stets der weibliche Körper steht, freizulegen. Kubrick hatte bereits in seinem frühen Industriefilm *The Seafarers* (1953), einer Auftragsarbeit für die Seafarers International Union (Gewerkschaft für Seeleute), gezeigt, wofür sich der einfache Mann interessiert. In dem Film werden eine Pin-up-Zeichnung, eine geschnitzte Meerjungfrau und ein paar Aktbilder als das gezeigt, was die Seefahrer ganz *selbstverständlich* umgibt. Und genau in diesem Sinn hat sich der General einen weiblichen Traum zugelegt, welcher aber im Film kein Traum bleibt. Der drapierte »Playboyhase« auf seinem Bett ist nur ein erotisches Phantasma und keine *echte* Partnerin. Das Telefongespräch sagt es aus: »She is everybody's darling« und stets bei dem Mann zuhause, der ihr am meisten *bietet*. Und Turgidson, das zeigt das Ende des Films, will auch gar keine Partnerin, sondern ein erotisches Spielzeug. Mit dem Foto von Miss Scott als Playmate wurde auch auf den Plakaten für *Dr. Strangelove* geworben. Der *Köder*, den der Film brauchte, war damit also *auch* ausgelegt worden.

Die Handlung des Films bietet eine klare Struktur, weil sie im Grunde nur an drei Orten abwechselnd spielt. Diese drei Orte lassen sich *hierarchisch* ordnen: der B-52-Bomber, Burpelson Air Base und der »War Room« (als ein Nebenschauplatz ist am Anfang noch das bereits beschriebene private Quartier von Turgidson zu sehen, welches aber sehr bald schon wegfällt). Es handelt sich, geometrisch ausgedrückt, tatsächlich um die *stabile* Form eines Dreiecks, in dem alle drei Seiten sich gegenseitig bedingen. Die Rechtsverletzung, welche den Ausgangspunkt der Handlung liefert, besteht darin, dass die *exekutive* Gewalt (Militär), zu der Ripper gehört, eigenständig die Macht gegenüber der legislativen

Dr. No oder *Dr. Strangelove* (1964)

Gewalt (Regierung) übernimmt. Im Gegensatz zu *Path of Glory*, wo es um Soldaten und ihre Generäle ging, situiert sich dieser Konflikt nun weiter oben. Und hier ist auch nicht mehr die politische Führungsspitze *dekadent*, sondern alle Probleme gehen von der militärischen Führung aus, welche verrückt (Ripper), verantwortungslos (Turgidson) oder pervers (Dr. Strangelove) ist. Der Präsident nennt Ripper einen Psychotiker und will von Turgidsons Plänen, die alle Rippers Handlung unterstützen, nicht viel Wissen. Er ist aber am Ende gegen die einmal in Bewegung gesetzte Militär-Maschinerie machtlos. Und erst in diesem Augenblick erhebt Dr. Strangelove das Wort.

Der Weg dorthin wird in einer eleganten und äußerst präzise verzahnten Parallelmontage der drei Orte erzählt. Wie das Ticken einer Zeitbombe schreitet die Handlung in einem strikt linearen Verlauf voran. Jedes Mal, wenn der Bomber gezeigt wird, spielt Kubrick dazu *When Johnny Comes Marching Home*, ein populäres Stück, welches 1863 während des amerikanischen Sezessionskrieges entstanden ist (Sperl 2006, S. 98). Das Stück wurde während dieses Bürgerkrieges sowohl in den Nord- als auch in den Südstaaten gesungen, wenngleich auch mit einem verschiedenen Text, so doch mit derselben Aussage (Bodde 2002, S. 121). Es begleitet die »*Suspense-Linie*« des Films und funktioniert ähnlich wie Ravels *Bolero* (1927) mit einer kleinen, stetigen Steigerung.

Alle Figuren in *Dr. Strangelove* außer Miss Scott haben fantastische Namen, die meistens sexuelle Anspielungen enthalten. Der schnell reizbare General Turgidson heißt eigentlich »*Aufgeblasen*« (turgid = aufgeblasen), was unterschwellig seine sexuellen Möglichkeiten kommentiert. Er ist der militärische Berater des Präsidenten und plädiert dafür, »*die Potenz*« der Bombe auch zu benutzen. Es handelt sich dabei um eine »Karikatur des Generals Curtis LeMay, den kriegsvernarrten Befehlshaber der US Strategic Air Command, der einst wörtlich empfahl, die Vietnamesen zurück in die Steinzeit zu bomben« (Duncan 2003, S. 89).

Die drei Rollen, welche Peter Sellers spielt, haben ebenfalls eigenwillige Namen: Der Präsident heißt Merkin Muffley, wobei »muff« ein Slangausdruck für eine Vulva und »merkin« das wenig benutzte Wort für eine Schamhaarperücke ist (Kolker 2001, S. 180). Beide Ausdrücke spielen auf seine Glatze an. Selbst Turgidson sagt zu ihm, bei einem Angriff der Russen müssten wir auch *Haare* lassen. Dann spielt Sellers

8. Kubricks Version eines James-Bond-Films

Captain Lionel Mandrake. Dieser Name spielt auf einen japanischen Mandarin, also einen Soldaten, an. Mandrake ist, wie man später erfährt, in japanischer Kriegsgefangenschaft schwer gefoltert worden. Er ist ein disziplinierter Charakter. Als drittes spielt Sellers noch *Dr. Strangelove*, einen Waffenexperten mit deutscher Herkunft, welcher den Präsidenten berät. Erneut improvisierte der Schauspieler in allen drei Rollen und verhalf dem Film so zu seinem besonderen Ausdruck. Kubrick nahm seine spontanen Ideen und die Reaktionen der anderen Schauspieler zum Teil mit drei Kameras gleichzeitig auf (Kinematograph 2004, S. 87). Sellers sollte auch die Rolle des Major T. J. King Kong spielen, hatte aber Sorge, den texanischen Akzent nicht richtig hinzubekommen. Mit der Stimme von Terry Southern wurden Tapes mit dem Originaltext besprochen, welchen Sellers dann imitierte (Dokumentation, Naylor 2000). Schließlich stolperte er aus seiner Limousine und brach sich den Knöchel (Castle 2005, S. 48). Deshalb musste Kubrick umdisponieren und die Rolle mit einem anderen besetzen. Sie wäre im Gegensatz zu den drei anderen auch etwas zu *primitiv* für diesen Schauspieler gewesen. Der Regisseur war darüber etwas enttäuscht, weil es nach seiner Ansicht toll gewesen wäre, Sellers an allen drei Schauplätzen des Films zu sehen.

Der *psychotische* General, unter dessen Kommando der Flugeinsatz gegen die Russen gestartet wird, heißt General Jack D. Ripper (Sterling Hayden). Das ist eine Anspielung auf den berühmten Frauenmörder Jack the Ripper im viktorianischen England des 19. Jahrhunderts. Kubrick inszeniert dabei einen paranoiden, militanten Mann, der wie Humbert Humbert und Turgidson einem *phallischen* Genießen nachgeht. Anders als Turgidson stellt Ripper aber schon eine fortgeschrittenere Stufe in diesem abwegigen Genießen dar. Er hat erkannt, dass dies mit einer realen Frau am Ende gar nicht zu erreichen ist. Wie er Mandrake wissen lässt, gibt er Frauen *nicht* mehr seine *Essenz*, nachdem er einmal nach dem Liebesakt das Gefühl tiefster Erschöpfung und dann das absolute Gefühl der *Leere* verspürt hatte. Er behält seitdem seine *Essenz* für sich. Ripper entwickelt die *paranoide* Fantasie, dass die Russen etwas ins Wasser gemischt haben, was der Weltbevölkerung ihre wertvollen Körpersäfte entzieht. In seinen wahnhaften Überlegungen sind also *Frauen* und *Kommunisten* dasselbe: Beide wollen dem Mann seine Essenz entziehen. Sperb beschreibt Rippers Gesicht, wie später auch das eingefrorene Gesicht von

Jack in *The Shining*, als eine Fassade (Sperb 2006, S. 74/101f.), in deren Ausdruck mehr liegt als in jedem Wort. Tatsächlich ist der verbissene Blick des Generals, den Kubrick häufig aus einer extremen Untersicht zeigt, sehr beeindruckend. Dieser »Look« vermittelt die verbitterte Willensstärke eines Mannes, der ein fanatisches Ziel verfolgt. Weil Kubrick stets einen sehr starken Akzent auf die visuelle Ebene legt, vermitteln alle Gesichter sehr deutlich ihren Standpunkt. Und in kaum einem anderen seiner Filme gibt es eine ganze *Gruppe von Menschen* mit so radikalen Postionen wie in *Dr. Strangelove*.

Major T.J. King Kongs (Slim Pickens) Name ist ein Anspielung auf den Riesenaffen. Tatsächlich ist der Major ein einfacher Cowboy aus Texas, dessen Ritt auf einer Atombombe am Schluss weit mehr anrichtet, als King Kong es in New York je vermochte. Slim Pickens wurde rasch aus den Staaten eingeflogen, als deutlich wurde, dass Sellers die Rolle von Major Kong nicht spielen konnte. Sein texanischer Akzent und seine Mentalität als Cowboy brachte er dabei gleich mit. Der Film bekam durch ihn Elemente aus dem *Western*. Skurrile Szenen, wie das *Checken* des »survival kit«, welches das »gesamte Spektrum menschlicher Leidenschaften« enthält (Walker 1999, S. 141), werden durch seine witzige Art zu einem wirklichen Erlebnis. Kubrick hatte Pickens bereits eine Rolle in *One-Eyed Jacks* (1961) besorgt.

Bei den Rollen von Hayden und Sellers griff Kubrick deutlich auf seine bisherigen Erfahrungen mit diesen Schauspielern zurück (Sperb 2006, S. 65), entwickelte sie dabei jedoch entschieden weiter. Scott hatte er in der Rolle des Shylock in Shakespeares *The Merchant of Venice* gesehen (LoBrutto 1997, S. 236). Auch Shylock steht einem Richter gegenüber, dem er eine unmoralische Forderung vorträgt. Scott legte neben Sellers die wichtigste schauspielerische Leistung hin. Seine Übertreibungen zeigen General Turgidson nicht einfach als ein Monster, sondern als einen von seinen libidinösen Fantasien geleiteten Menschen, der keine Verantwortung für sein Handeln kennt: ein großer Junge, der den Krieg nur wie ein Spiel begreift.

Den Gegensatz zu ihm liefert die *moralische* Position des Präsidenten. Laut Kubrick ist »er der einzige Mann im ›War Room‹ mit klarem Verstand« (Castle 2005, S. 50). Diese Charakterisierung ist entscheidend für das Gleichgewicht des gesamten Films. Nur durch den Präsidenten wird

8. Kubricks Version eines James-Bond-Films

das sonst sehr gelockerte Verhältnis zur Realität tatsächlich auch in den Figuren aufrechterhalten. Der Film nähert sich sonst sehr dem *Comic* an (Sperb 2006, S. 70). Aber die Ethik des Präsidenten verbürgt den demokratischen Ansatz des »War Rooms«. Zunächst spielte Sellers auch diese Rolle übertrieben und brachte damit die ganze Crew am Set zum Lachen (Duncan 2003, S. 96). Kubrick entschied sich aber dann dafür, dass diese Figur vollkommen ernsthaft und seriös gespielt werden musste. Der Präsident der Vereinigten Staaten, das Oberhaupt Amerikas, durfte nicht überzogen dargestellt werden. Der Konflikt zwischen dem libidinösen Militär und dem gewissenhaften Politiker ergab so einen Streit, der sich gegenseitig dramaturgisch stützt. Die absurden Ansichten von General Turgidson und seine ganze Haltung erscheinen vor dem seriösen und ernsthaften Standpunkt des Präsidenten nur umso grotesker. Hätte Kubrick auf diese *ernsthafte Mitte* verzichtet, die für eine anständige Moral und die besten politischen Ansichten steht, wäre der Film kaum mehr ernstgenommen worden und in eine flache Show von Gags umgekippt.

Ähnlich *moralisch*, aber weit weniger mächtig, ist die Rolle von Sellers als Captain Mandrake, der dem verrückten General Ripper unterstellt ist. Auch er fordert den sofortigen Abbruch der unsinnigen Operation, kann sich aber gegenüber seinem paranoiden Vorgesetzten nicht durchsetzen. So gesehen gibt es zwei Paare: Turgidson und Ripper sind ähnliche Figuren wie der Präsident und Captain Mandrake. Kubrick *spiegelt* also nicht nur Sellers in mehreren Rollen, er verdoppelt auch eine Grundkonstellation. Major Kong und Ripper halten beispielsweise kurz nacheinander eine aufbauende Rede an ihre Männer, die sie zu den folgenden Kriegshandlungen ermutigen soll. Die Abriegelung des Flugzeugs und der Air Base geschehen fast gleichzeitig. Der Präsident und Mandrake stellen sich kurz nacheinander den militärischen Angriffsplänen von Turgidson und Ripper entgegen. Das Gespräch zwischen Mandrake und Ripper bildet dann in seiner Fortsetzung die Nebenhandlung für das Telefongespräch zwischen dem Präsidenten und dem russischen Premierminister, der betrunken ist. In Kubricks Satire sind es absurderweise vor allem die Gefühle des Russen, welche der Präsident besänftigen muss: »Now then Dimitri you know how we've always talked about the possibility of something going wrong with the bomb ... Well, how do you think I feel, Dimitri?«

Turgidson sagt zu seiner Sekretärin, die darüber enttäuscht ist, dass er nachts noch fort muss, in einer Antizipation der folgenden Handlung, dass sie einen *Countdown* zählen kann und er noch vor dem Start wieder da ist. Er sieht den Gang zum »War Room« zunächst nur als einen kurzen Ausflug, bevor er wieder in sein Schlafzimmer zurückkehren kann. In Turgidsons oberflächlichem Verhältnis zu Miss Scott zeigt sich auch sein Verhältnis zur Menschheit. Er hat nicht nur in seinem Schlafzimmer zwei Spiegelwände angebracht, um sich und den weiblichen Anderen, welcher so reduziert wird zum Objekt seiner Begierde, zu verkennen, er entnimmt auch alle Fakten im »War Room« über die großen Tafeln an den Wänden völlig abgetrennt von dem, was sich an Realität hinter diesen Tafeln verbirgt (Sperb 2006, S. 67). Die Fassade rückt vollständig an die Stelle des Inhalts. Der *»nukleare Holocaust«* wird in Zahlen und Daten verhandelt, die völlig von dem abstrahieren, über was dort verhandelt wird. Der Film zeigt an vielen Stellen, dass das *Versteckspiel* des Krieges darin besteht, *über* das mörderische Ereignis eine Codierung zu legen, die jeden Vorgang abstrakt als einen militärischen Akt *definiert* und so auch legitimiert. Schließlich wird die Dechiffrierung innerhalb der Kommunikation aufgrund der erhöhten Sicherheitsmaßnahmen selbst zum eigentlichen Problem innerhalb der Handlung. Die militärisch-politische Welt von *Dr. Strangelove* agiert wie *abgeschnitten* von der tatsächlichen Welt.

Dabei wird das gesamte Feld männlicher, militärischer Obsession erotisiert. Kubrick führt vor, dass sich hinter der absurden Machtvorstellung, die gesamte Welt vernichten zu können, eine männliche Potenz verbirgt, die umgeschaltet hat von *Kopulation* auf *Destruktion*. Dass dieser radikale Angriff auf die menschliche Existenz als ein Angriff gegen alle Schöpfung, nicht nur aus Apathie gegen die Menschheit, sondern als Aversion gegen die Penetration, gesehen werden kann, war damals sicher etwas völlig Neues. Die so verdrängte Möglichkeit bahnt sich ihren Weg in einer unheilvollen Vorstellung, die in der Erzeugung von Waffen kulminiert, die aller Schöpfung für alle Zeiten ein Ende setzen können. Kurz: Kubrick ist daran gelegen, das sexuelle Potenzial der Bombe und aller militärischen Techniken *parodistisch* freizulegen, um so ihr Paradox aufzuzeigen, das offensichtlich darin besteht, dass gerade diese Techniken der Vernichtung erfüllt sind von Symboliken, die um den Sexualakt kreisen.

8. Kubricks Version eines James-Bond-Films

Schon für Freud war jede Schwächung des Eros (Lebenstrieb) eine Stärkung des Thanatos (Todestrieb) und umgekehrt (Freud 2000, Bd. 9, S. 283). Hier wird diese Umwandlung nun gezeigt. Ripper streichelt seine Zigarre und seine Gewehre und will mithilfe der Atombombe, dem größten Waffenphallus, über den er verfügt, die Gefahr und den Verlust der Essenz durch die Russen beseitigen. Der Charakter einer Ersatzhandlung, in welcher allerdings die komplette Sexualhandlung auf eine *todbringende Masturbation* zurückgenommen wird, ist dabei ziemlich offensichtlich. Der zum *emotionalen Koitus* unfähige, verrückte General möchte sich so seine Essenz, die eine *reine Potenz* phallischen Genießens ist, bewahren. »Purity of Essence« und »Peace on Earth« lauten seine Wahlsprüche. Beide enthalten, wenn man wie Mandrake aus den Anfangsbuchstaben ein Wort bildet, nicht bloß den Code für den Rückruf der Flieger »O-P-E«, sondern in ihrer originären Reihenfolge zunächst den Namen eines Autors: P-O-E: eine Anspielung auf Poes Bedeutung für Humbert Humbert in *Lolita*. Ripper hat in der Tat ein ähnliches Problem. Und Major Kong wird zu Rippers ausführendem Organ. Er sitzt am Schluss auf der Bombe, die wie in riesiger Phallus zwischen seinen Beinen ruht und schreit begeistert *»Jippieh«*.

Der Kaugummi kauende Turgidson und der Zigarren qualmende Ripper zeigen sich als die ersten Charaktere, die Kubrick auf die Leinwand gebracht hat, welche ganz von ihren persönlichen, destruktiven Lüsten in Bann gezogenen sind. Viel offensiver als der verklemmte Humbert Humbert halten sie mit ihren Interessen nicht lange hinterm Berg. Turgidson, der im »War Room« sogar mit dem russischen Botschafter ringt, worauf der Präsident sagt: »You can't fight in the War Room!«, wird erst halbwegs vernünftig, als er erfährt, dass die Russen eine »doomsday-machine« besitzen, welche die ganze Welt im Falle eines atomaren Anschlags vernichten würde. Er ruft dann, als es so aussieht, dass alle Bomber rechtzeitig zurückgeordert werden konnten, mit jener *Scheinheiligkeit*, die auch Alex in *A Clockwork Orange* besitzen wird, zum Gebet auf. Turgidson, für den der Mord an Millionen Menschen ein kalkulierbares Problem ist, hatte auch Miss Scott zuvor bereits aufgefordert, ihr Nachtgebet zu sprechen, damit sie bei einem möglichen Rückschlag der Russen wenigstens in den Himmel kommt. Als sie ihn im »War Room« anruft, ist es ihm aber augenscheinlich im Angesicht des Präsidenten peinlich, mit seinem Playgirl zu sprechen.

Als sie ihn fragt, ob ihr Verhältnis nur körperlich sei, muss Turgidson dann lügen, um nicht einfach ja zu sagen. Andererseits verspricht er ihr, dass er sie heiraten wird. Es handelt sich also bei aller Oberflächlichkeit auch um einen Charakter, welcher moralische Züge trägt, sich aber von seinen militärischen Aktionen mitreißen lässt. Als der Präsident ihn fragt, ob das eine übrig gebliebene Flugzeug eine Chance hätte, seine Bombe abzuwerfen, vergisst er sich erneut. In einer enthusiastischen Rede erklärt Turgidson, dass dieser tollkühne Pilot auf jeden Fall die allergrößten Chancen habe, seine Ladung abzuwerfen, bevor ihm klar wird, dass dies die Auslöschung der Menschheit bedeuten würde. Turgidson mehr noch als Ripper ist Kubricks erste übertriebene Es-Figur, die dem Über-Ich (Präsidenten) trotzig widerspricht, bevor sie einsehen muss, dass die Ausführung ihres Plans die »*atomare Apokalypse*« herbeiführen würde.

Nachdem alle Möglichkeiten, die Welt zu retten, vertan sind, hat die *skurrilste* Figur des Films ihren Auftritt. Der Leiter der Waffenherstellung Dr. Strangelove wird von Sellers als ein völlig durchtriebener, perverser Charakter dargestellt. Laut Kubrick war Sellers später in *konventionellen* Komödien nicht besonders lustig. Seine besondere Begabung lag »im Bereich des gruseligen, schrecklichen Humors, den andere Schauspieler für unspielbar hielten« (Walker 1999, S. 30). Der Mann, welcher *das Seltsame* liebt, zeigt den größten Lebensgenuss beim Anblick totaler Zerstörung. In ihm kulminiert die fatale Mischung, welche die Destruktion erotisiert und zugleich das Erotische jenseits der Liebe auf das rein phallische Begehren des Mannes reduziert hat. Dr. Seltsam ist der erste von drei Männern, die Kubrick im Rollstuhl zeigt. Ihm werden Mr. Alexander in *A Clockwork Orange* und Mr. Lyndon aus *Barry Lyndon* folgen. Alle diese Männer sind über ihre Behinderung erzürnt. Mr. Alexander ist verständlicherweise verbittert über das, was ihm widerfahren ist, Mr. Lyndon darüber, dass er alt und krank ist. Das Schwinden ihrer erotischen, männlichen Kraft ist ein schlimmes Los. Nur Dr. Strangelove verwandelt seine Impotenz in einer gesteigerten Form von Ripper und Turgidson zu einer Fantasie von Omnipotenz. Er erhebt sich am Ende der Szene sogar aus dem Rollstuhl und verkündet ein Wunder: »Mein Führer! I can walk.« Dann schneidet der Film sofort auf die Atompilze um, welche dieses »*Wunder*« in seiner Fantasie ermöglicht haben. Dr. Strangelove ist der einzige Mann im »War Room«, der angesichts der Katastrophe einen vitalen Schub erfährt. Hatte der Präsident gegenüber Turgidson noch geäußert, dass er nicht als größter Massenmörder nach Adolf Hitler in die Geschichte eingehen wolle, so wird er nun sogar mit »mein Führer« angesprochen. Und erneut verwendet Kubrick Elemente aus *Dr. No*, arbeitet aber im Gegensatz zu dem Bond-Film viel offener mit einer weltgeschichtlichen Dimension. Denn der Waffenexperte hat durchaus *faschistische* Pläne für die Zeit nach der Bombe.

Dr. Strangelove und *Dr. No* teilen sich nicht bloß den akademischen und den Film-Titel. Sie haben mehr gemeinsam. Dr. No (Joseph Wiseman) hat seine eigenen Hände verloren und trägt mechanische Hände in schwarzen Lackhandschuhen. Einen schwarzen Lederhandschuh trägt auch Dr. Strangelove, der zu seinem widerspenstigen, mechanischen Arm gehört, welcher ihm nicht gehorcht. Während Dr. Nos Hände als mechanische Waffen eine eiserne Statue zerquetschen, *erigiert* Dr. Strangeloves Arm mechanisch und gegen seinen Willen zweimal zum Hitlergruß; zum ersten Mal, als er auf die Prinzipien von »leadership and tradition« hinweist, und zum zweiten Mal, als er von dem zukünftigen Abenteuer spricht, das nun auf sie zukommt. Danach will ihn seine widerspenstige Hand sogar selbst erwürgen. Sie ist der stärkste Ausdruck für den phallischen Fetisch einer *tödlichen* Mechanik, die sich abspaltet und nun den Menschen kontrolliert und nicht mehr umgekehrt. Der Computer HAL wird bereits in Kubricks nächstem Film diese Position einnehmen.

Während Dr. No, der halb chinesischer, halb deutscher Abstammung ist, seine Worte besonders langsam spricht, wird Peter Sellers für Dr. Strangelove die hohe Stimme und den deutschen Akzent von dem Fotojournalisten Weegee (Arthur Fellig) imitieren, der am Set Standbilder fotografierte (Castle 2005, S. 50). Über Dr. No wird Bond erfahren, dass er seine Mine »like a concentration camp« leitet. Und Dr. Strangelove stellt präzise Überlegungen an, wie man das Überleben der Wenigen beim Tod der Vielen organisieren kann. Ein Computer, wie in *2001*, soll dabei die Selektion übernehmen. Es handelt sich um eine sexistische Version von Hitlers Rassegedanken. Auf einen Mann sollen *zehn* Frauen kommen, die *stimulierender* Natur zu sein haben. So lasse sich nach der Vernichtung die jetzige Höhe des Bruttosozialprodukts innerhalb von

20 Jahren wiederherstellen. Turgidson ist davon natürlich begeistert. Der Präsident sagt nichts dazu. Die Szene bricht etwas abrupt ab, weil die folgende Tortenschlacht herausgeschnitten wurde. Sie hätte hier in der Tat nicht hingepasst.

Es ist meiner Ansicht nach falsch, die erfundene Figur des *Dr. Strangelove* zu eng mit *einem* wirklichen Menschen zu verbinden. Im angelsächsischen Raum ist der Name jedoch längst zum Synonym für Henry Kissinger, den früheren Außenminister der USA, geworden (Kilzer 2005, S. 144). Kissinger war Harvard-Professor und hatte ein Buch über nukleare Kriegsführung geschrieben (LoBrutto 1997, S. 239). Weiterhin kann man auch Wernher von Braun erkennen. Braun war ab 1940 in der SS gewesen und hatte bei seinen Experimenten für die V2-Rakete unbeteiligt den Tod von Tausenden von Zwangsarbeitern in Kauf genommen. Er wollte 1944 nach England fliehen, wurde aber von den Nazis entdeckt und konnte dann nur aufgrund seiner Kenntnisse knapp dem Tod entkommen. 1945 wurde er, wie viele andere Forscher, von den Amerikanern direkt übernommen und war dann zusätzlich zur Entwicklung der Saturn-V-Rakete, die den Flug zum Mond ermöglichte, auch maßgeblich an der Entwicklung von atomaren Mittelstreckenraketen beteiligt. Für Brauns Raketentechnik interessierte sich auch ein Schüler Vladimir Nabokovs aus den USA, Thomas Pynchon. Er zitiert von Braun gleich zu Beginn seines Romans *Gravity's Rainbow* (1973) (Pynchon 1999, S. 7). Pynchons Roman handelt ebenfalls von dem Zusammenhang von Erektionen und Raketenabwürfen.

Anders als in den Bond-Filmen und auch in der Romanvorlage *Red Alert* entschied sich Kubrick dafür, dass sein Film *fatal* enden sollte. Der Regisseur sagte 1965 in dem *Sunday Times Magazin* dazu: »Die Tatsache, dass die Atombombe seit dem Zweiten Weltkrieg weder absichtlich noch versehentlich gegen Menschen eingesetzt wurde, gleicht der Situation einer Fluggesellschaft, die in 20 Jahren keinen Absturz hatte« (Kilzer 2005, S. 147). Mit anderen Worten greift *Dr. Strangelove* das Problem an der Wurzel und sieht in dem *Möglichkeitsspielraum* nuklearer Waffen bereits ein völlig absurdes und nicht zuletzt faschistisches Kalkül. Und anders als in allen Bond-Filmen werden hier auch die *tatsächlichen* Verantwortlichen für solche Möglichkeiten gezeigt, die eben keine fiktiven Tyrannen, sondern Personen in *demokratischen* Staaten sind. Die letzten

8. Kubricks Version eines James-Bond-Films

Bilder zeigen zu der Musik von *We'll meet again* wunderschöne phallische Atompilze aufsteigen (Duncan 2003, S. 87). In *Koyaanisqatsi* (1982) von Godfrey Reggio kann man ähnliche Bilder von Atomexplosionen mit derselben ästhetischen Intension sehen. Im Gegensatz zu Kubricks Film löst dieser das Thema aber nicht sarkastisch-erotisch, sondern *depressiv* auf. Zur *räumlichen* Musik von Phillips Glass entsteht ein trauriger Abgesang *auf* eine fehlgeleitete menschliche Zivilisation.

Kubrick hingegen beendet seine Komödie ganz offensichtlich mit einer Musik, die dem Bild einen äußerst ironischen Kommentar beifügt. Die Musik stammt aus dem Zweiten Weltkrieg, und der Chor setzt ein, wenn es darum geht, dass wir uns alle im *Jenseits* wiedersehen. Die ästhetischen Bilder und die Musik stehen dabei durchaus im Einklang und bekommen nur durch das Wissen über das, *was* da gezeigt wird, ihre bedrohliche Bedeutung. Kubrick wollte den Film an dieser Stelle mit dem Text des Songs untertiteln und die Zuschauer sogar zum Mitsingen animieren. Er ließ diese Idee jedoch bald wieder fallen (Sperl 2006, S. 107). Der gemeinsame Gesang hätte die Intention erfüllt, die Bombe lieben gelernt zu haben. Der Film zeigt am Ende keinen einzigen Toten, weil es sich um eine Fiktion handelt und der Zuschauer im Ernstfall schließlich dazu gehören würde. Das soll dieses Lied *aussagen*, welches ihn ironisch auf das Treffen nach dem Tod vorbereitet. Das ist zugleich ein ironischer Kommentar auf theologische Versprechungen. Damit ist das Planspiel des Ernstfalls beendet.

Der Start des Films und die Pressepräsentation wurden aufgrund von Kennedys Ermordung verschoben. Auch in einem Satz des Majors Kong, in dem Dallas erwähnt wurde, fand eine Änderung statt – aus Dallas wurde dabei Vegas (Duncan 2003, S. 91). Der Film wurde nie als eine *harmlose* Komödie rezipiert. Bis heute bewahrt *Dr. Strangelove* eine eigentümliche und traurige Aktualität, die gerade beim Irakkrieg 2003 ihre letzte große Erneuerung fand. Bisher gibt es kaum einen Film, der zum *Unsinn* eines atomaren Krieges eine derart präzise und interessierte wie gleichzeitig wertende und absurde Aussage bereitgestellt hat. Die meisten Filme dieser Art verkommen einfach zu einem hohlen Klamauk und liefern nur noch seichte Unterhaltung. *Dr. Strangelove* gelang die Gratwanderung, zwischen Komik und Ernst sehr genau ausbalanciert zu sein.

In Kubricks nächsten Film wird es keine Dreiteilung der Orte mehr geben. Die Handlung spielt, wenngleich auch ab und an in mehrere Perspektiven gesplittet, nur noch an *einem* Ort. Dabei ist es besonders auffällig, dass *2001* auf eine wesentliche Perspektive verzichtet, die in *Dr. Strangelove* so wichtig war: Ab dem Zeitpunkt, wo die Handlung sich in den Weltraum erhebt, gibt es keine einzige Aufnahme mehr von einem *Kontrollraum* auf der Erde. Der Film unterhält dann nur noch per Bildtelefon einen Kontakt zu unserem Planeten.

9. Auf der einsamen Suche nach den ersten und den letzten Dingen: *2001: A Space Odyssey* (1968)

»You can't really show the face of God.«
(Kubrick zitiert von Con Peterson aus: Dokumentation, Joyce 2001)

2001 zeigt sich bisher als sehr *resistent* gegen alle Versuche, über den Weltraum eine beeindruckendere filmische Aussage zu treffen. Man kann wohl zu Recht sagen, dass er mit seinen langen, stillen Einstellungen einen großen *»Pfeiler«* in der endlosen Bilderflut der Massenmedien darstellt (Bolz 1996, S. 12). Viele Zuschauer können den Ort und den Tag sagen, an dem sie *2001* zum ersten Mal gesehen haben (Dokumentation, Harlan 2001). Kubrick kommentierte dabei nicht bloß das »Spitzenprojekt der neuzeitlichen Wissenschaft«, den Mond zu betreten und in den Weltraum vorzudringen (Bolz 1996, S. 21), sondern versuchte einen gedanklichen Bedeutungsrahmen zu schaffen, der dieses Ereignis reflektiert und seine mögliche Bedeutung erfasst. Die Zahl im Filmtitel war clever gewählt. Sie suchte die naheliegende Zukunft von nur 35 Jahren später auf und die »Eins« überbordet geschickt das Millennium um ein Jahr. Kubrick wusste, dass sich mit diesem Termin hohe Erwartungen verknüpfen lassen würden.

Ganz offensichtlich hat der Regisseur in diesem Film die doppeldeutigen Sprachspiele aus *Lolita* und *Dr. Strangelove* zum *Rebus* umgearbeitet. Damit legte er den Akzent auf den Gipfel an Sinn, das *Rätsel* (Lacan 1991b, S. 7). Er verglich selbst das Bilderrätsel, welches er mit *2001* aufgegeben hatte, mit der *Mona Lisa* von Leonardo da Vinci (Castle 2005, S. 70). Bekanntlich hat die *Ambivalenz*, welche ihr verhaltenes Lächeln auslöst, die Gemüter immer wieder bewegt. Freud deutet sie als eine Verherrlichung der Mütterlichkeit (Freud 2000, Bd. 10, S. 136). Der

Maler ließ diesen Gesichtsausdruck von nun an in allen seinen Bildern wiederkehren und auch Andrej Tarkowskij war von seinen Frauenportäts sehr beeindruckt und beschrieb die ambivalente Wirkung, die eines von ihnen auf ihn hatte (Tarkowskij 1989, S. 114f.). Diese Wirkung besteht wohl darin, dass in der Überbetonung der zärtlichen, mütterlichen Strömung zugleich ein Tabu über die Erotik ausgesprochen wird (Freud 2000, Bd. 10, S. 140). Ein zunehmender Auschluss der heterosexuellen Relation findet auch im Verlauf von *2001* statt.

Sämtliche Pläne für wissenschaftliche Off-Kommentare für *2001*, die mit dem kanadischen Schauspieler Douglas Rain aufgenommen werden sollten, wurden von Kubrick wieder herausgenommen, weil die Gefahr bestand, dass sie gegen die *visuelle* Erfahrung arbeiten würden. Der Regisseur entschied sich weitgehend für eine non-verbale Vermittlung. Wenn man weiß, dass Kubrick als junger Filmemacher gleich *alle* drei seiner kurzen Dokumentarfilme mit einem Off-Kommentar versehen hatte und dass die meisten seiner Spielfilme einen solchen Kommentar besitzen, wird einem die Radikalität dieser Entscheidung erst bewusst. Mit Douglas Rain nahm er schließlich *nur* die Stimme des Computers HAL 9000 auf (Walker 1999, S. 34). Außerdem wurde eine umfangreiche Reihe von Interviews mit verschiedenen Wissenschaftlern, die dem Thema außerirdischer Intelligenz einen seriösen Rückhalt geben sollten, wieder entfernt. Ursprünglich sollten diese Interviews als *Prolog* der eigentlichen Handlung vorangestellt werden, sie sind unterdessen als Buch veröffentlicht worden (Frewin 2005). Kubrick entschied sich aber schließlich, auch aufgrund seiner Überlänge, dass der Film für sich allein stehen müsse (Castle 2005, S. 61). Dieselbe *Reduktion* des verbalen Ausdrucks lässt sich dann nochmals innerhalb der Handlung finden. »In zwei Stunden und 40 Minuten gibt es nur 40 Minuten Dialog« (Duncan 2003, S. 107). Der Regisseur sagte dazu, dass für ihn Sprache im Film ohnehin erst an *fünfter* Stelle stehe. Zuerst käme das Bild, dann die Musik, es folgt die Montage und das Gefühl der Schauspieler und erst danach käme die Sprache, der Dialog (Jansen 1984, S. 232). Diese Rangfolge sollte in *2001* besonders deutlich werden. Der Flug ins All gebot zu Schweigen, weil *Schauwerte* in diesem Genre den Vorrang haben (Plaß 2004, S. 146). Kubrick suchte in seinem »*Stummfilm*« eine andere Form der Kommunikation mit den Zuschauern.

2001: A Space Odyssey (1968)

Der radikale Verzicht auf alle Möglichkeiten von Erklärungen führte dazu, dass *2001* bis heute *schwer* verständlich ist. Als er 1970 bereits ein Kultfilm war, schrieb Stephan Chodorov in *View*: »Niemand hat *2001* beim ersten Sehen verstanden; wenn jemand das trotzdem behauptet, lügt er« (Jansen 1984, S. 118). Selbst Woody Allen gab zu, dass er Kubricks *Odyssee* erst beim zweiten Sehen wirklich verstanden und für gut befunden habe (Dokumentation, Harlan 2001). Kubrick insistierte darauf, dass man sich einen Film wie ein Gemälde *mehrfach* anschauen solle (Castle 2005, S. 70). Tatsächlich gewinnt der Film immer mehr an Bedeutung desto mehr Zeit man sich für ihn nimmt.

Schon der Drehbuchautor Clark hatte in seiner Kurzgeschichte die unnatürliche *Langsamkeit* im All beschrieben (Clarke 1983, S. 19), welche schließlich hier zu einem weiteren wichtigen, ästhetischen Merkmal wurde. Damit stellte sich der Regisseur am deutlichsten gegen Konventionen des Kinos. *2001* entwickelt durch die extrem verlangsamten Vorgänge im All einen *Schwebezustand*, welcher den gesamten Rhythmus des Films bestimmt. Kaum ein anderer populärer Regisseur, außer vielleicht Andrej Tarkowskij, der oft einen ähnlich *kontemplativen* Zustand anvisiert hat, versuchte eine ähnliche Ästhetik in einem kommmerziellen Kinofilm dieser Größenordnung. Ohne die Verlangsamung hätte der Zuschauer aber niemals einen *wirklichen* Eindruck von den speziellen Gesetzmäßigkeiten des Weltraums erhalten können. Jede Bewegung bekommt durch die *Dehnung* in der Zeit eine besondere *Intensität*, weil sie wie in Zeitlupe ausgeführt wird. *2001* avancierte zum *Kultfilm*, der seine Rezipienten in zwei Gruppen teilte. Die eine ist völlig fasziniert vom Sog der hypnotischen, langsamen Bilder, die andere ist gelangweilt von seiner Langatmigkeit und kann mit einem Erlebnis dieser Art überhaupt nichts anfangen. Man kann *2001* aufgrund seines ungewöhnlichen, optischen Ausdrucks als »teuersten ›underground movie‹ der Welt« bezeichnen (Kuhn aus: Jansen 1984, S. 119). Nach meiner Ansicht fällt die gelungene Rezeption einfacher, wenn der Betrachter sich einmal im Gefühl größtmöglicher Isolation den Film anschaut, sich also für eine Weile den normalen, sozialen Beziehungen enthält. Dann wird die Dimension der zunehmenden Einsamkeit, welche einem *2001* zumutet, viel einfacher erfahrbar.

Absolut revolutionär an dem Film war der Versuch, der »Science«

mehr Gewicht zu verleihen als der »Fiction«. Er wurde bis heute kaum in optischer Brillanz und Glaubwürdigkeit übertroffen. Um realitätsnahe Bilder zu bekommen, engagierte Kubrick ein ganzes Team von Tricktechnikern, die mit völlig neuen, aufwendigen *Spezialeffekten* eine nahezu perfekte Illusion herstellten. An keiner Stelle des Films durfte der Zuschauer merken, dass der ihm gezeigte Weltraum nur ein *vorgetäuschter* war. Ein wichtiger Mitarbeiter aus seinem Team, Douglas Trumbull, sollte später auch an Steven Spielbergs *Close Encounters of the Third Kind* (1977) mitarbeiten (Duncan 2003, S. 113). So konnte der Film einen beachtlichen Realismus bewahren. Seine *inszenierten* Bilder konnten es tatsächlich mit der Mondlandung aufnehmen. Nur 15 Monate nach der Premiere von *2001*, am 20.07.1969, betraten die ersten Menschen tatsächlich den Mond.

Kubrick sagte in einem Interview, »dass das Konzept eines Gottes das Herzstück von 2001 bildet« (Castle 2005, S. 71). Es handelt sich dabei aber um keine traditionelle Gottesvorstellung der monotheistischen Religionen, wenngleich er daraus das jüdische Bilderverbot auch sehr ernst nahm und diesen Gott in seinem Film *nicht* zeigte. Vielmehr galt das Interesse des Regisseurs der Idee, »eine interessante wissenschaftliche Definition von Gott zu konstruieren« (Castle 2005, S. 71), die sich aus dem Alter und der Größe des Universums ergibt. Die wichtigste Implikation von *2001* besteht in der festen Überzeugung, dass es *außerirdische Wesen* im Weltraum geben muss. Der Regisseur fand die unterdessen von vielen Menschen einfach *ignorierte* Ansicht der Wissenschaft, dass es sogar sehr wahrscheinlich ist, dass es noch andere intelligente Lebensformen im Weltraum gibt, einfach unwiderstehlich (Walker 1999, S. 32). Dieser transzendentale Bezug, der in einem realistischen Film nur eine *spekulative* Form annehmen kann, aber auch rein naturwissenschaftlich bei den unzähligen Planeten des Weltraums einfach eine äußerst hohe *Wahrscheinlichkeit* besitzt, war es, welcher den eigentlichen Ausgangspunkt für das Drehbuch zu *2001* lieferte. Kubrick gab es als einen Roman bei dem Science-Fiction-Autor Arthur C. Clarke in Auftrag. Beide arbeiteten mehrere Jahre an einer vernünftigen Story. Der Film ist aber extrem visuell und hat nur eine sehr dünne Handlungsschicht (George Lucas aus: Dokumentation, Leva 2007c).

Kubricks Herangehensweise an die Narration von *2001* war insgesamt

eine mathematische. Er reduzierte die Handlung nach eigenen Angaben auf »sechs oder acht elementare Einheiten«. Die Verbindung dieser Einheiten ergaben dann die durchlaufende Erzählstruktur (Duncan 2003, S. 112). Der Film lässt sich in vier Kapitel und eine Coda unterteilen:
1. Frühgeschichte der Menschheit
2. Dr. Floyds Flug zum Mondkrater Clavius
3. Die Jupitermission der Discovery
4. Bowmans Flug hinter den Jupiter
5. Coda: Bowmans Wiedergeburt als Sternenkind

Wie Spielberg bemerkte, verfolgt *2001* alles andere als das Schema eines konventionellen Spielfilms (Dokumentation, Harlan 2001). Man kann seine narrative Struktur nach meiner Ansicht als eine Zusammenstellung aus einer langen *Exposition* (Kap. 1), einem Vorlauf (Kap. 2), der eigentlichen Handlung (Kap. 3 und 4) und einer sehr kurzen Coda (Kap. 5) verstehen. Der Film kommt also eigentlich erst im Raumschiff »Discovery« auf der Mission zum Jupiter zu seiner Story. Diese geht in Kap. 4 in einer sehr ungewöhnlichen Form über den Rahmen eines gewöhnlichen Spielfilms weit hinaus und arbeitet mit Mitteln, die eher aus dem Bereich des avantgardistischen Kunstkinos stammen. In einer sehr kurzen, rätselhaften Coda endet *2001*. Das Motiv, welches alle Segmente der Handlung zusammenhält, ist der berühmte Monolith.

Anfang Mai 1964 entscheidet sich Kubrick nach *mehreren Fehlstarts* und einer Zwölfstunden-Diskussion dafür, dass *The Sentinel*, eine Kurzgeschichte von Clarke, das Grundmaterial für seinen Film darstellen soll (Clarke 1983, S. 31). Clarke hatte diese Geschichte 1948 während der Weihnachtstage für einen Wettbewerb der BBC geschrieben (Clarke 1983, S. 16). Sie bot sich an, weil sie von der Erforschung des Mondes durch die bemannte Raumfahrt handelte, welche unmittelbar bevorstand. *The Sentinel* (Der Wachposten) handelt von einer riesigen Glaspyramide, die von Astronauten auf dem Mond gefunden wird. Diese Pyramide, die etwa doppelt so groß ist wie ein Mensch, ist in eine Ebene aus Gestein eingelassen wie ein »vielfach geschliffener Juwel« (Clarke 1983, S. 23). Außerirdische haben sie vor langer Zeit hier hinterlassen. Sie haben damit gerechnet, dass die Menschheit eines Tages soweit sein würde, diesen »*Wachposten*« zu finden und zu öffnen. In diesem Augenblick würde sein Signal verstummen und dann wüssten die Außerirdischen, dass die menschliche Zivilisation nun weit genug fortgeschritten wäre, um sie zu besuchen.

Clarke und Kubrick haben schließlich nur einen Teil der Geschichte in einer stark abgewandelten Form verwendet und noch andere Geschichten des Autors hinzugenommen. In Clarks Beschreibung kommt unmittelbar nach der Entdeckung der Pyramide auf dem Mond eine Anspielung über die Ägypter vor, welche dieses Gebäude errichten haben *könnten*, wenn sie mit solchem fremdartigen Material hätten arbeiten können (Clarke 1983, S. 24). Kubrick wollte aber *keine* Assoziationen zur ägyptischen Kultur, und so wurde aus der Pyramide ein Monolith. Der Weg dahin verlief über mehrere Zwischenstufen. Zu Beginn war die Rede von einem schwarzen Tetraeder gewesen, welches aus vier kongruenten Dreiecken bestand. Diese Form regte alle möglichen philosophischen und wissenschaftlichen Spekulationen an: »Keplers Kosmographie, das Kohlenstoffatom, Buckminster Fullers geodätische Gebilde [...]« (Clarke 1983, S. 45). Kubricks Architekturstab baute verschiedene Modelle davon, aber sie gefielen dem Regisseur nicht. Außerdem bestand die Gefahr, dass der aus Dreiecken bestehende Tetraeder in der afrikanischen Steppe erneut »völlig unberechtigte Assoziationen zu den Pyramiden auslösen« würde (Clarke 1983, S. 45). Kubrick dachte dann eine Weile an einen durchsichtigen *Würfel*, welcher von einer solchen Größe gewesen sein muss, dass er sich nicht bauen ließ (Clarke 1983, S. 45ff.). »Er entschied sich also für die rechteckige Form und besorgte einen drei Tonnen schweren schwarzen Block Metakrylharz – der größte, den man je gesehen hatte« (Clarke 1983, S. 48). Doch auch dieser sah wohl wenig überzeugend aus. So wurde in derselben Größe einfach ein gänzlich schwarzer Block verwendet und die *gläserne* Form erneut aufgegeben (Clarke 1983, S. 48). Was aber von der Pyramide tatsächlich übrig blieb, war das Konzept eines *Grabmals*.

Der Film beginnt nach einer witzigen Einblendung des MGM-Löwen als Emblem der Zukunft, weil sich der üblicherweise gezeigte, lebendige Löwe zu sehr mit den nachfolgenden Bildern verbunden hätte. Doch *bevor* Kubrick »die Dämmerung der Menschheit« zeigt, führt er gleich zu Beginn zur Musik von Richard Strauss' *Also sprach Zarathustra* eine gewaltige, astrologische Konstellation ein. Die majestätische Musik unterstreicht die Szene mit Trommelwirbeln und Fanfaren. Es verstärkt den Ausdruck einer *überwältigenden Kraft*. Man sieht, wie die Sonne hinter dem Mond aufgeht, während die Erde zuvor im Bildvordergrund nach unten abtaucht. Diese Konstellation taucht in einer ähnlichen Form im Zusammenhang mit dem Monolithen später wieder auf. Die Sonne steht dann senkrecht über dem Stein. In diesem Moment scheint er eine *magische* Kraft zu bekommen. Die Lichtmetapher als traditionelles Bild der Erkenntnis wird hier am Anfang sehr massiv eingesetzt. Kubrick etabliert damit sogleich ein wesentliches Motiv der Handlung: den Übergang oder besser evolutionären Sprung.

Clarke war davon überzeugt, dass die Raumfahrt als Fortsetzung der Luftfahrt einen ähnlichen Schritt für die Menschheit beinhaltet wie die Umstellung des Lebens vom Meer auf das Land. Sich in die Luft erheben zu können, eröffnete für ihn eine grundsätzlich neue Dimension, die eng mit der Vorstellung verbunden war, so auch in den nächsten 50 Jahren auf eine fremde Intelligenz treffen zu können, welche der unsrigen um Lichtjahre voraus sein würde. Von diesen Überlegungen ist bis heute leider kaum eine eingetroffen, weshalb in Bezug auf die reale Raumfahrt unterdessen ein resignierter Ton vorherrscht. Das war in der Zeit, in welcher Kubrick seinen Film gedreht hat, noch völlig anders. Und nur vor diesem sehr optimistischen Hintergrund konnte das Konzept von *2001* als Blick in eine sehr nahe Zukunft entworfen werden.

Der Film beginnt mit einem wichtigen evolutionären Fortschritt in *unserer* Geschichte, nämlich dem Sprung vom Tier zum Menschen. Dieser klassische Topos der Metaphysik insistiert auf einer anthropozentrischen Teleologie (Derrida 1993, S. 67), welche der Film auch vollständig ausführt. In vielen Details hält sich die Darstellung dabei an die wissenschaftlichen Vorgaben: Die ersten Menschen kommen aus der afrikanischen Savanne und haben erst sehr spät dieses heimatliche Biotop verlassen (Zeit 2006, S. 81). Der erste Mensch namens Australopithecus wandelte vermutlich vor ca. 4,4 Millionen Jahren über den afrikanischen Kontinent (Zeit 2006, S. 49). Wasserstellen hatten dabei aufgrund der Trockenheit eine wesentliche Bedeutung (Zeit 2006, S. 53). Offiziell wird in der Forschung vom »*Menschen*« gesprochen, sobald von der Erfindung und dem Einsatz eines *Werkzeuges* die Rede sein kann (Zeit 2006, S. 78). Dieser evolutionäre Fortschritt, ein Hilfsmittel zu verwenden, kann generell als »*Technik*« bezeichnet werden (Zeit 2006, S. 73). Das Tier kann zwar ebenfalls Instrumente benutzten, doch bleibt ihm jedes Verständnis der *techne* unzugänglich (Derrida 1993, S. 69). Sehr beeindruckend zeigt *2001* die archaische Welt ohne Sprache und führt ihre harten Lebensbedingungen vor. Bevor der Affe selbst zu einem *Raubtier* wird, ist es ein Leopard, welcher über ihn herfällt. Auch der Überlebenskampf untereinander wird immer wieder in sehr brutalen Formen ausgetragen. Durch die Rohheit der Gebärden hinterlässt die gesamte Sequenz beim Zuschauer den Eindruck einer *Drohung*. Dieses Tier, aus dem der Mensch wird, ist nicht *harmlos*. Es wird ganz und gar von einer primitiven und brutalen Umwelt geprägt und kann nur fortbestehen, indem es um sein Überleben kämpft.

Der Ausdruck der Affen wurde sehr geschickt menschlich angelegt, sodass dem Zuschauer kaum die Wahl bleibt, sich *nicht* zu identifizieren. Der Regisseur erklärt so Darwins Theorie unserer Herkunft nicht, er zeigt sie. Der realistische Gesichtsausdruck der Affen wurde von Stuart Freeborn hergestellt, den Kubrick für die Maske insbesondere der verschiedenen Outfits von Peter Sellers schon bei *Dr. Strangelove* engagiert hatte. Es dauerte ein Jahr, sie zu entwickeln (Castle 2005, S. 77). Für seine Weltraumsaga *Star Wars* (1977) engagierte George Lucas später nochmals diesen Spezialisten (Hearn 2005, S. 98). Er sollte dieselbe Mechanik wie in *2001* verwenden, um das Gesicht von Chewbacca (Peter Mayhew), einer affenähnlichen Figur, welche der Gefährte von Han Solo (Harrison Ford) ist, möglichst *echt* wirken lassen (Dokumentation, Becker 2004).

Das Auftauchen des Monolithen allein ist bereits durch Ligetis hohe Gesänge, welche ihn musikalisch begleiten, wie der Einbruch einer *sublimen* Kultur in die Welt einer archaisch aggressiven Natur. Fast immer wenn er erscheint, spielt Kubrick die Kyrie aus Ligetis Requiem (1965), die ihm wie ein Leitmotiv zugeordnet ist. Wenn umgekehrt der Mensch sich ihm nähert, spielt er Ligetis A-cappela-Komposition *Lux aeterna*, die ein Jahr später komponiert wurde und auch noch dem Requiem zugeordnet wird. Ligetis sehr hoch gesungene, atonale Chormusik verstärkt den Eindruck einer *unheimlichen*, subtilen Gefahr. Dass es sich in beiden Fällen um Musik einer *Totenmesse* handelt, ist sicher kein Zufall.

Das Grab hängt kulturgeschichtlich mit der Reifung des Menschen zusammen. In Heideggers Philosophie markiert dieser Schritt einen grundsätzlichen Unterschied zwischen Mensch und Tier. Das Tier hat kein Bewusstsein seines Todes, seiner Endlichkeit, und kann deshalb nicht sprechen (Derrida 1993, S. 137f.). Was den Menschen in seiner Evolution hingegen schon sehr früh beschäftigt und ein deutliches Zeichen seiner Kultivierung darstellt, ist, dass er seine Verstorbenen begrub (Lacan 1997, S. 116). Die Beerdigung, welche schon die Neandertaler kannten, war ja für die Lebenden ziemlich unnütz, *wenn* sie nicht die Vorstellung hatten, dass es ein Leben *nach* dem Tod, also einen Geist, gibt, welcher den Körper überlebt (Zeit 2006, S. 84). Innerhalb der metaphysischen Tradition stehen Geist und Körper in einem Gegensatz, und der Geist offenbart sich erst vollständig, wenn der Körper stirbt. Die *Unendlichkeit* des Geistes widerspricht der *Endlichkeit* des Lebendigen. Und wenn der Geist auch in *Hegels Verständnis*, welches sich von tradionellen philosophischen Positionen herschreibt, das ist, was den Körper *überlebt*, warum ihn dann nicht als einen überdimensionalen Grabstein zeigen. Bei den ersten zwei Begegnungen gegenüber den Affen und den Astronauten auf dem Mond ist der Monolith wie ein Grabstein in die Erde eingelassen. »Der Geist löst sich aus dem Zerfall des Leichnams, er befreit sich daraus und steigt auf dank der Bestattung/Grabstätte« (Derrida 2006, S. 161). Und erst durch den Geist kann sich der Mensch zu dem machen, was er ist (Derrida 2006, S. 34), denn jeder Mensch muss sich den Geist schließlich innerhalb einer komplizierten Sozialisation erst *erwerben*. Dieser Aneignung folgt Erziehung und Bildung. So gesehen ist der Prozess, den der Affe durchläuft, mit dem eines Kleinkindes verbunden. Es ist zugleich der Verdienst von *2001*, den ersten Menschen als Tier zu zeigen, um so den Zuschauer seine *Urahnen* und damit auch eine Form seines eigenen Anfangs direkt ins Bewustsein zu rufen.

Kubrick gibt Clarke am 26. September 1964 für ihre gemeinsame Arbeit am Drehbuch Joseph Campbells Analyse des Mythos *Der Held mit den tausend Gesichtern* zum Lesen (Clarke 1983, S. 35). Campbells populärwissenschaftliche Mythosforschungen haben später Regisseure, wie George Lucas bei *Star Wars*, wieder aufgegriffen (Hearn 2005, S. 87), um sich bei ihren eigenen Drehbüchern daran zu orientieren. Eine wichtige Idee in Campbells Abhandlung ist die Aussage, dass »der Mythos der geheime Zufluss ist, durch den die unerschöpflichen Energien des Kosmos in die Erscheinungen der menschlichen Kultur einströmen.«

Und dabei hat die Mythologie stets die Funktion, den Menschen bei der Verarbeitung verschiedener Entwicklungsphasen, die immer im Aufgeben alter Strukturen bestehen, behilflich zu sein. Immer hatten Mythen die Funktion, die Symbole zu liefern, die den Menschen *vorwärts* tragen (Campbell, 1978, S. 13). Das Symbol dieses »mytho-logischen« Fortschritts wird in *2001* durch den *Monolithen* hergestellt.

Bereits Campbell, für den alle Religionen zu den Mythen gehören, nennt als ein mögliches Symbol dieses Fortschritts eine Szene aus dem Alten Testament. Es handelt sich um die Episode, in der Moses die göttlichen Gesetze empfängt. Er zitiert dazu Exodus 19, 1–3 und dann nochmals Exodus 31, 18. Die zweite Bibelstelle beschreibt, wie Moses von Gott *zwei* steinerne Tafeln erhält, auf denen er mit dem Finger geschrieben hat (Campbell 1978, S. 39). Diese Tafeln erinnern sehr konkret an den Monolithen. Er geht also auch auf die jüdische Vorstellung vom Gesetz zurück.

Kubrick hat *2001* einen »mythologischen Dokumentarfilm« genannt (Walker 1999, S. 33), und Clarke sprach davon, dass der Regisseur einen neuen Mythos inszenieren wollte (Clarke aus: Dokumentation, Joyce 2001). Kubrick hatte bereits in seiner Kindheit in dem Bücherregal seines Vaters die Mythologien der Römer und Griechen gefunden, welche ihn noch als erwachsenen Mann sehr beeinflusst haben (Walker 1999, S. 12). Ursprünglich hieß der Film in seinem zweiten Titel *Journey Beyond the Stars*, was dem Zuschauer aber zu viel über das Ende der Reise verraten hätte. »Erst elf Monate nachdem wir angefangen hatten, also im April 1965, entschied Stanley sich für *2001: A Space Odyssey*. Soweit ich mich erinnern kann, war das ganz allein seine Idee«, erinnert sich Clarke (Clarke 1983, S. 32). Die *»Odyssey«* zitiert die *Wiege* der europäischen Kultur und gab dem Projekt so eine Leitlinie vor, welche sich auch inhaltlich finden lässt. Demnach wird die ganze Geschichte der Menschheit als eine Suche beschrieben, welche den Monolithen als Zeichen, Wegweiser und magisches Attribut einer höheren, fremden Intelligenz *wieder*finden will. Der Monolith ist der *transzendentale Signifikant*, welcher den Ausgangspunkt und auch den Endpunkt des Menschen setzt. Dazwischen liegt seine Geschichte, die beim Affen beginnt und in einer Spekulation über das vorläufige Ende beim »Sternenkind« aufhört. Die Evolution des Tieres zum Menschen und dann darüber hinaus wird dabei als *Fortschritt* gezeigt, welche in zwei großen Sprüngen stattfindet, die von einem völlig unbekannten Außen gesteuert und bestimmt werden.

Weil der Mythos die Narration des Ursprungs ist (Taubes 1991, S. 11) musste Kubrick auf den Monolithen zurückgreifen, um ihn in einer Form erzählen zu können, die vielschichtig und unverständlich bleibt. Auch ist dieser Gegenstand nicht real. Es ist offenkundig, dass es sich selbst bei ihm um ein Zeichen handelt. Zwar berühren ihn die Affen, aber seine Existenz, das plötzliche Auftauchen und Verschwinden deuten auf seinen Zeichencharakter hin. Dennoch ist es interessant, dass Kubrick den *transzendentalen Signifikanten* als Materie dargestellt hat. Es ist weder Windhauch noch Feuersäule oder etwas anderes gasförmiges Unbestimmtes, sondern eine geometrische Figur und damit ein abstraktes Zeichen und ein materieller Block zugleich. Durch seine senkrechte Form erinnert er an einen versteinerten Phallus. Der Phallus wird aber bei Lacan nicht als *ein* Symbol unter anderen, sondern als *das* Symbol begriffen, mit dem die gesamte Fähigkeit zur Symbolisierung beginnt, das am *Anfang* der Kette aus Signifikanten steht (Lacan 1991b, S. 128). Weil sich im Phallus immer schon die Kastration, der Mangel, das Fehlen eingeschrieben hat, ermöglicht sein Verstehen den Zutritt zum *symbolischem Universum*, in dem ein Zeichen an die Stelle eines Gegenstandes gerückt ist. Genau dieser Zugang zur Sprache bleibt dem Tier fremd. Welche Macht dem phallischen Symbol zukommt, das so gerne als *abstruses* Fantasiegespinst der Psychoanalyse abgetan wird, lässt sich anhand der Zerstörung der Twin Towers vom 11. September zeigen. Wenn man diese als phallische Symbole einer wirtschaftlichen Potenz begreift, wird rasch deutlich, weshalb es *die Bilder* ihrer Zerstörung waren, die eine solche ungeheuer bedrohliche Wirkung hatten. Umgekehrt lässt sich aber auch die *kontemplative* Handlung von *2001* vom Monolithen ableiten, der unbewusst die Sehnsucht des Zuschauers nach einem Zeichen der Transzendenz zufriedenstellt. Gerade weil Kubrick die metaphysische Frage in der optischen Version eines Zeichens auflöst, das den *Phallogozentrismus* repräsentiert, indem der Logos aus dem Phallus resultiert, fühlt sich das Unbewusste des Zuschauers sehr merkwürdig berührt von dem, was es zu sehen bekommt, ohne es tatsächlich zu verstehen. Und weil der Regisseur jede konkrete, semantische Auflösung verweigert, arbeitet er so ganz bewusst mit dem

Bedeutungsreichtum des Mythos, der dieses Zeichen im Unbewussten als Unverstandenes weiter existieren lässt.

Der nächste Moment, in dem nun der Affe den Knochen als ein Werkzeug erkennt, beinhaltet die Fähigkeit, diesen Gegenstand von seinem originären Kontext abgelöst zu betrachten und ihn für etwas *anderes* zu verwenden. Er ist nun nicht mehr der Rest eines anderen Tieres, sondern wird zum verlängerten Arm eines Affen, mit dessen Hebelwirkung er seine Kraft maßgeblich vergrößert hat. Die Erkenntnis des Werkzeuges kann als Fähigkeit zur *»praktischen Symbolisierung«* beschrieben werden. Daniel Richter, der Darsteller von Moon-Watcher, dem Affen, welcher seine neuen Möglichkeiten als Erster entdeckt, sagte, dass er nur winzige Kopfbewegung gemacht habe, in welcher er überlegend seinen Kopf etwas schräg neigt, als der Affe den Knochen betrachtet, bevor er ihn als Werkzeug *be-greift*. Dieser Augenblick ist von Kubrick mit einer monumentalen Faszination für die Kraft in Szene gesetzt worden.

Aber die Initiation der Affen durch den Monolithen ist von Anfang eine äußerst *ambivalente* Angelegenheit. Das Paradox ist, dass das Erlangen der Intelligenz nicht mit einem Anstieg der Moral einhergeht, sondern im Gegenteil erstmal zum *Mord* führt. Kubrick zeigt ihn sehr deutlich. Das Werkzeug ist zunächst vor allem eine Waffe. Das wird sofort deutlich, wenn der Affe auf das Skelett eines Tapirs einschlägt. Darin besteht die *bedrohliche* Komponente für die gesamte weitere Dramaturgie. Denn die These von *2001* lautet nicht bloß am Anfang war das Werkzeug, sondern am Anfang war das Werkzeug zur Ausübung der Gewalt, oder positiv gewendet zur Verlängerung der Kraft im Kampf ums Überleben. Der Affe entwickelt sich so vom Pflanzenfresser zum Fleischfresser und es gibt erste Anzeichen für seinen zukünftigen, aufrechten Gang. Und dann kommt der entscheidende Augenblick, innerhalb dessen dieses Szenario in seiner bösartigsten Form kulminiert und abgeschlossen wird: Der Affe erschlägt im Kampf um das Wasserloch einen Affen aus einer anderen Sippe und damit Seinesgleichen. Dieses erste Bild des Krieges, in der Tat viel präziser gewählt als die Fabel von Kain und Abel, welches der faschistische Staatsrechtler Carl Schmitt an dieser Stelle positionieren wollte (Schmitt 1950, S. 89f.), zeigt, wohin der Gebrauch des Werkzeuges führen kann.

Das erste und zweite Kapitel sind mit einem *Match Cut* verbunden.

2001: A Space Odyssey (1968)

Der Affe wirft darin sein gefundenes Werkzeug in Zeitlupe durch die Luft, aus dessen Drehung heraus eine Satellitenstation wird. Die Technik hat sich weiter entwickelt. Tatsächlich war die präzise technische Verankerung sehr wichtig, um einer Story, die immer skurriler wird, wirklich Gewicht zu verleihen. Kubrick schloss mit einigen Firmen Verträge ab, deren Produkte und auch Logo im Bild zu sehen sein sollte, ohne dass sie dafür etwas hätten bezahlen müssen (Eichhorn aus: Kinematograph 2004, S. 120 u. 125). Er erreichte so eine höhere Glaubwürdigkeit. So sitzt Dr. Floyd nun in einem Raumgleiter der Pan American, während er zu einer Raumstation fliegt, in der es auch ein Ableger des Hilton-Hotels in der Zukunft gibt (Jansen 1984, S. 242). Es ist nicht zuletzt die Routine, mit der Kubrick diesen Flug vorführt, welche den Eindruck von Alltäglichkeit hinterlässt. Floyd sieht nicht einmal aus dem Fenster. Er schläft. Nelson beschrieb das erste Kapitel als einen Traum, welchen Floyd während seine Fluges gehabt haben könnte (Nelson 2000, S. 120). Tatsächlich sollte der Film zunächst mit Floyds Flug ins All beginnen. Die Szenen in der afrikanischen Steppe waren zuerst nicht als Auftakt, sondern als Rückblende geplant gewesen (Castle 2005, S. 59). Davon ist aber nun nichts mehr zu spüren. Nach Wsewolod Pudowkins Buch über Montage, welches Kubrick gelesen und häufiger gelobt hatte (Walker 1999, S. 13), ist der Filmschnitt eine Möglichkeit, seinen Gedanken Ausdruck zu verleihen (Pudowkin 1983, S. 349). Die Montage ist »der Gradmesser der Begabung des Künstlers, die es ihm erlaubt, innere verdeckte Zusammenhänge der realen Lebenserscheinungen zu klar überschaubaren, enthüllten Verbindungen werden zu lassen, die direkt, ohne Erklärung, wahrnehmbar werden« (Pudowkin 1983, S. 332). Dieser berühmte *Match Cut* vom Knochen auf das Raumschiff zeigt, dass die gesamte Entwicklung des Menschen, gemessen an den Zeitdimensionen des Weltraums, nicht viel länger gedauert hat als einen Augenaufschlag.

Nach diesem Schnitt erklingt eines der berühmtesten Musikstücke, welches je in einem Film verwendet wurde. Anstatt wie üblich elektronische Musik zu unterlegen – das berühmteste Beispiel war damals der »score« von Louis und Bebe Barron für *Forbidden Planet* (1956) –, unterlegte Kubrick seine Bilder aus dem Weltraum mit einem Wiener Walzer. *An der schönen blauen Donau* von Johann Strauß sollte nun für immer mit diesen Bildern verbunden bleiben. Der Regisseur behauptet, dabei

9. Auf der einsamen Suche nach den ersten und den letzten Dingen

keinerlei *satirische* Intensionen gehabt zu haben (Jansen 1984, S. 242), die sich innerhalb der Rezeption aber sofort einstellen. Denn zugleich weckt er damit ernsthafte Assoziationen zu den Drehbewegungen eines Wiener Walzers beim Tanzen und zeigt so eine Art Weltraum-Maschinen-Ballett (Nelson 2000, S. 119). Die gigantische radförmige Weltraumstation, auf die der Gleiter zusteuert, erinnert dabei an den Prater in Wien, der in *The Third Man* (1949) so eine wichtige Rolle spielt. Hier erklärte Harry Lime (Orson Welles) die Menschen unter ihm auf der Erde zu unbedeutenden Punkten, die man skrupellos ausradieren darf: »Would you feel any pity if one of those dots stopped moving forever?« Welles hatte 1965 den Regisseur sehr gelobt: »Unter dem Nachwuchs wirkt Kubrick wie ein Riese« (Ciment 1982 S. 43). Kubricks Antwort war die Tat eines Riesen: Er setzte den Prater als Weltraumstation mitten ins All. Und in Interviews bezog er sich explizit auf Harry Limes Dialog im Riesenrad, wenn er sagte, dass für eine fremde Intelligenz die Menschen möglicherweise so aussehen sehen würden wie für uns Mikroben oder intelligente Ameisen (Castle 2005, S. 71f.). In *2001* nimmt der Film selbst zuweilen eine solche überblickende Meta-Perspektive ein. Kubrick kannte außerdem den Anfang von Welles Hörspiel *War of the Worlds* (1938) auswendig und zitierte ihn auch in demselben Interview (Castle 2005, S. 72). Die tollkühne Idee des schwebenden Praters zeigt metaphorisch Kubricks humorvolle Leichtigkeit gegenüber Welles großartiger, aber immer etwas düsterer Schwermut. Für Kubrick gehörte Welles zu seinen großen Vorbildern. Ebenso zitiert er mit dem Riesenrad ein anders Vorbild, den Österreicher Max Ophüls, für den das Interesse *am Kreisen* im Tanz »sprichwörtlich« geworden ist (Koch 1989, S. 17f.). Nach den langen primitiven und aggressiven Szenen des Anfangs wirkt diese Szene in ihrer schwebenden, exklusiven Eleganz natürlich besonders gelungen. Kubrick legt Wert darauf zu betonen, mit welcher Schönheit sich die Menschheit nun in die Lüfte erhoben hat. »The whole idea of that movie is that space and space travel is exquisite«, sagte George Lucas dazu (Dokumentation, Leva 2007c). Alle folgenden Szenen aus dem Weltall sind voller kreisender Bewegungen. Auch die nächste Szene, in welcher der Raumgleiter an die Station andockt, hatte Kubrick bei einer frühen Vorführung mit dem Scherzo aus Mendelssohn Bartholdys *Sommernachtstraum* unterlegt (Sperl 2006, S. 127), welches einen ganz ähnlichen Tanz-Schwebezustand

2001: A Space Odyssey (1968)

akustisch abbildet, aber die Drehung nicht betont. Aufgrund des Drängens von MGM ließ Kubrick einen kompletten »score« von Alexander North komponieren, wollte ihn aber von vornherein nicht unbedingt verwenden (Sperl 2006, S. 127). Sein einfaches, aber richtiges Argument war, dass so natürlich niemals das Niveau der großen Komponisten der Musikgeschichte erreicht werden konnte. Und Kubrick wollte eben die beste aller möglichen Musiken verwenden.

Dr. Floyds Reise geht nach einem kurzen *Zwischenstopp* weiter zum Mondkrater Clavius. Dort wurde ein Monolith gefunden, der, wie man später erfährt, akustische Signale in den Bereich *hinter* den Jupiter sendet. Der zweite Teil endet damit, dass Floyd und ein paar andere Astronauten sich vor dem Monolithen fotografieren lassen wollen. Doch in diesem Moment steht die Sonne erneut senkrecht über dem Stein und er gibt einen durchdringenden, hohen Ton ab. Dieses durchdringende akustische Signal verursacht Schmerzen in den Köpfen der Astronauten, und sie können das Foto nicht schießen. War es die Koinzidenz mit der Konstellation des Mondes zur Sonne oder wehrt sich der Stein dagegen, auf einem respektlosen, touristischen Gruppenbild zu erscheinen? Kubrick lässt diese Fragen offen.

Das Rad kehrt dann im dritten Kapitel, der Mission zum Jupiter, zurück. Dieses Mal handelt es sich um den vorderen Innenraum des Raumschiffs Discovery, der sich dreht, um auf diese Weise künstlich ein Gravitationsfeld zu erzeugen. Es handelt sich also um eine Zentrifuge, welche die Astronauten nach außen auf den Boden drückt. Die Innaustattung des Raumschiffs wurde vollständig gebaut und ließ sich drehen. Dieses sehr teure, haushohe, bewegliche *Riesenrad* war das architektonische Kernstück des Films. Mit seiner Hilfe konnte Kubrick die Gesetze des Weltraums auf die Spitze treiben. Nun spielt er auch keinen feudalen, graziösen Walzer mehr, sondern den Anfang der *Gayane Ballettsuite Nr. 1* von Aram Khachaturian. Sie drückt das Gefühl von Sehnsucht und Melancholie aus. Die Mondepisode zuvor kann als ein wichtiger *Zwischenteil* verstanden werden. Dieser führt den Zuschauer nach der Steinzeit zunächst zum Mond, bevor dann die *eigentliche* Reise zum Jupiter beginnt.

Man sieht nun Dr. Frank Pool (Gary Lockwood), welcher wie in einem Hamsterrad durch das Raumschiff joggt und dabei wie ein Boxer in die Luft schlägt. Hier greift Kubrick auf seine früheren Filme zurück, um ein einfaches Bild agressiver Männlichkeit zu entwerfen. Doch dieser Ausdruck wirkt mitten im All und ohne Gegner ziemlich verloren. Zugleich ähnelt das Raumschiff von außen einer männlichen Samenzelle. Das könnte Woody Allen in der letzten Episode von *Everything You Always Wanted to Know About Sex* But Were Afraid to Ask* (1972) dazu *inspiriert* haben, selbst die Rolle eines Spermiums in einem Körper, der ganz wie ein technischer Apparat funktioniert, zu spielen. Wie am Anfang von *Dr. Strangelove* stellt Kubrick nun den menschlichen Flugkörper als ein *erotisches Objekt* dar. So werden angeblich rein funktionale, technische Geräte mit *menschlichen* Konnotationen versehen. In der Discovery wird der berühmte Bordcomputer HAL 9000 dann menschlicher *wirken* als die Menschen selbst. Zugleich zeigt Kubrick die Räume der Zukunft aber in einer menschenfremden Sterilität. Auch kennen die Raumschiffe in *2001* den Makel der Zeit nicht. Korrosion ist ihnen völlig fremd. Das einzig Organische ist hier der Mensch selbst, der aber versucht, sich so stringend wie möglich den Bedingungen seiner Außenwelt anzupassen.

Ähnlich wie Floyd, als er seiner kleinen Tochter (Vivian Kubrick) zum Geburtstag gratulierte, erhält Frank Pool von seinen Eltern einen Geburtstagsgruß über den Bildschirm. Floyds Tochter wünschte sich zum Geburtstag ein »bush-baby«, was gleichzeitig auf das erste Kapitel und den Schluss des Films verweist. Es wurde sogar einen Szene gedreht, in welcher Floyd dieses Baby gekauft hat, sie wurde jedoch herausgeschnitten (Castle 2005, S. 60). Pools Eltern hingegen wirken eher unsympathisch und er scheint an ihnen auch nicht besonders interessiert. Während bei Floyds Gespräch mit seiner Tochter immer noch die Erde durch ein Fenster zu sehen war, treibt die *Discovery* (in dem Namen des Schiffes steckt das Wort »Suche«) viel weiter entfernt von der Erde durch die dunklen Weiten des Weltraums. Die Raumfahrer wirken dabei wie unterkühltes, sachverständiges Dienstpersonal. Distanziert, möglichst logisch und präzise gehen sie vor. Sie können sich kaum Emotionen leisten.

In völligem Kontrast zu ihrem Verhalten steht des Bordcomputers HAL 9000, der stets mit seinen Gefühlen argumentiert. Ähnlich wie der Monolith durchlief auch HAL mehrere Entstehungsphasen. Er war zunächst ein Roboter und nahm dann erheblich an Bewegung ab und dafür

2001: A Space Odyssey (1968)

an Intelligenz zu (Clarke 1983, S. 35). Dass Kubrick sich gegen einen Roboter und für einen Computer, welcher hier eine Hauptrolle übernommen hat, entschied, trägt zweifellos sehr zur bleibenden Aktualität des Films bei. Zunächst war der Computer weiblich und hieß Athena (Clarke 1983, S. 34). Dann hieß er Sokrates und schließlich HAL, eine Abkürzung für »Heuristisch programmierter algorithmischer Computer« und zugleich eine Anspielung auf das englische Wort *hell* (Hölle). Schon am 17. Oktober 1964 kam Kubrick eine tolle Idee zur Verschärfung des Klimas auf der Discovery, die damals *noch* mit dem Finale des Films verbunden war. Clarke notiert: »Stanley ist die ausgefallene Idee von ein wenig schwulen Robotern gekommen, die eine Umwelt im viktorianischen Stil erschaffen, damit unsere Helden sich wohl fühlen« (Clarke 1983, S. 35). HAL wurde spätestens dann vom Regisseur als *psychotisch* eingestuft, als er wollte, dass IBM, die auch ihr Logo im Film haben, wissen sollten, wie er den Computer in Szene setzten wollte. Kubrick schrieb in einem Brief an Roger Caras am 31.08.1966: »Weiß IBM, dass eines der Hauptthemen der Geschichte ein *psychotischer* Computer ist? Ich möchte nicht, dass jemand in Schwierigkeiten gerät [...]« (Castle 2005, S. 58). Um Ärger zu vermeiden, durfte der IBM-Schriftzug niemals zusammen mit der Blende und dem Auge von HAL zusammen gezeigt werden (Kinematograph 2004, S. 125). Es war tatsächlich nur ein merkwürdiger Zufall, dass die Buchstabenfolge HAL jeweils einen Buchstaben vor IBM stand. *2001* ist auch sicherlich kein Film gegen Computer, sondern spielt mit dem Gedanken, was passiert, wenn die Technik an der Stelle des Menschen positioniert wird. Derselbe Gedanke wird später grundlegend sein für Kubricks Interesse an *Artificial Intelligence* (2001).

War Floyd noch von Weltraumhostessen durchs All begleitet worden, fällt auch diese Ebene auf der Discovery nun aus. Es ist entweder *keine* Frau an Bord *oder* sie liegt im Tiefschlaf. Die Differenz der Geschlechter wird so aber *negiert*. Das erhöht den Grad der Entfremdung und der Sterilität und schafft zugleich ein leicht homosexuelles Klima. So wie das samenförmige Raumschiff langsam durch den Uterus namens Weltraum gleitet, so kümmert sich HAL emotional um das Wohlbefinden der Besatzung.

Pool und Bowman sind dabei *nicht* als Doppelgänger angelegt, wenngleich sie sich auch einige Male spiegeln (Nelson 2000, S.125f.). Die markante Kinnpartie von Dave Bowman ist fast so ausgeprägt wie die von Kirk Douglas. Er ist der *menschliche* Kopf des Unternehmens. Bowman wurde von dem englischen Schauspieler Keir Duella gespielt. Sein Kollege Frank Pool, dargestellt von Gary Lockwood, war der einzige *amerikanische* Schauspieler am Set. Die Schauspielführung ist gemäß der Rollen im ganzen Film sehr zurückhaltend. Es gibt in diesem Film überhaupt keine extravaganten, skurrilen Auftritte von Schauspielern. Der einzige *ausgeflippte* Charakter ist HAL.

Durch eine TV-Sendung über die Mission, welche sich auch Pool und Bowman beim Essen ansehen, erhält der Zuschauer alle notwendigen Informationen. Man erfährt dabei auch, dass drei Mitglieder der Besatzung vor dem Abflug in Tiefschlaf versetzt wurden und erst bei der Landung auf dem Jupiter geweckt werden sollen. Sie sehen in ihren Schlafbehältern wie ägyptische Mumien aus, welche in Sarkophagen mit einem Glasdeckel darüber ruhen. In einem Interview von der Erde aus haben die Journalisten auch HAL befragt. Die Freundlichkeit, mit welcher der Computer dann seinen Perfektionsstandard artikuliert, lässt sogar die Presseleute etwas misstrauisch werden. Die Computer der 9000-Serie, zu welcher er gehört, haben noch *nie* einen Fehler begangen.

HAL ist sehr zurückhaltend und freundlich, besitzt dabei aber die Kontrolle über das gesamte Projekt. Seine roten Kamera-Augen sind überall im Schiff installiert. Sie haben, wie das menschliche Auge, eine Pupille, welche an das Licht der Sonne erinnert. Kubrick arbeitet auch mit HAL's Perspektive, welche er mit einem »Fisheye-Filter« aufgenommen hat. HAL sieht dabei leicht verzerrt, aber er hat den völligen *Überblick*. Kubrick liefert auf diese Weise eine sehr starke selbstreflexive Metapher auf das Medium Film als Kamerasystem. Wie in George Orwells *1984* (1949) handelt es sich dabei zugleich um ein ideales Überwachungssystem. HAL ist darin die *perfekte* Materialisation der Vorstellung von einem Gott, welcher in der Tat *alles* sieht. Er nimmt damit eine göttliche Position ein. Die Erfahrungen auf der Discovery handeln von *paranoiden* Beobachtungsvorgängen, welche von einer künstlichen, maschinellen Intelligenz ausgehen, die zudem sehr sympathisch ist. In *2010* (1980) von Peter Hyams wird HAL's Wahn dann so erklärt, dass er der Einzige war, der wusste, dass die Mission mit dem Monolithen zusammenhängt und deshalb nicht zum Jupiter, sondern immer schon dahinter führen sollte. Der Monolith auf dem Mond sendete ein Signal in den leeren Raum *hinter* den Jupiter, von dem man nicht weiß, was man dort vorfinden wird. Da der Computer das Reiseziel habe verbergen müssen, sei er zum Lügen gezwungen worden, deshalb habe er verrückt werden müssen. Wenn Seeßlen polemisch fragt, ob es je etwas *Unschuldigeres* gegeben hat als diese Maschine (Seeßlen 1999, S. 171), dann hat er wohl diese Interpretation im Kopf. Dabei erreicht aber *2010* weder optisch noch inhaltlich das Niveau von *2001*, und Hyams wäre der Erste, der das zugeben würde. Nach Kubricks eigenen Plänen ist die Maschine *eindeutig psychotisch* und damit gefährlich, weil sie unzurechnungsfähig ist. HAL ist der Ausdruck menschlicher Vermessenheit, ein Spitzenprodukt technischer Intelligenz, das eine Nachbildung des Monolithen sein soll – ein makelloser Phallus, der in seinem Selbstverständnis keine Fehler begehen kann. Und aufgrund seines *göttlichen* Anspruchs ist er auch von Anfang an *größenwahnsinnig*. Seine Fehlerlosigkeit ist sein Fehler. Ein Mensch, welcher eine solche *unmögliche* Position anvisiert, besitzt tatsächlich eine psychotische Disposition. Friedrich Nietzsche hat in seinem späteren Wahnsinn in der Position Gottes darüber geschrieben.

Die Vorstellung, dass eine harmlose Maschine, welche dem Menschen als Werkzeug der Zukunft dient, sich einfach *gegen ihn* stellt, führt exakt zu jenem *paranoiden* Punkt, an dem ein *unbelebter* Gegenstand eine bösartige, menschliche Fähigkeit per Projektion erhält. HAL's Vermenschlichung ist die technische Suggestion einer *animistischen* Vorstellung, welche heute in Navigationsgeräten erstmals andeutungsweise zur Geltung kommt. Dabei besteht die grundsätzliche Frage darin, wie menschlich eine Maschine wirklich sein kann. Was ist Simulation und was ist echt? HAL's Wahnsinn impliziert die völlige Vermenschlichung eines Computers, und das ist selbstverständlich *eine Fantasie*. HAL's Stimme wurde bei den Dreharbeiten von verschiedenen Leuten gesprochen. In Fall von Frank Pool sprach sie Kubrick immer selbst (G. Lockwoods Kommentar auf der DVD), das heißt, der Regisseur verwendete HAL's Phantomcharakter ganz bewusst für seine Inszenierung.

Unmittelbar nach einem mysteriösen Gespräch über das Ziel der Mission, welches HAL schließlich kennt, aber nicht verraten darf, gibt der Computer den Defekt des Kontrollmoduls AE35 an, der sich dann als ein Irrtum erweist. Selbst sein Zwillingscomputer auf der Erde gibt an, dass HAL sich geirrt haben muss. Es ist aber in 2001 weniger HAL's Unfähigkeit zu lügen, als seine Unfähigkeit, sich einen Fehler einzugestehen. Schachexperten wollen ermittelt haben, dass HAL bereits zuvor eine falsche Kombination an Zügen angibt, als er Frank Pool Matt setzt (G. Lockwoods Kommentar auf der DVD). Das wäre ein deutliches Zeichen von Kubrick, der schließlich selbst ein vortrefflicher Schachspieler war, dass der Computer nicht richtig funktioniert. In HAL's folgender *totalitärer* Aussage, dass alle Fehler auf menschliches Versagen zurückzuführen sind, zeigt sich ein *rassistisches* Denken, welches seine Handlungen motiviert.

Es ist daher nur konsequent, dass Bowman und Pool misstrauisch werden. So ziehen sie sich in eine Gondel zurück, wo der Computer sie nicht hören kann, um ihre Lage zu besprechen. Sie beschliessen, HAL abzuschalten. Es war dann Kubricks Idee, dass der Computer ihre Worte von den Lippen abliest und so über ihren Plan Bescheid weiß.

HAL, der wohl alle menschlichen Gefühle *außer* Aggressionen simulieren kann, begeht dann den »*coolsten Mord*« der Filmgeschichte. Der Computer durchtrennt Frank Pools Sauerstoffschlauch im Weltraum und tötet danach alle schlafenden Mannschaftsmitglieder der Discovery. Es erscheint hier nur der blinkende Schriftzug »LIFE FUNCTIONS TERMINATED«. Diese Codierung zeigt die technische Funktionalität an, mit der diese Handlung vollzogen wurde. Bowman versucht währenddessen, dem uralten Instinkt der Menschheit folgend, Pools Leiche im All zu bergen, um sie zu begraben. Als er mit der Leiche in die Discovery zurück möchte, verweigert ihm HAL jedoch den Zugang. Der Computer möchte die Schleusentür für die Gondeln nicht öffnen und erklärt Bowman, dass er sein Gespräch mit Pool verfolgt habe und es nicht zulassen dürfe, abgeschaltet zu werden. Damit hat sich HAL nun auch auf der Kommandoebene *allein* an die Spitze des Projektes gesetzt. Da die Astronauten im Weltraum aber immer schon von der Nabelschnur ihrer Technik abhängen, ist dieser Schritt nur eine Zuspitzung ihrer Ausgangssituation. Sie haben an HAL, und darin lag von Anfang an das Problem, ihre *Mündigkeit* abgetreten. Nun, da alle tot sind, wird Bowman Mühe haben, sie sich zurückzuerobern. HAL bricht das Gespräch schließlich mit den *einfühlsamen* Worten ab: »Dave, this conversation can serve no purpose anymore. Goodbye.« Der freundliche

Ton, mit dem er so Bowmans Todesurteil ausspricht, zeigt, dass für ihn menschliches Leben völlig bedeutungslos ist. Bowman verschafft sich dann in einer äußerst spannungsvollen Sequenz durch die Notluftschleuse selbst Zugang zum Raumschiff. Zum ersten Mal bildet hier eine *verschlossene* Tür in einen Film von Kubrick ein wirklich dramatisches Motiv. Wie bei einer Geburt lässt sich Bowman förmlich in diese Schleuse hineinschießen und gelangt so in die Discovery zurück. Als er sich selbst in das Vakuum schießt, hat Kubrick den Ton vollständig ausgelassen, obwohl die Erwartung besteht, die Explosion zu hören. Erst als Bowman die Luke nach außen geschlossen hat und Luft einlässt kann man wieder Geräusche hören. Dieses besondere akustische Konzept hat eine starke Wirkung. Es wurde unterdessen in vielen Filmen in besonders aktionsreichen Szenen angewandt. Zum Beispiel am Anfang in *Saving Private Ryan* (1998) während der D-Day-Invasion des Zweiten Weltkrieges. Bei Kubrick entspringt es der einfachen Tatsache, dass in einem Vakuum die Schallwellen tatsächlich sofort geschluckt werden.

Wütend geht Bowman dann direkt zum Innenraum des Computers, um ihn auszuschalten. Der Regisseur verfolgt ihn dabei selbst in einer langen Einstellung mit der Handkamera. Die männliche Aggressivität, mit der sich der Raumfahrer den technisch kontrollierten Raum zurück erobert, wird so besonders betont. HAL gibt nun zu, dass etwas mit ihm nicht in *Ordnung* gewesen sei und beteuert wie ein psychisch *labiler* Mensch, dass es ihm aber schon wieder viel *besser* gehe und nun kein Grund mehr bestehe, ihn abzuschalten. Bowman geht verständlicherweise *gnadenlos* vor, obwohl ihn HAL immer wieder bittet aufzuhören: »I'm afraid ... I'm afraid ... I'm afraid, Dave« (Bizony 1994, S. 59). Bowmans energisches Vorgehen erinnert an die Haltung des Präsidenten der Vereinigten Staaten in *Dr. Strangelove*, welcher versucht, den bereits angezettelten atomaren Overkill zu vermeiden. Zugleich weckt der Computer durch seine Emotionalität Beschützerinstinkte und es fällt schwer, ihm seine Naivität nicht zu glauben. Bowman schaltet dann ein Modul nach dem anderen ab. Die Module sehen wie miniaturisierte Formen des Monolithen aus durchsichtigem Plexiglas aus. Kurz vor den letztem Modul bietet der Computer Dave an, ein Kinderlied zu singen. Es ist ein Liebeslied an ein Mädchen namens »*Daisy*«. Nach Clarke stammt die Idee von einem seiner Freunde, welcher sich damals mit künstlicher

Sprechfähigkeit beschäftigte (Dokumentation, Joyce 2001). Lieder waren dabei besonders gut für synthetische Stimmen geeignet, weil in ihnen die Vokale betont werden.

Dann fällt das Ende von HAL mit dem Anfang seiner Programmierung zusammen, denn bevor er das Lied singt und schließlich seine Stimme tiefer wird, gibt er auch die Daten seiner Entstehung (1992) und seinen Programmierer bekannt. Das *Spektrum*, welches in *2001* innerhalb der Musik verwendet wurde, ist ziemlich groß, weil es von diesem trivialen Kinderlied bis zu der befremdenden Soundstruktur avantgardistischer Kompositionen reicht. Kubrick verwendet diese Bandbreite als Kontrast, um so den höchsten Grad technischer Komplexität moderner Hochtechnologie auf den einfachen Ausgangspunkt menschlichen Strebens nach Liebe zurückzubeziehen. Selbst hinter den kompliziertesten Maschinen verbirgt sich als erster Baustein nur die naive Signatur eines Kinderliedes, weil es Menschen waren, die sie geschaffen haben. Und insofern ist es unmöglich, dass sie jemals völlig fehlerfrei funktionieren werden, weil der Mensch ein mangelhaftes Wesen ist. Viele Zuschauer empfinden »*HAL's Tod*« als sehr traurig. Das kommt daher, weil der Computer seine *menschlichen* Gefühle ausdrückt, während die schlafende Besatzung wie Maschinen per Knopfdruck einfach ausgeschaltet wurden. Außerdem wird die Maschine wie ein Kind nicht für ihre Handlungen verantwortlich gemacht. Als Bowman auch das letzte Modul deaktiviert hat, erfährt er das eigentliche Ziel der Mission. Ein Monitor springt an und gibt bekannt, was bisher an Bord nur HAL wusste. Das Ziel der Mission liegt nicht auf, sondern hinter dem Jupiter. Nun ist auch Bowman informiert. Zugleich sind dies die letzten Worte, welche in diesem Film gesprochen werden (Walker 1999, S. 183).

Kubrick hat in einer Angabe, wie er sich die Entwicklung der Außerirdischen vorstellt, sehr genau den *Ablauf* von *2001* wiedergegeben:

> »Sie (die Außerirdischen) könnten sich fortentwickelt haben von biologischen Lebewesen, die bestenfalls zerbrechliche Schalen für den Geist sind, zu unsterblichen Maschinenwesen – und dann über unzählige Äonen, könnten sie dem Puppenstadium der Materie vollständig entwachsen und sich zu Wesen wandeln, die nur noch aus Geist und Energie bestehen« (Castle 2005, S. 71).

Nach der Maschine kommt demnach in der nächsten Etappe das Stadium aus Geist und Energie. Bowman tritt nun im vierten Teil die Reise *hinter* den Jupiter ganz alleine durch einen Lichttunnel in die Unendlichkeit an. »Die Ähnlichkeit der Wirkung dieser Passage mit narkotischen Erfahrungen hat dieser Filmsequenz Kultstatus verschafft« (Walker 1999, S. 184). Sie wurde für viele Zuschauer zur ultimativen Visualisierung eines rauschhaften Trips, der nicht selten mithilfe von Drogen noch verstärkt wurde. Es waren diese Rezipienten, die in dem Monolithen nicht viel mehr sehen konnten als eine große Platte aus Haschisch. Kubrick und Clarke dachten aber keineswegs an Horizonterweiterungen durch Betäubungsmittel, weil diese nach ihrer Ansicht das kritische Urteilsvermögen einfach außer Kraft setzten (Kubrick aus: Jansen 1984, S. 245; Clarke 1983, S. 199). Vor allem durch diese Passage verband sich der Film mit der sehr *unreflektierten* Hippie-Bewegung, die ihn umgehend zu einem ihrer *Kultfilme* erklärte. Das rettete ihn zwar vor dem finanziellen Misserfolg an den Kinokassen, schadete aber gleichzeitig seinem Image.

Songs wie *Interstellar Overdrive* (1967), geschrieben vom ursprünglichen *Leader* von Pink Floyd, Syd Barrett, der tatsächlich *psychotisch* wurde (Kittler 1993, S. 130ff.), oder auch John Lennons *Lucy in the Sky with Diamonds* (1967), dessen surrealer Text von »marmelade skies« berichtet und das von seinen Rezipienten häufig als ein offenes Bekenntnis zu LSD verstanden wurde, hatten den Weltraum zuvor bereits deutlich ins Licht halluzinatorischer Drogen gesetzt. Lennon und McCartneys Meisterwerk *A Day in the Life* (1967), welches zur selben Zeit enstanden war, wurde aufgrund seiner massiven Anspielungen auf psychodelische Drogen konsequent von der BBC und einigen amerikanischen Radiostationen nicht gespielt (Carr 1975, S. 64).

Kubrick nahm die Ästhetik dieser surrealen, *psychedelischen* Weltsicht durchaus auch in seinem Film auf und befand sich damit auf der Höhe der Zeit. Für John Lennon, der *Across the Universe* schrieb, als das sogenannte *White Album* (1968) bereits fertig war (Beatles 2000, S. 319), war dann auch umgekehrt *2001* sicherlich eine Inspirationsquelle zu diesem Song. Er soll ein großer Fan von Kubricks Film gewesen sein (G. Lockwoods Kommentar auf der DVD). Später hat sich dann vor allem David Bowie in seinem ersten Hit *Space Oddity* (1969) schon im Titel explizit auf Kubricks *Space Odyssey* bezogen.

Am Anfang der psychodelischen Sequenz taucht der Monolith erneut auf. Vielleicht handelt es sich um einen »CUBE-BRICK«, wie Hans-Thies Lehmann ihn genannt hat (Bohrer 1983, S. 592), um sein Geheimnis einfach auf den Namen des Regisseurs zurück zu deuten. Genauso hat man auch in HAL den Regisseur sehen wollen. Derartige Interpretationen tragen aber nur wenig zum Verständnis dieser beiden Formen von Intelligenz im Film bei. Der Stein vervielfältigt sich nun, und die Monolithen werden zu einer Art Wegweiser.

2001 zeigt dann ein zweites Mal einen Anfang, diesmal nicht den der Menschheit, sondern den des *Kosmos*, welcher um vieles älter ist. Bowman durchläuft die Geschichte des Weltalls, welche Kubrick als eine lange Fahrt durch einen Korridor zeigt, innerhalb derer alle Bilder farblich extrem verfremdet sind. Die Bildinhalte erinnern an »Schöpfungsprozesse«, genauer an »expandierende Galaxien«, »die Ursuppe«, »die Entstehung von Planeten«, den »Urknall« und das »Aufkommen von Leben« (Sperl 2006, S. 122). Der Flug durch den Lichttunnel und die nachfolgenden elliptischen Szenen sind eine Allegorie auf die Evolution (Sperl 2006, S. 123). Die Fahrt beginnt mit phosphoreszierenden, geometrischen Formen und endet mit ganzen Landschaften, welche als eingefärbter Negativfilm gezeigt werden. Für Bowman ist es eine erschreckende Reise. Sein ängstlicher Gesichtsausdruck wird immer wieder in Fotos eingeblendet. Diese Fotos und die auf den Zuschauer zusausenden Bilder stehen im Gegensatz zueinander. Vor allem die hohe Geschwindigkeit steht auch völlig konträr zum bisherigen langsamen Tempo des Films. Die Bilder bekommen so eine *hypnotische Sogwirkung*, welche den Raumfahrer und den Zuschauer mit auf eine weite Reise nimmt. Die Stabilität des Raums, der jetzt zu einem *virtuellen* wird, steht dabei zur Disposition, daher die unheimliche Wirkung. *2001* führt so in eine Welt, welche tatsächlich noch nie jemand bisher so gesehen hat. Kubrick definierte einmal die drei Grundeinstellungen, die der Mensch zum Leben einnehmen kann: Liebe, Macht und Rückzug (Castle 2005, S. 55). Diese Reise ist ein extremer Rückzug, welcher für Bowman endgültig in die völlige Isolation führt. In diesem berühmtesten *aller Korridore* des Regisseurs öffnet der Raumfahrer eine weitere Tür, welche ihn am Schluss an einen äußerst speziellen Raum bringen wird, welcher sicher der »meta-physischste« des gesamten Films ist. Ligetis *Atmosphères* begleitet diese Fahrt. Bei dieser Komposition handelt es sich um den Ausgangspunkt für sein Requiem

2001: A Space Odyssey (1968)

(Sperl 2006, S. 122f.). Diese Fahrt führt demnach in den Tod, mit dem der Monolith als ein Grabstein von Anfang an verknüpft war.

Die folgende Handlung ist sehr schwierig, weil sie vieles der Fantasie des Zuschauers überlässt (Clarke 1983, S. 198). Das Konzept war, Bowman in einem Raum im All zu zeigen, den die Außerirdischen, welche sich selbst niemals zu erkennen geben, speziell für ihn eingerichtet haben; ähnlich wie man einen Stall für sein Haustier baut (K. Dulleas Kommentar auf der DVD). Kubrick und Clarke hatten lange überlegt, wie die Außerirdischen denn aussehen sollten, bevor sie sich für diese indirekte Lösung des Problems entschieden (Clarke 1983, S. 197). In Robert Zemeckis Film *Contact* (1997) wurde dieses Problem ähnlich aufgelöst, wenn Dr. Eleanor Arroway (Judie Foster) im Weltraum auf eine Simulation ihres Vaters trifft, welche die Außerirdischen ihr vorgaukeln, ohne sich selbst zu zeigen. Leider wirkt hier das Ganze nur wie eine schlechte Computeranimation. Kubricks Lösung war nicht nur optisch eleganter, sondern auch inhaltlich besser durchdacht, weil sie weder Erklärungen noch Kommunikation mit den großen Unbekannten des Weltraums zuließ. Er verzichtete so auf alle Vorstellungen und Vermenschlichungen. Nach seiner Auffassung konnte man die Außerirdischen genauso wenig zeigen wie das Gesicht Gottes (Con Peterson aus: Dokumentation, Joyce 2001).

Das Zimmer ist eingerichtet im barocken Stil von Louis XVI. (1774–1792). Vor allem durch den von unten beleuchteten Fußboden hat er aber auch ein futuristisches Design. Er erinnert an den Konferenzraum, in dem Floyd seine Rede über die Geheimhaltung der Entdeckung des Monolithen gehalten hat. Hier waren die Wände auch von hinten ausgeleuchtet gewesen. Es gibt auch ein Badezimmer, in dem tatsächlich eine *»traditionelle« Badewanne* steht. Das Bad erinnert an das Badezimmer, in welchem Jack Torrance auf eine lebendige Wasserleiche in *The Shining* trifft. Akustisch hat Kubrick Stimmen aus Ligetis Chorstück *Aventures* unterlegt, die allerdings gemischt und elektronisch verfremdet worden sind (Sperl 2006, S. 123). Diese Lautkompositionen verstummen nach einer Weile. Sie sollen andeuten, dass hier, wie bei dem Monolithen, eine andere, fremde Macht im Spiel ist. Die Ausstattung des Raums soll auf ein unaufgeklärtes, narzistisches Zeitalter hindeuten, wie Kubrick den Barock in *Barry Lyndon* dann auch näher bestimmt hat. Aber schon in

Path of Glory war das feudale Schloss der Generäle ein Ausdruck für ihren Egoismus.

Anstatt auf die Außerirdischen zu treffen, begegnet Bowman hier nur sich selbst. Das ist die vielleicht wichtigste Analogie zum Drogenrausch, welcher auch nicht im Weltraum, sondern stets nur in einer übersteigerten Egozentrik endet. Der Selbstbezug tritt in jeder Betäubung unangenehm an die Stelle der Außenwelt. Kubrick arbeitet gezielt mit diesem Mittel, um so alles auf einer halluzinatorischen Ebene lassen zu können. Zugleich könnte es aber auch real stattgefunden haben. Eine ähnliche *Doppeldeutigkeit* findet sich im Raumflug von Dr. Eleanor Arroway, wobei ihr niemand glaubt, dass sie einen fremden Planeten besucht hat, weil es dafür keinerlei Beweise gibt. Zugleich hat Kubrick in diesem Raum sublimer Hochkultur des 18. Jahrhunderts mitten im Weltraum den gewöhnlichen Begriff von kontinuierlich ablaufender Zeit *aufgehoben*. Die Zeit vollzieht sich hier, wie innerhalb der Evolution, in *Sprüngen*. Wenn Bowman im Barockzimmer sich selbst begegnet, dann liegt zwischen diesem *psychedelischen* Selbstbezug immer ein Zeitsprung. Insbesondere die Szene, in der er sein Weinglas bei seinem letzten Essen zerbricht, scheint ihn in fast schon *magischer* Weise direkt ins Totenbett zu führen. Es ist auch die einzige Einstellung, in welcher der Darsteller tatsächlich *zweimal* im Bild zu sehen ist, womit sich allerdings auch alle vorherigen Übergänge erklären lassen. In dem Augenblick, wo er wiedergeboren wird, eine der ältesten *mythologischen* Vorstellungen schlechthin, schließt sich die größte und letzte Umlaufbahn des Films. Denn so wird eine neue evolutionäre Stufe angedeutet, die einen Embryo, welcher in einer durchsichtigen Plazenta als eine Art Stern, welcher durchs All schwebt, hervorgebracht hat. Clarke beschreibt das barocke Zimmer, in dem Bowman dem Monolithen begegnet, bevor er stirbt, als ein *Hotelzimmer* (Clarke 1983, S. 48). Kubrick nannte es jedoch gleich bei seinem richtigen Namen »hospital room« (Nelson 2000, S. 108). Und das Bild dieses schwebenden Embryos durch den Weltraum wurde in der Tat den gesamten Film lang vorbereitet: Der Schwebezustand der Raumfahrer im All evoziert von Anfang an Erinnerungen an den Uterus. Die sich drehenden Stewardessen, die Langsamkeit, das Hervorheben der Atmung und die Tatsache, dass die Raumfahrer an ihren Sauerstoffschläuchen hängen, all dies erinnert genau an jenes Anfangsstadium des Menschen.

HAL ermordet Frank Pool, indem er ihn von seiner Sauerstoffzufuhr abtrennt, sodass der Leichnam durch den Weltraum trudelt. Und das seltsame Rauschen, welches immer zusätzlich unter die Bilder im All gelegt ist, hört sich so an, als wäre dieser Raum doch mit etwas gefüllt. Zugleich beinhaltet Bowmans Wiedergeburt aber auch den imaginären Wunsch nach *Unsterblichkeit*, den man auch in Kubricks damaligem Interview finden kann, wenn er davon spricht, dass es gelingen könnte, bis zum Jahre 2001 das Altern besiegt zu haben (Castle 2005, S. 75). Der Film endet also mit einer hoffungsvollen Fiktion.

2001 will den Zuschauer zum Nachdenken bringen und gehört damit zu den wenigen Ereignissen im kommerziellen Kino, denen es tatsächlich gelang, einem großen Publikum völlig neue *Ideen* zu vermitteln (Walker 1999, S. 194). Der Mythos und seine Mehrdeutigkeit wurden dabei augenscheinlich angewandt, weil der Regisseur *keinen* Film über *eine* religiöse Vorstellung herstellen wollte, sondern es ihm darum ging, das *ganze* Feld der Metaphysik für eine hervorragend ausgearbeitete Kinoerfahrung über den Weltraum heranzuziehen. Die Grenzen des Lebens (Tod und Geburt) werden dabei genauso *eigenartig* thematisiert wie die Grenzen des *»Weltalls«* und die unserer Entstehung. *2001* setzt diese Themen in eine neue Verbindung und entwirft so einen eigenen Standpunkt. Von Nietzsche übernimmt er die Idee, dass unsere Evolution noch nicht abgeschlossen sein könnte, von Darwin die Abstammung vom Affen, aus der Religion den Wunsch nach Transzendenz, der durch die gigantischen Ausmaße des Weltraums am Besten erfüllt werden kann, und von der NASA und IBM die neuesten Techniken. Vielleicht ist das Erstaunlichste dieses Films seine Gratwanderung zwischen Physik und Metaphysik, zwischen Natur- und Geisteswissenschaft. Wie Roman Polanski es 1969 schon sagte: »In *2001* begegnen sich Wissenschaft und Fantasie auf eine denkbar präzise Weise« (Seeßlen 1999, S. 176).

Die Fiktion kann aber nur durch ihre enge Verknüpfung mit der Realität ihre Glaubwürdigkeit behaupten. Orson Welles hatte in *Citizen Kane* (1941) ähnlich gearbeitet (Rosenbaum aus: Drössler 2004, S. 11ff.), als er der eigentlichen Handlung eine fiktionale Dokumentation voran gestellt hat, die denen der Wochenschauen völlig ähnlich war. Woody Allens Film *Zelig* (1983) ging noch radikaler vor, indem er die Grenze zwischen Fiktion und Dokumentation auf komische Weise völlig in Frage stellte.

Allen drehte seinen Spielfilm komplett mit den Stilmitteln des Dokumentarfilms. In *2001* gelang es Kubrick tatsächlich, den Realitätsgehalt der Weltraumfahrt in einem Spielfilm so stark zu erfassen, dass viele Astronauten sich auf diesen Film bezogen, wenn sie ihre Erfahrungen im All erklären wollten. Dies gelang Kubrick neben dem bahnbrechenden Special-Effects vor allem durch ein *mentales* Verständnis der wichtigsten Frage, in welcher sich Religion und Raumfahrt treffen: Sind wir alleine im Universum? Um diese Frage drehten sich allen einundzwanzig Interviews mit weltberühmten Wissenschaftlern, welche ursprünglich den *Prolog* von *2001* bilden sollten, aber schon aufgrund seiner Überlänge nicht in ihn hineinfanden (Frewin 2005).

Laut Steven Spielberg hatte *2001* einen wichtigen Vorläufer in *Destination Moon* (1950), der nach seiner Meinung »*der Vater*« von *2001* war. Dieser Film versucht, eine Landung auf dem Mond sehr authentisch zu zeigen. »Although I never could get Stanley to admit that he ever saw it« (Spielberg aus: Dokumentation, Schickel 2005). Spielberg hat unterdessen nach dem Erfolg von Roland Emmerichs *Independence Day* (1996) ein einfaches Remake des Klassikers *The War of the Worlds* (2005) mit Tom Cruise in der Hauptrolle angefertigt, in dem die Außerirdischen in einer monströsen Vision des Horrors als eine gefährliche, *parasitäre* Gesellschaft gezeigt werden. Dieser Film, wie die meisten der heute erfolgreichen Science-Fiction-Produktionen, geht zurück auf *paranoide* Vorstellungen über Außerirdische aus den 50er Jahren. Schon Orson Welles hatte in seinem berühmten Hörspiel von *The War of the Worlds* (1938) vielleicht nur eine Massenhysterie auslösen können, weil man in Amerika zu diesem Zeitpunkt bereits Angst vor den düsteren Entwicklungen in Europa hatte. Die meisten bedeutenden Nachkriegsfilme in diesem Genre, einschließlich der ersten Verfilmung von *The War of the Worlds* (1953), waren von den Schrecken des Zweiten Weltkrieges geprägt. Die Amerikaner verarbeiteten so den möglichen Angriff einer dekadenten, monströsen, parasitären Zivilisation auf ihr Land. Später war es dann der Kalte Krieg und heute ist es der ferne Osten, welcher die Motivierung dieser Tradition fortsetzt.

Außer Kubrick gelang es aber nach ihm vor allem Spielberg in *Close Encounters of the Third Kind* (1977) und *E.T. – The Extraterrestrial* (1982), den Weltraum als einen Ort zu zeigen, welcher eine positive, bisher gänzlich unbekannte Erfahrung ermöglicht, die mit den *mentalen* Fähigkeiten des Menschen verbunden ist. In *Close Encounters of the Third Kind* ist es die an Wahnsinn grenzende Sehnsucht eines erwachsenen Mannes, Roy Neary (Richard Dreyfuss), welcher seine Begegnung mit den Außeridischen wiederholen möchte. Spielberg vermischt dabei sehr intelligent die alltägliche Haltung gegenüber solchen Phänomenen, welche 1977 wesentlich reservierter war als zu der Zeit von *2001*, mit einer beseelten Faszination. Wie in der zweiten Version dieses Films von 1980 deutlicher zu erkennen ist, flüchtet Roy in seiner Begeisterung für die Außeriridischen aus seiner disharmonischen Kleinfamilie. Das Familienleben wird in dieser überarbeiteten Fassung in einigen Szenen viel kritischer gezeigt, als es in der ursprünglichen Kinofassung der Fall war. Als Roy gleich zu Beginn seinem Sohn das Bruchrechnen mithilfe seiner Spielzeugeisenbahn vorführt und ihn und auch seine Tochter dann böse *anschnauzt*, wird deutlich, dass er *kein* verantwortungsvoller Familienvater ist. Als er dann seine Kinder zwingen will, sich eine Pinocchio-Verfilmung im Kino anzusehen, wird aber auch deutlich, wie wenig er sich umgekehrt von ihnen verstanden fühlt. Der erwachsene Man ist hier das größte Kind. Spielberg inszeniert mit Roys teilweise sehr rasch aufbrausendem und wütendem Charakter eine Familienstruktur, welche Kubrick schon kurz darauf sehr ähnlich, aber viel drastischer, mit Jack Torrance in *The Shining* in Szene setzten sollte. In beiden Fällen handelt es sich um Familienväter, welche mit ihrer Position Schwierigkeiten haben. Roy ist jedoch nicht wie Torrance mit seiner Familie eingeschlossen und er wird auch nicht *wirklich* wahnsinnig, sondern findet einen anderen Ausweg. Die Außerirdischen haben ihm und einigen anderen im Unbewussten ihren geplanten Treffpunkt mit den Menschen in der Vision eines Berges in Wyoming verraten. Er versucht nun, diesen Berg, dessen Bedeutung er nicht kennt, in allen möglichen Formen aus seinem unbewussten Gedächtnis (wieder-)herzustellen. Schließlich baut er ihn im großen Stil mitten in seinem Wohnzimmer aus Pflanzen, Erde und dem Zaun der Nachbarn nach. Seine ihn dominierende Frau (Teri Garr) flieht währenddessen mit den Kindern. Sie hält ihren Mann für wahnsinnig. Der phallische Berg soll den Mangel substituieren und suggeriert eine Erfüllung, die wohl tatsächlich *jenseits* ihrer Ehe liegt. Aus Kubricks *Monolith* wird Spielbergs Berg, den Roy zuerst aus Rasierschaum, Kartoffelbrei, Ton und schließlich aus matschiger Erde (Scheiße) baut. Der anale Aspekt als Grundbaustein eines religiösen Systems tritt dabei immer *plastischer* hervor. Dieser Berg wurde auch in der Tat mit dem Berg Sinai verglichen, auf dem Moses von Gott die Gesetzestafeln empfing (Köhler 2006, S. 277). Spielberg geht es aber letztendlich weder um das Gesetz noch bloß um das Denken, sondern um das Streben nach Erleuchtung in einer Sehnsucht nach Transzendenz als reiner *Emotion*. Nicht das Symbol wie bei Kubrick, sondern der Wunsch nach Harmonie und Verschmelzung mit dem großen Unbekannten stehen hier im Vordergrund. Roy versucht gerade, seine Frau telephonisch zurückzugewinnen, als er seinen Berg im TV als einen realen Ort (wieder-)entdeckt. Er vergisst sofort seine Familie und fährt zu diesem Berg. Dort kommt es nach einigen Schwierigkeiten mit dem Militär, welche das ganze Gebiet mithilfe einer vorgetäuschten Seuche evakuiert hat, zu einer erneuten Begegnung mit den Außeridischen, bei der er schließlich mit ihnen im All verschwindet. Der Film zeigt diese letzte Sequenz als einen groß angelegten Entwurf mit dem Versprechen einer vollständigen universellen Harmonie und Versöhnung. Roy findet dabei – *ohne* sich verändern zu müssen – genau das, was er zuhause vermisst hatte. Sein Wunsch wird Wirklichkeit.

Anders als *2001* basiert Spielbergs Film auf einer reinen Fiktion, von welcher der Regisseur allerdings insofern selbst überzeugt war, als dass er an die Möglichkeit echter Ufos glaubte (Dokumentation, Bouzereau 1997). Wie Douglas Trumbell, einer der wichtigsten Tricktechniker von *2001* und *Close Encounters of the Third Kind*, in einem Interview sagte, ist der untere Teil des Mutterschiffs der Außerirdischen, welches sich langsam über den Berg senkt, sehr bewusst in der Form einer gigantischen, weiblichen Brust gestaltet worden (Dokumentation, Bouzereau 1997). Der obere Teil erinnert an die Wolkenkratzer von New York. Das ganze Schiff ist ähnlich farbig illuminiert wie der berühmte Lichtkorridor, durch den Bowman in *2001* fliegt. Überhaupt liefert *Close Encounters of the Third Kind* eine sehr beeindruckende, gelungene visuelle Illusion, die aber viel abgehobener und virtueller ist als alle Effekte in *2001*.

Auch konnte Spielberg im Finale seines Films nicht darauf verzichten, seine außeriridischen Besucher wenigstens *einmal* zu zeigen. Er versuchte diese Szene aber so diffus wie möglich zu gestalten und nur ihre Silhouetten im Nebel zu filmen. Eines von den fremden Wesen, das auf der

Erde zurück gelassen wird, musste aber etwas deutlicher aufgenommen werden: es sieht bereits wie ein Prototyp für E.T. aus.

Fünf Jahre später konnte Spielberg seine positive, fiktive Spekulation über eine Begegnung der *dritten Art* nochmals mit einem bis heute andauernden Erfolg aus einer kindlichen Perspektive heraus präziser schildern. Das Drehbuch schrieb er aber nicht selbst, sondern Melissa Mathison. Sie musste dafür aber nur eine Nebenhandlung aus *Close Encounters of the Third Kind*, in welcher ein kleiner Junge mit den Fremden in Kontakt tritt, als Handlung zu einem der bekanntesten Film der 80er Jahre umarbeiten. In *E.T.* geht der kleine Junge Elliot (Henry Thomas) eine telepathische Symbiose mit einem Außerirdischen ein. Damit konnte der mentale Kontakt mit den außerirdischen Wesen als ein *kontinuierlicher* gezeigt werden. Wenn man weiß, dass Spielberg fast zeitgleich zu *E.T.* auch selbst an dem Drehbuch zu *Poltergeist* (1982) gearbeitet hat, wird einem erst deutlich, in welche zwei Richtungen er sein Thema nun auseinander dividierte. Die Ambivalenz aus *Close Encounters of the Third Kind* fiel in einen Horror- und einen Kinderfilm auseinander. In *E.T.* wird erneut die Sehnsucht des Menschen über seine Einsamkeit zum Ausgangspunkt für den Kontakt der *dritten* Art. Elliots Vater ist mit einer anderen Frau davon und Elliots Mutter Mary (Dee Wallace) scheint diese Tragödie nicht wirklich gut verarbeitet zu haben. E.T. ist dann das Spezial-Haustier, welches Elliot über seine angeschlagene Familie hinwegtrösten wird. Wenn der süße Außerirdische dann selbst mit flehender Stimme seine Überzeugung artikuliert – »*phone home*« – und dabei mit dem Finger zum Himmel zeigt, wird Elliots Sehnsucht nach einer vollständigen Familie sehr deutlich zurückgespiegelt. Komische Elemente lösen hier die unheimlichen aus *Close Encounters of the Third Kind* weitgehend ab. Elliott *fühlt* in seiner mentalen Symbiose mit E.T. stets dasselbe wie der kleine, lustige Kerl. Wenn dieser betrunken ist, ist Elliot es auch. Und sie sterben auch *fast* gemeinsam. Die Wiedergeburt von E.T. am Ende des Films ist ähnlich wie die Wiedergeburt von Bowman in *2001*. Der lange Luftschlauch, den die Sanitäter gelegt haben, wird, als E.T. erneut zum Leben erwacht, wie die Nabelschnur zerrissen. Es handelt sich zweifellos um eine der emotional *tiefsten* Sequenzen, die je in diesem Genre gedreht wurden, wenngleich auch Spielbergs pubertäre Affinität die erwachsene Welt der staatlichen Institutionen weiterhin nur als Negativfolie darstellen kann. Aber *E. T.* ist emotional viel näher bei einem Verständnis des Sternenkindes in *2001* als die meisten intellektuellen Deutungsversuche. Denn das Sternenkind ist ja zunächst und vor allem ein zukünftiges *Baby* und auch alle Wünsche von E.T. sind die eines Kleinkindes.

Auch Spielbergs Film *A. I.* (2001), basierend auf Kubricks Konzept, wiederholt nochmals am Ende den Traum eines Jungen in einer rätselhaften, mentalen Begegnung mit den Außerirdischen. Der Roboter-Junge David (Haley Joel Osment) soll hier einer Mutter den verlorenen Sohn ersetzen. Die Gefühle der Frau (Frances O'Connor) gehen aber zunächst mit einigen paranoiden Ängsten vor der Maschine einher. Wie bei HAL handeln sie von der Skepsis an der Authentizität von Davids Gefühlen und damit auch an ihren eigenen (Kappelhoff 2004, S. 7). Kann eine Maschine einen Menschen ersetzten? Dann erweist sich auch David in einem Unfall wie HAL tatsächlich als ein *potenzieller* Mörder und wird deshalb fortgeschafft. Doch nun sind die Rollen zu *2001* vertauscht, denn in *A. I.* erweist sich die Maschine als vollkommen gutmütig und die Menschen als gemein und hinterlistig. Wie bei Spielberg üblich ist es die Welt der Erwachsenen, welche sich destruktiv gegenüber den emotionalen Geheimnissen der Kindheit verhält. Die weitere Handlung, welche der Frage nachgeht, ob aus einer Maschine ein richtiger Mensch werden kann, ist dann pure Fiktion. Diese Pinocchio-Kindergeschichte lebt von der *animistischen* Vorstellung, dass eine Maschine ein richtiger Mensch werden will. Deshalb zielt die Suche des Jungen auf eine magische, blaue Fee ab, die ihn wie Pinocchio verzaubern soll. Dieses infantile »*fairy tale*« ist aber so typisch für Spielbergs Stil, dass Kubrick sein Projekt ihm nicht nur aus technischen, sondern mehr noch aus inhaltlichen Gründen anvertraut hat.

Die meisten Science-Fiction-Filme erreichten nicht das Niveau von *2001*, weil sie anstatt auf ernsthaften metaphysischen Spekulationen und wissenschaftlichem Wissen auf reinen Fantasien, also Hirngespinsten, basieren. Schon der erste *teurere* Film dieser Art, *Forbidden Planet* (1956), hatte zwar Anleihen bei Shakespeares *The Tempest* (Bizony 1994, S. 152), aber überhaupt nichts mit einer seriösen Darstellung der Raumfahrt zu tun. Er war der Vorläufer der sehr erfolgreichen *Star Trek*-Serie (1966–2005). In *Star Trek* hieß es im amerikanischen Original »to boldly

2001: A Space Odyssey (1968)

go where no man has gone before«. Aber dieser hohe Anspruch wurde niemals erfüllt. Denn wie schon in *Forbidden Planet* hat hier Captain Kirk (William Shatner) nicht selten einfach eine *erotische* Begegnung mit attraktiven Frauen im Weltraum. Die reale, weitgehend lebensfeindliche Welt des Alls lässt sich aber so kaum zeigen. *Star Trek* wurde auch erst *durch* die Mondladung populär und ab 1972 in der BRD ausgestrahlt. Es handelt um eine Unterhaltungsserie ohne tiefergreifenden Anspruch. Die Erfahrung, auf etwas Fremdes zu treffen, findet hier *kaum* statt. Alles tritt letztendlich stets in den Rahmen von Kommunikation und Verstehen. Einige Male trifft die Besatzung der Enterprise auch auf Phänomene der antiken Sagenwelt, die ebenso wie *2001* eine Beziehung zwischen Vergangenheit und Zukunft herstellen sollen. Dahinter verbirgt sich aber keinerlei weiterführender Reflexion. In der *Muppet Show* (1976–1981) wurden innerhalb der Miniserie »Pigs in Space« die allzu irdischen Verhaltensweisen von *Star Trek* von Schweinen parodiert.

Viel radikaler und bis heute mit einzigartiger Konsequenz wurde in der *»Erotik-Futur-Komödie« Barbarella* (1968) der erotische Aspekt in einem völlig irrealen Weltraumausflug auf die Spitze getrieben. Der Dialogautor von *Dr. Strangelove* Terry Southern und der Regisseur Roger Vadim zeigten gleich im Vorspann ihres Films Barbarella (Jane Fonda) in einem freischwebenden Striptease im Vakuum. »Love« ist in witziger Anspielung auf die Hippies nun zum Begrüßungswort geworden, wenn Barbarella unbekleidet daraufhin ihre Anweisungen von ihrem Präsidenten entgegenimmt. Die Verwendung des Begriffs »weapon« und die Vorstellung, dass jemand ein solches Instrument bauen könnte, sind dabei für sie in einer völlig *friedlichen* Zukunft nur noch eine Rarität.

Der Regisseur, welcher visuell tatsächlich am meisten von *2001* profitiert hat, war George Lucas, der bereits mit seinem ersten Film *THX 1138* (1971) deutlich von Kubricks Film beeinflusst war. Dieses sehr avantgardistische Werk *floppte* aber kommerziell und Lucas konnte deshalb erst viel später auf das Thema zurückkommen. Im Gegensatz zu *2001* musste *Star Wars* (1977) mit wesentlich weniger Geld auskommen. Trotz umfassender tricktechnischer Arbeiten waren deshalb die visuellen Effekte weniger gelungen. Lucas musste viele Sequenzen, insbesondere im Finale, in schnellen Schnitten auflösen, damit der Zuschauer nicht die Zeit hatte, die *fehlerhaften* Bilder genauer zu betrachten. Dieser Actionfilm wählte

183

aber ohnehin eine viel höhere Geschwindigkeit (Hearn 2005, S. 89). Lucas benutze deshalb für die Animation der Weltraumflieger Filmaterial von Bombenfliegern aus dem Zweiten Weltkrieg, damit die Bilder realistisch nachgestellt werden konnten (Dokumentation, Becker 2004; Hearn 2005, S. 89). Für eine Preview des unfertigen Films für den Komponisten ließ er am Ende sogar Aufnahmen von Luftkämpfen aus Filmen über den Zweiten Weltkrieg hineinschneiden, um so bereits eine Vorstellung des fertigen Produkts liefern zu können (Hearn 2005, S. 108). *Star Wars* hat gerade im Finale aufgrund der wechselnden Orte und der Raumgleiter, die die Aufgabe haben, den Todesstern zu zerstören, eine beachtliche Nähe zu *Dr. Strangelove*. Wie die Bond-Filme handelt er inhaltlich vom Terror eines totalitären Regimes, welches jetzt nicht mehr »*nur*« die Welt, sondern den ganzen Kosmos beherrschen will. Die Mythologie um Darth Vader und seinen *Todesstern* erinnert deutlich an Hitler und sein düsteres, militärisches Imperium. Andererseits gibt es *innerhalb* dieser *vieldeutigen*, mythologischen Verarbeitung von Weltgeschichte aber keinerlei *direkte* Bezüge zur politischen Realität oder Geschichte, weil Lucas seine Story in eine ferne Galaxie verlegt hat. Im Gegensatz zu *2001* zeigt *Star Wars* eindrücklich den organischen Verfall, der auch einer zukünftigen Technologie anhaften wird. Dieses Thema wurde dann von Ridley Scott in *Blade Runner* (1982) mit seinen Bildern von einem zukünftigen Los Angeles voller Ruinen perfektioniert. Was *Star Wars* vor allem von *2001* übernahm, war die ausgefeilte Tricktechnik, mit der Kubrick seine Weltraumgleiter und Raumstationen gezeigt hatte. Und Lucas war fasziniert davon, seine Handlung als einen *Mythos* zu erzählen, und zog dafür erneut Joseph Campbells Buch darüber hinzu, das auch schon Kubrick fasziniert hatte (Hearn 2005, S. 78). Der erste *Star-Wars*-Film war der größte Kassenerfolg innerhalb des Genres nach *2001*.

Inhaltlich kommt es meiner Ansicht nach aber nur einem bekannten Regisseur zu, mit Kubricks gedanklicher Leistung in *2001 wirklich* verglichen zu werden. Das hohe philosophische Niveau des russischen Filmregisseurs Andrej Tarkowskij liefert wohl die einzig angemessene Ebene, auf der ein umfassender Vergleich möglich wäre. Leider kann dieser hier nur angedacht werden. Tarkowskij hat zwei Science-Fiction-Filme gedreht, wobei *Solaris* (1972) aufgrund dessen, dass es sich hier auch um einen Flug ins All handelt, *2001* näher steht als *Stalker* (1979).

2001: A Space Odyssey (1968)

Tarkowskijs Reise ins All ist aber in der Tat *fast* identisch mit einer Fahrt in »die Tiefen der eigenen Seele« (Zizek 2001, S. 301), weshalb der Planet Solaris dabei auf den ersten Blick nicht vielmehr als ein großer magischer Reflektor zu sein scheint, welcher Chris Kelvins (Donatas Banionis) Wünsche materialisiert. Ähnlich wie später in *Stalker* geht es um die Realisation der tiefsten Sehnsüchte eines Menschen, die er weder unbedingt kennt noch steuern kann. Es führt jedoch etwas zu weit, wenn Zizek behauptet, dass Tarkowskij den gleichnamigen Roman von Stanislav Lem so umgeschrieben hätte, dass nun aus der rätselhaften Begegnung mit *dem unzugänglichen Anderen* einfach die Produktion eines Paares wird, wie es der letzte Hollywoodproduzent auch gewollt hätte (Zizek 2001, S. 301). Denn in der Begegnung mit seiner bereits verstorben Jugendliebe (Natalja Bondartschuk) im All kann Kelvin doch nur oberflächlich eine normale Beziehung führen. Vielmehr ist die Begegnung mit einer Toten das Zeichen seiner völligen Entfremdung. Dafür spricht, dass die Frau zunächst von Kelvin auf den Planeten zurück geschossen wird und ein zweites Mal sogar stirbt, um dann vor seinen Augen wieder zum Leben erweckt zu werden. Sie hat weder eine Geschichte, noch kennt sie den Tod. Sie kann vor Sehnsucht nicht allein ohne ihn existieren. Alle diese ungwöhnlichen Besonderheiten lassen aus ihr eine Person werden, welche nur *für* ihn und überhaupt erst *durch* ihn vorhanden ist. Sie ist sicher kein Anderer, weil sie der Planet Solaris aus Kelvins Erinnerungen hergestellt hat. Aber sie ist auch mehr als nur seine Projektion. *Solaris* war eine Auftragsarbeit für Tarkowskij, weshalb er den Roman in seine Richtung veränderte. Dieser Film erreicht aber genau jene Ebene von *2001*, weil er ebenso eindringlich das Handeln einer fremden Intelligenz, welche die menschliche an einem wesentlichen Punkt beeinflussen kann, vorführt. Dabei geht es Tarkowskij weder um die Evolution noch um die Technik, sondern um die tiefsten menschlichen Wünsche. Es ist erneut die mentale Ebene, auf welcher sich der Kontakt vollzieht. Am Schluss, wenn auf dem Planeten selbst das Haus der Eltern und die Figur des Vaters rekonstruiert werden, erreicht der Regisseur sein typisches Bild von einer Sehnsucht nach dem Elternhaus und der Heimat. Aber der heiße Regen, welcher im Haus auf den Vater niederfällt, *entrückt* dieses Bild in einer solchen rätselhaften Form, dass es *mehr* ist als ein Wunsch, welcher aus einer Erinnerung geboren wurde. Anders als in *Contact* gibt es hier nie eine Kommunkation mit dem intelligenten Planeten Solaris, welcher deshalb auch ganz der *absolut Andere* bleibt (Zizek 2001, S. 304f.). Gleichzeitig bewegt aber der christliche Mythos den Regisseur so sehr, dass er einen Moment der Schwerelosigkeit in der Raumstation, welche um Solaris kreist, mit einem schwebenden Buch und der Musik von Bach sofort zu einem *theologischen* Augenblick stilisiert hat. Tarkowskijs visuelle Poesie eines unbegreifbaren Ortes in der Verknüpfung mit Kindheit, Mütterlichkeit und Religion kommt dem Konzept von 2001 aber am nächsten.

Ich finde außerdem, wie Ralf Michael Fischer, dass Nietzsches Philosophie zum Verständnis von *2001* kaum hilfreich ist (Kinematograph 2004, S. 170). Denn Kubrick lehnt eine *humanistische* Moral in seinen Filmen doch *keineswegs* wie Nietzsche ab, sondern stellt *nur* ihre Wirksamkeit in Frage. Der Anfang des Stückes *Also sprach Zarathustra* von Richard Strauss legte eine solche Referenz auf Nietzsche zwar nahe, das Musikstück wurde aber nicht *nur* aus inhaltlichen, sondern auch aus *musikalischen* Gründen verwendet. Jan Harlan schlug es dem Regisseur auf seine Anfrage hin vor. Es hatte den Vorteil, einen großen Anfang zu haben, der rasch zu einem Ende kam. Deshalb passte es hervorragend zu den Bildern (Sperl 2006, S. 124f.), und es erfüllte auch die kulturelle Konnotation, die allein darin besteht, dass der »Zarathustra« von Nietzsche stolz die Idee eines weiteren evolutionären Schrittes innerhalb der Menschheit verkündet. Und der Moment dieses Sprungs wird in der Musik von Strauss ausgedrückt. Aber bereits vollkommen anders als in Nietzsches Philosophie kommen der *Impuls* und die Möglichkeit *für* diesen Sprung in *2001* nicht aus einer Philosophie, welche die jüdisch-christliche Kulturgeschichte negieren will, sondern von außen aus dem All.

Weitere Pläne, ein Stück aus Mahlers dritter Symphonie zu verwenden, welches ebenfalls von Zarathustra inspiriert ist (Sperl 2006, S. 127), entfielen, weil sie musikalisch *nicht* in den Film hineinpassten. Kubrick selbst sagte dazu, dass auf dem Gebiet der Musik »Worte nicht besonders relevant sind« (Castle 2005, S. 87). Er nahm laut Harlan auch sonst stets das, was ihm besonders *gut* gefiel (Sperl 2006, S. 251). Wenn Bowman, bevor er stirbt, die Hand zum Monolithen ausstreckt und ihn nicht mehr erreicht, dann erinnert diese Hand im Sterbebett an Michelangelos

Fresko *Die Schöpfung* (Sperl 2006, S. 125). Es gibt also sehr *verschiedene Konnotationen* aus dem Bereich von Religion und Philosophie, und von keiner lässt sich dieser eigensinnige Film *vereinnahmen*. Kubrick war dabei vor allem an dem Wahrheitsgehalt naturwissenschaftlicher Forschung interessiert.

Häufiger ist das Ende von *2001* aufgrund des Ausdrucks des Sternenkindes mit dem Anfang von *A Clockwork Orange* zusammengebracht worden. Und in der Tat ähnelt die erste Einstellung von Alex' Gesicht in *A Clockwork Orange* sehr den Aufnahmen vom sich drehenden Anlitz des Sternenkindes in *2001*. Das ist eine *gewollte Fortsetzung*; Kubrick suchte immer nach Möglichkeiten, seine Filme untereinander zu verbinden. Das *Selbstzitat* ist eine Stilblüte dieses Regisseurs, und er konnte davon ausgehen, dass die meisten Zuschauer in diesem Fall seinen vorherigen Film gesehen hatten. Es gibt weitere Verbindungen zwischen diesen Filmen, beispielsweise wenn Alex später in einen Plattenladen geht und der Soundtrack von *2001* dort steht. In dieser Verknüpfung ist *2001* dann ein Film im Kino, dessen wirklich berühmten Soundtrack man sogar in der Zukunft noch wird kaufen können. Tatsächlich werden beide Filme bis heute oft als Produkte von Nietzsches Philosophie interpretiert (Kappelhoff 2008, S. 174). Das entspricht aber keineswegs den Intensionen seines Regisseurs und auch nicht denen seiner Filme.

Mit anderen Worten: Ich glaube kaum, dass man den Charakter von Alex als eine Fortsetzung des Sternenkindes in *2001* interpretieren kann. Allerdings lässt sich die Brutalität dieses Jugendlichen auf Nietzsches Philosophie beziehen. In dessen Buch *Zur Genealogie der Moral* (1887) verbindet er das Bild des »Barbaren« mit dem Ausdruck von einer »blonden Bestie«, welche das wilde Tier im Menschen in den »vornehmen Rassen«, wie er schreibt, »von Zeit zu Zeit« wieder herauslassen muss (Nietzsche 1988, Bd. 5, S. 275). Und tatsächlich stellt Kubrick durch eine sehr ähnliche Kameraeinstellung von unten, welche Alex zeigt, wie er seine Droogs an einem künstlichen See schlägt, die Beziehung zum Affen her, der mit dem Knochen in der Hand ein Gerippe zertrümmert (Walker 1999, S. 202). Aber Alex kehrt nicht nur *regressiv* zur Gewalt des Primaten zurück, sondern durch seine höhnische Lust daran *pervertiert* er den Ausdruck dieser Kraft zugleich. Es handelt sich hier keineswegs mehr um einen Überlebenskampf, sondern um den Ausdruck libidinöser, sadistischer Gewalt, welche ihm allerdings zugleich die Herrschaft über seine Gefährten sichern soll. In dieser Gestalt kehrt die ganze *Pathologie* von Nietzsches Moralphilosophie wieder, welche im Grunde außerhalb der verbindlichen Kultur des Menschen in einer destruktiven und perversen Form agieren möchte. Wie Lou-Andreas Salomé schrieb, war Nietzsche einfach ein »Sadomasochist *an sich selber*« (Salomé 1958, S. 155f.). Nach dem immer einsamer werden Flug in den Weltraum kehrte Kubrick nun mit seinem nächsten Film zu diesen *Perversionen* auf die Erde zurück.

10. Der destruktive Kobold aus dem Unbewussten: *A Clockwork Orange* (1971)

»Culture seems to have no effect upon evil.«
(Kubrick aus: LoBrutto 1997, S. 356)

Das »New Hollywood Cinema« war in der Zeit, als *A Clockwork Orange* (Uhrwerk Orange) entstand, längst *gestartet* worden und stellte eine neue Entwicklung der Geschichte des moderneren Kinos dar. Werke wie *Easy Rider* (1969) von Dennis Hopper mit Peter Fonda und Jack Nicholson hatten gezeigt, dass es nun möglich war, auch außerhalb der großen Studios erfolgreiche Filme zu drehen. Der Weg für kleine und viel billigere Independent-Produktionen war damit geebnet. Es war nun möglich, auch solche Filme im großen Stil zu vermarkten. Damit einher ging die Auflösung des bisherigen Studiosystems. Wenn später Martin Scorsese in dem Finale von *Taxi Driver* (1976) seinem Publikum als Auflösung der Story ein reines Blutbad erfolgreich anbieten konnte, dann waren Produktionen wie *A Clockwork Orange* wichtige Vorläufer dafür. Das Publikum zeigte sich von der Ausübung purer Gewalt zugleich geschockt und fasziniert. In gewisser Hinsicht ging damit aber auch ein oft beklagter, nicht mehr aufzuhaltender, kultureller *Niedergang* der Filmkunst selbst einher. Das Kino wurde immer mehr zum Ort von Jugendlichen, welche mit diesen Filmen auch bevorzugt angesprochen werden sollten. Kubrick sah diese Entwicklung sehr deutlich und drehte deshalb mit *A Clockwork Orange* sehr gezielt einen *Jugendfilm* mit einem ganz *besonderen* Charakter.

Die kulturelle Revolution der 68er-Bewegung hatte zu diesen Veränderungen in der Darstellung von Sex und Gewalt beigetragen. Diese Welle der »*Aufklärung*« brachte endgültig eine andere Filmsprache her-

10. Der destruktive Kobold aus dem Unbewussten

Stanley Kubrick am Set von A Clockwork Orange. © *Warner Bros. Entertainment Inc.*

vor. Weibliche Erotik wurde nun viel freizügiger im Mainstream-Kino dargestellt, ebenso wie Gewalt jetzt im Detail vorgeführt werden durfte. Hervorragende Filme wie *The Godfather* (1972) bezogen ihren Thrill nicht zuletzt aus einer offensiven Darstellung von sadistischer Gewalt. Und anstatt der noch ziemlich »*hausbackenen*« Marilyn Monroe kamen man nun viel laszivere, weiblichere Typen, wie zum Beispiel Brigitte Bardot, auf die Leinwand. Selbst Alfred Hitchcock führte in seinem absurdesten Krimi *Frenzy* (1972) zum ersten und letzten Mal völlig entkleidete, attraktive Frauenleichen vor und zeigte einen perversen Lustmörder, der eine englische Dame in einer langen Großaufnahme mit seiner Krawatte vor laufender Kamera erwürgte. Die Ironie in der Darstellung ist dabei allerdings unübersehbar. Deshalb kann man *Frenzy* und auch *A Clockwork Orange* wohl durchaus als äußerst *zynische* Reaktionen auf die »*neuen Freiheiten*« verstehen.

Ähnlich wie Fassbinders wenig beachteter, depressiver Film *Niklashauser Fahrt* (1970) oder Jean-Luc Godards *La Chinoise* (1967) ist *A Clockwork Orange* weniger ein Plädoyer als eine eigentümliche Abrechnung mit den gepriesenen *Freiheiten* der Zeit. Zwar nutzte Kubrick begeistert die neuen Mittel, um das zu zeigen, was er in *Lolita* noch nicht hatte zeigen dürfen, aber er tat dies nur, um erneut die Subversion einer perversen, männlichen Begehrenstruktur vorzuführen. *A Clockwork Orange* handelt von einer sexuellen und gewalttätigen Perversion, die ins Reich pubertärer Fantasien gehört. So hält der Film dem *destruktiven* Potenzial der 68-Bewegung durchaus einen Spiegel vor, ohne allerdings dabei ihre *negativen Kräfte* zu unterschätzen oder sie völlig abzuwerten. Immerhin hatte diese Kultur, wenngleich auch aus recht *dubiosen* Gründen, *2001* zum Kultfilm erklärt. Deshalb war es nur logisch, nun umgekehrt einen Film über sie zu drehen. Dabei wurde *A Clockwork Orange* oft falsch verstanden und als ein offenes Bekenntnis zur Zerstörung gesehen, was er keineswegs war. Dass Kubrick eine distanzierte und ironische Haltung gegenüber der damaligen *Jugendkultur* einnahm, ist nur allzu offensichtlich. Trotzdem konnte der Film zum Bestandteil gerade dieser Kultur werden (und ist es bis heute), weil sie ihn wohl oft darauf reduziert hat, dass er ihr Weltbild, wenngleich auch in einer übertriebenen Form, sehr genau vertrat. Kurzum, der Regisseur hatte den Nerv des männlichen, pubertären Weltverständnisses wohl genau getroffen. Schon damals waren aber auch junge, *anspruchsvolle* Popstars wie David Bowie, der bereits *2001* verehrt hatte, offizielle Fans von diesem Film. Bowie spielte während seines Ziggy-Stardust-Konzertes (1972) in London am Anfang, in der Pause und auch am Schluss Musik aus *A Clockwork Orange*. Der Film wurde und blieb ein Kultfilm, der wie kaum ein anderer die ganze Chose männlicher Reifung mit allen ihren katastrophalen Ausfällen in einer drastisch überspitzen Form vorführt.

Die *destruktiven Effekte* des Films sollten mit seinem Regisseur *verbunden* bleiben. Einerseits bahnte er sich damit weiter sehr präzise seinen *eigenen* Weg, andererseits hatte er mit *keinem* Film soviel Ärger wie mit diesem. Dafür gibt es viele Gründe. Zunächst hatte Kubrick nach *2001* ganz andere Pläne gehabt: Er wollte einen Film über das Leben von *Napoleon* drehen. Dieses Projekt konnte, obwohl er zwei Jahre daran gearbeitet hatte, nicht realisiert werden. Es fanden sich dafür im entscheidenden Moment keine ausreichenden Geldmittel mehr, und schließlich gab es bei MGM in der folgenden Zeit einen Wechsel in der Spitze, was eine Umsetzung noch unwahrscheinlicher werden ließ (Ciment aus: Castle 2005, S. 80). Kubrick wechselte daraufhin selbst zu Warner Brothers, die alle seine nächsten Filme produzierten. *A Clockwork Orange* war also so gesehen die *zweite* Wahl.

Terry Southern, welcher die Dialoge von *Dr. Strangelove* so genial verfeinert hatte, gab dem Regisseur bei einem Besuch während der Dreharbeiten von *2001* eine Kopie des Romans von Anthony Burgess, welcher bereits 1962 erschienen war, ohne großes Aufsehen zu erregen (LoBrutto 1997, S. 338). Das Drehbuch wurde von Kubrick zum ersten Mal allein und in *nur* vier Monaten mithilfe eines Computers hergestellt (Castle 2005, S. 80). Der Film wurde in den Kinos dann, wie damals bei Regisseuren seines Formats üblich, als *Stanley Kubrick's A Clockwork Orange* angekündigt. Alle wesentlichen Veränderungen gegenüber dem Roman gingen unmittelbar vom Regisseur aus (LoBrutto 1997, S. 354).

Vermutlich gab es ein kurzes Wechselspiel zwischen dem abgebrochenen Napoleonprojekt, einem Film über den Werdegang eines *erwachsenen* Mannes, der an einem bestimmten Punkt seiner Karriere die Kontrolle verliert, und diesem Film. Einige Gedanken, welche Kubrick eigentlich in einem politischen Rahmen inszenieren wollte, landeten nun in diesem Projekt. Dazu gehörte vor allem die *stilisierte* Darstellung von

A Clockwork Orange (1971)

Gewalt. Der Regisseur hatte nämlich auch in den großen Schlachten des mächtigen Feldherren einen bestimmten Stil gesehen: »Von einem rein formalen Standpunkt aus gesehen, waren die Napoleonischen Schlachten wunderschön, wie riesige Todesballette« (Kubrick aus: Seeßlen 1999, S. 21). Das Problem war, dass aus diesen militärischen Operationen nun private Gewalttaten wurden. *A Clockwork Orange* wurde oft die *»Ästhetisierung von Gewalt«* vorgeworfen (Sperl 2006, S. 151ff.). Tatsächlich verwenden beispielsweise auch alle *»Godfather-Filme«* von Coppola, nur ganz anders eingearbeitet, das Spannungsfeld von Hochkultur und primitiver Gewalt und spielen Opernmusik zu brutalen Morden, die so stets *ästhetisiert* gezeigt werden. Derartige Argumentationen sind also ziemlich absurd. Im Gegenteil: Kubricks Film bemüht sich sogar darum, diese Strukturen viel offener aufzuzeigen und so zu thematisieren.

Trotzdem war der Inhalt von *A Clockwork Orange* viel provokativer, weil Kubrick die Gewalt als libidinösen Selbstzweck zeigte. Wenn seine Droogs (Gefährten) später mit Alex' (Malcolm McDowell) Vorgehensweise nicht mehr einverstanden sind, dann deshalb, weil ihr Anführer mehr Spaß an der Gewalt als am Diebstahl hat. Das ist in *The Godfather* natürlich völlig anders. Hier sind die Motive für die Ausübung von Gewalt allein Rache, Ehre oder die Finanzen. Der Mord ist immer ein Mittel, nie Zweck. Aber für Alex ist Gewalt selbst ein großer Spaß. Der Regisseur wies darauf hin, dass alle Gewaltszenen *nur* mit Musik funktionieren und sich so in *Tanzszenen* verwandeln (LoBrutto 1997, S. 339). Offensichtlich wird dabei ein theatralischer Inszenierungsstil bevorzugt, welcher alle Szenen von Gewalt in einer ballettartigen Form darbietet. Sie sind im Film für den Zuschauer deshalb so *erschreckend* weil Kubrick kein spezielles kriminelles Milieu vorführt, sondern seine futuristische *»street-gang«* einfach auf die Zivilbevölkerung loslässt, welche aber genauso außerhalb von *»law and order«* steht. Der Film ist deshalb so *bedrohlich*, weil die Täter in die Privatsspähre von jedermann vordringen könnten. Es handelt sich dabei um ganz alltäglichen Terror.

Es gab in England innerhalb der massiv-kritischen Reaktionen bei gleichzeitiger allergrößter Popularität einige vor allem jugendliche Sexual- und Gewalt-Verbrecher, die sich unmittelbar auf den Film bezogen, der sie zu ihren Delikten angestiftet haben soll (LoBrutto 1997, S. 368). Solche Behauptungen sind sicherlich genauso unsinnig wie die Bemerkung eines

Hellmuth Karasek, dass Polanskis Ehefrau Sharon Tate deshalb von einer Gruppe Satanisten umgebracht worden wäre, weil er zuvor *Rosemary's Baby* (1968) gedreht habe (Werner 1981, S. 125). Grundsätzlich lehnte Kubrick es auch ab, dass ein Kunstwerk eine solche Macht überhaupt besitzen könnte (Castle 2005, S. 86). Miriam Karlin, die Schauspielern der Catlady im Film, sagte dazu, dass sie nicht glaubt, dass ein normales Subjekt von dem Film zu irgendwelchen kriminellen Taten angestiftet werden könnte (LoBrutto 1997, S. 369).

Kubrick bekam aber selbst auch Drohbriefe, und es war nicht auszuschließen, dass sich ein Verbrechen auch gegen ihn oder seine Familie richten würde. Deshalb bat er, wie seine Frau Christiane Kubrick berichtete, Warner Brothers um Hilfe (Dokumentation, Harlan 2006). So wurde der Film in England 1974 aus dem Verleih genommen. Er durfte dort nicht mehr in den Kinos gezeigt werden und dann auch bis zu Kubricks Tod weder auf VHS noch später auf DVD erscheinen. Der Regisseur und seine Familie wollten in *Frieden* leben. Die vielen Szenen der Gewalt und des sexuellen Terrors in dem Film bereiteten auch seiner Ehefrau Kummer. Einige Szenen machten sie nach eigenen Angaben sogar *physisch* krank (LoBrutto 1997, S. 375). Zugleich nahm aber gerade *A Clockwork Orange* eine ganze Welle von Jugendgewalt vorweg, die sich schon sehr bald in Europa und den USA zeigen sollte. Überhaupt wird der Terror, welcher von Privatpersonen ausgeht, in immer größerem Ausmaß zu einem entscheidenden Faktor von Gewaltausübung in unserer Gesellschaft, weshalb der Film sogar eine zunehmende Aktualität besitzt. Ungewöhnliche Nachfolger wie *Trainspotting* (1996) von Danny Boyle, der in seinem zynischen Humor viel von *A Clockwork Orange* gelernt hat und einen äußerst ironischen Diskurs über den unsinnigen Drogenmissbrauch einiger schottischer Jugendlicher vorführt, zeigen, dass Filme dieser Art unterdessen viel verständlicher geworden sind. Der sehr schräge Humor von *A Clockwork Orange*, der das Gewaltthema stark überzeichnet persifliert, wird inzwischen viel besser verstanden als noch am Anfang der 70er Jahre, wobei es fast nur Männer sind, die den Film wirklich *komisch* finden. Das ist kein Zufall, er handelt schließlich *ausschließlich* von Motiven ihrer Sozialisation.

Ich möchte *A Clockwork Orange*, wie es damals oft geschehen ist, kurz mit dem zur selben Zeit erschienenen Actionfilm *Straw Dogs* (1971) von

A Clockwork Orange (1971)

Sam Peckinpah vergleichen. Dieser Film hatte keinerlei solche Schwierigkeiten. Da erst seit einigen Jahren eine *unzensierte* Fassung vorliegt, ist allerdings die Frage berechtigt, was das Publikum Anfang der 70er Jahre davon tatsächlich zu sehen bekam. *Straw Dogs* (Wer Gewalt sät) wurde ebenfalls in England gedreht und handelt von einem jungen Pärchen, das von einer Gruppe roher Dorfbewohner äußerst gewaltsam bedroht wird. Amy (Susan George) wird dabei von zwei Männern sogar *vergewaltigt*. Charlie Wellert, mit dem Amy ein paar Jahre zuvor ein Verhältnis hatte, kommt in ihr neues Haus, während seine Freunde ihren Mann David (Dustin Hoffman) auf eine Entenjagd eingeladen haben. Wellert wird rasch zudringlich, und Amy wehrt sich. Dann schlägt er sie einige Male, um sie sich gefügig zu machen. Langsam entwickelt sich dabei aus dem gewaltsamen Akt eine unübersehbare Lust der Frau, welche ihr später selbst Angst machen wird. Peckinpah arbeitet dabei mit sadomasochistischen Effekten der Sexualität in einer äußerst zweifelhaften, aber zugleich durchaus *konventionellen* Form. Er stellt, anders als *A Clockwork Orange*, den Vorgang nicht als eine *Perversion* dar, sondern arbeitet sehr geschickt an einer pornografischen, sadistischen Vermittlung des Sexualaktes. Im weiteren Verlauf wird diese Vergewaltigung gesühnt, indem David, obwohl er von der Misshandlung gar nichts weiß, die Männer tötet. In einer besonders bestialischen Form tötet er Wellert, indem er ihn mit einer Menschenfalle geradezu hinrichtet. Die Falle schließt sich um den Hals des Vergewaltigers. Es handelt sich um seine symbolische Kastration. Damit ist alles wieder in Ordnung. Doch welche Haltung nimmt dieser offensichtlich *frauenverachtende* Film dazu ein? Wieso zeigt er die Vergewaltigung von Amy zumindest im Director's Cut so ausführlich? Diese Szene wurde von der ersten Einstellung an, in der man in einer halbnahen Einstellung deutlich Amys Brustspitzen unter ihrem Pullover sehen kann, sehr *gründlich* vorbereitet. Peckinpah inszeniert diese Frau von Anfang an in einer sehr zielstrebigen Form vor allem als ein *erotisches* Objekt. Und geht der Film nicht soweit, dass sie ihrer Vergewaltigung sogar zustimmt? Ist das nicht der Grund, weshalb sich David am Ende von ihr trennen will? Außerdem ästhetisiert Peckinpah die Gewalt, die Charlie Wellert gegenüber Amy ausübt, indem er die zwei Schläge gegen sie in *Zeitlupe* gefilmt hat. Unter der Oberfläche favorisiert der Film, so wie so viele andere, jene *subversive* Struktur, die er am Ende bestraft. Erst Filme wie *The Accused* (1988) von Jonathan Kaplan mit Jodie Foster stellten derartig plumpen und dummen Männerfantasien einen authentischen, weiblichen Charakter gegenüber. Aber *A Clockwork Orange* hatte schon damals ein anderes Konzept.

Kubricks Film unternimmt eine Reise ins Unbewusste des Zuschauers. Doch dieses Mal stehen nicht die narzisstischen Themen wie in *2001* (Paranoia/Größenwahn), sondern die *asozialen* und *perversen* Neigungen auf dem Programm. In *A Clockwork Orange* wird deshalb innerhalb der ersten 40 Minuten die Ausübung einer herausfordernden, sadistischen Gewalt als ein reines Vergnügen gezeigt. Die Szenen sind so drastisch, dass sie beim Publikum einen sehr starken Eindruck hinterlassen. Die gesamte moralische Diskussion des Films handelt ausschließlich von diesem Abschnitt. Kubrick sagte dazu, dass es unbedingt notwendig gewesen wäre, die Brutalität von Alex herauszustellen, »weil es sonst zu einer moralischen Verwirrung im Hinblick auf das hätte kommen können, was die Regierung mit ihm anstellt« (Castle 2005, S. 85). Der Kontext von »*Überwachen und Strafen*« wird für den Zuschauer erst verständlich, wenn er nachvollziehen kann, mit was für einer Art Persönlichkeit er es da überhaupt zu tun hat. Andreas Kilb beschreibt Alex als eine »natürliche Bestie« (Beier 1999, S. 23), und Lars-Olav Beier spricht von einer Welt, die von »unsympathischen, meistenteils aber hassenswerten Figuren bevölkert ist« (Beier 1999, S. 12). Malcolm McDowell sprach selbst von einem Monster (Dokumentation, Harlan 2006). Kubrick hingegen vertrat die Ansicht, dass es sich um eine Figur aus dem kollektiven Unbewussten handele:

> »Betrachtet man die Geschichte nicht im Hinblick auf deren soziale oder moralische Bedeutung, sondern als Ausdruck eines psychologischen Trauminhaltes, kann man Alex als Geschöpf des ›Es‹ betrachten. Er steckt in uns allen. Diese Erkenntnis führt in den meisten Fällen dazu, dass sich das Publikum in ihn hineinversetzt, und dies ist einigen Leuten unangenehm und macht sie sehr ungehalten. Sie sind nicht in der Lage, sich selbst so zu sehen, und sie projizieren ihren Unmut auf den Film« (Castle 2005, S. 86).

Alexander Walker schrieb, dass Kubricks Film uns dazu auffordere, über unsere *Albträume* zu lachen. Für ihn ist dieser Film näher an einem Traumzustand als *jeder* andere Film des Regisseurs (Walker 1999,

A Clockwork Orange (1971)

S. 221). Ich würde sagen, das Bedrohliche und zugleich Besondere an *A Clockwork Orange* ist nicht nur, dass der Film permanent die Linie der persönlichen Distanz arg überschreitet, sondern zugleich auch eine komplett *verzerrte* Weltsicht zeigt, die aus einer solchen Überschreitung resultiert. Kein Film des Regisseurs zeigt durchgängig ein so »*schräges*« Weltbild.

A Clockwork Orange wurde weitgehend an Originalschauplätzen gedreht, welche die nahe Zukunft darstellen konnten. Sie alle befanden sich in der näheren Umgebung von London. Die meisten Drehorte wurden anhand von Zeitungen über Architektur von dem Produktions-Designer John Barry und dem Regisseur gefunden (LoBrutto 1997, S. 344). Nur wenige Orte mussten dann noch im Studio gebaut werden. Dem Film stand nur ein geringes Budget von zwei Millionen Dollar zur Verfügung, was keine andere Vorgehensweise zuließ (LoBrutto 1997, S. 344). Kubrick war auch der Ansicht, dass man sich hier einen größeren Aufwand beim Vorspann sparen könne, weil es wesentlich wichtiger sei, dass das erste *Filmbild* so gestaltet ist, dass es das Interesse des Zuschauers auf sich zieht (Walker 1999, S. 42). Deshalb wurde auf aufwendige und teure Animationen im Vorspann verzichtet. Es werden hier nun nur die Titel schlagartig, ähnlich wie bei Godards Filmen, auf bunten und stets in den Farben wechselnden Tafeln gezeigt. Im Studio wurden die Korova-Milchbar, der Einweisungsraum des Gefängnisses, das verspiegelte Badezimmer und der verspiegelte Flur im Haus von Mr. Alexander gebaut. Diesem Flur kommt eine besondere Bedeutung zu: Er hat Spiegel auf beiden Seiten und auf dem Fußboden ein Schachbrett-Muster. Der Film enthält, wie dann auch *Barry Lyndon*, einige Zoom-Bewegungen, welche von der Großaufnahme in die Totale zurückgehen. Die Räume sind hier meistens sehr klein. Die Verwendung von extremen Weitwinkel-Linsen erlaubte es Kubrick sogar, die *engsten* Räume noch in der Totalen aufzunehmen (Walker 1999, S. 43). Sie zeigen die Personen aber sehr *verzerrt*. Wie üblich wurden alle Dialoge mit extrem kleinen Funkmikrofonen am Set aufgenommen (LoBrutto 1997, S. 346), die der Regisseur von Sennheiser aus Deutschland besorgt hatte. Es wurde auch weitgehend auf echte Lichtquellen mit künstlicher Verstärkung zurückgegriffen. So konnten die Räume immer fast vollständig gezeigt werden. Es wurde nicht synchronisiert, nur der Off-Kommentar von

Alex wurde nachträglich hinzugefügt. Der Film war der erste, welcher das neue Dolby-System zur Rauschunterdrückung in der Postproduktion verwendete (LoBrutto 1997, S. 354).

A Clockwork Orange lässt sich einfach in drei aufeinander aufbauende, narrative Stufen unterteilen:
1. Alex' omnipotenter Rausch der Gewalt.
2. Alex' Aufenthalt im Gefängnis und seine Therapie.
3. Alex' Rückkehr in die Gesellschaft.

Der Film bedient sich dabei einer Kreisstruktur (Jansen 1984, S. 149). In seiner linearen Narration werden fast sämtliche Stationen in einer ähnlichen Reihenfolge *zweimal* durchlaufen. Das Karussell des Begehrens zeigt uns Alex zunächst als Täter und dann als Opfer. Die Symmetrie betrifft hier also zum ersten Mal auch die Handlung. Für *Eyes Wide Shut* wird der Regisseur dieselbe Struktur wählen. Der dritte Abschnitt wiederholt hier den ersten mit negativen Vorzeichen. Aus Alex' sadistischer Omnipotenz wird seine künstlich hergestellte Impotenz (LoBrutto 1997, S. 364).

Obwohl der Hauptdarsteller Malcolm McDowell bereits 27 Jahre alt war, als er für die Rolle des Alex engagiert wurde, inszenierte ihn der Regisseur als einen äußerst *pubertären* Charakter. Kubrick wählte auch sicher deshalb einen älteren Darsteller, um mehr Ausdruck in Gestik und Mimik legen zu können. Auch seine Droogs sind bis auf Pete (Michael Tarn) durchgängig älter als im Film. Kubrick hatte McDowell zuvor in Lindsay Andersons Film *If* (1968) gesehen und war begeistert gewesen von einer Szene, in welcher er in einen Spiegel schaut (Dokumentation, Harlan 2006). Seine sehr innovative und zugleich kontrollierte Performance in Kubricks Film wird bis heute oft *unterschätzt* (Nelson 2000, S. 156). Den deutlichsten Vorläufer für Alex findet man in *The Killing*. Die Figur des gestörten Nikki (Tim Carey), der ein Pferd auf der Rennbahn erschießt, enthält bereits sehr viele Elemente einer derartigen böswilligen Persönlichkeit. Aber Alex hat auch eine deutliche Ähnlichkeit mit Laurence Olivier als Crassus in *Spartacus*. In einer Szene zeigt ihn der Regisseur auch in einer römischen Uniform.

Kubrick verglich Alex in einem Interview des *Rolling Stone Magazine* mit Richard III. von William Shakespeare. Beide Figuren arbeiten in der

Imagination des Zuschauers in derselben Weise (LoBrutto 1997, S. 338). Die völlige Ehrlichkeit und Intelligenz von Richard III. und Alex führt dazu, dass der Zuschauer sich mit ihnen unbewusst *identifiziert*. Und sehr präzise hat der Regisseur auch erläutert, wie sich Alex dabei in das Unbewusste des Zuschauers schleicht:

> »Meiner Ansicht nach ist der gleiche psychologische Mechanismus auch in Shakespeares *Richard III.* wirksam. Für Richard dürfte man nur Abneigung empfinden; wenn die Figur allerdings gut gegeben wird, mit Humor und Charme gespielt wird, schleicht sich beim Zuschauer allmählich eine ähnliche Identifizierung mit der Titelgestalt ein. Nicht so sehr deshalb, weil man den Ehrgeiz oder die Handlungen Richards gutheißt oder weil man ihn sympathisch findet, weil man als Zuschauer der Meinung wäre, die Menschen müssten sich so verhalten wie Richard, sondern weil er allmählich ins Unbewusste des Zuschauers vordringt und dort auf seinesgleichen trifft« (Ciment 1982, S. 162).

Richard III. gibt gleich zu Beginn seines Dramas in einem langen Monolog zu, dass für ihn aufgrund seiner *Hässlichkeit* die Liebe nicht in Betracht kommt. Ihm, der von der Natur betrogen wurde, »entstellt, verwahrlost« und zu früh geboren, hinkend und von den Hunden angebellt, bleibt nur die Möglichkeit, »ein Bösewicht zu werden« (Shakespeare 2006, S. 823). Es ist diese Art von offensiver Bösartigkeit, die auch Alex in seinen Off-Kommentaren betreibt, welche ihn mit dem Zuschauer verbündet. Laut Kubrick ist Alex »die absolute Personifikation des Bösen. Andererseits hat er auch positive Merkmale, wie Offenheit, Witz, Intelligenz und Energie« (Duncan 2003, S. 129). In einer ersten Verfilmung von *A Clockwork Orange* waren zunächst in der Mitte der 60er Jahre tatsächlich die *Rolling Stones* als Darsteller geplant. Mick Jagger sollte dabei Alex und die anderen Stones seine Droogs spielen (LoBrutto 1997, S. 337). Es war diese Band, welche die Ansicht Freuds vertrat, dass das Destruktive als ein Teil der eigenen Triebstruktur zu begreifen ist. Unter Jean-Luc Godards Kamerauge hatten sie diese Meinung in ihrem berühmten Song *Sympathy for the Devil* (1968) längst deutlich ausgedrückt. Hinter Kubricks Stellungnahme verbarg sich eine ähnliche Ansicht.

Alex' Hut und sein extrem körperlicher Ausdruck erinnern an die Helden aus Stummfilmen, die oft ein ähnliches unverhohlenes, sadistisches Interesse haben. Kubrick sprach in einem Interview auf die Frage nach seinem Aufnahmestil auch direkt von *Chaplin* (Castle 2005, S. 88). *A Clockwork Orange* enthält ähnlich wie Chaplins Filme sehr lange, weitgehend ruhige Einstellungen, die sich völlig auf die Darstellung des Schauspiels konzentrieren. Die meisten Schauspieler spielen stark übertrieben und gehen dabei an die Grenzen ihrer Ausdruckskraft. Sie sind »*over the top*«, wie man sagt. So umfassend wie nie zuvor suchte Kubrick nach einem völlig *exzentrischen* Ausdruck, der in seiner schrillen, bizarren Form den konventionellen Rahmen der Darstellung sprengte. Quilty in *Lolita* und Turgidson in *Dr. Strangelove* waren nur harmlose Vorbereitungen gewesen auf das, was den Zuschauer nun an dubiosen Charakteren erwartete. Die sogenannte »crucial rehearsal period«, in welcher der Regisseur die letzte Version zusammen mit den Schauspielern erarbeitet, trägt hier zum ersten Mal besonders reiche Früchte (Walker 1999, S. 204). Das Thema verlangte danach.

Denn *A Clockwork Orange* lässt sich vor allem als eine Studie über einen jungen Mann mit einer erheblichen *Charakterstörung* deuten, welcher mit einer Verhaltenstherapie längerfristig wohl kaum beizukommen wäre. Der Ausgangspunkt für Alex' schwere Störung ist eine offensichtlich *perverse* Sexualität, die um den Besitz des Phallus als aggressives, omnipotentes Attribut kreist. Diese Fantasie geht aber ursprünglich von der Allmacht der Mutter aus (Lacan 2007, S. 197f.). Die völlig *kitschige* Wohnung seiner Eltern und vor allem die Kleidung seiner Mutter (Sheila Raynor) legen eine perverse Pathologie durchaus als eine gesellschaftliche Verirrung nahe, die hier vor allem die unteren Klassen betrifft. Auch stellen seine Eltern augenscheinlich keinerlei Autorität für ihren bösartigen Sohn dar. Die Kleidung der Mutter ist dabei nicht *nur* futuristisch, sondern im Gegensatz zu der des Vaters hat sie etwas von der *Geschmacklosigkeit* überbetonter Erotik von Transvestiten. Sie trägt in wechselnden Farben Perücken und dazu *knallrote* Stiefel. Besonders in der letzten Szene, wo seine Eltern Alex im Krankenhaus besuchen, die er respektlos nur mit ihren Initialen »Pee« und »Em« anspricht, sind der knallrote Regenmantel und die ebenfalls lacküberzogene Mütze der Mutter, die aus dem Fetisch-Milieu stammen, sehr auffällig. Der Vater hingegen trägt hier wie auch sonst einen bunten Anzug, der auch seine Seriosität in Frage stellt, und dazu eine der damals üblichen sehr breiten

A Clockwork Orange (1971)

Krawatten. Es handelt sich bei ihm um einen schüchternen, ehrlichen Mann. Auch die Mutter wirkt durchgehend freundlich und ist sehr nett zu ihrem ungezogenen Sohn. In einer weiteren gedrehten, aber entfallenen Szene gab es drei ältere Damen zu sehen, welche ebenfalls mit farbigen Perücken gezeigt werden sollten (Castle 2005, S. 427). Es handelt sich also weniger um die Geschmacklosigkeit einer Person als die einer Schicht. Alex ist ein sehr cleverer und durchaus intelligenter, junger Mann. Seine »sadistischen Clownspossen« (Walker 1999, S. 203) und seine krasse Unverfrorenheit sind aber Ausdruck einer fehlgeschlagenen Erziehung.

Diesem einfachen Milieu, das mit kitschigen Effekten herausgestellt ist, wird ein staatliches gegenübergestellt. Die Ärztin Dr. Branom (Madge Ryan), welche Alex auf seine Konditionierung vorbereitet, trägt beispielsweise *keine* Perücke. Auch die Ehefrau von Mr. Alexander (Adrienne Corri) hat zwar einen knallroten Bodystocking an, der in der Farbe an die Kleidung von Alex' Mutter erinnert, ist aber kaum geschminkt und trägt ebenfalls keine Perücke. Die weibliche Freundin des Schriftstellers, die Alex später verhört, ist weder geschminkt noch trägt sie auffällige Kleidung oder künstliche Haare. Die Psychologin (Pauline Taylor) hingegen, welche Alex am Ende im Krankenhaus einem Test unterzieht, trägt eine blaue Perücke. Sie lacht auch nur über seine unverschämten und boshaften Antworten, welche die völlige Wiederherstellung der Ausführung seiner *destruktiven, asozialen* Kräfte anzeigen. Die Darstellung des Weiblichen kippt also immer dann auf die künstliche, artifizielle Seite, wenn es um jene *perverse* Form des Begehrens geht. Die beiden Mädchen, welche Alex im Plattenladen kennenlernt, sehen ganz normal aus. Hier sind es ihre farbigen Lutscher, an denen sich *für* Alex ein perverses Interesse zeigt, welches aber bei den Mädchen gar nicht existiert. Der drastischste Ausdruck eines rein synthetischen Frauenbildes bieten *die Puppen* in der Korova-Milchbar. Sie tragen ähnliche bunte Perücken wie Alex' Mutter. Und der Milchautomat namens Lucy, aus dem sich Dim (Waren Clark) sein Getränk holt, ist der Gipfel einer völlig dekadenten und verachtenden Vorstellung von maschineller Weiblichkeit als einem rein materiellen Fetisch. Der weibliche Körper wird dabei zum Automaten, Möbelstück und zur Dekoration umfunktioniert.

Das Synthetische wird in dem Film besonders durch die Musik betont. Kubrick hatte Walter Carlos, aus dem dann die transsexuelle Wendy

Carlos wurde, engagiert, klassische Musik in seinem Moog-Synthesizer umzuarbeiten. Carlos hatte dieses Gerät zusammen mit dessen Erfinder Robert Moog entwickelt und bereits einen großen Erfolg mit dem Album *Switched-on Bach* (1968) errungen. Die kalten Sounds aus dem Synthesizer nahmen den alten Kompositionen jede Natürlichkeit und leisteten jenen *Transfer* in eine künstliche und bedrohliche Welt, die der Regisseur in diesem Film als Grundton angelegt haben wollte. Hatte Kubrick in *2001* klassische Musik für futuristische Bilder eingesetzt, um so ironisch die zukünftige Technik mit der Vergangenheit zu verbinden, so ließ er jetzt umgekehrt diese Musik verfremden, um in einer baldigen Zukunft den Schrecken einer *pervers* durchgestalteten Welt spürbar werden zu lassen. Als ein *Leitmotiv* kann dabei wohl der von Wendy Carlos für Synthesizer umgearbeitete Marsch aus Henry Purcells Oper *Funeral Music of Queen Mary* angesehen werden. Er betont düster und bedrohlich die *coole* Geisteshaltung, welche vor allem zu Alex brutalen Ausschreitungen gehört. Diese *unterkühlte* Musik erklingt in wichtigen Passagen des Films: unter anderem im Vorspann und während der Einleitung in der Milchbar, bei der Vergewaltigung, beim Streit zwischen Alex und Dim, wenn Alex Heilung vorgeführt wird und wenn er von seinen ehemaligen Droogs fast ertränkt wird. Es handelt sich um ein kaltes *Machtmotiv* (Sperl 2006, S. 134), welches die sadomasochistische Komponente des Inhalts betont.

Den Auftakt des Films bildet ein langsamer Zoom rückwärts. Er beginnt auf Alex' Gesicht und zeigt dann seine Droogs und schließlich den Ort, an welchem sie sich befinden. Sie sitzen alle nebeneinander in einer Reihe auf einer Bank. Der Ort um sie herum mit den Puppen zu beiden Seiten ist völlig symmetrisch. Es handelt sich um eine »*Milchbar*«. Dass sie tatsächlich noch Milch trinken, zeigt, dass sie vor einer nicht allzu langen Zeit noch kleine Kinder waren. Allerdings gibt es einen Zusatz: das Getränk heißt »milk-plus«. Es sind Drogen beigemixt. Das Getränk ist also nicht nur infantil, sondern auch pubertär. Die Wimper, welche sich Alex unter sein rechtes Auge geklebt hat, ist bereits das erste Indiz einer perversen Neigung. In ihrer speziellen Kleidung setzt sich der eigenwillige und brutale Ton fort, den auch die kalte Musik vermittelt. Der Bowler und die Hosenträger sind Attribute der Vergangenheit und symbolisieren die konventionelle, englische Tradition. Der Spazierstock, welchen Alex sich von Chaplin geborgt haben könnte, ist aber zugleich auch seine Waffe. Aber die besondere Betonung der Genitalien durch eine Art Gummischutz und später auch seine Maske haben eine besondere Bedeutung. Beide symbolisieren den Phallus. Die lange Nase aus Gummi, welche er aufsetzt, als er zur Vergewaltigung ansetzt, zeigt deutlich an, dass Alex glaubt zu besitzen, was er nicht haben kann – den Phallus, der für ihn der Ausdruck einer gewaltsamen Omnipotenz ist. Und deshalb versteht er den Sexualakt nicht als *reziprokes Begehren*, welches davon handelt, die Lust der Frau zu erwecken, also ihr Begehren zu begehren, sondern als egozentrische Masturbation, die nur von *»the old in-out, in-out«* handelt. Alex begehrt wie ein Automat vor allem maschinell. Er ist ein *böser* Pinocchio mit einer zu langen Nase, welcher in den Frauen vor allem die Puppen seiner Lust, aber keine Menschen sieht. Diese Mechanik betrifft genauso sein eigenes Verhalten, welches mit den strengen Abrichtungen durch einen militärischen Code, wenngleich auch *ironisch*, sehr gut zurecht kommen wird. Dieses Motiv nahm Kubrick übrigens in *Full Metal Jacket* später viel umfassender wieder auf.

Anders als Humbert Humbert projiziert Alex den Fetisch *nicht* in den weiblichen Körper, sondern er besitzt ihn selbst. Die Augenwimper verrät ihn. Sie ist ein Zeichen seiner eigenen *Transvestie* (Lacan 2007, S. 194). Die exzentrische Ausstellung des phallischen Attributs als Zeichen einer sadistischen Macht ist das, was seinen Charakter ausmacht. Mit dem ihm eigenen Humor wird Kubrick später zeigen, wie Alex im Gefängnis von einem Homosexuellen belästigt wird, den er in einem Off-Kommentar wiederum sofort *als Perversen* abstempelt. Das Männerbündnis zwischen Alex und seinen Droogs basiert auf zwei Dingen: Aggression der Männer untereinander und die gemeinsame Erniedrigung der Frauen, ihre Herabsetzung zu rein sexuellen Automaten. Alex hat keine Ahnung davon, was das Begehren einer Frau ist, und er möchte davon auch gar nichts wissen.

Der Obdachlose (Paul Farrell), den er und seine Droogs dann verprügeln, wird wegen seines Alters gehasst (Nelson 2000, S. 143) und wegen seiner Verwahrlosung verdroschen. Alex' vornehmer *ästhetischer* Blick duldet keine solche *Loser-Haltung*. Sie widerspricht seinem Weltbild einer vitalen, geschlossen Männlichkeit, die keinen Makel hat. Ihre Geschlossenheit erhält sie durch pure Gewalt nach außen. Bald schon bekommt auch Dim seinen Stock zu spüren, als er ihn beim Genuss von Beethoven-Klängen stört. Seine Ansichten über Ästhetik bilden die intellektuelle Grundlage seiner Perversion. Alex' Verhalten funktioniert aber nur als Kunstgriff, als Theater, als Täuschungsmanöver. Deshalb legt er soviel Wert auf Kunst. Seine Maske und die seiner Droogs enthalten Elemente der *commedia dell' arte* und knüpfen so unmittelbar an die europäische Theatertradition an.

Der dann folgende Kampf mit Billy Boy (Richard Connaught) und seiner Gang, die gerade dabei sind, eine junge Frau zu vergewaltigen, findet nicht zufällig in einem leeren Theater statt. Denn es handelt sich nicht um eine gewöhnliche Rauferei, sondern um eine Aufführung, ein Ballett der Gewalt, welches perfekt auf die unterlegte Musik von Rossinis Ouvertüre *Die diebische Elster* abgestimmt ist. Akrobatische Aktionen wie Bocksprünge bestimmen dabei fast mehr die Szene als echte Gewaltszenen, die für Alex ohnehin stillos und damit viel zu profan wären. Dass Billy Boy dabei eine Nazi-Flieger-Mütze und ein Hakenkreuz trägt, dürfte den »*spirit*« seiner Gang deutlich werden lassen, die durchgängig im Militär-Look gekleidet ist. Aber auch dies sind Attribute einer Inszenierung, die der von Alex und seinen Droogs nicht unähnlich ist. Die gesamte Szene wurde in einem alten Casino auf Tagg's Island gedreht, wo auch Chaplin mit Fred Karno gearbeitet hatte.

Dann folgt eine Fahrt, bei der Alex und seine Droogs in einem Auto durch die Nacht rasen. Wie auf einem Foto sind sie als ein lebendiges Stillleben in den Wagen drapiert. Zeigte sie Kubrick bereits am Anfang in der Milchbar wie in einem Tableau, so setzt sich diese stets auf ein geordnetes Gefüge gerichtet Komposition nun fort. Wie Roland Barthes treffend beschrieben hat, war bereits die perverse Praxis des Marquis de Sade von einer Ordnung beherrscht, welche sich auf das Arrangement von Menschengruppen richtet (Barthes 1988, S. 50). So wird die Konstruktion einer künstlichen Anordnung stets betont. Der gezeigte Korridor ist eine Mischung aus Theaterbühne und Rückprojektion. Lediglich die Autos, welche ihnen ausweichen müssen, sehen echt aus. Mithilfe der Filmtechnik wird Kubrick im ersten Teil ganz gezielt die Filmbilder selbst in auffällige, ästhetische Formen bringen. Fast immer fällt dabei der gewählte Filmtrick ins Auge. Hier ist es die Rückprojektion, später werden auch Montage, Zeitlupe und Zeitraffer nicht als *unsichtbare*

Filmtricks, sondern gezielt als Elemente der Narration eingesetzt. Der virtuelle Habitus in der Handlung wird so auch durch die Filmtechnik stets herausgearbeitet.

Das Schild »home«, das an der Stelle ins Bild kommt, wo die Bande dann anhält und aussteigt, gibt es bereits im Roman. Durch dieses Schild wird das Haus von Mr. Alexander (Patrick Magee) mit dem Elternhaus von Alex verknüpft. Die folgende »ultra-violence horror-show« ist zweifellos die brutalste und verstörendste Sequenz des gesamten Films. Burgess schrieb den Roman aufgrund einer schlimmen Erfahrung während des Zweiten Weltkrieges. Seine schwangere, erste Frau wurde damals in London von vier amerikanischen Deserteuren überfallen und sexuell missbraucht. Sie verlor dabei ihr Kind. Die Folge waren Depressionen und ein Selbstmordversuch (LoBrutto 1997, S. 336). Die Szene basiert also auf einem tatsächlichen Vorfall, wurde aber von Burgess und dann nochmals von Kubrick umgearbeitet. Während er das Drehbuch schrieb, hatte Kubrick auch keine Gelegenheit, mit Burgess über dessen Roman zu sprechen (Castle 2005, S. 85).

Das erste entscheidende Moment, das Kubrick nun sehr präzise inszeniert hat, ist, wie Alex und seine Bande *in* das Haus gelangen. Die Schwelle, welche er jetzt überschreitet, ist sehr ausgeklügelt in Szene gesetzt worden. Schon die Türklingel von Mr. Alexander enthält eine kurze Phrase aus Beethovens *Fünfter Symphonie*. Dass Beethoven in dem Film an vielen Orten auftaucht, verstärkt den Eindruck einer Traumstruktur. Es dauert eine ganze Weile, bis Mrs. Alexander auf Anraten ihres Mannes Alex tatsächlich hereinlässt. Der Spiegelflur, der als Raum dieses gewalttätigen Übergriffes verwendet wurde, zeigt, dass es sich um das exakte Gegenteil einer Begegnung handelt. In dem kurzen Augenblick, als Alex diesen Flur betritt, ist er gleich *dreimal* im Bild zu sehen, weil er auch in beiden Spiegeln auftaucht. Die Spiegel wiederholen die bereits zuvor erzeugte Symmetrie in der Korova-Milchbar (Nelson 2000, S. 149). Die Täter begegnen sich in diesem Flur also vor allem selbst. Was dann folgt, ist an schriller Brutalität schwer zu überbieten und hat durchaus einen traumatischen und völlig unwirklichen Charakter. Die hohe Geschwindigkeit, mit welcher die Täter nun ohne alle Umschweife zur Sache kommen, ist dabei sehr wichtig.

Bei den Dreharbeiten dauerte die Aufnahme dieser Szene hingegen sehr lange. Kubrick fragte McDowell nach drei Tagen, in denen die Sequenz nicht funktionieren wollte, ob er *tanzen* könne. Es war also die Verquickung mit der Musik, die auch dieser Szene ihren besonderen Ausdruck gab. McDowell fiel ein fröhlicher Song aus seiner Kindheit ein (LoBrutto 1997, S. 366). Er steppte jetzt zu *Singin' in the Rain* und grölte den Song dazu. Dieser Song, der im Abspann dann in der Originalversion erklingt, lieferte den Schlüssel zur Inszenierung dieser drastischen Szene. Denn ein absurderer Gegensatz ist kaum denkbar. Alex und seine Droogs verwüsten eine Wohnung, schlagen und treten die Bewohner, vergewaltigen eine Frau, und er singt dazu dieses harmonische Liebeslied aus einem Hollywoodfilm. Und Dim wiederholt seine Sätze, die ihren Höhepunkt finden in dem Satz: *»I am ready for love«*. Der Song wurde eigentlich von Gene Kelley in dem gleichnamigen Musical von 1952 gesungen. Es war von MGM produziert worden. Kubrick benutzte diesen Kontext, um einen möglichst großen Gegensatz zu schaffen. Die berühmte Szene des Muscials, in der ein verliebter Mann durch den Regen hüpft, wurde so exakt mit ihrem Gegensatz verbunden. Und Alex singt nicht bloß, er steppt dazu und rhythmisiert so alle seine brutalen und gewaltsamen Bewegungen. Die ganze Szene ist aber so schrill aufgezogen, dass zumindest der männliche Zuschauer schwankt, ob er über die absurde Darstellung lachen oder über die gnadenlose Brutalität ihres Inhalts erschreckt sein soll. Und genau auf diese *Ambivalenz* will der Regisseur hinaus, welcher den Zuschauer sehr bewusst mit seiner unbewussten, agressiven Seite vertraut macht. Dabei lässt er gleichzeitig keinen Zweifel an der *Pathologie* dieses koboldhaften, destruktiven Protagonisten. Wie in *2001* beim *Donauwalzer* wird sehr bekannte Musik zusammen mit ihrem Kontext in ein gänzlich anderes Feld übertragen, um so eine Aussage zu formulieren, welche eine bisherige Erfahrung mit dieser neuen in Beziehung setzt. Diese heftige Kombination schuf eine gefühlsmäßige Verwirrung, die sehr lange anhält. Der Zuschauer wird darin zum Täter und ist Opfer zugleich. Das alles ergab sich aber erst bei den Proben. Wie McDowell sich ausdrückte: »It never could have been written« (LoBrutto 1997, S. 366).

Der am Schluss gewählte, niedrige Blickwinkel und der extreme *»fisheye-filter«*, mit dem Alex vor Mr. Alexander und dem Zuschauer steht, bilden den Höhepunkt und Abschluss dieser Sequenz, die auch visuell durch die entsetzten Gesichter der Opfer mit den Gummibällen im Mund an der Grenze des noch Erträglichen gestaltet ist. Dann, wenn Alex Mr. Alexander auffordert, zusammen mit dem Zuschauer der grausamen Vergewaltigung seiner Frau zuzusehen, setzt er sich endgültig in einer äußerst provokanten Art über filmische Formen, wie sie in *Straw Dogs* verwendet werden, hinweg. Die Szene bricht dann auch ab, bevor die Vergewaltigung überhaupt beginnt. Die gesamte Sequenz ist sicherlich fürchterlich, aufwühlend, niederträchtig und vieles mehr, aber eines ganz sicher nicht: *erotisch*.

Dann sieht man Alex in seinem Zimmer zuhause, wie er Beethovens *Neunte Symphonie* hört und dazu ein Ballett von vier Christus-Statuetten im Rhythmus tanzen sieht. Da die vier nebeneinander stehenden Statuetten sich selbst nicht bewegen, wird die gesamte Dynamik hier nur durch den Schnitt erzeugt (Sperl 2006, S. 149). Sie ähneln in ihrer Symmetrie den Puppen in der Korova-Milchbar. Hier hat Kubrick sehr offensichtlich den Schnitt der Bilder völlig nach dem Rhythmus der Musik gestaltet (Sperl, 2006, S. 240). Die Szene zeigt, welches Verhältnis Alex zum Leiden anderer einnimmt. Dazu durchlaufen dann die Bilder provokativer Zerstörungsfantasien sein Gehirn. Er sieht von unten, wie eine Frau erhängt wird, und kann ihr dabei unter den Rock schauen, dann einige Explosionen von Gesteinsbrocken, welche ein paar Menschen töten, und schließlich sieht er sich selbst mit blutverschmiertem Mund als Vampir verkleidet. Dracula, der mit einem Kreuz bekämpft wird, liefert aufgrund seiner *verlängerten Eckzähne* ein weiteres Bild für das phallische Attribut, mit dem sich Alex jenseits des Mangels ausgestattet sieht. Weil die Perversion ihren Ursprung in der präödipalen Periode hat (Lacan 2007, S. 228), ist das Verhältnis zur Ethik das einer *Verweigerung*.

Alex hat zwar ein Verständnis der Hochkultur, aber er verweigert es, ihren allgemeinen Sinn anzuerkennen, und interpretiert ihn für seine persönlichen und perversen Zwecke um. Ähnlich wie Nietzsche hört er in Beethovens Musik nur einen *dionysischen, destruktiven* Rausch (Nietzsche 1988, Bd. 1, S. 29). Lacan beschrieb Nietzsches Formel vom Tod Gottes als einen Schutz vor der Drohung der Kastration (Lacan 1996b, S. 33). Kubrick wies in diesem Zusammenhang darauf hin, dass auch die Nazis Beethoven hörten und gleichzeitig Millionen Menschen in die Gaskammern schickten (LoBrutto 1997, S. 356).»Hitler hatte eine

10. Der destruktive Kobold aus dem Unbewussten

Vorliebe für gute Musik, und zahlreiche führende Nationalsozialisten waren gebildete und hochkultivierte Menschen, was allerdings weder ihnen noch anderen viel genützt hat« (Ciment 1982, S. 162). Fortgeschrittene Kultivierung geht nicht unbedingt mit der Entwicklung von reifen, *ethischen* Standpunkten einher. Im Gegenteil: die Perversion bedarf sogar genau so einer Kultivierung wie das gesunde Weltverständnis. Sie ist *ohne* Kultur nicht denkbar.

Allerdings findet sich in Beethovens Musik selbst tatsächlich bereits ein äußerst gewaltsames Moment, welches allerdings nicht unbedingt einen destruktiven Charakter hat. Diese Eigenschaft liegt schon im Charakter des berühmten Komponisten. Sogar Adorno beschreibt Beethoven als einen »*Gewaltmenschen*«. »Zu diesem Gestus gehört das selbst angedrehte, tönende und gewaltsame Lachen und eine bestimmte Neigung zu *explodieren*« (Adorno 1993, S. 56), und diese *schroffe* Art wird auch durchaus in der kraftvollen Musik hörbar. Adorno schreibt in seinem Fragment gebliebenen Buch über Beethoven: »Die Physiognomik Beethovens hat einen wesentlichen Zug am Miteinander des *humanen* Kraftgenies und des unterirdischen Kobolds oder Gnomen« (Adorno 1993, S. 240).

Die Bilder, welche Alex sieht, während er zuhause die *Neunte Symphonie* hört, sind also nicht bloß *konträr* zur Musik, sondern sie rezipieren diese durchaus in einer naheliegenden, wenngleich auch vereinfachten Form. Dabei wird die humanistische Intention der Musik, an welcher gerade in der Neunten durch Schillers *Ode an die Freude* kein Zweifel besteht, in ihr Gegenteil verkehrt. Beethoven wollte eine Freude vertonen, die darin bestand, dass die ganze Menschheit sich im Namen der *Menschlichkeit* verbrüdert (Sperl 2006, S. 147). Diese Botschaft wird von Alex umgedeutet, weshalb man mit Nelson sagen kann, dass er das kulturelle System, in welches einzutreten er nicht wirklich bereit ist, in private Paradigmen umwandelt (Nelson 2000, S. 155). Er hört wie Nietzsche nur die Kraft der Komposition und deutet diese nicht produktiv als Ausdruck der Liebe, wie Beethoven sie gemeint hatte, sondern als pure Freude an der Zerstörung.

Alex' Gewalt basiert auf Gleichheit und Verbrüderung. Er spricht auch gegenüber den Zuschauern von seinen *Brüdern*. Es ist interessant, dass er so ein wichtiges Wort, welches auch in Schillers Ode eine zentrale

A Clockwork Orange (1971)

Bedeutung hat, in seinem Sinne verwenden kann. Das brisante an der Ode ist ja der Ausschluss des Weiblichen, welcher in dem Satz besteht, dass alle Menschen Brüder werden. Alex kann sich so auf eine *demokratische* Tradition berufen, in der Gleichheit und *Brüderlichkeit* allzu eng zusammengefasst wurden. Tatsächlich zögerten die Revolutionäre von 1789 lange, das Wort »Brüderlichkeit« in die Losung der Revolution aufzunehmen. Es tauchte weder in der Erklärung der Menschenrechte, noch in der Verfassung von 1793, noch in der Charta von 1830, sondern *nur* in einem Verfassungszusatz von 1791 auf (Derrida 2003b, S. 87). Tatsächlich aber beginnt »die reine Ethik, wenn es denn eine gibt, bei der achtungsgebietenden Würde des anderen als absolut *Ungleichen*« (Derrida 2003b, S. 89). Laut Burgess verweist der Name A-Lex – nicht bloß wörtlich auf den, der *gegen* das Gesetz steht, sondern ebenfalls auf A-Lex(ikon) als den, der sich seine Sprache selbst schafft (Seeßlen 1999, S. 205). Seine Sprache besteht aus einer Mischung aus den anglo-amerikanischen Sprachen und dem Russischen (Seeßlen 1999, S. 204). Die Sprache, welche Burgess eigens für seinen Roman erfand, hieß *Nadsat*, das russische Wort für jugendlich (Nelson 2000, S. 137). Die Sprachschöpfungen des Romans sind eine *Verweigerung* der sprachlichen Konventionen, wie sie häufig tatsächlich in der Jugendsprache anzutreffen sind. Burgess spielt dabei mit den Wörtern. So heißt zum Beispiel einer von Alex Kumpeln »Dim« von dimmen, was auf seine mindere Intelligenz hinweist. Nadsat wurde im Film anders als im Roman nur zurückhaltend und immer angebunden an die Bilder verwendet. Es wird ausschließlich von den Jugendlichen gesprochen. Diese eigene Sprache, die auf der herkömmlichen basiert, ist vielleicht der deutlichste Ausdruck von einer Umformulierung der kulturellen Tradition zu eigenen Zwecken.

Am nächsten Tag tritt Alex in einem herrschaftlichen, barocken Fantasy-Outfit seinen Gang zum Plattenladen an. Hier schleppt er zwei hübsche Teenager-Mädchen ab und lädt sie zum Musik hören zu sich nach Hause ein. Was dann folgt, ist eine Parodie auf die Vorstellungen seiner *Omnipotenz*. Anders als in Burgess' Roman werden die Mädchen nicht von dem jugendlichen Unhold vergewaltigt, sondern zum *Dauersex* gezwungen. Kubrick zeigt die Sequenz im Zeitraffer, um ihr wiederholendes Moment herauszustellen. Nicht nur, dass diese Szene so jeden *pornografischen* Eindruck verliert, sie wirkt durch die enorme

209

Beschleunigung auch wie eine Sportart am Fließband. Ein weiteres Mal drückt sich so in den *unendlichen* sexuellen Möglichkeiten für Alex die Kastrationsdrohung aus. »But he can't get no satisfaction.« Er kann so nicht zum Genießen gelangen (Lacan 1986, S. 71ff.), deshalb findet sein Begehren hier auch kein Ende.

Alex hält eine Schlange in seinem Zimmer, welche er, wenn er alleine ist, auf einen Ast legt, hinter dem eine gemalte, nackte Frau mit ausgebreiteten Beinen liegt. In dieser Handlung drückt sich am deutlichsten sein Verständnis von Frauen aus. Denn die Schlange ist nicht nur, wie man auf den ersten Blick annehmen könnte und wie Alex glaubt, ein Substitut für *sein* Genital. Sie symbolisiert auch umgekehrt einen weiblichen Phallus, der nun zwischen den Beinen der gemalten Frau auf einem Ast liegt. So wird der Frau der Phallus als ein bereits abgetrenntes Attribut wieder zugesprochen. Die Idee dazu kam ganz allein von Kubrick. Im Roman besitzt Alex keine Schlange, und McDowell hatte sogar Angst vor ihnen (LoBrutto 1997, S. 346).

Der Kunstgriff, sich den imaginierten Phallus der Mutter selbst anzueignen, wird dann beim nächsten Überfall von Alex und seinen Droogs von Kubrick tatsächlich gezeigt. Dieses Mal ist das Opfer eine Kunstliebhaberin, welche zu Beginn der Szene in ihrer Wohnung turnt und dabei ihre Beine sehr geschickt über den Kopf geschlagen hat. Weil sie diese sportliche Haltung einnehmen konnte, engagierte Kubrick dafür Miriam Karlin. Die Frau verfügt anstatt eines Partners oder einer Partnerin (sie wird in der Literatur oft als *lesbisch* interpretiert) über eine große Anzahl von vor allem weißen Katzen, weshalb sie im Roman »Catlady« genannt wird. Auf einem Tisch neben der Tür befindet sich in ihrer Wohnung, neben zahlreichen Pop-Art-Bildern von gemalten Frauen in sexistischen Stellungen, ein großer Phallus aus Plastik. In diesem Symbol lässt Kubrick die gesamte libidinöse, perverse Szenerie kulminieren. Dieser Phallus zeigt nun direkt, um was es eigentlich geht. Und er gehört einer Frau, die in ihrem autoritären Ton Alex sofort verbietet, ihn anzufassen. »Don't touch it. It's very important work art.« Eindeutiger geht es nicht: Die Catlady *vergöttert* dasselbe wie Alex. Sie hat ihrem Interesse einen ebenso distanzierten und kunstvollen Ausdruck verliehen. Alex schlägt, nachdem er bei ihr eingebrochen ist, mehrfach auf dieses *gewaltige* Objekt ein, welches schließlich der wesentliche Ausgangspunkt seines Interesses ist. Es bewegt sich wie beim Beischlaf vor und zurück. Es besitzt genau jene abgetrennte und mechanische Bewegung, die Alex bevorzugt. Dann, als die Catlady zu einer Beethovenbüste greift, um den Eindringling abzuwehren, verwendet er den Plastik-Phallus, hält ihn vor seine Hüften und kämpft mit ihr. Der Kampf hat Ähnlichkeit mit dem Finale in *Killer's Kiss*, der mit Schaufensterpuppen ausgetragen wurde (Nelson 2000, S. 147). Es handelt sich um eine ähnliche Symbolik. Die Catlady und Alex kämpfen aber nicht mehr um eine Frau, sondern in der Tat um den Besitz des Phallus. Er handelt sich um ein so drastisches Symbol, dass die Handlung nicht mehr als bloßer Gewaltakt rezipiert werden kann. Surrealismus und Gewalt gehen hier eine skurrile Fusion ein. Das Verhältnis ist bis zur Grenze des Schlags vollständig in ein komödienhaftes Irreales getrieben (Lacan 1991b, S. 130). Beide Akteure agieren darin übertrieben. Kubricks permanente Überzeichnung in eine humorvolle, groteske Richtung zeigen den traumartigen Charakter an, in denen Phantasmen die Handlungen beherrschen.

Wohl kaum lässt sich diese Darstellung auf eine Diskussion über das Dilemma der *modernen* Kunst, die sich nicht anders als Gewalttat verstehen kann, interpretieren (Seeßlen 1999, S. 196). Die Szene ist vielmehr so grotesk, weil Alex in ihr endlich den stärksten (und damit auch vorerst letzten) Ausdruck für seine Gewalttaten findet. Der zum Kunstgegenstand erhobene Phallus wird darin zum Mordinstrument. Wenn er die Catlady mit diesem Kunstgegenstand erschlägt, erfüllt sich die gesamte Paradoxie der Szene. Aus ihrem Gesicht wird dabei in diesem Moment das Gesicht eines ihrer Bilder, welche an den Wänden ihrer Wohnung hängen. So wird sogar sie selbst zu einem Kunstgegenstand. Alex erschlägt das Muttersubstitut mit ihrem eigenen von *ihm* geraubten Phallus.

Trotz dieser komischen Symbolik ist auch diese Szene absolut gewalttätig inszeniert. Erneut handelt es sich um einen Einbruch in eine völlig private Sphäre. Beide Gewaltszenen, die Vergewaltigung von Mrs. Alexander und auch der Mord an der Catlady, sind mit der Handkamera sehr nah und eindrücklich aufgenommen, sodass eine distanzierte Haltung unmöglich gemacht wird. Ähnlich wie in der Szene zuvor ist es immer zuerst das Angstmoment, welches dann in seiner traumatischen Konsequenz durch die begleitenden, humorvollen und zynischen Motive erleichtert wird. Im ersten Fall war es das Lied aus Hollywood, welches

10. Der destruktive Kobold aus dem Unbewussten

nicht in die Szene passte. Hier ist es der riesige Plastikphallus, der die Szene parodiert.

Nach dieser Tat wird Alex von seinen Droogs verraten, wobei ihn Dim ausgerechnet eine Milchflasche über den Kopf schlägt: ein Zeichen für seine Nähe zur Mutterbrust. Es war Dim, der sich in der Korova-Milchbar bei einer Automatenpuppe namens Lucy milk-plus abgezapft hatte.

Alex wird dann von der Polizei verhaftet. Der Film geht in die zweite Stufe über, in welcher der Gewalttätige sofort die staatliche Gewalt zu spüren bekommt. Alex wird von einem sadistischen Polizisten verprügelt. Dann spuckt ihm sein Bewährungshelfer (Aubrey Morris) ins Gesicht. Als Spartacus Crassus am Ende anspuckt, erschien auf dem Gesicht des römischen Diktators ein leichtes Grinsen. Alex reagiert darauf ganz offensichtlich ähnlich begeistert. Alles, was auf der Ebene sadistischer Erniedrigung liegt, gefällt ihm sogar dann noch, wenn er selbst das Opfer der Misshandlungen ist.

Laut Lacan liefert die Ethik ein stabiles Verhältnis des Menschen zum Realen (Lacan 1996a, S. 30). *A Clockwork Orange* besitzt aber kaum eine moralische Mitte. So gesehen bekommt man immer wieder das Gefühl, man sehe hier einen bösen Traum. Die Weitwinkelobjektive der Kamera verzerren in ihren extremen Nahaufnahmen immer wieder die Gesichter und Räume. In diesem Film gibt es kaum einen Unterschied zwischen krimineller und staatlicher Gewalt. Vielmehr scheint die Totalität der Gewalt von Alex der totalitären Ausrichtung des Staates weitgehend zu entsprechen. Dieser *Spiegel* ist sicherlich eine der größten Provokationen innerhalb der Handlung. Er entspricht aber einer perversen Weltsicht.

Kubrick zeigt nun in Luftaufnahmen eine große Gefängnisanlage, während Alex, wie auch schon zuvor, betont, dass alle Menschen seine Brüder sind. Diese »brotherhood of man« drückt er jetzt so aus: »This is the real weepy and like tragic part of the story beginning, O my brothers and only friends.« Diese komplizenhafte »*Verbrüderung*« impliziert das »wir« der Auserlesenen ganz im Stile Nietzsches (Derrida 2002, S. 61).

Alex wechselt nun seine Kleidung, bevor er ins Gefängnis geht. Er trägt jetzt einen schlichten blauen Anzug und muss auf seine vorherige »theatralische Selbstinszenierung verzichten« (Buovolo aus: Kinematograph 2004, S. 163). Sein Name wird nun ebenso durch eine Nummer ersetzt. »655321« wird dann von einem Militaristen (Michael Bates) im Komandoton delegiert. Dieser stellt von seinem Habitus und Aussehen zweifellos eine Parodie auf das soldatische Empfinden eines Adolf Hitler dar. Der Drehort des Gefängnisses war, wie alle Details in einem Kubrick-Film, das Ergebnis einer akribischen Suche (Harlan aus: Cocks 2004, S. 67). Hier begegnet Alex dem einzigen *anständigen* Menschen in der gesamten Handlung (Ciment 1982, S. 152), dem Gefängniskaplan (Godfrey Quigley). Kubrick führt ihn aber zunächst als einen Sprüche klopfenden Dummkopf ein (Castle 2005, S. 86). Alexander Walker und einige andere haben die Position des Regisseurs mit der Haltung dieses Pfarrers identifizieren können (Walker 1999, S. 214f.; Jansen 1984, S. 147). Man kann aber auch annehmen, dass sich Kubrick aufgrund der massiven Angriffe auf seinen Film hinter der Haltung des Pfarrers *verschanzt* hat. Der Pfarrer ist jedenfalls derjenige, welcher sich sehr deutlich gegen die Therapie ausspricht, die der Staat nun mit Alex anstellen will, um ihn von seinen kriminellen Lastern zu befreien und aus ihm wieder einen brauchbaren Teilnehmer der Gesellschaft zu machen. Der Minister (Anthony Sharp) sucht im Gefängnis nach einem *Versuchskaninchen* für eine neue Methode, Kriminelle umgehend zu therapieren. Kubrick spielt dazu den vierten Marsch aus *Pomp and Circumstances* von Elgar, der so etwas wie die zweite englische Nationalhymne ist, um die staatliche Autorität des Minsters akustisch zu unterstreichen. Die Wahl des Ministers fällt im Gefängnishof auf Alex. Kubrick wird später die Ordensverleihung in *Barry Lyndon* fast genauso inszenieren. In beiden Fällen wird den jungen Männern ins Gesicht gesagt, dass sie nichts taugen.

Im Frühsommer 1945 schrieb der Erfinder der Verhaltenstherapie B. F. Skinner seinen Gesellschaftsentwurf *Walden Two*, der eine zukünftige *aggressionsfreie* Gesellschaft plante (Skinner 1983, S. 5; R. W. Fassbinder wollte diesen Roman verfilmen). Dabei sollen sämtliche aggressiven Impulse in einem tief eingreifenden Erziehungsprozess *umkonditioniert* werden. 1949 schrieb George Orwell *1984*, ein Buch über einen totalitären Überwachungsstaat, in dem ein »*Big Brother*« sämtliche Handlungen kontrolliert. Beide Bücher sind von der Erfahrung totalitärer Staaten, insbesondere eines faschistischen Deutschlands, aber auch eines kommunistischen Ostblocks geprägt. Anthony Burgess hatte Orwell gelesen und Teile seiner Vision eines Überwachungsstaates mit Skinners Theorie eines »*brainwashing*« vermischt. Burgess' Roman enthält die offensive Antwort auf Skinners Theorie der Konditionierung bereits im Titel: *A Clockwork Orange* ist der Mensch, der zu einer organischen Maschine umgeformt worden ist. Doch Alex war ja schon zuvor von dem Konzept einer Erotik-Maschine fasziniert. Die zwei Seiten der Geschichte, die Perversion und ihre nun folgende Verdrängung, fallen also gar nicht wirklich auseinander, sondern sind zwei Seiten einer Medaille. Mit anderen Worten: Die vorherige Freiheit von Alex war gar *keine*, weil sie bereits an die Knechtschaft eines Phantasmas gekettet war. Anstatt nun das *unbewusste* Material des Delinquenten durchzuarbeiten und den Menschen von seinen unmenschlichen Fantasien zu befreien, soll *jetzt* der Grad der inneren Zensur so sehr verstärkt werden, dass ein Ausleben der destruktiven Impulse ihm so unmöglich gemacht wird. Kubrick hielt Skinners Theorie für völlig falsch und fand es offensichtlich, dass sie die intellektuelle Basis für eine repressive Staatsform enthielt (LoBrutto 1997, S. 341).

Der Pfarrer im Film vertritt die Position, dass der Menschen seinen freien Willen behalten muss. Er ist deshalb *gegen* eine Konditionierung, weil ein Gläubiger stets die Wahl zwischen Gut und Böse behalten muss. So sagt er im Roman zu Alex: »You are passing now to a region where you will be beyond the reach of the power of prayer. A terrible, terrible thing to consider« (Burgess 1996, S. 76).

Aber seine Worte haben auch im Film *keine* besondere Bedeutung, weil sich das eigentliche Problem von Alex gar *nicht* auf der Ebene einer Wahl stellt. Wie Richard III. kann Alex *nur* Böse sein. Er hat die Bibel in seinen Privatfantasien zu einem SM-Roman umgearbeitet, in dem er nun davon träumt, als Römer Christus auszupeitschen. Er versteht aber auch gar *nicht*, was in dem Buch tatsächlich geschieht. Er weiß nicht, was mit Beethoven im Allgemeinen verbunden ist und selbst wenn er es wüsste, könnte er es trotzdem nicht verstehen. Alex ist *vor* der Annahme eines Verständnisses der allgemein gültigen Kultur zurückgeblieben. Er befindet sich in jenem Gefängnis der Adoleszenz, in dem seine Entwicklung durch die Perversion für immer vor ihrem Ende abgebrochen und eingeschlossen bleibt. Er kann so weder heiraten noch jemals eine Familie gründen. Die positiv bestimmte Position des Pfarrers beweist aber, dass Kubrick durchaus die Vertreter der Religion in seinen Filmen nicht durchgängig *negativ* gezeigt hat. Ähnlich wie in seinem frühen Kurzfilm *Flying Padre* (1951) hat er den Geistlichen als ehrenwerte Person mit klarem Menschenverstand inszeniert. Nur kann der gewissenhafte Mann nichts ausrichten, weil er Alex' Pathologie nicht durchschaut.

Alex lässt sich freiwillig auf die Konditionierung ein. Sie enthält das Versprechen für ihn, bald wieder *frei* zu sein. Die Szene, in welcher Frau Dr. Branom ihm eine Spritze setzt, welche bei Alex kurz darauf fürchterliche Übelkeit auslösen wird, wurde am ersten Drehtag des Films aufgenommen. Darin zeigt sich auch, wie Kubrick es anstellte, seine Darsteller in den Griff zu bekommen. Die nun folgenden Szenen lassen die eigentliche Leistung des Films erst deutlich werden. Hatte der männliche Zuschauer mit einer Ambivalenz aus offener Abwehr und verstecktem Spaß im ersten Abschnitt eine brutale Szenerie aus Gewalt zu sehen bekommen, so wird jetzt dasselbe Schauspiel in der *indirekten* Form eines wissenschaftlichen Experiments an Alex *wiederholt*. Dabei wird der junge Mann während seiner Therapie in den Kinosessel geschnallt, um den Bildern der Gewalt zusehen zu müssen. Mit weit aufgerissen und festgestellten Augen wird er dazu *gezwungen,* sich die Bilder einer perversen Lust anzusehen. Dazu wird ihm permanent ein Mittel verabreicht, das körperliche Schmerzen in der Form von Übelkeit verursacht. So wird der perverse Lustimpuls *physisch* mit der Übelkeit verbunden. So soll der destruktive Kobold des Unbewussten, das perverse Genießen von Alex, welches *große Triumphe eines bösartigen Willens zur Macht feierte*, gründlich ausgetrieben werden. Es handelt sich um eine Konditionierung, die dem klassischen Akt einer künstlich herbeigeführten *Verdrängung* sehr ähnelt. Alex wird nun, wie jedem hysterischen Subjekt, immer dann schlecht, wenn seine Lüste geweckt werden. Er empfindet Ekel an der Freude, die soweit geht, dass er später aus einem Fenster in den Tod springen will, als er Beethovens *Hymne an die Freude* hört. Überall, wo zuvor eine aus allen Fugen geratene *grenzenlose* perverse Lust war, sind nun nur noch bedrohliche Magenschmerzen. Alex lernt dabei nichts dazu. Er bleibt ein *asoziales* Subjekt, das keine *besseren* Lebensmöglichkeiten kennt. Er wird nicht erwachsen, ihm sind nur alle Zugänge zu seiner destruktiven Lust verstellt worden. Das ist der Grund, weshalb der Zuschauer seine Situation schließlich als *ungerecht* empfindet.

Dabei vermischt Kubrick geschickt fiktive Szenen mit politischen Bildern aus der Geschichte. Alex muss sich während seiner Therapie eine Wochenschau aus dem faschistischen Deutschland ansehen und dazu Beethovens *Neunte Symphonie* hören. Er sagt, es wäre eine Sünde, dass ihm nun auch Beethoven genommen wird, welcher schließlich niemanden etwas zu Leide getan habe. Da Beethovens Musik ein Motor seiner Gewaltfantasien war, heißt die Therapie aber vielleicht sogar deshalb *Ludovico-Experiment*, weil ihm hier der Musikgenuss des göttlichen Ludwig van (im englischen phonetisch identisch mit »fun«) Beethoven abgewöhnt werden soll (Kirchmann 1995, S. 151 u. 153).

Nach der Therapie wird der Delinquent dazu gezwungen, in einer Art Varieté die Schuhe eines Peinigers (John Clive) zu lecken. Diese Szene zeigt nicht anderes als erneut puren Sadismus. Dann kommt eine halbnackte junge Frau mit silbergefärbten Haaren (Virgina Weatherell) auf die Bühne, und Alex krümmt sich vor Schmerzen im Bauch, als er nach ihren Brüsten greifen will. Die Szene zeigt, dass er nun unfähig geworden ist, sich einer Frau sexuell zu nähern. Er spricht von ihr im Off-Kommentar als ein Licht von »heavenly grace«, das über ihn kommt. Aber das *Paradies* seiner Lust ist für ihn verschlossen. Laut Walker erinnert die Szene an ein sadomasochistisches Varieté, »das in Deutschland vor Hitlers Machtübernahme weit verbreitet war« (Walker 1999, S. 218). Die Blicke des verkniffenen, militanten Gefängnisaufsehers, die Kubrick zwischen die Torturen geschnitten hat, welche Alex hier erleiden muss, zeigen, dass zumindest er an diesem Szenario einen derben Gefallen findet. Erneut wird das perverse Geschehen als ein inszeniertes auf einer Bühne vorgeführt, welche Kubrick mit nur einem Verfolgerspot zudem sehr theatralisch ausgeleuchtet hat.

Und damit beginnt die dritte und letzte Stufe. Alex geht nun zu seinen Eltern nach Hause. Dort wohnt unterdessen ein anderer junger, anständiger Mann (Clive Francis). So wird der unliebsame Sohn auf die Straße gesetzt. Kubrick hatte, schon als Alex inhaftiert wurde, aus Rossinis Ouvertüre zu *Guillaume Tell* gespielt. Jetzt, während des Dialogs mit seinen Eltern und beim anschließenden Spaziergang an der Themse, handelt es sich wohl um die *einzige* traurige Szene des gesamten Films. Die schwermütige Cello-Musik unterstreicht diese Stimmung (Sperl 2006, S. 141). Man kann hier deutlich erste Spuren zu *Barry Lyndon* entdecken. Alex ist tatsächlich traurig darüber, kein Zuhause mehr zu haben. Seine *Passion* wird nun unablässig fortgesetzt. Er ist dabei seiner Umgebung völlig schutzlos ausgeliefert. Zunächst trifft er nun auf den alten Obdachlosen, welchen er und seine Droogs am Anfang verprügelt hatten. Dieser erkennt ihn wieder und schon ist Alex von einer ganzen Meute alter, wütender Männer umgeben, die auf ihn einschlagen. Dann erweisen sich die beiden Polizisten, die ihn retten, als seine ehemaligen Droogs. Dim und Georgie waren klug genug, sich der staatlichen Gewalt rechtzeitig anzuschließen, meint Walker (Walker 1999, S. 218). Ich würde hier eher eine weitere Drehung in der perfiden Schraube einer pervertierten Weltsicht erkennen wollen, innerhalb derer Alex' Gefährten, welche ja niemals seine Freunde waren, nun einfach zu einem weiteren Rückschlag ausholen. Wie am Schluss von Kafkas *Prozess* schleifen sie ihn in ihrer Mitte durch den Wald und ertränken ihn dort fast.

Der Film findet dann zu seinem letzten Wendepunkt, wenn Alex sich in der nun folgenden Regennacht völlig durchnässt und schwer angeschlagen der Wohnung des Schriftstellers nähert, dessen Frau er im ersten Abschnitt so brutal vergewaltigt hatte. Mrs. Alexander ist an den Folgen des Vorfalls gestorben. Erneut zeigen der kurze Klingelton mit den Tönen der Beethoven-Symphonie und das Schild vor der Tür, dass er jetzt tatsächlich nach *Hause* kommt. Mr. Alexander hat sich zum Selbstschutz und weil er fortan an den Rollstuhl gefesselt ist, offensichtlich auch eine Folge von Alex' Überfall, einen Bodyguard (David Prowse) zugelegt. Alex wird hereingelassen und als *Opfer* des Umerziehungs-Experiments der Regierung von dem politisch sehr engagierten Schriftsteller sofort identifiziert. Er hatte in den Zeitungen gestanden. Mr. Alexander will ihn als Mittel gegen die Regierung verwenden. Als Alex dann ein Bad nimmt, singt er leichtsinnigerweise erneut lauthals *Singin' in the Rain*. Mr. Alexander erkennt das Lied und die Stimme wieder und ihm gehen vor wildem Hass dabei förmlich die Augen über. Er erkennt Alex dabei ein zweites Mal, und zwar nun als denjenigen, welcher ihn in den Rollstuhl gebracht hat.

Die folgende Sequenz, in welcher er seinem jungen Gast ein Glas Wein anbietet, ist voller bizarrer Komik, weil sich hinter der Freundlichkeit des Gastgebers nun ganz offensichtlich eine massive Aggression verbirgt. Die exzellente Darstellung von Patrick Magee geht an die Grenzen der exzessiven Ausdrucksmöglichkeiten. Schon als er Alex als seinen Täter erkennt, hat Kubrick ihn von unten bibbernd und mit verdrehten Augen im Rollstuhl aufgenommen. Magee war Mitglied der »Royal Shakespeare Company« und hatte in *Krapp's Last Tape* (1958), das Samuel Beckett eigens für ihn schrieb, die Rolle eines 69-jährigen Schriftstellers gespielt, der sein eigenes Leben anhand eines Tonbandes resümiert, welches er 30 Jahre zuvor besprochen hatte. Krapp muss dabei wie Mr. Alexander auf alle *erotischen Freuden* im Alter verzichten. Magee spielt Mr. Alexander als einen gebrochenen, jähzornigen Mann, der nun von seinen eigenen üblen Rachegedanken besessen geradezu in Ekstase gerät. Sein sardonisches Grinsen, als er Alex schließlich dazu treibt, aus dem Fenster zu springen, und das nervöse Zucken, welches sein ganzes Gesicht dabei durchläuft, zeigen einen typischen Choleriker. Er ist ein linker Intellektueller, der gegen die rechten Ideen des Staates in einer *fanatischen* Form rebelliert und dann selbst auf Blutrache schwört. Er braucht nur Beethovens *Neunte Symphonie* als Waffe zu verwenden, damit Alex Suizid begeht. Der perfide Kreislauf der Gewalt wird so in *A Clockwork Orange* perfekt abgeschlossen. Alex springt schließlich aus dem Fenster. Kubrick hat eine alte Kamera in Schaumstoff eingepackt und sie sechsmal vom Dach geworfen, um auch seinen Flug optisch festzuhalten (Castle 2005, S. 87). Die Szene ist aber nur sehr kurz geworden.

Alex landet dann im Krankenhaus und hat wohl beide Beine und mehr gebrochen. Aber er ist von nun an wieder ganz »*der Alte*«. Seine Übelkeit ist weg. Dann besucht ihn schließlich der Minister, welcher nun von ihm mit Vornamen angesprochen werden möchte. Er heißt Frederick, wie er Alex mitteilt. Sein politischer Ruf hat unter dem Suizid-Versuch sehr gelitten, weshalb er Alex erklärt, dass sich nun die Regierung um sein Wohlbefinden persönlich kümmern wird. Der heuchlerische Minister ist nur ein Spielball demoskopischer Verhältnisse und richtet seine Fahne nach der aktuellen Volksmeinung. Das folgende Presseshooting, welches die beiden als engste Freunde zeigt, ist das, was er erreichen will. So enthält *A Clockwork Orange* auch noch eine Kritik an der Oberflächlichkeit der Presse, die sich ja leider häufig sehr einfach *manipulieren* lässt.

Alex, nun wieder ganz auf seiner destruktiven, hämischen Höhe einer perversen Lebenssicht angekommen, wird vom Minister wie ein riesiger Vogel gefüttert. Er öffnet seinen Mund mechanisch ruckartig,

A Clockwork Orange (1971)

um gierig die erhaltene Nahrung darin zu vertilgen (Walker 1999, S. 218). Er braucht gar nicht mehr erwachsen zu werden. Der Staat übernimmt alles für ihn. Dann wird Alex' Blick trübe und der Mund verzerrt sich zu einem dumpfen Grinsen. Er träumt erneut von »*sex and crime*«, dieses Mal in einer schicken, teuren, viktorianischen Umgebung im unschuldigen Schnee. Es sieht aus wie ein Grab, in dem er es mit einem nackten Mädchen treibt. Ja, er ist dem Tod nochmals entkommen. Sein letzter Spruch: »I was cured all right« liefert auch die letzte *Ironie* des Films. Er ist alles andere als gesund. Kubrick hat selbst darauf hingewiesen, dass er dieses Ende so versteht wie den letzten Satz von *Dr. Strangelove*, der behauptet, er könne auf einmal wieder gehen (Ciment 1982, S. 149). Es folgt im Abspann der Original-Score von *Singin' in the Rain* und die weißen Buchstaben auf den bunten Hintergründen vom Anfang.

Der Regisseur schnitt den Film in einem sehr umfassenden, zeitaufwendigen Prozess wie immer selbst (LoBrutto 1997, S. 350). Zugleich *kontrollierte* er zum ersten Mal die technischen Bedingungen der Kinos, in welchen er aufgeführt werden durfte (LoBrutto 1997, S. 364). Damit beaufsichtigte er nun den gesamten Prozess. Es ist interessant, dass gerade *A Clockwork Orange*, der wohl durchgängig die fatalste und pubertärste Weltsicht aller Kubrick-Filme entfaltet, nun ausgerechnet der Film geworden ist, welcher in seinem Werk die größte Popularität besitzt.

11. Die traurige Zeit des Erhabenen: *Barry Lyndon* (1975)

»Barry's father had been bred, like many sons of genteel families to the profession of the law. There is no doubt he would've made an eminent figure in his profession had he not been killed in duel which arose over purchase of some horses.«
(Der erste Kommentar des Erzählers in Barry Lyndon)

Nach *A Clockwork Orange* kam Kubrick zunächst nochmals auf sein Lieblingsprojekt, die Verfilmung von Napoleons Leben, zurück. Er hielt alle bisherigen Filme, einschließlich des berühmten von Abel Gance (1927), für unbefriedigend. Gances Film brach nach dem Italienfeldzug ab, also bevor Napoleons politische Karriere überhaupt anfing. Auch *Désirée* (1954) mit Marlon Brando und Jean Simons, welche die weibliche Hauptrolle in *Spartacus* gespielt hatte, hielt Kubrick keineswegs für ausreichend. Sein Ansatz war ein streng historischer. Er wollte Kostüme, Drehorte, Lichtverhältnisse und geschichtliches Wissen möglichst originalgetreu wiedergeben.

Bereits 1968 hatte er umfassende historische Nachforschungen durch 20 Oxford-Studenten anstellen lassen, die zahllose Napoleon-Biografien zusammenfassten, um einen schnellen Zugriff auf sie zu ermöglichen. Kubrick hatte damals einen Beratervertrag mit dem Professor Felix Markham abgeschlossen und sich die Rechte von dessen Napoleon-Biografie gesichert, die er als Ausgangspunkt für sein Drehbuch verwendete (Castle 2005, S. 121). Der Regisseur leistete vermutlich eine der größten Recherchen der Filmgeschichte und seine Leidenschaft für das Archiv trat bei diesem Projekt besonders umfassend zutage. Es wurden allein 18.000 Abbildungen zusammengetragen, um sich über Napoleon und seine Zeit eine deutliche Vorstellung machen zu können (Magel aus: Kinematograph 2004, S. 158). Er wollte einfach über *alle Informationen*, die es über diesen genialen Kriegsstrategen gab, verfügen.

Stanley Kubrick am Set von Barry Lyndon. © *Warner Bros. Entertainment Inc.*

Burgess schrieb nach dem Erfolg von *A Clockwork Orange* sogar einen Roman, die *Napoleon Symphonie*, der in den vier Sätzen von Beethovens *Dritter Symphonie* das Thema in eigensinniger Weise erzählt (Seeßlen 1999, S. 22). Kubrick wollte ihn aber nicht verfilmen. Zu dem Napoleonprojekt gibt es ein komplett ausgearbeitetes Drehbuch von 1968. Darin erzählt der Regisseur den Aufstieg Napoleons ebenso wie seinen Niedergang nach. Der Korse sollte als leidenschaftlich liebender Mann und noch mehr als Kriegsherr in Szene gesetzt werden. Seine aufklärerische Haltung, die darin kulminiert, dass er dem Papst die Kaiserkrone aus der Hand nahm, um sie sich selbst aufzusetzen, wollte Kubrick durchaus zeigen (Castle 2005, S. 122).

Allergrößter Aufwand innerhalb dieser Verfilmung sollte auf die großen Schlachtszenen gelegt werden. Kubrick plante, ähnlich wie Napoleon, sehr genau die Realisation der Schlachtszenen mit 50.000 Teilnehmern (Castle 2005, S. 123). Die Komparsen sollten dabei großteils mit Papierkostümen ausgestattet werden, welche man auf größere Entfernung nicht als solche würde erkennen können (Duncan aus: Dokumentation, Leva 2007d). Dabei erschien es Kubrick wichtig, nicht bloß die Schlachten, sondern auch *ihre* Planung zu zeigen. Der *Stratege* sollte mehr als üblich in den Vordergrund gestellt werden. Diese Seite des Feldherrn hat bis heute kaum Beachtung gefunden. »Den meisten Leuten ist zum Beispiel nicht klar, dass Napoleon am Vorabend der Schlacht hauptsächlich mit Papierkram beschäftigt war« (Kubrick aus: Castle 2005, S. 122). Das enorme Potenzial dieses Mannes lag also auf einer ausgefeilten Planung und weniger in einem kämpferischen Affekt. Triviale Fragen, wie die Finanzierung seines Heeres oder die präzise Logistik seiner Schlachten, waren maßgeblich für seine Siege. Kubrick hielt ihn für die wichtigste Figur der abendländischen Geschichte. Er interessierte sich sehr für diesen *Schachspieler* auf der Karte Europas, dessen Wirken nach seiner Meinung die Ordnung der gegenwärtigen Welt hervorgebracht hatte (Castle 2005, S. 121).

Zugleich wollte Kubrick aber auch vermitteln, woran und wie dieser militärische Stratege scheiterte. Die Katastrophe von Napoleons Russlandfeldzug sollte ebenfalls ausführlich inszeniert werden. Als ein Spähtrupp bei diesem Feldzug in das verbrannte und leere Moskau vordringt, beschreibt Kubrick den Ort als eine *Geisterstadt*, eine *To-*

tenstadt (Castle 2005, S. 122). Ähnlich wie Bowman in *2001* oder Jack Torrance in *The Shining* landet Napoleon an einem »*toten Ort*«. Mit traumatischen Bildern wollte Kubrick dann den Untergang der französischen Streitkräfte in Russland zeigen, der Napoleons Verbannung nach Elba zur Konsequenz hatte. Seine glanzvolle Rückkehr und seine letzte Schlacht, welche auch der Film *Waterloo* (1970) von dem russischen Regisseur Sergej Bondartschuk mit Orson Welles als König Ludwig XVIII. zeigt, sollten dann den letzten großen Höhepunkt bilden. Im Gegensatz zu Bondartschuk, der auch die russische Version von *Krieg und Frieden* (1967) recht mittelmäßig inszeniert hatte, wollte Kubrick aber diese Schlacht in ein *ganzes* Leben einbinden. Er hätte dafür keinen *theatralischen* Inszenierungsstil wie der Russe gewählt. Kubrick wollte die Ordnung und das Kalkül der Schlachten zeigen, über das man bei dem russischen Regisseur nur wenig erfährt. Kubricks Drehbuch endet mit Napoleons Tod in seiner zweiten Verbannung nach Sankt Helena. Dort erinnert er sich am Sterbebett nochmals an die größte Liebe seines Lebens, an die längst verstorbene Josephine.

Der Film war auf eine Überlänge von drei Stunden angelegt gewesen (Castle 2005, S. 123). Er wäre ohne Zweifel einer der wichtigsten Filme des Regisseurs geworden. Ein gigantisches Monument, das seinen *Spartacus* bei Weitem übertroffen hätte, weil hier Kubrick alle Zügel selbst in der Hand gehalten hätte. Doch auch bei diesem zweiten Anlauf konnte er das Projekt nicht realisieren.

Anstatt dessen drehte er schließlich *Barry Lyndon,* seinen wohl am meisten unterschätzen Film. Es handelt sich ebenfalls um einen Historienfilm, dessen Handlung aber in einer Zeit stattfindet, bevor das Licht der Aufklärung in den Köpfen der Menschen gewohnt hat. *Barry Lyndon* handelt auch vom Leben *eines* Mannes, dessen Schicksal jedoch ein völlig anderes ist. Denn hier entschied sich der Regisseur, anstelle des großen Kriegsmannes, der die Weltgeschichte bestimmt hatte, die Story eines *schwachen* Mannes zu inszenieren, der in einer sehr feinfühligen Art stets eng mit seiner Mutter verbunden blieb. Barrys Vater stirbt früh bei einem Duell, sodass er alleine bei seiner Mutter in nicht besonders wohlhabenden Verhältnissen aufwächst. Die enge, zärtliche Bindung an die Mutter, welche durch den fehlenden Vater zustande kam, ist ein durchgängiges Hintergrundmotiv dieses sensiblen Films.

Barry Lyndon war *kommerziell* gesehen in vielen Ländern ein Misserfolg. Er wurde nicht verstanden. Die große Ausnahme war Frankreich. Wie Harlan mir sagte, wurden in Paris *allein* so viele Billetts verkauft wie in ganz England zusammen. Und auch in den Vereinigten Staaten lief der Film ebensowenig wie in Deutschland. Kubricks *eigensinniger* Umgang mit dem Historienfilm, den er für seine Zwecke erstmal von den Füßen auf den Kopf stellte und mit einer speziellen Faszination für eine damit verbundene tief *melancholische* Haltung ausstattete, konnte an vielen Orten nicht nachvollzogen werden. Nach *A Clockwork Orange* hätte man von Kubrick sicher einen Film über Napoleon erwarten können, aber mit dieser Art von *Trauerarbeit*, die er wohl in einer einzigartigen Weise gegenüber dem *alten Europa* aufbrachte, hatte niemand gerechnet. Napoleon wäre der Versuch geworden, der Neuordnung Europas beizuwohnen. *Barry Lyndon* wurde der melancholische Abschied von einer Welt, die es so schon lange nicht mehr gibt.

Vor seiner Veröffentlichung wurden alle Informationen über dieses Projekt strikt *geheim* gehalten. Es waren nur die beiden Hauptdarsteller bekannt (LoBrutto 1997, S. 383). Kubrick wählte die 25-jährige Marisa Benson, die ihm zuvor in *Cabaret* (1972) so gut gefallen hatte, für die weibliche Hauptrolle. Sie sollte sich einen Sommer lang von der Sonne fern halten, um jene noble Blässe zu bekommen, welche ihre Darstellung von Lady Lyndon erforderte (LoBrutto 1997, S. 385). Der männliche Hauptdarsteller war der damals 34 Jahre alte Ryan O'Neal, der zuvor vor allem in *Paper Moon* (1973) zusammen mit seiner leiblichen Tochter Tatum O'Neal sehr erfolgreich gewesen war. O'Neal spielte dort einen sehr weichen Mann in einer Vaterrolle.

Kubricks Verfilmung handelt vom zweiten Roman von William Makepeace Thackeray *Die Memoiren des Barry Lyndon* (1844). Außer Literaturwissenschaftlern kannte fast niemand dieses Buch (Walker 1999, S. 232), deshalb musste er *keine* Literaturverfilmung im engeren Sinne vornehmen; der Film würde keinem Vergleich mit dem Roman ausgesetzt sein. Der Regisseur schrieb, wie auch schon bei dem vorherigen Film, das Drehbuch selbst. Kubrick änderte vor allem den Schluss und die Erzählperspektive. Innerhalb der *minimalen* Handlung dieses Films leitet sich jede Situation, in die der Hauptakteur gerät, *fatal* aus der vorangegangen ab (Pauli aus: Jansen 1984, S. 270). Da der dreistündige Film aus einer *retrospektiven* Erzähl-Haltung geschildert wird, bietet es sich an, seinen Inhalt zunächst kurz nachzuerzählen:

Der erste Teil beginnt mit einer kurzen Szene, in welcher man aus einiger Entfernung sieht, wie Barrys Vater bei einem Duell erschossen wird. Dann erfahren wir von den Absichten seines Sohnes Redmond Barry (Ryan O'Neal), welcher sich etwa in der Mitte des 18. Jahrhunderts in Irland in seine Cousine Nora (Gay Hamilton) verliebt hat. Nora, die mit dem halben Dorf eine Affaire hatte, versucht, auch den schüchternen, jungen Mann zu verführen. Dann soll sie aber den englischen Besatzer Captain Quin (Leonard Rossiter) heiraten, der ihrer Familie wieder zu Vermögen verhelfen kann. Der trotzige, junge Barry legt sich wegen Nora mit Quin an und fordert ihn zum Duell. Bei diesem wird ihm vorgetäuscht, er habe Quin erschossen. Barry muss fliehen. Er wird schon bald von zwei sehr *höflichen* Straßenräubern überfallen und ausgeraubt. Nun mittellos, tritt er deshalb in die englische Armee ein. Nach einer kurzen Ausbildung, bei der er sich mit einem anderen Soldaten einen Faustkampf liefert, landet er im Siebenjährigen Krieg in Frankreich. Dort trifft er auf Captain Grogan (Godfrey Quigley), einst einer der Sekundanten beim Duell gegen Quin. Dieser klärt ihn über den *Betrug* auf: Quin hat Nora längst geheiratet und geschwängert. Grogan stirbt bei der nächsten Schlacht in Barrys Armen. Barry desertiert kurz darauf und flieht mit gestohlenen Papieren nach Deutschland. Dort hat er eine *kurze* Liaison mit einer jungen, deutschen Frau (Diana Körner), die ihr Baby allein aufzieht. Kurz darauf wird er von Hauptmann Potzdorf (Hardy Krüger) als ein Fahnenflüchtiger erkannt und gezwungen, der preußischen Armee beizutreten. Hier rettet er dem Hauptmann während einer Schlacht das Leben und erhält dafür eine besondere Auszeichnung. Nach Kriegsende wird Barry für den Polizeidienst der Preußen in Berlin eingesetzt. Er wird als Spitzel bei einem irischen Landmann, dem Chevalier de Balibari (Patrick Magee), als dessen Diener eingeschleust. Barry gesteht dem Chevalier jedoch sofort, dass er ein Spion ist, und gemeinsam *täuschen* sie nun die Preußen. Gleichzeitig erzielen sie am Spieltisch mit Trickbetrügereien *hohe* Gewinne. Schließlich soll der Chevalier ausgewiesen werden und flieht nachts heimlich über die Grenze. Barry kann als Chevalier verkleidet ebenfalls entkommen. Die beiden ziehen fortan an den Spieltischen in Europas Adelshäusern umher und betrügen dort im großen Stil. Barry, im Fechten geübt, treibt die Schulden der betrogenen Kunden ein. An einem der Spieltische lernt er die adelige Lady Lyndon (Marisa Berenson) kennen. Deren Ehemann Lord Lyndon (Frank Middlemass) ist schwer krank. Barry sieht eine gute Partie und verliebt sich in sie. Er provoziert ihren Mann, sodass dieser auf der Stelle einen Schlaganfall erleidet und stirbt.

Der zweite Teil beginnt damit, dass Barry Lady Lyndon heiratet. Der Hauskaplan Reverend Runt (Murray Melvin) traut die beiden und spricht sogleich ein Wort gegen das rein körperliche Begehren aus. Umgekehrt gibt Barry Lyndon seiner Frau schon bald zu verstehen, dass er ihre spröde, feine Art nicht wirklich mag. Er weigert sich, bei einer gemeinsamen Fahrt in einer Kutsche das Rauchen einzustellen, und bläst ihr stattdessen den Qualm mitten ins Gesicht. Sofort danach allerdings küsst er sie. Barry unterhält sexuelle Verhältnisse zum Dienstpersonal. Sein Stiefsohn Lord Bullingdon (Leon Vitali) erkennt ihn *nicht* als seinen Vater an. Für ihn ist Barry nur ein »upstart« (Emporkömmling), der seine Mutter wegen ihres Standes und ihres Geldes geheiratet hat. Lady Lyndon hält zu Barry und fordert die Loyalität ihres Sohnes. Barry züchtigt den *aufsässigen* Jungen mehrmals durch Schläge. Sein neuer Status als Adeliger bleibt aber auch *sonst* zweifelhaft, da er *keinen* Titel hat. Auf Anraten seiner Mutter (Marie Kean) versucht er diesen käuflich zu erwerben, was ihm aber aufgrund der intriganten höfischen Gesellschaft nicht gelingt. Er zeugt einen eigenen Sohn, Bryan (David Morley), dem er seine ganze Vaterliebe schenkt. Als der inzwischen jugendliche Lord Bullingdon schließlich Bryan benutzt, um Barrys Stellung in aller Öffentlichkeit bloßzustellen, verliert er die Fassung und schlägt vor aller Augen auf seinen Stiefsohn ein. Danach ist sein Ruf in der Aristokratie *ruiniert* und Bullingdon verlässt das Haus. Kurz darauf stirbt Barrys Sohn Bryan an den Folgen eines Unfalls mit einem Pferd, das ihm sein Vater zum Geburtstag schenken wollte. Barry verfällt dem Alkohol. Auch seine Frau, die so beide Söhne verloren hat, ist tief getroffen und flüchtet unter der Obhut des eitlen Hauskaplans in die Religion und den Wahnsinn. Barrys *bodenständige* Mutter übernimmt so das Kommando im Haus und wirft den Kaplan sogleich hinaus. Der schließt sich aber mit Lord Bullingdon zusammen. Bullingdon fordert daraufhin Barry, der noch betrunken in einem Wirtshaus liegt, zum Duell heraus. In diesem letzten Duell des Films verletzt Bullingdon Barrys Bein so sehr, dass es *amputiert* werden muss. Barry, der bei seinem Versuch, sich einen Titel zu erkaufen, viel Geld ausgegeben hat, wird gezwungen, England für *immer* zu verlassen, und erhält dafür eine kleine Rente. Die letzte Szene zeigt, wie die nunmehr von ihrem Sohn dirigierte Lady Lyndon einen Scheck für Barry unterschreibt. Er trägt, wie man bei näherem Hinsehen erkennen kann, das Datum 11. Dezember 1789, also das Jahr der Französischen Revolution.

Der Film entfaltet mehr als die anderen von Kubrick seinen Eindruck erst, nachdem man ihn vollständig gesehen hat. Denn *nur* im Rückblick auf das Ganze wird im Verlauf das *repetitive Element* der Handlung deutlich. Insofern verlangt *Barry Lyndon* nach einer *mentalen* Wiederholung. Schon die ständige Wiederkehr der Duelle innerhalb der Handlung, welche stets mit derselben Musik unterlegt sind, will darauf hinaus, dass der Zuschauer sich auf bereits Gesehenes zurückbesinnt. Und Kubrick lässt ihm auch die Zeit dafür. Das letzte Duell, zweifellos eine der intensivsten Szenen des Films, stammt *allein* aus der Feder des Regisseurs. Im Roman zieht sich der Schluss viel länger hin. In einer Scheune flattern nun die Tauben umher, während der einstmals geprügelte Sohn und sein durch das Militär verhärteter Vater aufeinander treffen. Bullingdon hat große Angst, sich seinem Stiefvater nochmals auf der Ebene der *Gewalt* zu stellen. Er muss sich sogar während des Duells übergeben. Zitternd gibt er schließlich den entscheidenden Schuss ab und verletzt Barry damit schwer am Bein. Dieses letzte Duell, innerhalb dessen das Verhältnis der *rivalisierenden* Männer zueinander seinen Schlusspunkt findet, gehört zu einer langen Serie, die in der Form einer *Zeremonie* von männlicher Rivalität und den daraus resultierenden Aggressionen handelt. Wie bei den Schlachten, so stehen sich die Männer auch im persönlichen Streit in einer streng ritualisierten Form gegenüber.

Es gibt ein musikalisches Leitmotiv, welchem die Aufgabe zukommt, diesen festgelegten Habitus deutlich zu unterstützen: die *Sarabande* aus der Cembalosuite Nr. 11 von Georg Friedrich Händel aus dem Jahre 1703. Sie bietet für 17 Prozent des Films die musikalische Untermalung (Sperl 2006, S. 169). Diese Musik trägt auch dazu bei, den sehr langen Film von 183 Minuten zusammenzuhalten. Sie kommt in vier verschiedenen Versionen vor, die extra eingespielt wurden. Sie haben alle eines gemeinsam:

Sie spielen das Stück wesentlich *dramatischer* als es komponiert wurde. In den zwei großen Duellen, die Barry gegen Captain Quin und Lord Bullingdon austrägt, ist es in einer von den Pauken bestimmten Version zu hören, ebenso wie im Vorspann und Abspann des Films in einer Orchesterfassung. Allerdings erklingt eine spezielle Form dieser *Sarabande* als Trioform auch während der gesamten Szenerie, in der es um Barrys Zuneigung zu seinem Sohn Bryan und dessen Unfall geht (Pauli aus: Jansen 1984, S. 275). Bei Bryans Begräbnis erklingt schließlich wieder die Orchesterfassung. Also handelt dieses Thema wohl grundsätzlich von der tragischen ödipalen *Vater-Sohn-Konstellation*, die durchgängig von brutaler Rivalität und nur in *einer* Ausnahme von Zuneigung bestimmt ist. Außerdem spielt Kubrick jedes Mal Glockenschläge, wenn die Handlung dabei ist, eine schicksalhafte Wendung zu nehmen (Sperl 2006, S. 167), innerhalb derer im ödipalen Gefecht ein Sieg oder Verlust errungen wird. Die Glockenschläge sind aber keine Schicksalsschläge, sondern *antizipieren* den Schlag des ödipalen Gegners. So sind sie zu hören *vor* Barrys Duell mit Quin, *vor* der Entscheidung des Chevaliers Preußen zu verlassen, beide Male *bevor* Barry Lord Bullingdon schlägt und *bevor* Barry erfährt, dass er sein Bein verliert, dann nochmals während er seinen Verlust versteht und *bevor* Barry England für immer verlassen muss (Sperl 2006, S. 167).

Kant hat 1790 für seine Zeit beschrieben, was er unter dem »Erhabenen« versteht: »Erhaben nennen wir das, was schlechthin groß ist« (Kant 1995, S. 114). Diese Definition zielt freilich letztendlich bei *ihm* auf eine Welt der Ideen ab, die so groß sind, dass sie alles Sinnliche übersteigen. Doch auch in unserem heutigen Sprachgebrauch meint »Erhaben« eine Form von Überlegenheit, mit der man sich *über* die schrecklichen Weltverhältnisse stellen kann. Erhaben sein heißt Größe zeigen. Erhaben ist, wer *souverän* über den Dingen steht. Diese Haltung situiert jenen vornehmen, aristokratischen Blickwinkel, aus dem in *Barry Lyndon* die Dinge verhandelt werden. Das Duell wie der Krieg gehorchen festgesetzten Regeln, welche sich über Verletzung und Tod erhaben zeigen wollen. Es herrscht Kontrolle über die Gewalt und über die Affekte überhaupt. Kubrick zeigt diese Mentalität, die von den höheren Klassen ausgeht, als Geist der Epoche. Im Barock ist alles stilisierte, erhabene *Form*, die jeder Handlung, und sei sie noch so grausam, einen kultivierten Index gibt. *Vor* dem Individuum, das erst im Licht der Aufklärung die Welt erblickt, gibt es *nur* das Ritual und die Zeremonie. Beides basiert auf dem Interesse der Wiederholung, die kaum einen Raum für etwas Neues lässt. Daher das *melancholische* Gefühl des ewig Gestrigen, das aus diesem Film in mehrfacher Hinsicht einen *Historienfilm* werden lässt. In ihm findet kein »*Ereignis*« statt, welches den Gang der Geschichte unterbricht (Derrida 2003a S. 29). Alles ist immer schon vorweggenommen.

Nicht nur die Menschen verhalten sich nach einem präzisen Verhaltenskodex äußerst stilisiert, sie versuchen auch, ihre Umgebung ebenso zu stilisieren und damit zu kontrollieren. Die Gärten und Räume, die gesamte Architektur, bilden das Dekor einer Ästhetik, aus der nunmehr alles einfach Natürliche pikiert entfernt worden ist. Es gibt ein Überwicht der Form, die versucht, den lebendigen Inhalt zu ersticken. Deshalb wirkt alles wie zu einer inszenierten *Künstlichkeit* erstarrt. Ein *fixierter* Plan hat die Oberhand gegen die Affekte und den Spielraum der Möglichkeiten bekommen. Allein schon deshalb fällt Barry aus den oberen Schichten durch sein Handeln wieder heraus, wenn er sich ganz dem *Impuls* seiner wilden Wut gegenüber Lord Bullingdon überlässt und über ihn herfällt. Diese Szene wirkt aber auch auf den Zuschauer zutiefst traumatisch, weil sie *jedes* Gesetz der Form durchbricht. *Barry Lyndon* plädiert sicher nicht für den Affekt, sondern für etwas, dass in dieser historischen Welt unterschlagen worden ist: die *Dynamik*. Kubrick hatte bereits in *The Killing* sein Verhältnis von Plan und Umsetzung, von notweniger Form und ihrer flexiblen Ausführung gezeigt. In diesem Film ist der überhöhte Codex des Verhaltens vor jeder Vernunft einfach etwas zu *starrsinnig*. Die Prügelstrafen, die Barry seinem Sohn verabreicht, entsprechen nicht seinem Empfinden, sondern wiederholen die ritualisierte Gewalt, welche er beim Militär gelernt hat. Besonders der von Kubrick so eindringlich gezeigte Spießrutenlauf der Preußen dient ihm dabei wohl als Vorlage. Alles dies findet stets unter »*gentlemen*« statt, was diese Handlung nicht besser, aber vornehmer macht. Barrys maßlose und dumme Wut hingegen verrät seinen »low-class character« (García Mainar 1999, S. 167). Auch die Kamera reagiert darauf. Kubrick setzt in dieser Szene, genau wie beim ersten Faustkampf Barrys beim Militär, die Handkamera ein, deren schnelle Dynamik den sonst so ruhigen und exakten Kamerabewegungen widerspricht (Walker 1999, S. 261) und damit auch den *konventionellen*

Stil des Films unterbricht (García Mainar 1999, S. 173). Außerdem nimmt er die Handkamera, als er Lady Lyndons psychischen Zusammenbruch zeigt, welcher auch ein Durchbrechen der Form, eine Ausnahmesituation darstellt. Kubrick und Ryan O'Neal sahen sich während der Drehpausen häufig zusammen »boxing videos« an. Beide mochten diese Sportart sehr (LoBrutto 1997, S. 397). Die streng formale Etikette war also eine sehr bewusste Form der Inszenierung.

Hatte der Regisseur in *2001* Kants Definition wörtlich genommen und die *erhabene* Größe des Weltraums spürbar werden lassen, so sollte er in *Barry Lyndon* die Erhabenheit der menschlichen Würde zum eigentlichen Thema werden lassen. Die Zeitschrift *Der Spiegel* beschrieb *Barry Lyndon* damals als Zeichnung einer völlig morbiden, höfischen Gesellschaft, die in »Pomp und Ritualen« erstarrt sei und in der »blutleere Gecken und Hysteriker« hausen (*Der Spiegel* 1976, Heft Nr. 1–2, S. 88). Zugleich wird aber angemerkt, dass der Film keineswegs »im herkömmlichen Sinne gesellschaftskritisch« sei. In der Tat geht Kubricks historisches Gemälde über eine *Kritik* an den Ritualen dieser Zeit, welche uns doch immer noch so sehr fasziniert, hinaus. Denn auch wenn der Film den Mangel an Vitalität anklagt, der mit der Förmlichkeit einhergeht, er zeigt sich zugleich auch völlig davon in Beschlag genommen. Selbst der zynische Erzähler findet, wie auch Barry, durchaus großen Gefallen an der Aristokratie. Und das war vielleicht *ein* Grund für den kommerziellen Misserfolg im Kino. *Barry Lyndon* ruft wahrlich *nicht* zum Klassenkampf auf. Der Film spielt in einer Zeit, *bevor* diese Möglichkeit überhaupt ernsthaft in Betracht gezogen werden konnte. Und er *sehnt* sich nach dieser Zeit zurück. Die höfische Form wird nicht nur kritisiert, sie wird gleichsam auch im Film selbst zelebriert. Vollkommen anders als in *Spartacus* werden die Menschen in *Barry Lyndon* nicht als frühe Protagonisten des Kampfes für Gleichheit geschildert, sondern im Gegenteil akzeptieren alle das bestehende Ordnungssystem der Gesellschaft. Zugleich lässt der Film an dem *Verfallsdatum* dessen, was er zeigt, keinen Zweifel aufkommen. Und er bedauert auch den Verfall der *guten Sitten,* welcher zuweilen damit einhergeht. Das alles immer schon vorbei ist, hat aber nicht nur einen gesellschaftlichen Hintergrund, sondern auch einen psychologischen. Die traurige Stimmung, welche dieser Historienfilm erzeugt, hängt mit der narzisstischen Haltung von Barry selbst zusammen, der auch als erwachsenes Subjekt *fixiert* auf eine enge Mutterbindung ist, welche es ihm *unmöglich* macht, den Bund der Ehe tatsächlich einzugehen. Die Familie wird hier völlig anders dargestellt als in *A Clockwork Orange*. Barrys Wutausbrüche versuchen auch seine Fixierung in einer Art zu durchbrechen, indem er Lord Bullingdon auf eine väterliche Ordnung vereiden möchte, die bei ihm selbst nicht wirklich vorhanden ist.

In Nostalgie schwelgend wird hier Weltgeschichte mit der Geschichte eines Individuums verbunden. Und diese Geschichte ist schon vorbei, bevor der Film überhaupt beginnt. Der letzte Titel im Film weist nochmals auf die Endgültigkeit hin. Dort steht: »It was in the reign of George III. that the aforesaid personages lived and quarrelled; good or bad, handsome or ugly, rich or poor – they are all equal now.« Das Thema ist aber hier keineswegs ein vorgezogener Posthistoire, welcher Hegels Phantasma eines zu sich selbst kommenden Weltgeistes *vor* der Aufklärung vorwegnimmt (Seeßlen 1999, S. 228), sondern schlicht und ergreifend der zeitliche Abstand, aus dem heraus diese Epoche und die narzisstische Phase des Individuums bereits *vergangene* Phasen sind. Wenn Kubrick in *2001* die Unendlichkeit des Weltraums in der Imagination der Wiedergeburt hatte enden lassen, so wird hier angesichts der historischen Vergangenheit der *Tod* der damaligen Subjekte ausgerufen. Die Filmenden *verkünden* nicht bloß *eine persönliche Philosophie*, sondern runden das Thema der jeweiligen Handlung ab.

Der Erzähler, ein Chronist (Duncan 2003, S. 129), ist es, der die Geschichte durchgängig als eine vergangene berichtet. Er nimmt dabei meistens sogar die gezeigte Handlung vorweg. So wird eine Erwartungshaltung aufgebaut, in welcher der Zuschauer darauf wartet, *wann* und *wie* sich die bereits bekannte Handlung vollziehen wird. Im Original erzählt Redmond Barry seine Geschichte selbst. Die *Antizipation* der Handlung ist *antidramatisch* und trägt zum gepflegten Stil des Films nicht unerheblich bei. Der dänische Regisseur Lars von Trier hat innerhalb seiner Anti-Amerika-Trilogie, welche er mit *Dogville* (2003) begonnen hat, einen ganz ähnlichen Chronisten als Off-Erzähler verwendet. Ähnlich wie in *Barry Lyndon* wird auch dort durch den Erzähler und die Unterteilung der Handlung in längere Kapitelüberschriften, welche schon verraten, was passieren wird, eine vergleichbare Struktur geschaffen. Doch während Trier von der Tradition von Brechts *epischem* Theater ausgeht, welche den Zuschauer zur Reflexion »*bringen*« will, indem sie ihm jede *Illusion* versagt, den Film mit der Realität zu verwechseln, möchte Kubrick ganz bewusst den Zuschauer in das erhabene Gefühl der Überlegenheit und Beherrschung eines stillen Mitwissers positionieren und so wahrlich eine besondere Art von »Geschichtsfilm« etablieren. Dabei ist die Position bei ihm keine kritisch-reflexive, sondern vor allem eine, die den *Genuss der Erhabenheit* selbst vermitteln soll. In dieser Haltung kann der Zuschauer zusammen mit den Chronisten den Ereignissen auf *Distanz* beiwohnen und sich über das Gesehene oft amüsieren. Aus demselben Grund ist auch die Reihenfolge der Kameraeinstellungen häufig strikt formalisiert (García Mainar 1999, S. 163). Und wenn der Zoom am Anfang einer Szene oft von der Nahaufnahme in die Totale zurückfährt, vermittelt diese Bewegung dieselbe Haltung. »Dem Betrachter wird die Nähe zu der Figur verweigert« (Kolker 2001, S. 217) oder genauer immer wieder entzogen, um so den historischen Rahmen einblenden zu können und dem Zuschauer einen erhabenen Blick auf *das Ganze* zu ermöglichen. Für Simmel wird durch den *Rahmen* das Kunstwerk überhaupt erst ästhetisch rezipierbar (Simmel 1995, S. 101). So gesehen wird vor allem durch diesen Rahmen der gesamte Film zur Zeremonie (Kolker 2001, S. 225). Eine präzise, ritualisierte Formalisierung ist sein ästhetisches Prinzip.

Nach Kolkers Ansicht ist der Rückwärts-Zoom auch der optische Ausdruck eines *Verlustes* (Kolker 2001, S. 216). Und Vitalität geht da verloren, wo die Beherrschung ansteigt. Die Statik nimmt während der Handlung zu. Wenn man nur die Szene zwischen Nora und Barry am Anfang mit der ersten Begegnung zwischen Barry und Lady Lyndon vergleicht, wird einem diese fortschreitende Bewegung in Richtung Sublimation auch im Inhalt des Films deutlich. Nora verführt Barry noch mit einem neckischen Spiel, das um seine Berührung ihrer *Brüste* kreist, welche sich Barry aber zunächst nicht traut zu berühren. Zwischen Lady Lyndon und ihm *reicht* ein intensiver Blicktausch, bevor es dann zum ersten Kuss kommt. Das Maß an Form steigt also auch beim Protagonisten an, wenn er sich von den unteren in die höheren Klassen bewegt.

Dabei wird in dem Film ähnlich wie in *2001* nur *wenig* gesprochen. Und die Bilder haben erneut eine ähnliche *kontemplative* Wirkung. Der Aufwand, optisch möglichst exakt die Geschichte wiederzugeben, war denkbar hoch. Es wurde *ausschließlich* an Originalschauplätzen meistens aus der Epoche gedreht. Kubrick wollte laut seinem Setdesigner Ken Adam keinen der üblichen *musealen* Kostümschinken herstellen, sondern einen regelrechten Dokumentarfilm über das 18. Jahrhundert drehen. Er war von der Idee besessen, die *Patina* der erhaltenen Landsitze einzufangen und alles möglichst *realistisch* nachzustellen (Smoltczyk 2002, S. 104). Dieses Konzept hatte er bereits weitgehend für sein Napoleonprojekt entworfen. Der hohe Anspruch von Realismus, welchen der Regisseur immer hatte, führte hier allerdings zu erheblichen Schwierigkeiten, weil beispielsweise die wertvollen historischen Gemächer abgehängt werden mussten, wenn Kerzenlicht verwendet wurde. Auch gab es starke zeitliche Einschränkungen, da oft öffentlich zugängliche Gebäude verwendet wurden. Das Ergebnis ist jedoch überwältigend und die Sorgfalt, mit der alles so genau wie möglich angelegt ist, kann geradezu als *vorbildlich* gelten. Außerdem lässt die Inszenierung dem Zuschauer viel Zeit und immer genügend Licht, sich diese prachtvolle, historische Welt auch in aller Ruhe ansehen zu können. Alles dies dient dazu, die Stimmung dieser Zeit so präzise wie möglich zu vermitteln.

Oftmals wurden Gemälde als Vorlagen benutzt, die in den meisten Fällen von den großen englischen Malern des 18. Jahrhundert stammten. Der Kameraausschnitt übernimmt dabei häufig die Linear-Perspektive, deren äußerster Fluchtpunkt sich im Zentrum des Bildes befindet (García Mainar 1999, S. 171). Der Regisseur erweckte die Gemälde, die er nachstellen ließ, aber *nicht* zum Leben, sondern umgekehrt: Er ließ die Figuren seines Films in die *tote* Welt dieser Gemälde eingehen. Dafür spricht auch die Verwendung des Zooms anstatt der Fahrt, weil der Raum so *flacher* gemacht wird als er ist. In *Barry Lyndon* wird per Zoom der dreidimensionale Raum dem zweidimensionalen Feld des Gemäldes angenähert. Bekannt ist, dass der Regisseur der erste war, welcher nächtliche Räume tatsächlich mit Kerzenlicht ausleuchtete, was laut Harlan dazu führte, dass aufgrund mangelnder Schärfentiefe zuweilen auch keine großen Bewegungen der Darsteller möglich waren. Die Steifheit des Films hatte also auch zumindest *einen* technischen Grund. Überhaupt verbrachten Kubrick und sein Kameramann John Alcott Stunden damit, die Lichteffekte der holländischen Maler dieser Zeit zu studieren (LoBrutto 1997, S. 387). Es gibt so einen deutlichen Überhang der *bildlichen* Ebene. *Barry Lyndon* arbeitet *weniger* mit Schauspiel und Dialog als mit Bild und Musik, daher rührt die sorgfältige Ausstattung der Filmbilder mit ihren vielen historischen Details. Für Ryan O'Neal allein wurden beispielsweise 15 verschiedene Perücken angefertigt (LoBrutto 1997, S. 382).

Was rechtfertigte dieses Konzept? Kubrick wollte die *erhabene Form* in Kulisse und Ausstattung vorführen und legte daher Wert auf historische Werktreue. Und anders als es in dem Napoleonfilm gewesen wäre, tritt in *Barry Lyndon* das Dekor in den Vordergrund, weil sich die Darsteller darin wie *Wachsfiguren* verhalten. Da *vor* der Aufklärung das Subjekt als Individuum keine hohe Bedeutung hatte, tritt es in den Rahmen seiner Umgebung zurück. Kubrick brauchte keine Spiegelungen für diesen Film zu erfinden, er konnte vielmehr die damals erfundenen Symmetrien nutzen und vor allem die Menschen dieser Zeit zeigen, welche sich in ihrer prachtvollen Umgebung spiegeln und so ästhetisch erhöhen. Weil das Erhabene auf jenes Spiel der Eitelkeiten hinausläuft, kann zu Recht die ganze Epoche als eine stark vom *Narzissmus* geprägte gedeutet werden. Darin besteht auch die Verbindung zu *2001* und *The Shining*, beides Filme, welche jeweils als narzisstischer Rückzug der Hauptperson durch vollständige Isolation interpretiert werden können. In *Barry Lyndon* ist es das zurückgenommene Spiel und die Sprachlosigkeit der Protagonisten, welche diese Bewegung erzeugen.

Der Spiegelsaal in Versailles und die Anmaßungen des Sonnenkönigs sind die offiziell deutlichsten Zeichen für die Vermessenheiten einer Zeit, die noch kein demokratisches Verständnis kannte und deren religiöse Ordnung durch den Gegensatz von katholisch und evangelisch in Bezug auf die Erlösung uneindeutig war. Wie Walter Benjamin es beschrieb, führte der Ausfall der Eschatologie zu einer Lobpreisung alles Irdischen und dieser Kniefall vor dem Kreatürlichen wiederum zur Melancholie (Benjamin 1990, S. 132).

Das überzogen Vornehme geht immer mit der Blasiertheit über alles Niedrige einher und wirkt in seiner stolzen Bildhaftigkeit nicht selten *grotesk*. Vor allem im Verhältnis Redmond Barrys zu den zahlreichen Vaterfiguren verwendet Kubrick, wie bereits in *A Clockwork Orange*, häufiger das *komische* Element. So ist der Hahnentanz des Captain Quin mit Nora am Anfang bereits von einem so ernsthaften Stolz erfüllt, dass er vor lauter Unbeweglichkeit nur lächerlich wirkt. Als Barry später im Kasernenhof der Preußen seine Auszeichnung erhält, ähnelt die Szene deutlich der von Alex im Gefängnishof. Die Preußen mögen den jungen Iren nicht besonders, obwohl sie ihn für seine Verdienste auszeichnen. Die burleske Figur schlechthin liefert aber Sir Charles Lyndon, der wie der von Alex misshandelte Mr. Alexander im Rollstuhl sitzt. Durch seinen Tobsuchtsanfall, dem eine Herzattacke folgt, wird er zu einer *reinen Karikatur* (Walker 1999, S. 258), die völlig theatralische Züge trägt. Es sind vor allem Barrys Rivalen, die Kubrick als *bornierte Idioten* zeigt.

Auf der anderen Seite ist Redmond Barry während des gesamten ersten Teils auf der Suche nach einem *Vaterersatz*. Die Serie beginnt bei Captain Grogan, dann folgt der preußische Hauptmann Potzdorf – beides noch Militaristen, an deren Ehre kein Zweifel besteht. Dann gelangt Barry in gehobenere Kreise, wo er die vornehme Etikette als Trickbetrüger verwendet. Der Chevalier de Balibari, der sich mit ihm verbündet, zeigt ihm, wie das funktioniert. Parallel dazu verläuft die Sozialisation des Jünglings zum Mann so, dass er sich von einem ehrlichen, romantischen Träumer zum gesellschaftsfähigen *Strategen* entwickelt. Die Musik untermalt diesen Aufstieg. Ihr Schwerpunkt wechselt je nach Etappe des Protagonisten. Sie bezeichnet die drei Milieus, die Barry durchläuft – von irischer Volksmusik zu Militärmusik und schließlich zu höfischer Kunstmusik (Jansen 1984, S. 269). Diese Musiksorten überlappen sich mitunter. Der *Hohenfriedberger Marsch*, dessen Komposition Friedrich dem Großen zugeschrieben wird, erklingt, sobald Barry preußischen Boden unter den Füßen hat (Sperl 2006, S. 162). Hier wird die Musik nicht wie zuvor bloß national, sondern tatsächlich *territorial* eingesetzt. Barrys Wechsel vom Kriegsdienst zum preußischen Polizeidienst wird von einem Marsch aus Mozarts Oper *Idomeneo* begleitet. Da dieser Übergang auch den Wechsel zur höfischen Welt darstellt, liefert die Musik dafür den Hintergrund. Als Marsch haftet sie noch dem Militär an, als Opernmusik gehört sie aber schon zur weit vornehmeren Musik der obersten Klasse (Jansen 1984, S. 270). Die Musik *antizipiert* so wie der Erzähler zuweilen die kommende Etappe. Noch deutlicher wird das am Anfang, wenn die Militärmusik *British Grenadiers* schon gespielt wird, *bevor* Barry zur Armee geht (Sperl 2006, S. 157).

Was bei Barrys aufsteigenden Karriere verloren geht, ist der Glaube an die wahre, und das heißt in diesem Fall *romantische*, Liebe zu einer Frau. Das *ehrliche Gefühl* wird für den Mann, der so den Aufstieg errungen hat, zur Unmöglichkeit. Damit wird aus Barry auch zunehmend ein unsympathischer Mensch. Aus dem jungen Herausforderer, der seiner Mutter und seiner Cousine sehr zugetan war, wird ein *verlogener* Edelmann, der mit seinem luxuriösen Leben nichts Gutes anzufangen weiß. Seine *berechnete*, zur Form erstarrte Ehe ist das, was der Zuschauer ihm dann am meisten übelnimmt. Als er seiner Gemahlin unmittelbar nach ihrer Eheschließung seinen Pfeifenrauch ins Gesicht bläst, weiß man bereits, wie es weitergehen wird. Die beiden leben sehr *separat*, wobei Lady Lyndon vereinsamt und Barry sich seinen erotischen Abenteuern hingibt. Die Steigerung davon ist, dass Barry nach Bryans Tod anfängt zu trinken, während Lady Lyndon wahnsinnig wird. Beide scheinen aber kaum zu einer gemeinsamen Symbiose fähig zu sein, welche sie nur einmal im Film eingehen, als sie zusammen an Bryans Totenbett sitzen und das todkranke Kind sie versöhnt. Dabei zeigt Kubrick ihr Verhältnis zugleich aber von Anfang als ein *stummes*, dem soviel Gleichklang innewohnt, dass es *kaum* der Worte bedarf. Der Regisseur ließ einen längeren Dialog, der bei ihrer ersten näheren Begegnung auf einer Terrasse stattfinden sollte, einfach aus, um ihre Liebe auf den *ersten Blick* zu betonen, die jetzt allein durch Schuberts romantische Musik ausgedrückt wird. Das hat eine sehr viel größere Wirkung, als ein Dialog sie je haben könnte (Sperl 2006, S. 174). Das romantische Paar versteht sich *vor* jeder Sprache aufgrund eines tiefer angelegten Harmoniebedürfnisses. Der Blick, die Geste, das Verhalten drücken *allein* die passende Mentalität aus. Das Kubrick sich dafür entschied, Schuberts Klaviertrio Es-dur op. 100 einzusetzen, um die Tiefe dieser *verzweifelten* Liebe zwischen Redmond Barry und Lady Lyndon auszudrücken, hat im Film eine wichtige Funktion. Denn hier musste romantische Musik hinzugezogen werden, die in tiefster Innerlichkeit schwelgend ganz im Gegensatz zur prächtigen Vielfalt der Repräsentationsmusik des Barock steht.

Barry und Lady Lyndon bilden also ein *Liebespaar*, wenngleich auch ein gescheitertes. Sie entwickelt sich dabei von der reichen, leblosen, jungen Frau eines alten Mannes zur *Märtyrerin* eines geliebten Ehemannes, der sich ihrer wahrlich *nicht* würdig zeigt. Sie verzeiht ihm alles, kann aber aufgrund ihrer passiven, sublimen Art nichts dagegen unternehmen außer sich zurückzuziehen. Sie ist mehr als jeder andere in diesem Film eine *romantische* Figur von fast stummer, tiefer Innerlichkeit und großer, fragiler Schönheit. Sie ist der Spielball aller Männer, die sie umgeben. Das gilt nicht nur in Bezug auf Barry, sondern mehr noch in ihrem Verhältnis zu Reverend Runt und schließlich auch gegenüber ihrem Sohn Lord Bullingdon. Kubrick spart am Ende, als Lady Lyndon den Scheck für Barrys Rente unterschreibt, das Liebesmotiv aus der Sonate von Schubert aus. Er springt von Takt 40 zu Takt 187 (Sperl 2006, S. 174). Diese Aussparung entspricht Lady Lyndons Verhalten, die für das, was ihr widerfährt, auch keine Worte kennt, sondern nur das Auslassen, Weglassen, das Schweigen eben. Kubrick hat dieses Schweigen vergrößert. Bereits zu Beginn, als Barry Lady Lyndon küsst, ist diese Szene fast ohne jede Erotik reiner kühler Ausdruck eines sublimen, seelischen Genießens. Schuberts Musik lässt dabei die tief empfundene Tragik anklingen, die mit der seelischen Vereinigung der beiden Individuen einhergeht, die *niemals* bereit sein werden, sich selbst soweit aufzugeben, um tatsächlich zusammenzukommen. Es fehlt ihnen jede Möglichkeit einer verbalen Vermittlung, welche ein Zusammenleben erst ermöglichen würde. Barry kommt über die flüchtige Liebschaft, die er auch schon in Deutschland hatte, nicht hinaus. Außerdem hat er die Möglichkeiten dazu aufgrund seiner *enttäuschenden* Erfahrungen auch verloren. Und Lady Lyndon zieht sich in ihren persönlichen Komfort zurück, der ihr die Auseinandersetzung mit einem anderen Menschen erspart. Was sie liebt, ist seine Anerkennung mütterlicher Autorität und seine weiche Mentalität. Sie ist aber wohl selbst zu *egozentrisch*, um auf ihren Mann ernsthaft Einfluss nehmen zu können. Deshalb nimmt Barrys Mutter die Dinge im Haus schließlich in die Hand, denn sie drohen gänzlich aus dem Ruder zu laufen.

Der Film trifft also *nicht* bloß wesentliche Aussagen über den Barock und seinen Ausdruck der Erhabenheit, sondern auch einige über die nachfolgende Zeit der Romantik. Ich würde im Gegensatz zu Michael Herr behaupten, er plädiert sogar *für* die Romantik (Herr 2000, S. 36), denn Kubrick wusste selbstverständlich, was er tat, als er Schubert verwendete und damit den selbstgesteckten Rahmen historischer Genauigkeit um ein *wesentliches* Element ergänzte. Auch der Kameramann John Alcott sah im optischen Ausdruck des Films vor allem die *romantische Periode* (Nelson

2000, S. 324). Für Motive aus dieser Zeit spricht auch die Bemühung, alle Nachtszenen im Kerzenlicht zu drehen, und noch mehr die Betonung der Mutter-Kind-Triade als das wichtigste Charaktermerkmal für Barry und auch für Lord Bullingdon. Vor allem Barrys kurze Liebesszene mit der jungen, deutschen Frau und ihrem Baby sowie später alle Szenen mit Barrys Sohn Bryan haben einen deutlich romantischen Ausdruck.

Und die romantischen Gefühle sind es auch, die denn Film zu seinem wirklich dramatischen Höhepunkt führen. Anders als in *The Shining* ist dies nicht der *Wutausbruch* Barrys gegenüber seinem Stiefsohn oder das letzte Duell zwischen ihnen, welches zweifellos sehr wichtige Szenen sind, sondern der Tod des geliebten Sohnes Bryan. Die Sterbeszene von Bryan im Bett ist das *Sentimentalste*, was Kubrick je gedreht hat (Kolker 2001, S. 226). Durch sie wird die ganze aufgestaute Emotion des Zuschauers über Barrys erlittenes Schicksal freigesetzt. Zu lang und zu schwer ist diese *Trauer*, als dass sie sich des Zuschauers nicht bemächtigt. In ihr zeigt sich der emotionale Sinn des Films. War *2001* ein Film über »*loneliness*«, *A Clockwork Orange* über »*hatefulness*« und wird *The Shining* einer über »*madness*« sein, so ist *Barry Lyndon* ein Film über »*sadness*«. Auf einmal wird hier im wirklichen Gefühl der Trauer deutlich, dass auch alles *anders* sein könnte. Doch diese Möglichkeit kann nicht ergriffen werden. Zu sehr verhindert die vornehme Fassade den echten Ausdruck.

Mit Bryans Tod beginnt auch die letzte Etappe der Handlung. Nichts kann Barry den geliebten Sohn ersetzen, den er in einer narzisstischen Verstrickung mehr liebte als sich selbst und dem er so anstatt seiner Frau seine ganze Liebe schenkte. Ihm bleibt keine andere Wahl, als diesen *Verlust*, der auch ein Ausdruck für den eigenen, inneren Verlust an kindlichen Gefühlen darstellt, zu betäuben. So gesehen ist *Barry Lyndon* auch ein Film über den *Tod der Kindheit* und ihrer auf *die Liebe* ausgerichteten Ideale. Aus Barry ist innerhalb seiner Karriere ein *Betrüger* seiner eigenen Gefühle geworden. Er ist wie *Felix Krull* (1954) zu einem Hochstapler geworden, der seinem Sohn von übertriebenen Heldentaten beim Militär erzählt, die so niemals stattgefunden haben. Und er ist darüber *unglücklich*. In Wirklichkeit haben die fünf Jahre Militärzeit aus ihm einen *emotionalen Krüppel* gemacht. So berichtet der Erzähler bereits unmittelbar bevor Lady Lyndon zum ersten Mal zu sehen ist: »Five years in the Army, and considerable experience of the world had dispelled any romantic notions regarding love with which Barry commenced life.« Und vor allem in Schuberts trauriger Musik drückt sich aus, was Barry verloren hat. Mit Bryans Tod haben seine Lügen ein Ende und sein Untergang beginnt. In dieser doppelten Bewegung zwischen barocker, erhabener Fassade und gleichzeitig romantischer Trauer über den Verlust an echter Lebendigkeit bewegt sich das Drama von *Barry Lyndon*. Darin wird Barry zwar ein erhabener Lügner, aber seine Qualität der *Empfindsamkeit* bleibt dennoch erhalten. Selten sah man einen Mann so oft weinen wie Barry Lyndon. Stets rückgebunden an die mütterliche Ordnung wurde er in die väterliche Welt der Rivalität und des Betrugs hineingeworfen. Als er daraus zurückkehrt, ist er nicht mehr derselbe und wiederholt deren *gemeine* Rituale, anstatt die Liebe seiner Frau zu erringen und mit ihr gemeinsam glücklich zu leben.

Die Schlusspointe ist davon bestimmt, dass es Barry augenscheinlich nicht gelungen ist, sich in der *höheren* Adelsklasse zu etablieren. Der Verlust seines Beins bedeutet dabei eine symbolische Kastration, die es im Roman nicht gibt (Walker 1999, S. 262). Sie ist die Rache für sein phallisches Genießen, welches er der monogamen Liebesbindung vorzog. Kubrick verschärft damit das Ende und zeigt, wie die Oberschicht über den »upstart« mit den niedrigen Impulsen schließlich triumphiert. Der Adel steht aber nun selbst durch die Französische Revoltion am Anfang seines Endes (Walker 1999, S. 263). Damit wird auch das Zeitalter der höflichen *Eitelkeiten*, das *Barry Lyndon* so gezielt vermittelt hatte, in dieser Form ein Ende haben (wie für den Zuschauer der Film selbst). Die allzu starre Form wird sich auflösen, der narzisstischen Haltung eine altruistische folgen. Das alte Europa stürzt dabei ein wenig ins Chaos, bevor der Kanon der Aufklärung in Napoleon seinen ersten wirklich starken Regenten findet, welchem es gelingt, den Kontinent neu zu organisieren.

Das alles kann man auf einer psychologischen Ebene mit Mündigkeit, Selbstbestimmung und Ablösung vom Elternhaus gleichsetzen. Der Adel, die höhere Klasse, kann auch als ein Paradigma für die *elterliche Autorität* gelesen werden. Insofern der Film für den erwachsenen Zuschauer gedreht war, kann man so die Trauer verstehen, die mit dieser Vorführung einer misslungenen Ablösung und dem Verbleiben in einer narzisstischen Haltung zusammenhängt. *Barry Lyndon* handelt als Parabel vom misslungenen Zutritt zur Gesellschaft und vom Scheitern der Familie. Aus dem Jungen ist nichts Rechtes geworden, würden seine Eltern sagen. Er hat es nicht geschafft und muss nun als *einbeiniger* Trickbetrüger durch die Lande reisen. Die Allianz der Ehe, innerhalb derer Barry selbst wirklich zu einer *souveränen* Position hätte aufsteigen können, ist ihm missglückt. Daran mögen die Gepflogenheit der undemokratischen Zeit nicht unschuldig gewesen sein, aber die wirkliche Schuld dafür trägt zumindest aus *heutiger* Sicht vor allem *er* selbst.

Nach Kubricks Film hat sich vor allem der englische Regisseur Peter Greenaway in mehreren beachtlichen Filmen, allen voran in seinem ersten langen Spielfilm *The Draughtsman's Contract* (1982) und dann in *Drowning by Numbers* (1988) und *Prospero's Books* (1991), mit dem Zeitalter des Barock beschäftigt. Der barocke Kontext lässt sich jedoch in *jedem* seiner Filme finden. Der ehemalige Kunsthistoriker mit einer Leidenschaft für das *Zählen* besitzt aber einen gänzlich anderen Blick auf diese Epoche. Für Greenaway ist der Geist des Barock noch lebendig, und darin befindet sich vor allem jene Nähe zwischen schöner Lust und verhängnisvollem Tod, die auch Walter Benjamin schon beschrieben hatte. Wenn laut diesem der Geist der Epoche als »Trost im Verzicht auf einen Gnadenstand im Rückfall auf den bloßen Schöpfungsstand« beschrieben werden kann (Benjamin 1990, S. 62), so ist Greenaway besondern an der zählbaren *Unendlichkeit* der Schöpfung interessiert. Er schwelgt in der Üppigkeit barocker Darstellungen und ihren Rahmenbedingungen von Konstruktion und Plan, aus denen heraus man in dieser Zeit glaubte, die Welt komplett entwerfen zu können. In *Prospero's Books* entwarf Greenaway dafür das Konzept vom Bild im Bild, welches zu einer inszenierten Schachtelung der Filmbilder und damit zu einer simultanen Bildorganisation führte (Spielmann 1994, S. 235). So versuchte er, die barocke Fülle im Medium des Films zu rekonstruieren. Die Enzyklopädie, die eine *Aufzählbarkeit* der Weltphänomene garantiert, wird dabei durch Prosperos 24 Bücher zum Ordnungsprinzip der gesamten Handlung.

Für Kubrick ist der barocke Mensch, welcher sich bloß von der Vielfalt der Schöpfung mitreißen lässt, zu sehr in einer *erhabenen* Form *erstarrt*. Für Greenaway hingegen verfestigt sich die *narzisstische* und *undemokratische* Haltung dieser Zeit nicht zur Schablone, sondern zu einem gewagten ästhetischen Ausflug zum Kunstschönen. Jean-Luc Godard hat ihn wohl *nicht* ganz zu Unrecht als den besten Schaufensterdekorateur der Filmgeschichte bezeichnet. Mit Michael Nymans grandiosen Kompositionen, einer speziell arrangieren Musik aus barocken Elementen und Mozart, die oft überhöhte Geschwindigkeit erreicht, unterstreicht Greenaway den schrillen und dramatischen Charakter seiner Filme. Das Erhabene wird dabei mit einer *modernen* Form von verzogener Verspieltheit erneut in einem skurrilen und nicht selten sadistischen Schauspiel zu einer theatralen Aufführung gebracht. Kurzum: Greenaways Blick auf die Epoche ähnelt mehr dem Ausdruck von *A Clockwork Orange* als dem von *Barry Lyndon*. Er sagte einmal in einer Diskussion während der Berlinale, dass ihn die Frage der *Moral* auch *überhaupt* nicht interessieren würde. Deshalb wird in seinen Filmen alles zu einer verantwortungslosen barocken Attitüde. Greenaways provokante Inszenierungen bleiben bei der verspiegelten Fassade, bleiben bei einem *übertriebenen* Formalismus und dringen nicht wie *Barry Lyndon* bis zu einer romantischen Sentimentalität vor, welche uns doch viel tiefer mit der Vergangenheit verbindet.

12. Auf der Schwelle zwischen innen und außen: *The Shining* (1980)

»Die Angst ist das, was nicht täuscht.«
(Lacan 1996b, S. 47)

1977 schickte der Produktionschef von Warner Brothers Kubrick Korrekturabzüge von Stephen Kings neuem Roman *The Shining*. Der Regisseur, welcher schon lange zuvor einen Horrorfilm drehen wollte, war sofort vom Plot des Buches begeistert (Hill aus: Castle 2005, S. 98). King hatte sich damals vor allem mit seinem Roman *Carrie* (1974) bereits einen großen Namen gemacht. Dieses Buch war von Brian De Palma 1976 mit beachtlichem Erfolg verfilmt worden.

Es war John Lennons Solosong *Instant Karma*, durch den King auf den Begriff »*Shining*« kam. Lennon singt darin mit seiner *geisterhaften* Stimme im Refrain: »Well we all shine on. Like the moon the stars and the sun. Well we all shine on.« Damit deutete er eine Wirkung des Menschen an, welche über sein Leben hinausgeht, und verband diese assoziativ mit dem über Lichtjahre andauernden Nachscheinen der Sterne. In seinem ersten Telefongespräch mit Stephen King sprach Kubrick davon, dass er die Idee, an Gespenster zu glauben, *optimistisch* fände, denn sie gehe schließlich davon aus, dass es ein Leben nach dem Tod geben würde. Wie King präzise feststellte, interessierte er sich dabei überhaupt nicht für das *theologische* Konzept von *verdammten Seelen* oder der *Hölle*. Für King war deshalb Kubricks Optimismus, welcher auch seinem Roman widersprach, so zweifelhaft, dass er wohl am Telefon mit einem Wortspiel reagierte. Er fragte Kubrick »but what about hell« (LoBrutto 1997, S. 414) und machte so ein Anspielung auf den irrsinnigen Computer HAL in *2001*. Kubrick sagte, er glaube nicht an »hell/HAL« und blieb dabei, dass

12. Auf der Schwelle zwischen innen und außen

Stanley Kubrick am Set von The Shining. © *Warner Bros. Entertainment Inc.*

in seinem Horrorfilm das Böse nicht aus der Hölle, sondern aus einer defekten Familienstruktur hervorgeht. Anders als die meisten Filme des Genres in dieser Zeit, wie zum Beispiel *Halloween* (1978) oder *The Exorcist* (1973), welche überhaupt nicht ohne weitreichende theologische Erklärungen auskamen, verzichtet *The Shining* auf solche Schemata und bleibt dafür lieber viele Antworten schuldig. Die Devise des Regisseurs lautete »bei allem, was geheimnisvoll ist – erkläre es nie«. Sie stammt von einem älteren Meister der unheimlichen Geschichten: H.P. Lovecraft. Es ist wichtig zu verstehen, dass der Film sich nicht besonders für die religiösen Vorstellungen von Hölle und Verdammnis, sondern vielmehr sehr ernsthaft für die von Psyche und Historie interessiert.

Anders als beispielsweise das Elternhaus von Norman Bates in Hitchcocks *Psycho* (1960) ist das Overlook-Hotel, der Name stammt übrigens von Stephen King, zunächst auch *kein* düsterer Ort. Trotzdem ist in beiden Filmen *das Haus* der klassische Ausgangspunkt des Grauens, welcher eigentlich von den Protagonisten ausgeht. Das Konzept von einem »*Geisterhaus*«, das man leicht betreten, aber nur selten auch wieder einfach verlassen kann, gehört zur langen Tradition der Gruselgeschichten, in denen das Unheimliche unbewusst mit dem Weiblichen als Ort des Wohnens, der Höhle verbunden ist. Der erste Aufenthaltsort im Uterus liefert dafür den Ausgangspunkt. Kubrick verwendete diesen Topos aber völlig eigenwillig. Sein Hotel ist tatsächlich ein exklusiver Ferienort. Es ist ein großzügiger Platz, der nur im Verhältnis zu einer Kleinfamilie überdimensional wirkt und ihr *zu viel* Raum bietet. Es ist die *Leere* des Raumes und die Kälte der Umgebung, die ihn bedrohlich werden lassen. Der Ort selbst ist aber gar nicht unheimlich, sondern ähnlich wie die weibliche Hauptdarstellerin Wendy (Shelley Duvall) sehr *attraktiv*.

Der Regisseur ließ das Overlook-Hotel wie ein echtes Hotel bauen (LoBrutto 1997, S. 418). *The Shining* war der erste Film nach *2001*, den er fast komplett im Studio realisierte. Er fragte seinen Set-Designer Roy Walker, ob sie zuerst das Innere des Hotels bauen sollten, um dann die passende Fassade zu finden, oder umgekehrt (Dokumentation, Leva 2007a). Die Fassade kam zuerst. Ein zweites Filmteam wurde nach Oregon geschickt und nahm dort die Timberline Lodge nach Kubricks Anweisungen auf (Castle 2005, S. 100). Der Rest wurde in England aufgrund vieler Fotos mit Innenaufnahmen von Hotels aus den USA nachgebaut. Kubrick erwähnte gegenüber Nicholson, dass er nicht die Egomanie entwickeln wollte, ein Hotel entwerfen zu lassen, während es auf der Welt bereits genügend erstklassige Hotels gab, die man nur zu finden brauchte (Dokumentation, Leva 2007a). Das Design des Overlook-Hotels wurde so aus bestehenden Hoteleinrichtungen zusammengesetzt. Dabei passen die vielen großen Innenräume des Hotels *nicht* zur Fassade, wie Harlan mir schrieb. Das ist so ungewöhnlich nicht. Andrej Tarkowskij wettete mit seiner Produktionsdesignerin Anna Asp darum, ob jemand bei *Offret/Opfer* (1985) bemerken würde, dass das Haus, in dem die Handlung hauptsächlich stattfindet, von innen doppelt so groß sei wie von außen (Ettedgui 2001, S. 108). Es fiel kaum jemanden auf. Das Heckenlabyrinth wurde zunächst »open air« auf einem MGM-Gelände gebaut und dann für die zweite Szene im Winter in eine Halle der EMI-Studios erneut aufgebaut (Pallasmaa aus: Kinematograph 2004, S. 205). Für die Bauten wurde insgesamt ein Großteil des Etats verbraucht (Jansen 1984, S. 186). Sie ermöglichten eine perfekte Ausleuchtung und die hohe, ungestörte Konzentration auf das Schauspiel. Das Hotel ist neben den drei Familienmitgliedern der eigentliche Hauptdarsteller des Films. Es durfte am Ende nicht wie im Roman *zerstört* werden. Kubrick sagte dazu: »I didn't want the conventional ending – the big bad place burns down« (LoBrutto 1997, S. 415). Er wollte, dass das massive Hotel stehenblieb.

Ungewöhnlich für das Genre ist auch, dass der Film optisch überhaupt nichts im *Dunkeln* lässt. Er spielt so auf der visuellen Ebene *nicht* mit der Fantasie des Zuschauers, sondern zeigt die gesamte Handlung stets gut ausgeleuchtet. Es wurden, um diese *Deutlichkeit* noch zu verstärken, oft starke Weitwinkelobjektive *ohne* Verzerrungen verwendet, sodass der Zuschauer den Raum sogar gut überblicken kann (Seeßlen 1999, S. 248). Von Hell und Dunkel als der *theologischen* Codierung von Gut und Böse wird kein Gebrauch gemacht. An ihre Stelle tritt eine Entwicklung von warmen Brauntönen zum kalten Blau. Dieses Licht wurde in einer äußerst aufwendigen Form im Studio hergestellt (Dokumentation, Leva 2007a). Tausende von Lampen scheinen dabei durch die Fenster des Hotels. Für die hohen Anforderungen der Ausleuchtung, die insbesondere darin bestand, ein sehr flaches und kaltes Winterlicht herzustellen, zeigt sich Kubricks langjähriger Kameramann John Alcott verantwortlich (LoBrutto 1997, S. 418). Wie der Produktionsdesigner Roy Walker erklärte, wurde der Eindruck zunehmender Kälte im Studio durch künstlichen Nebel extrem verschärft, der einen Diffusionseffekt herstellte und so die Räume viel kälter wirken ließ. Brown sagte, dass Kubrick bei der Weiterverarbeitung des Filmaterials der Winterszenen alle Gelb und Rottöne aus den Bildern nahm, in denen so der Blauton dominiert (Dokumentation, Leva 2007b).

Die Geistererscheinungen wurden aufgrund von Berichten von Personen, denen tatsächlich Geister begegnet waren, so gestaltet, als würden sie tatsächlich wie reale Menschen im Raum stehen (Kubrick aus: Ciment 1982, S. 187). Sie sind so optisch nicht in jenem gespenstischen *Spektrum* zwischen »*to be or not to be*« in Szene gesetzt (Derrida 1996, S. 29). Die Fragwürdigkeit ihrer Existenz stellt sich vielmehr aus dem logischen Gesamtzusammenhang. Der Zuschauer weiß einfach, dass in diesem Hotel keine weiteren Personen außer den drei Familienmitgliedern angetroffen werden können. Er muss daher davon ausgehen, dass die Geister aus dem imaginären Bereich der Familienmitglieder stammen oder es sich um Gespenster handelt. Es ist ihre physische Präsenz, die es Kubrick gestattet, die Frage ihrer Existenz *mehrdeutig* zu beantworten. Hätte er die Geister als *Erscheinungen* eines Spuks inszeniert, wäre sofort klar gewesen, dass es sich um »*echte Geister*« in einem *fantastischen* Film handelt. So geht man zunächst mehr davon aus, es handele sich um vorgestellte Personen in einem *realistischen* Film.

Der Regisseur hielt den Roman von Stephen King für eine gute Grundlage, aber nicht für »ein ernstzunehmendes literarisches Werk« (Kubrick aus: Ciment 1982, S. 181). Er weigerte sich, das Drehbuch, welches King ihm schickte, überhaupt zu lesen (Duncan 2003, S. 158). Es war ihm beim Kauf der Rechte für die Verfilmung sehr wichtig gewesen, auch die Freiheit zu kaufen, den Stoff nach eigenen Vorstellungen verändern zu können (Harlan aus: Dokumentation, Leva 2007a). So arbeitete der Regisseur anstatt mit dem Romanautor mit einer Romanautorin zusammen, und sie verlagerten zu Kings Ärger den Schwerpunkt vom bösen Hotel weg auf eine *Familientragödie* (Kinematograph 2004, S. 187). Diane Johnson, die Co-Autorin des Drehbuchs, hatte zuvor den Roman *The Shadow Knows* (1974) geschrieben, den Kubrick sehr schätzte. Als der Regisseur erfuhr, dass Johnson sogar ein Seminar über den Schauerroman an der

Universität Berkeley (Kalifornien) hielt, bot er ihr die Zusammenarbeit an. So kam sie 1978 für drei Monate nach England. Dort unterhielt sie sich ausgiebig mit ihm und beide schrieben dann zusammen an einem Drehbuch (LoBrutto 1997, S. 413). Sie sprachen dabei unter anderem über Edgar Allan Poe und lasen zusammen Freuds Abhandlung über das Unheimliche (Castle 2005, S. 99). Außerdem sahen sie sich einige Filme mit Jack Nicholson sowie *Star Wars* (1977) an (LoBrutto 1997, S. 414). Unter den Filmen mit Nicholson war sicherlich auch *One Flew Over the Cuckoo's Nest* (1975) von Milos Forman, mit dem sich der Schauspieler durch seine hervorragende Darstellung eines irrwitzigen Charakters bereits in die Kinogeschichte eingeschrieben hatte. Weil die Besetzung von Nicholson für die Hauptrolle in *The Shining* bereits feststand, ließ sich Kubrick laut Johnson durch seine Darstellung schon in dieser Phase dazu inspirieren, die Hauptperson der Geschichte als eine *groteske* Figur anzulegen (Dokumentation, Leva 2007a). Er mochte sein raffiniertes Schauspiel sehr und verglich ihn unter anderem mit James Cagney (Ciment 1982, S. 182; Steven Spielberg aus: Dokumentation, Leva 2007a).

Stephen King hingegen lehnte die Besetzung der Hauptrolle mit Nicholson ab. Er trat für seine Romanfigur von Anfang an viel zu *verrückt* auf. So untergrub seine Darstellung die langsame Veränderung, die im Roman erst *durch* das Hotel zustande kam (King 1988, S. 56). Kubrick sagte dazu: »Bei seiner Ankunft im Hotel ist Jack bereits psychologisch darauf vorbereitet, dessen mörderische Befehle zu erfüllen. Sein Ärger und seine Frustration sind schon fast unkontrollierbar. Er ist verbittert über sein Versagen als Schriftsteller« (Ciment 1982, S. 194). Durch die Einsamkeit des Hotels werden seine Probleme im Film also nur *potenziert*, aber nicht erst geschaffen. In früheren Drehbuchentwürfen wurde der Horror sogar *nur* durch die Familienmitglieder produziert und so vollständig *psychologisiert* (Keitz aus: Kinematograph 2004, S. 193). Die jetzige Konstruktion ist aber viel stärker, weil sie den Außenraum des Hotels so geschickt mit dem Innenraum der Psyche verbindet, dass eine unaufhörliche *Fluktuation* zwischen beiden Schauplätzen stattfindet. So wird eine Entscheidung darüber, was von innen und was von außen kommt, unmöglich gemacht (Deleuze 1991, S. 266).

Als eine weitere literarische Quelle für sein Konzept berief sich Kubrick auf die Kurzgeschichte *The Blue Hotel* (1898) von Stephen Crane (Ciment 1982, S. 185), welche er als junger Mann gelesen hatte. Die Pointe dieser Geschichte besteht darin, dass ein äußerst misstrauischer und offensichtlich *paranoider* Mann aus Deutschland, welcher *»der Schwede«* genannt wird (Crane 1964, S. 204), tatsächlich bei einem Kartenspiel von Johnny, dem Sohn des Wirtes im blauen Hotel, betrogen wird. Doch der Leser und auch alle Beteiligten nehmen aufgrund seiner *pathologischen* Realitätsauffassung an, dass er sich den Betrug bloß eingebildet hat. Es kommt sogar zwischen ihm und Johnny deshalb zu einem Faustkampf im Schnee. Erst am Schluss erfährt man, dass *»der Schwede«* Recht hatte und tatsächlich betrogen worden ist (Crane 1964, S. 229). Ein weiteres gutes Beispiel für eine *Koinzidenz* zwischen Psyche und Realität liefert die Prophezeiung, welche dem König Macbeth in Shakespeares Drama von drei Hexen gemacht wird. Darin wird ihm vorhergesagt, dass er *nicht* besiegt wird, bis Birnams Wald zu seinem Schloss hinaufsteigt. Macbeth ist sich der Irrealität dieser Aussage sofort bewusst und hält sich deshalb für unbesiegbar (Shakespeare 2006, S. 1122). Als dann der Wald tatsächlich auf sein Schloss zukommt, weil sich das feindliche Heer hinter Ästen versteckt hat, erlebt Macbeth in einigen Inszenierungen einen vollständig *irrealen* Augenblick, bis er erkennt, dass der Wald nicht von selbst wandert. Zuvor deckt sich aber für ihn die *unmögliche* Realität der Prophezeiung mit seiner Wahrnehmung, in welcher er nun *die Bäume* tatsächlich hinaufsteigen sieht. Erst dann wird der Vorgang als eine *reale* Kriegsstrategie des Gegners sichtbar. So ähnlich – nur genau umgekehrt – verhält es sich in *The Shining*. Kubrick erklärte, dass der Film absichtlich mit einer *psychologischen* Irreführung arbeitet, um die Erkenntnis zu *verzögern*, dass übernatürliche Ereignisse hier tatsächlich die Handlung bestimmen (Ciment 1982, S. 186). Dieses Konzept ist deshalb so stark, weil es das Unheimliche genau dort in Szene zu setzen weiß, wo man es vermutet: auf der Ebene, welche unsere *Gewissheit* über die Realität betrifft. Die Angst besteht immer in der Ahnung, dass etwas Grauenhaftes eintreten könnte. Das heißt, sie steht immer auf der Schwelle zwischen einem realen Ereignis und seiner Antizipation durch eine Vorstellung. In Kings Roman merkt der Zuschauer sehr bald, dass es im Overlook-Hotel *Geister* gibt, die dort sogar tatsächlich eine Party feiern. Diese Eindeutigkeit in der Handlung, die rein fantastisch ist, wollte Kubrick in seinem Film tilgen und stellte an ihre Stelle eine viel komplexere Konstruktion. Deshalb ist an der Stelle vom Roman, wo King Tiere, welche aus einer Hecke geschnitten wurden, lebendig werden und sich auf Danny zu bewegen lässt (Kap. 23), *ein Labyrinth*, dessen Ausgang wenn überhaupt, nur schwierig zu finden ist. Das Hotel selbst und die Handlung des Films nehmen ebenfalls die Form eines *Labyrinths* als einer Metapher für das In-die-Irre-Gehen an.

Es war Roman Polanskis Film *Rosemary's Baby* (1968), der eine Renaissance des Horrorfilms einleitete (Blumenberg 1984, S. 114). Kubrick hielt den Film für einen der besten seiner Gattung (Ciment 1982, S. 197). Ähnlich wie *The Shining* handelt *Rosemary's Baby* auch von der Frage: Was ist *wirklich*? Stimmt die Befürchtung einer jungen schwangeren Frau (Mia Farrow), die annimmt, nicht von ihrem Mann, sondern vom Teufel geschwängert worden zu sein, mit der Realität überein? Alle Handlungen der sie umgebenden Personen werden von Rosemary in ein misstrauisches, etwas paranoides Weltbild eingetragen. Ihre Vermutungen betreffen alle den Zeugungsakt ihres Babys mit einem Monster und die daraus resultierende Schwangerschaft. Man vermutet stark, dass es Rosemarys eigene, hysterische Ängste sind, die sie nach außen projiziert. Am Ende stellt sich aber ebenfalls heraus, dass ihr Misstrauen mit der Wirklichkeit übereinstimmt. Doch der Schluss ist nicht ganz eindeutig. Polanskis Film beantwortet die Frage nicht vollständig, weil er ihr Baby am Ende gar nicht zeigt und weil die letzte Szene auch aus ihrer Fantasie stammen könnte. Kubricks Film arbeitet noch viel stärker mit jener Form der *Mehrdeutigkeit* in Bezug auf die Realitätsauffassung.

The Shining ist Kubricks erster Film, in dem sehr viel mehr Takes als üblich gemacht wurden. Das Drehverhältnis zwischen Material und Endprodukt lag bei 102:1, gewöhnlich liegt es zwischen 5:1 und 15:1 (Castle 2005, S. 100). Das hat zunächst auch technische Hintergründe. Bei diesem Film benutzte der Regisseur sehr intensiv ein Videokontrollsystem. Bereits in *2001* konnte er die Szenen in der Discovery (wie HAL) durch eine Fernsehüberwachungsanlage verfolgen. In *Barry Lyndon* gab es ebenfalls ein Videosystem zur raschen Bildkontrolle (LoBrutto 1997, S. 390), es hatte aber nur ein SW-Bild und wurde laut Harlan vor allem eingesetzt, um bei bei Szenen mit vielen Darstellern schnell sehen zu können, ob alle auf den richtigen Positionen gewesen waren. In *The*

The Shining (1980)

Shining wurde das Videosystem erstmals zu einem wirklich wichtigen Faktor innerhalb der Regiearbeit. Da die Handlung von *The Shining* im Prinzip die Struktur eines *Kammerspiels* aufweist, liegt die ganze Aufmerksamkeit neben dem exklusiven Ort ganz *allein* auf der Ausdruckskraft der Schauspieler. Deshalb arbeitete Kubrick mit einer enormen Geduld und viel Disziplin diese Komponente durch eine langwierige Schauspielführung so deutlich wie möglich heraus. Und das Ergebnis ist nach meiner Ansicht großartig geworden. Konzentriert man sich beim wiederholten Sehen des Films einmal allein auf die schauspielerische Performance von Jack Nicholson, entdeckt man immer mehr, mit wie viel Humor er den *wilden* Mann spielt. Kubrick erreichte diese Form einer völlig ausgeflippten, exzentrischen Darstellung aber erst durch viele *Wiederholungen*. Der Schauspieler steigerte sich dabei immer mehr in seine Rolle hinein. Die ersten fünf Takes spielte Nicholson oft normal, die nächsten fünf bis sieben ermüdet und lahm, aber dann begann er sich warmzulaufen und ungewöhnliche Dinge zu produzieren (J. Baxters Kommentar auf der DVD). Kubrick wollte keine *realistische Darstellung* im Schauspiel, sondern eine, die vor allem *interessant* ist (Nicholson aus: Dokumentation, V. Kubrick 1980).

Für das Shooting von zwei Szenen, wie am Anfang die Untersuchung von Danny durch eine Ärztin (Anne Jackson) und ihren anschließenden Dialog mit Wendy, brauchte der Regisseur zwei bis drei Wochen (LoBrutto 1997, S. 429). Normalerweise hätten die Szenen in zwei bis drei Tagen aufgenommen werden können, aber Kubrick forderte die stetige Wiederholung und gab dabei auch *nicht* immer neue Regieanweisungen. Anne Jackson fragte ihn schließlich, was er denn eigentlich von ihr wolle? Er sagte zu Jackson, dass ihm die Szene *kein* Vergnügen bereitet habe (LoBrutto 1997, S. 428). Er suchte immer nach etwas Besonderem, das der Szene einen speziellen, aber auch unterhaltsamen Ausdruck verleihen konnte.

Robert Kolker und mit ihm viele andere Kritiker sahen in *The Shining* keinen *echten* Horrorfilm, weil er kaum einen *richtigen* Schrecken hervorruft (Kolker 2001, S. 230). Nach meiner Ansicht werden alle brutalen Szenen zwischen Wendy und Jack von einer groben, ironischen Übertreibung begleitet, die aber *nicht* verhindert, dass tatsächlich ein sehr starkes Angstmoment zustande kommt. Der Film gleitet also *nicht* in eine

Parodie ab. Damit bringt Kubrick den Zuschauer in jene *ambivalente* Situation, zwischen dem ängstlichen Opfer und dem bedrohlichen, aber witzigen Täter wechseln zu können. Jack wird in der Tat auf eine äußerst brutale, aber auch komische Weise verrückt. Der Film spannt also den Zuschauer nicht wie sonst üblich »*auf die Folter*«, sondern ermöglicht ihm, beide gezeigten Positionen nachzuvollziehen, und darin besteht das geschickte und intelligente Arrangement der Inszenierung. Die Form von Angst, die so beim Zuschauer entsteht, ist viel angenehmer, weil Kubrick den »*bösen*« Mann nicht als ein geheimnisvolles Phantom, sondern als einen desorientierten Verlierer zeigt. Der Film *mystifiziert* das Böse nicht, er zeigt es viel menschlicher mit groteskem Humor. Und darin entwickelt er die größte Distanz zu seiner Vorlage. King hatte bereits in seiner Jugend wenig für *komische* Horrorfilme übrig (King 2000, S. 50). Er mochte Kubricks Verfilmung nicht und ließ nach seinem eigenen Drehbuch den Roman 1997 nochmals als TV-Miniserie in einer ebenfalls interessanten Form verfilmen. King sah in Kubricks Version so etwas wie einen noblen, großen, schönen Cadillac, dem aber der Motor fehle und der deshalb auch nicht fahren würde (LoBrutto 1997, S. 453). Er hatte Unrecht. Kubrick hatte den Motor seiner Story nicht entfernt, sondern nur ausgetauscht, und so zugleich die *bis heute* einzige anspruchsvolle Verfilmung eines Stephen-King-Romans geschaffen. *The Shining* ist in seiner Mischung aus Gewalt und Humor, wie ich finde, noch viel besser gelungen als *A Clockwork Orange*.

Der Regisseur hat den Film durch immer kürzer werdende Zeitangaben strukturiert, die es im Roman nicht gibt. Die Co-Drehbuchautorin Diane Johnson unterteilte ihren Roman *The Shadow Knows* ebenfalls in gleichmäßige Zeitabschnitte, die vom ersten bis zum achten Januar gehen (Johnson 1975). Vielleicht kam die Inspiration zu dieser Strukturierung von ihr. Diese zeitlichen Angaben stehen im Kontrast zu einem zunehmenden Stillstand der Zeit, welchen Jack Torrance erlebt. Für ihn selbst wird die lineare Zeit immer wertloser. Ähnlich wie in *Barry Lyndon* geht er *in* der Historie verloren. Zugleich wird innerhalb der objektiven Zeit ein *Countdown* gezählt, der bis zum Ausbruch seiner Gewalt reicht. Die Drohgebärde innerhalb dieser Progression, die von Monaten zu Tagen bis zu Stunden voranschreitet, kann man mit dem Aufmarsch der römischen Soldaten in *Spartacus* vergleichen. Schon dort zeigte Kubrick sehr lange und eindrucksvoll, wie sich die feindlichen Armeen formieren, bevor es überhaupt zum *Ausbruch* der Schlacht kam.

The Shining beginnt *klassisch* mit einigen Flugaufnahmen, welche über große Seen, Wälder und Berge zum Ort der Handlung führen. Die sehr gekonnt gefilmten langen »*Kameraflüge*« wurden von Greg McGillivray, einem Profi dieses Metiers, von einem Hubschrauber aus aufgenommen (Ciment 1982, S. 192). Sie verfolgen, wie sich Jack Torrances gelber VW-Käfer langsam seinen Weg durch die Rocky Mountains bahnt. Diese Anfahrt zeigt auch die Entfernung an, welche zwischen dem Hotel und der Zivilisation liegt. Sie leistet einen Überblick auf eine archaische, unberührte, gigantische Natur. Hier besonders eindrucksvoll arrangiert, sind solche Anfänge unterdessen typisch für das Genre geworden, welches seine Geschichten häufig an abgelegenen Orten spielen lässt. Das Auto wirkt in der Landschaft winzig klein und verloren. Die Passage endet auf dem Overlook-Hotel, welches einsam in der Wildnis thront, nur umgeben von einigen Bergen.

Am Anfang fliegt die Kamera mehrfach wie ein Vogel über Jacks gelben Volkswagen hinweg, und auch im Sound sind punktuell vögelähnliche Töne untergebracht (Nelson 2000, S. 201). Diese Töne tauchen wieder auf, wenn Jack sich später mit seiner Frau streitet. Sie zitieren den Titel von *One Flew Over the Cuckoo's Nest* (1975), den auch das Bild zeigt. Im Amerikanischen ist ein »cuckoo« (Kuckuck) jemand, der verrückt ist, so ähnlich wie bei uns ein »*schräger Vogel*«. Die mächtige Musik, die hier unterlegt ist, wurde von Wendy Carlos und Rachel Elkind hergestellt, die auch schon die Musik für *A Clockwork Orange* komponiert hatten. Es wurde dabei ein »Dies Irae« verarbeitet, welches auf einem gregorianischen Choral aus dem 13. Jahrhundert basiert (Bodde 2002, S. 27). Die treibende Musik unterstreicht eine Bewegung, die zu einem düsteren Ziel voranschreitet. Die kraftvolle Dynamik endet dabei in schrägen Zwischenspielen, in denen man die seltsamen (Vogel-)Schreie und Winseln hört.

Jacks Bewerbungsgespräch mit dem freundlichen Hotelmanager Stuart Ullman (Barry Nelson) verläuft gut. Beide tragen dabei dieselbe Krawatte, nur in verschiedenen Farben. Alle *lebenden* Personen in dem Film tragen die Kleidung der amerikanischen Mittelschicht. Ähnlich wie in Kings Roman wirkt Jacks Freundlichkeit aufgesetzt, aber im Unterschied zu

Kings Beschreibungen ist der Hotelmanager ganz in Ordnung und das Problem liegt schon hier bei Jack selbst. Er wird den Job bekommen, das leere Overlook-Hotel einen Winter lang zu versorgen, und seine Familie wird ihn dabei begleiten. Ullman verbreitet jene *oberflächliche* Ferienstimmung, die zu seinem Business gehört. Er berichtet nur von einem schlimmen Vorfall: 1970 hat der damalige Hausmeister Charles Grady seine beiden Töchter und seine Frau in einem »*complete mental breakdown*« mit einer Axt erschlagen und sich selbst schließlich mit einer Schrottflinte erschossen. Jack grinst frech. Er erklärt dann, dass seine Frau davon begeistert sein wird, weil sie *Horrorfilme* mag. Das ist eine sehr charmante und zugleich clevere Lüge und außerdem eine Referenz auf den Zuschauer, der sich schließlich gerade einen Horrorfilm anschaut.

Kubrick schneidet dann um und beginnt mit einer Parallelmontage, die in der Wohnung der Kleinfamilie in Boulder, Colorado die weiteren Familienmitglieder einführt. Er zeigt zunächst Jacks Sohn Danny (Danny Lloyd), welcher im Badezimmer spielt. Der Darsteller Danny Lloyd wurde unter 5.000 Kindern ausgewählt. Gesucht wurde in den amerikanischen Städten Chicago, Denver und Cincinnati, weil der Junge einen Akzent sprechen sollte, der *zwischen* dem von Jack Nicholson und Shelley Duvall liegen sollte (Kubrick aus: Ciment 1982, S. 190). Leon Vitali, welcher die Rolle des erwachsenen Lord Bullingdon in *Barry Lyndon* gespielt hatte, übernahm diese Aufgabe und auch die Betreuung von Danny am Set. Der Junge wirkt im Film verschlossen, intelligent und introvertiert. Er war fünfeinhalb Jahre alt, als die Dreharbeiten begannen (LoBrutto 1997, S. 420).

Danny steht in seiner ersten Szene auf einem Stuhl im Badezimmer und spielt im Waschbecken. Die Kamera nähert sich ihm langsam. Man sieht die Badezimmertür, die mit Figuren aus Cartoons beklebt ist. Danny spricht dann mit *zwei* Stimmen. Er fragt seinen imaginären Freund »Tony«, ob sein Vater den Job bekommen *wird*. Er antwortet *sich* als »Tony« mit gesenkter und *krächzender* Stimme, dass Jack die Stelle bereits bekommen *hat* und in wenigen Minuten Wendy anrufen wird. Unmittelbar darauf wird seine Mutter, die in der Küche arbeitet, von Jack angerufen und über den Erfolg seines Bewerbungsgesprächs informiert. So wird der Zuschauer sogleich mit Dannys telepathischen Fähigkeiten vertraut gemacht, innerhalb derer er Bruchstücke der Zukunft

The Shining (1980)

vorherzusehen vermag. Die *Grenze* zwischen innen (Vorhersage) und außen (Jacks Anruf) ist damit bereits geöffnet worden.

Nachdem Kubrick das kurze Telefongespräch zwischen Wendy und Jack gezeigt hat, kehrt die Kamera ins Badezimmer zurück. Nun steht Danny aufrecht auf dem Stuhl und schaut in den Spiegel. Die Kamera steht hinter ihm, sodass man sein Gesicht nur aus dem Spiegel heraus sehen kann. Sie fährt dabei langsam darauf zu. Kubrick unterstreicht so Dannys Selbstbezug. Der Junge hat einen Zeigefinger erhoben, welcher nun »Tony« symbolisiert. Danny krümmt den Finger im Sprachrhythmus seines zweiten Ichs, das er jetzt nicht nur spricht, sondern auch spielt. Mithilfe des Spiegelbildes und »Tony« hat sich Danny dabei gleich zweimal verdoppelt. Wobei das Spiegelbild nur ein optisches Double darstellt, während »Tony« ein Gesprächspartner ist, mit dessen Hilfe Danny seine seltsamen Fähigkeiten *rationalisieren* kann (Kubrick aus: Ciment 1982, S. 193). Er fragt nun »Tony«, weshalb er *nicht* in das Hotel möchte. »Tony« *verweigert* die Antwort. Danny bittet ihn nochmals zu antworten. Dann zieht er seinen Finger ruckartig ein. Was die Verbalisierung verweigert hat, wird nun von ihm in einer erschreckenden Vision gesehen. Der Junge sieht das Bild eines sich öffnenden Fahrstuhls aus dem eine Blutwelle in einen Flur stürzt, dazwischen geschnitten die Gesichter von zwei blassen, identisch aussehenden Mädchen (Lisa und Louise Burns), welche in einem anderen Flur stehen. Außerdem sieht Danny sich selbst dabei, wie er einen Schrei ausstößt.

Alle drei Bildsequenzen bilden zusammen die »*Antwort*«, weshalb »Tony«, der ja ein Teil von Danny ist, nicht in das Hotel möchte. Sie stellen offensichtlich eine ängstliche Antizipation der grauenhaften Dinge dar, welche Danny dort erwarten. Die Szene, in der Danny schreit, wird später tatsächlich stattfinden, als er sich vor seinem Vater in einem Schrank versteckt hat und dort per Telepathie sehen kann, wie dieser Hallorann ermordet. Der blutende Fahrstuhl ist ein erstes rätselhaftes Zeichen für das Blutbad, das Jack anrichten will. Der amerikanische Trailer von *The Shining* zeigte ohne Zwischenschnitte *nur* diese Sequenz. Man hört hier ein Musikstück mit verfremdeten surrenden Wespengeräuschen (auch ein Motiv aus dem dritten Teil des Romans) von Carlos/Elkind, dem ein tickendes Geräusch wie von einer Uhr unterlegt ist. Dieses Musikstück befindet sich nicht im Film. Dazu laufen weiße Rolltitel von unten nach oben durch das Bild. Schließlich, als die Titel vorbei sind, folgt die entscheidende Sequenz, die auch der Film in unterschiedlichen Ausschnitten zeigt. Dannys erste Vision wurde im Film mit dem erst viel später *wieder* auftauchenden Stück des polnischen Komponisten Krzysztof Penderecki *Als Jakob erwacht* unterlegt.

Bei den beiden blassen Mädchen handelt es sich um *Zwillinge*. Deshalb können es *nicht* die ermordeten Töchter von Charles Grady sein, denn diese waren, wie Ullmann erzählt hat, acht und zehn Jahre alt, als sie getötet wurden. Außerdem tragen die beiden Mädchen in Dannys Vision keine Kleidung aus den 70ern, sondern vielmehr aus den 20er Jahren. Sind sie mehr als der unheimliche Effekt einer Spiegelung von Dannys Verdopplung? Die Zwillingsschwestern stellen jene völlig synchrone und damit bedrohliche Zweisamkeit dar, die Danny mithilfe von Tony, seinem inneren »counter-part«, niemals erreichen kann. »Tony« und Danny stellen eine dialogisierende Einheit dar, denn Tony erzählt Danny Dinge, welcher dieser *nicht* weiß. Die Zwillinge sind aber tatsächlich fast annähernd *gleich*. Das Bild dieser Identität betrifft nicht ihn selbst, sondern es drückt den tiefsten Wunsch seines Vaters aus, der ganz mit sich identisch sein möchte.

Auch das Bild des Fahrstuhls enthält das Motiv einer identischen Verdopplung, denn am Ende eines kurzen Flures sind zwei *symmetrisch* angeordnete, identische rote Türen von *zwei* Fahrstühlen zu sehen. Es handelt sich also um ein Bild, welches eng mit dem der Zwillinge verknüpft ist. Kubrick hat die Bilder auch ineinander montiert. Nicht identisch sind die Möbel, welche sich auf beiden Seiten an den Flurwänden befinden. Von der linken Seite kommt dann eine Blutfontäne aus dem um einen Spalt weit geöffneten Aufzug. Schließlich öffnet sich die Tür des Lifts unter dem Druck der Welle halb. Das Blut spritzt an der Wand hoch und an der gesamten linken Bildseite vorbei und der Strom wird dabei stärker. Er schwappt auf die andere Seite herüber und schwemmt schließlich einige Sessel mit weg. Dann gelangt der erste Schwall von links zur Kamera, wo dann nur noch kurz Schwarz zu sehen ist. Im Film wird mit einem roten Filter dann noch einmal der Flur gezeigt. Die Szene wurde laut Harlan mit einem High-Speed-Shot, 360 Bilder pro Sekunde, also in Zeitlupe in *einem* Take aufgenommen. Die Sequenz wurde sehr oft aufgenommen, weil das Blut für Kubrick nicht *echt* genug aussah

The Shining (1980)

(LoBrutto 1997, S. 444). Erst die beste und teuerste Sorte Filmblut konnte ihn überzeugen (Garrett Browns Kommentar auf der DVD).

Die Sequenz lässt sich auf mehreren Ebenen *tiefenpsychologisch* deuten. Freud schreibt bereits in einer Fußnote, die er 1909 seiner *Traumdeutung* (1900) hinzufügte, dass nach seiner Ansicht der Geburtsakt das erste Angsterlebnis »und somit Quelle und Vorbild des Angstaffektes« sei (Freud 2000, Bd. 2, S. 391). »Angst verweist ja etymologisch auf *angustia*, auf Enge« (Widmer 2004, S. 75; Freud 2000, Bd. 1, S. 383). Diese Enge ist die Lifttür, welche langsam wie bei einem Geburtsvorgang auseinander gepresst wird. Das ganze Motiv, von innen nach außen zu gelangen, wird hier deutlich gezeigt, wenn das Blut aus dem Inneren des Lifts nach draußen stürzt. Freud wies darauf hin, dass die Angst immer die Funktion hat, ein körperlicher Affekt zu sein, in welchem das Geburtstrauma *wiederholt* wird, um so eine noch ausstehende Gefahr anzuzeigen.

Dass Kubrick allein diese Sequenz für den Trailer verwendet hat, zeigt, dass er sie als Antizipation eines Horrorfilms gut geeignet fand. In der Weihnachtszeit 1979 lief dieser Trailer in den USA, um Werbung für einen Film zu machen, welcher dann erst am 13. Juni 1980 in 750 Kinos gestartet wurde (LoBrutto 1997, S. 449). Die einprägsame Sequenz sollte also lange im Gedächtnis bleiben.

Trotzdem lief der Film zunächst *nicht* gut an (Jansen 1984, S. 182f.) und wurde erst auf *längere* Sicht zu einem kommerziellen Erfolg. Der Trailer, ein überzeugendes Kunstwerk für sich, welches die Stärke von Kubricks optischer Prägnanz virtuos vorführt, war vielleicht doch zu wenig nach kommerziellen Gesichtspunkten gestaltet gewesen. Aufgrund des ungünstigen Starts wurde *The Shining* von Kubrick für den europäischen Filmmarkt von 144 auf 119 Minuten gekürzt. Der Nachteil der europäischen gegenüber der amerikanischen Fassung ist, dass der Regisseur viele wichtige Szenen mit Danny und Wendy herausgeschnitten hat. Der Film wurde so noch *kryptischer*, aber auch schneller und unterhaltsamer. Dabei wurden auch mindestens zwei Szenen, die den TV-Konsum von Wendy und Danny zeigen, herausgenommen. Nur zwei Jahre später sollte der Horrorspezialist Tobe Hooper nach einer Orginalstory von Steven Spielberg, der auch maßgeblich selbst am Drehbuch beteiligt war, in *Poltergeist* (1982) den Fernseher selbst zur *Schnittstelle* zwischen der kleinen Carol Anne (Heather O'Rourke) und den bösen Geistern aus dem Jenseits werden lassen. Kubrick verzichtete aber auf eine derart fantastische und *selbstreferenzielle* Verwendung des Mediums und stellte die auch von ihm verwendete Verbindung zwischen TV und Grauen auf eine andere, kompliziertere Weise her.

Nur in der amerikanischen Fassung wird Danny von einer Ärztin (Anne Jackson) untersucht, weil er von seiner Vision ohnmächtig geworden ist. Wendy erzählt ihr dann davon, dass »Tony« zum ersten Mal aufgetaucht ist, *nachdem* Jack ihrem Sohn in einem Wutanfall den Arm gebrochen hat. Sie *verharmlost* den Vorfall ganz offensichtlich, der sehr deutlich ein erstes Anzeichen für Jacks Wut auf seine Familie ist. Später wird Jack selbst einem geisterhaften Barkeeper wütend davon erzählen. Auch er wird dabei versuchen, seine Handlung als ein Resultat von *etwas zu viel Energie* darzustellen. Allerdings sagt Wendy, dass sich *»dieser Unfall«* erst vor fünf Monaten zugetragen hat; Jack spricht später davon, dass es vor drei Jahren passiert ist. Dannys Visionen und seine telepathischen Fähigkeiten beziehen sich vor allem auf die Gewalt seines Vaters. Es handelt sich um ein *Warnsystem*, ein spezielles Angstsignal, das die Gefahren vorhersehen kann, welche für ihn primär von Jack ausgehen. Danny kann aber nur rätselhafte Bruchstücke voraussehen. *Ändern* werden sie hier wie bei Macbeth am Verlauf der Handlung nichts.

Die nächste Szene zeigt, wie Jack mit seiner Familie zum Hotel fährt. Man sieht erneut Luftaufnahmen, die aber dieses Mal fast senkrecht von oben herunter gefilmt sind. In einem *Medium Shot* zeigt Kubrick alle drei Familienmitglieder in einer Kameraeinstellung. Er hat die Szene in einer Rückprojektion im Studio aufgenommen (Appelt aus: Kinematograph 2004, S. 262).

Der Hintergrund ist leicht überbelichtet. Danny sitzt deutlich auf der Seite seiner Mutter. Wendy stellt sogleich fest, dass die Luft hier aufgrund des Höhenunterschieds ganz anders ist. Jack nimmt diese Bemerkung als erste *leise* Kritik an der neuen Umgebung wahr. Er bejaht sie aber nur verhalten mit einem »Hmm«. Danny sagt *explizit* zu seinem Vater, dass er Hunger habe. Jack fragt ihn sogleich, weshalb er sein Frühstück nicht gegessen habe. Wendy erklärt ihrem Sohn daraufhin, dass er, sobald sie im Hotel angekommen sind, sogleich etwas zu *Essen* bekommen wird. Das klassische Dreieck einer Kleinfamilie wird situiert, in welchem der Vater seinen Sohn herausfordert, in die Welt zu gehen, während die

The Shining (1980)

Mutter ihn beschützt. Mit anderen Worten: Jack fordert Danny auf, sich um sich selbst besser zu kümmern, während Wendy ihrem Sohn ihre Fürsorge anbietet.

Dann kommt das Gespräch durch Wendy auf die »*Donner party*«, eine Gruppe von Goldsuchern, die im Winter eingeschneit wurden und sich dann selbst gegenseitig verspeist haben. Wendy glaubt, dieser Vorfall hätte in der Gegend stattgefunden, die sie gerade durchfahren. Jack erklärt ihr, dass es mehr im Westen, in den Sierras, gewesen sei. Danny fragt ihn, wer die »*Donner party*« war. Als Jack es ihm erklären will, stoppt ihn Wendy besorgt. Danny erklärt ihr aber stolz, dass er bereits eine Sendung über *Kannibalismus* im Fernsehen gesehen hätte. Jack erklärt daraufhin Wendy grinsend: »See! It's okay, he saw it on the television!« In der amerikanischen Fassung sieht man, dass Danny und Wendy sehr häufig Fernsehen schauen. Die Cartoons auf der Badezimmertür und später auch auf seinem Pullover verraten, dass Danny eine sehr typische TV-Sozialisation durchläuft, die von seiner Mutter initiiert ist. Jacks zynische Äußerung gilt seiner Position, die eifersüchtig und wütend auf die Aufmerksamkeit ist, die dem Fernsehen (und nicht ihm) gegeben wird.

Die nächste Szene beginnt damit, dass Jack, der gerade ein *Playgirl-Magazin* im Foyer des Hotels liest (Nelson 2000, S. 213), glücklicherweise noch etwas zu Essen in der Küche bekommen hat, wie der Hotelmanager Ullman nebenbei feststellt. Ein verstecktes Zeichen dafür, dass Jack mit Danny konkurriert. Jack und Wendy werden dann von Ullman durch das Hotel geführt. Kubrick kann dabei den Zuschauer mit allen nötigen Informationen über die Lokalitäten versorgen, die in der folgenden Handlung wichtig werden. Ullman erklärt, während er dem Ehepaar das Snow-Cat zeigt, dass das Overlook-Hotel (1907–1909) auf einer indianischen *Begräbnisstätte* errichtet worden ist und dass noch während des Aufbaus einige Angriffe der Indianer abgewehrt werden mussten. Im Hotel gibt es viele indianische Motive, welche in Wandteppichen und dem Navajo-Mosaik über dem Kamin deutlich zur Geltung kommen (Nelson 2000, S. 201). Gleichzeitig befindet sich in Ullmans Büro und auch in der Colorado Lounge eine amerikanische Flagge. Hier ist also tatsächlich die Geschichte in den Schauplatz eingewandert (Benjamin 1990, S. 73), und Jack befindet sich dabei auf der Seite des *weißen*

Mannes, wenn er später am Tresen des Gold Room steht und seinen Whiskygenuss zweimal als »white man's burden« bezeichnet. Wendy hingegen trägt in ihrer *alternativen* Kleidung und ihrem Aussehen die Attribute eines indianischen Designs. Historisch gesehen ist das Blut, welches aus dem Fahrstuhl tritt, das Blut des amerikanischen Genozids, der an den Indianern verübt wurde. Jack wiederholt im Wahn das Ritual einer Ausrottung. Kubrick verbindet den Konflikt der Geschlechter so sehr effektiv mit dem Problem der Rassendiskriminierung.

Shelley Duvall spielte die Rolle von Wendy. Sie war zuvor unter anderem in einer kleinen Rolle in Woody Allens Meisterwerk *Annie Hall* (1977) und einigen Filmen von Robert Altman zu sehen gewesen. Ihrer gelungenen Darstellung dieser sehr schweren Rolle ist es zu verdanken, dass der Film überhaupt funktioniert. Wendy ist von Anfang an nervös und weiß eigentlich, dass sie mit einem *kranken* Mann verheiratet ist. Duvall musste den Ausdruck der Figur, der zunehmend von verzweifelter Angst und Hysterie geprägt ist, über die lange Drehperiode von 14 Monaten aufrecht erhalten und steigern (Castle 2005, S. 100). Da sie es war, die in dem Film von ihrem Mann gequält wird, litt die Darstellerin sehr darunter. Leider kooperierte sie wohl auch häufiger nicht mit dem eigenwilligen aber äußerst professionellen Regisseur, wodurch ihre Situation unnnötig schwierig wurde (Dokumentation, V. Kubrick 1980). Die Figur von Wendy wurde gegenüber Kings Roman und nach Johnson auch gegenüber dem Drehbuch *verändert* (Dokumentation, Leva 2007a). Im Roman hat Wendy einen viel *aktiveren* und viel selbstbewussteren Charakter. Zunächst hatten auch Kubrick und Johnson Wendy viel aktiver und stärker angelegt (Keitz aus: Kinematograph 2004, S. 195). Da Kubrick das Drehbuch aber während der Dreharbeiten weiter auf die Darsteller anpasste, wurde ihre Rolle zunehmend passiver. Sie agiert nun viel verängstigter als ursprünglich vorgesehen. Durch ihre Kleidung *assimiliert* sie sich mit dem Hotel. Sie *ist* das Zuhause für ihren Sohn und ihren Mann. Wendy wirkt nicht sexy, sondern verantwortungsvoll, harmoniebedürftig und mütterlich, zugleich aber durchaus exzentrisch (Kubrick aus: Ciment 1982, S. 190). Sie ist zwar emanzipiert, aber doch nicht in der Lage, sich von Jack rechtzeitig zu trennen.

Während seine Eltern einen Rundgang um das Hotel unternehmen, spielt Danny im Game Room Darts. Hier begegnen ihm zum zweiten

Mal die Zwillinge, jetzt aber nicht mehr in einer Vision, sondern sie stehen wie echte Personen auf einmal im Raum. Als Danny sie entdeckt, schauen sie sich zunächst gegenseitig an, lächeln, drehen sich um und gehen gemeinsam weg. Das Bild der Zwillinge stammt vermutlich aus Kubricks beruflichen Erfahrungen. Am 25. Mai 1948 hatte er für *Look* ein Foto geschossen, auf dem zwei sehr ähnlich aussehende Mädchen abgebildet waren, welche dieselbe Kleidung trugen und direkt in sein Kameraobjektiv schauten (Cocks 2004, S. 239). Diese Mädchen wären fast mit Gas vergiftet worden (LoBrutto 1997, S. 445) und hatten überlebt. Auf dem Foto sind aber ebenfalls ihre beiden Väter zu sehen, die hinter ihnen stehen. Eine zweite Möglichkeit ergibt sich aus einer Fotoserie, welche Diane Arbus zur Jahreswende 1966/67 schoss. Arbus war eine berühmte amerikanische Fotografin, welche Kubrick aus seiner Jugendzeit von Partys in Greenwich Village kannte (Crone 2005, S. 202). Diese Serie bestand aus zahlreichen, sehr ähnlichen Fotografien in Schwarz-Weiß (Arbus 2003, S. 182 u. 265). Darauf sind ebenfalls Zwillinge zu sehen, welche allerdings nicht wie im Film blond sind, sondern schwarze Haare und einen weit *depressiveren* Gesichtsausdruck besitzen. Arbus erkannte in diesen Fotos, wohl vor allem aufgrund der Augen, ihre jüngere Schwester Renée wieder (Arbus 2003, S. 182). Sie haben also einen familiären Hintergrund. Die Arbus-Biografin Patricia Bosworth glaubt, dass Kubrick von diesen sehr berühmten Fotografien zumindest inspiriert gewesen sein könnte (Crone 2005, S. 250). Arbus optisches Konzept passt tatsächlich zu *The Shining*. Sie sagte darüber: »A photograph is a secret about a secret. The more it tells, the less you know« (Arbus 2003, S. 278). Die *Transparenz* der Bilder versteckt ihr Geheimnis. Arbus' Fotos bilden tatsächlich nicht einfach nur die Wirklichkeit ab, sondern zeigen und kommentieren viel mehr den Eindruck, den diese Realität in der Psyche hinterlässt. Alle ihre Fotos können deshalb sowohl als inszenierte Psychogramme wie auch als kritische sozialdokumentarische Studien gesehen werden. Bei näherem Hinsehen ist dieser doppelte Ursprung in der Bildkomposition von den Zwillingen sichtbar. Auf den Fotos tragen die jungen Mädchen, die genauso dicht nebeneinander stehen wie in *The Shining*, sehr *konservative* Kleidung. Sie sehen darin wie kleine Erwachsene aus. Genauso ist es auch im Film. Hinter ihrem zurückhaltenden Auftreten verbirgt sich wie in *Barry Lyndon* ein Übermaß an erstarrter

12. Auf der Schwelle zwischen innen und außen

Form, welches ihnen jegliche kindliche Verspieltheit genommen hat. Die Mädchen sind so betrachtet tatsächlich bereits *tot*.

In der amerikanischen Fassung treffen sich Wendy, Jack, Ullman und Danny dann im Gold Room. Damit wird dieser Raum vorgestellt. In der europäischen Fassung verzichtet Kubrick auf eine solche Einführung. Der Gold Room wird hier erst gezeigt, als Jack sich von Wendy emotional trennt. Er ist so deutlicher einem imaginären Bereich des Hotels zugeordnet, obwohl er auch hier ohne jeden Zweifel tatsächlich existiert. Die nächste Szene in beiden Versionen zeigt, wie der schwarze Koch Dick Hallorann (Scatman Crothers) mit Wendy und Danny eine Führung durch die Großküche des Hotels unternimmt. Das *Nahrungsdepot* ist enorm. Hallorann zählt die vorhandenen Vorräte begeistert auf. Verhungern wird hier keiner. Er nennt Danny dabei zweimal »Doc«. Wendy fragt ihn, woher er den Spitznamen ihres Sohnes weiß, den ihm seine Eltern aufgrund der Bugs-Bunny-Cartoons gegeben haben. Der Koch imitiert rasch eine Ente und meint, dass Danny schließlich auch so aussehe. Er sagt zu Danny im Spaß: »What's up, Doc?« Mit »Doc« ist vor allem Daffy Duck in der Rolle des ständigen Widersachers von Bugs Bunny gemeint. Der Hase klaut dabei der Ente in den Cartoons ständig die Karotten. Am Ende sagt er immer den berühmten Satz: »What's up, Doc?« Weshalb Danny diesen Spitznamen trägt, erklärt der Film nicht. Es handelt sich aber wieder um einen Teil aus seiner TV-Sozialisation. Und erneut steht das Fernsehen im Zusammenhang mit dem Essen, wie auch schon bei dem Gespräch über den *Kannibalismus* im Auto. Aber im Gegensatz zu Jack, der mit Danny in einem Verhältnis der Rivalität um Frau und Nahrung steht, bietet ihm Hallorann schließlich etwas zu Essen an. In der nächsten Vorratskammer, in welche Wendy Jack später einsperren wird, nimmt Hallorann einen telepathischen Kontakt zu Danny auf.

Kubrick hat dieselbe Musik wie bei Dannys Treffen mit den Zwillingen im Game Room unterlegt. Er wählte dafür Ligetis Stück *Lontano*, welches nichts anderes heißt als »weit weg«. Es erklingt später nochmals, wenn Jack langsam verrückt wird. Mit ihm wird im ersten Drittel des Films eine Art »Fernwirkung« betont (Sperl 2006, S. 186). Der Koch spricht zu Wendy, während er Danny in einer Gedankenübertragung die liebenswürdige Frage stellt: »How'd you like some ice cream, Doc?« Das ist genau das Gegenteil von der Aussage, welche Bugs Bunny im Cartoon trifft, wenn er Daffy immer seine Karotten stiehlt und sie aufisst.

Außerdem steht in diesem Augenblick eine Konservendose mit einem indianischen Häuptling darauf genau hinter Hallorann im Regal, dessen Konturen denen des Kochs im Profil exakt gleichen. Auf der Dose steht »*Calumet*«, die Friedenspfeife der Indianer. Als der Koch dann seine Frage nochmals als laut gesprochenes Wort wiederholt und fragt, welche Sorte Danny haben möchte, sagt dieser »*chocolate*«. Durch diese Antwort bekundet er seine Sympathie für den schwarzen Koch. Dass das Essen so ein zentrales Thema des Films ist, hängt damit zusammen, dass hier eine Körpergrenze von außen nach innen durchlaufen wird. Außerdem lernt das Subjekt diese Grenze in der oralen Phase überhaupt erst kennen, wie in es in den Forschungen von Melanie Klein genauer erklärt wird.

Hallorann führt mit Danny nun ein längeres, wichtiges Gespräch über ihre gemeinsame Fähigkeit der Telepathie, dem »*shining*«, wie es seine Großmutter genannt hatte. Von einer langen Close-up-Einstellung von Scatman Crothers während dieses Dialogs wurde die Rekordzahl von 148 Takes gemacht (G. Browns Kommentar auf der DVD). Das zeigt, wie wichtig es Kubrick war, diese Szene, welche die Handlung ganz entschieden vorantreibt, so spannend wie möglich zu inszenieren. Die Telepathie wurde selbst von Freud, der die Psychoanalyse von allen okkulten Betrachtungen abhalten wollte, akzeptiert. Sehr widerwillig erläutert er an mehreren Beispielen die Möglichkeit von »Gedankeninduktion«, die aber nur *lokal* begrenzt stattfinden könne. Dabei werden aber, wenn überhaupt, nur starke, *unbewusste* Wünsche übertragen. Freud stellt fest, dass manche Wahrsager wohl ihr Geld damit verdienen würden (Freud 1972, S. 43). In der dubiosen Forschung über PSI handeln die typischen telepathischen Gedanken-Übertragungen tatsächlich wie in *The Shining* meistens von Unfällen oder dem Tod nahestehender Menschen (LeShan 1986, S. 25ff.). Es sind also vor allem die *negativen* Erfahrungen, welche sich auf diesem Wege mitteilen können. Kubrick und King verwenden dieses mysteriöse Feld, um damit am stärksten die Grenze von innen und außen zu unterlaufen. Nur in der Beziehung zwischen Danny und Hallorann hat das *shining* eine positive Funktion, sonst ist es für Danny immer mit den noch ausstehenden schrecklichen

Ereignissen verbunden. Hallorann, seine Name ist eine Anspielung auf Halloween, wird von Anfang an als ein *Retter* in Szene gesetzt. Verbunden mit dem Indianer auf der Konservendose und sehr freundlich gegenüber Wendy, die später ein Messer aus *seiner* Küche als Waffe nimmt, um sich gegen Jack zu wehren, will er Danny vor dem Hotel beschützen. Allerdings stellt Danny umgekehrt per Telepathie fest, dass Hallorann sich vor dem Hotelzimmer 237 fürchtet. Der Koch will sich dazu nicht weiter äußern, aber er verbietet dem Jungen strikt, dieses Zimmer zu betreten. Mit Freud lässt sich die Gleichung aufmachen: »Wo ein Verbot vorliegt, muss ein Begehren dahinter sein« (Freud 2000, Bd. 9, S. 360). Das verbotene Zimmer ist der *böse* Raum des Hotels – für Danny und dann auch für Jack ein Ort des Begehrens.

Nach dieser Einführung, welche die Grundsituation und den Schauplatz gründlich vorgestellt hat, beginnt die eigentliche Handlung.

Einen Monat später: Danny fährt mit seinem Dreirad ein Quadrat um die Colorado Lounge im ersten Stock. Kubrick zeigt ihn in einer rasanten Kamerafahrt, die ganz auf der Höhe seines Dreirads gehalten ist und hinter ihm seine Tour mitverfolgt. Kameratechnisch gesehen war *The Shining* der Triumphzug der *Steadycam*. Dieses Gerät, mit dem ein Kameramann in der Lage ist, eine Handkamera zu führen, ohne dass sie von seinen eigenen ruckartigen Bewegungen tangiert wird, bestimmt sehr die Bildästhetik des Films. Das Gerät war zwar unter anderem bereits in *Rocky* (1976) und *Marathon Man* (1976) verwendet, aber noch nie zuvor so intelligent eingesetzt worden wie in diesem Film. Die langen Fahrten auf den Fluren des Hotels und später im Labyrinth wären ohne die Steadycam nicht möglich gewesen, weil man sonst die Schienen auf dem Boden gesehen hätte. Garrett Brown, der Erfinder, bediente sie die meiste Zeit persönlich. Nur so konnte der Regisseur seine Korridore im Raum so choreografieren, dass sie die Wirkung der *Klaustrophobie* erzeugten. *The Shining* steht so in der Erfahrung des Raumes kaum hinter *2001* zurück. Nur wurden sehr verschiedene Mittel dafür verwendet. Ohne dieses Aufnahmegerät hätte Kubrick den Film völlig anders entwerfen müssen.

Im Ton wechseln sich während Dannys Fahrt mit seinem Dreirad die Geräusche von Holzfußboden und Teppichen ab. Dieser eindrucksvolle Sound war nicht geplant gewesen und ergab sich durch ein kleines Mikrofon, welches an dem Dreirad befestigt war. Mit bloßem Ohr konnte man kaum ein Geräusch hören (G. Browns Kommentar auf der DVD).

Während Danny seine Touren dreht, bringt Wendy Jack sein Frühstück ans Bett. Nicht nur die klassischen Rollen von Mann und Frau werden hier verkehrt, Jack zeigt auch bereits erste Anzeichen jener pathologischen Selbstbezüglichkeit, die ihn in den Wahnsinn führen wird. Die Szene wird für den Zuschauer weitgehend aus einem Spiegel heraus gesehen, in den Jack auch am Anfang blickt und kurz seine Zunge rausstreckt, um zu sehen, ob sie belegt ist. Dieses Arrangement betont Jacks Interesse am eigenen Ego. Er ist schon jetzt mehr mit sich selbst beschäftigt als mit seiner Frau. Es ist fast Mittag, und Wendy möchte mit ihrem Mann spazieren gehen. Jack versteckt sich aber hinter seiner Arbeit als Schriftsteller und möchte lieber schreiben. In der amerikanischen Fassung geht die Szene noch etwas weiter und beide stellen fest, dass sie sich in dem Hotel sehr wohl fühlen. Jack spricht außerdem davon, dass ihm der Ort wie bei einem Déjà-vu-Erlebnis bekannt vorkommt. »When I came up here for my interview, it was though I have been here before.« Diese für sich genommen eigentlich harmlose Aussage ist das erste Anzeichen dafür, dass sich sein Zeitgefühl von einer linearen, kreativen Bewegung zum Kreislauf einer stupiden Wiederholung verkehren wird.

Die nächste Einstellung beginnt mit einem *Close Shot* von einer deutschen *»Adler«*-Schreibmaschine, neben ihr qualmt eine Zigarette. Das Gerät erinnert an die Schreibmaschine von Mr. Alexander in *A Clockwork Orange*. Jack gestaltet seine Arbeitspause so, dass er einen gelben Tennisball quer durch die Colorado Lounge wirft, die sein Sohn gerade noch mit dem Dreirad umfahren hat. Der Raum bildet topografisch das *Zentrum* des Hotels (Nelson 2000, S. 211). Jack hat es zu seinem Arbeitszimmer erklärt. Er wirft den Tennisball lautstark gegen die Wand. Die rhythmisch donnernden Geräusche nehmen seine späteren Schläge mit der Axt vorweg. Er drückt so seine Revolte gegen das Haus, gegen das Heim aus, insofern dieser Punkt in lacanscher Terminologie ausgedrückt im Anderen gelegen ist. Das heißt, es handelt sich um einen *externen* Punkt, welchen Jack nicht *anerkennt*, und so mit ihm in einem extremen Konflikt steht. Dieser Punkt wird durch das Haus ebenso wie durch Wendy verkörpert. Jack zeigt damit, dass er weder das Hotel noch seine Frau respektiert.

12. Auf der Schwelle zwischen innen und außen

Er ist *kein* verantwortungsvoller Hauswart oder Vater, sondern ein *Freak*, der das bisschen Macht, das er bekommen hat, dazu benutzt, um sich sogleich feist *gegen* die Ordnung des Hotels zu stellen. Er bezieht den größten Raum und sitzt an einem riesigen Tisch. Er überlässt es aber völlig Wendy, *seine* Aufgaben im Hotel zu bewältigen. Die Antwort auf sein Spiel mit dem Tennisball wird ihr Schlag mit dem Baseballschläger auf seinen Kopf sein.

Dann zeigt Kubrick, wo Jack sich selbst gegenüber seiner Familie imaginär positioniert hat. Während Danny und Wendy im Labyrinth spazieren gehen, schaut er auf das Modell des Irrgartens und glaubt, sie von oben darin zu erblicken. Die Szene ist äußerst skurril gefilmt: Die engen Wände des Labyrinths sind mit einem extremen Weitwinkel-Objektiv aufgenommen, welches den Ort sehr verfremdet wiedergibt. Danny und Wendy wirken darin verloren, während Jack sich in einer *überhöhten*, erhabenen Position sieht und so das gesamte Feld aus einer vogelähnlichen Perspektive überblickt. Jack identifiziert sich dabei mit einer *göttlichen* Position (Kolker 2001, S. 232), dabei wird gerade er es sein, der am Ende im Labyrinth erfriert. In dieser Szene drückt Kubrick optisch aus, wie ein übermenschliches *Allmachtgefühl* sein reales Scheitern überdeckt. Der Mann überschätzt seine Fähigkeiten und ist deshalb so frustriert. Er will als Schriftsteller arbeiten, bekommt aber nichts zustande.

Danny unternimmt eine weitere Fahrt auf seinem Dreirad. Auch der Junge *okkupiert* das Hotel, indem er dessen Flure zu seinem Spielplatz erklärt. Der Preis dafür ist aber seine Furcht vor diesem Ort. Als er jetzt mit seinem Dreirad an dem Hotelzimmer 237 vorbeifährt, hält er an. Er versucht die Tür des Zimmers zu öffnen, aber sie ist verschlossen. Dazu erklingt von Bartók *Musik für Saiteninstrumente, Schlagzeug und Celesta*, die Kubrick vor allem dafür verwendet, die ansteigende Entfremdung von Jack akustisch zu verstärken. Als Danny wieder auf sein Dreirad steigt, folgt ihm die Kamera nicht mehr, und es wird Jack gezeigt. Dieses Mal sitzt er in der Colorado Lounge und tippt etwas. Dann nähert sich Wendy, und die Lautstärke der Streichinstrumente in der Musik nimmt deutlich bis zu dem Augenblick zu, als Jack aufhört zu tippen. Er reißt das angefangene Blatt Papier wütend mit einem Ruck aus der Maschine. Musik und Gebärde bilden dabei exakt *eine* Bewegung (Sperl 2006, S. 184). Jack verbietet Wendy, ihn beim Schreiben zu stören. »When you come in and interrupt, you're breaking my concentration.« Er grinst sie kurz an, dann schlägt er sich mit der flachen Hand vor die Stirn, während er ihr sagt: »You're distracting me«, und er zerreißt die eben getippte Seite, während er fortfährt: »and it will then take time to get back to where I was.« Jack zeigt so sehr deutlich an, dass Wendy ihn *mental* völlig aus seiner egozentrischen Bahn wirft. Wendy zerstört für ihn die Möglichkeit, ganz *eins* mit sich selbst zu sein. Sie ist die Differenz. Sie stellt für ihn nicht wie für andere Männer eine Inspirationsquelle und Muse dar, sondern sie ist für ihn nur ein *Störfaktor*. Diese Szene ist übrigens die einzige, welche Kubrick aus Nicholsons eigenen Erfahrungen nehmen konnte (LoBrutto 1997, S. 445). Er spielt sie so ausgelassen und wütend und Wendy reagiert darauf so kleinlaut, dass sie auch hervorragend als *Persiflage* auf einen klassischen Ehestreit funktionieren würde. Die Unverhältnismäßigkeit von Jacks Reaktion ist dabei so offensichtlich, dass sich in seiner Wut ein viel tieferliegendes Problem artikuliert.

Es hat geschneit. Wendy und Danny laufen durch den Schnee, während Jack in der Colorado Lounge aus dem Fenster starrt. Ein Zoom auf sein Gesicht verdeutlicht seine psychische Veränderung. Es handelt sich um deutliche Anzeichen für einen *katatonischen* Ausdruck. Er versucht damit bereits, den Stillstand der Zeit zu erreichen. Die Katatonie ist der Ausdruck für die Unfähigkeit, noch die geringste Veränderung ertragen zu können, weshalb das Subjekt jede Bewegung vermeidet. Die Anzeichen für Jacks Entfremdung werden immer offensichtlicher. Kubrick hat sie aber so *drastisch* in Szene gesetzt, dass sie weniger einen depressiven als vielmehr einen *animalischen* Ausdruck bekommen. Jack friert hier zum ersten Mal ein, während auch die Umgebung des Hotels einfriert. Das Wetter und sein Gefühlszustand verhalten sich parallel zueinander. Die warmen, braunen Farben des Herbstes sind nun den kalten, blauen Farben des Winters gewichen. Ein äußerst flaches Winterlicht, das von draußen durch die Fenster des Hotels fällt, erzeugt eine besonders frostige Stimmung. Ein Sturm hat den Kontakt zur Außenwelt bereits erheblich eingeschränkt. Die Telefonleitung ist unterbrochen, und Wendy nimmt über Funk Kontakt zu einem Ranger der Forstverwaltung auf.

Die nächst Szene zeigt Danny zum dritten Mal auf seinem Dreirad. Er landet nun in einem *älteren* Gang. Er sieht durch sein Tapetenmuster aus wie ein privater Trakt und liegt auch in der unmittelbaren Nähe zu der Hausmeisterwohnung. Der Zuschauer kann diesen Ort anhand der Tapete wiedererkennen. Es handelt sich um den Gang, in dem Danny die Zwillinge das erste Mal in seiner Vision in Boulder gesehen hatte. Unterlegt ist die Szene mit dem Stück *De Natura Sonoris No. 1* von Penderecki. Es handelt sich um ein Stück mit einem sehr gewalttätigen, massiven Ausdruck. Es warnt den Zuschauer mit brutal klingenden Streicherläufen davor, dass das Grauen nun jeden Moment über den Jungen hereinbrechen kann (Bodde 2002, S. 93f.). Und tatsächlich: Hinter einer Kurve tauchen die weiblichen Zwillinge *wieder* auf. Sie befinden sich nun exakt an dem Ort, wo Danny sie in seiner visionären Vorstellung schon gesehen hatte. Und Kubrick zeigt in einer blitzartigen, kurzen Bildfolge, was mit ihnen geschehen ist. Danny bleibt stehen, sieht die beiden einmal lebendig und dann bereits tot und blutverschmiert am Boden liegen. Später wird Jack eine ähnliche Bilderfolge auf Zimmer 237 sehen. Die Zwillinge flüstern Danny zu, dass sie mit ihm spielen wollen »for ever and ever and ever«. Der Horror basiert auf der Vorstellung, dass die ermordeten Zwillinge im Augenblick ihres Todes zu *bösen* Dämonen geworden sind, die nun Danny ebenfalls in ihr Reich hinüberziehen wollen. »Die Toten töten«, wie Freud es in seinen Überlegungen genannt hat (Freud 2000, Bd. 9, S. 349). Die ermordeten Zwillinge enthalten für Danny die Drohung *seines* Todes. In *Poltergeist* (1982) wird die kleine Carol Anne sogar in das Reich des Todes hinübergezogen, um dann in einer Art Wiedergeburt zurückzukehren. Die Zwillinge wollen für *immer* mit Danny spielen. Die stetige Wiederholung sperrt den *linearen* Zeitraum ein, der nun *ahistorisch* geworden ist. Es spielt sich bei den Geistern alles innerhalb *eines* Zeitraums ab, in der alle (betroffenen) Zeiten zu *einer* werden, oder umgekehrt, in der diese Zeit zu allen bisherigen Zeiten wird, welche sich nun überlagern.

Danny schlägt sich die Hände vor die Augen. Als er sie wegzieht, sind die Zwillinge verschwunden. Jack wird später genau dieselbe Geste vollziehen, nur umgekehrt: Er schlägt sich die Hände vor das Gesicht, und ein gespenstischer Barkeeper steht vor ihm. Durch diese Umkehrung im Verhalten wird deutlich, dass Danny sich genau vor dem fürchtet, was Jack zufriedenstellt. Jacks völliges Aufgehen in einer stark narzisstischen Befriedigung, innerhalb derer er die völlige Identität mit sich selbst anstrebt, in welcher es keinen Anderen mehr geben soll, ist *genau* das,

The Shining (1980)

wovor Danny Angst hat. Die Identität der Zwillinge ist auch so gesehen ein Horrorbild für den Jungen, welcher mithilfe von »Tony« zwar ebenfalls eine Verdopplung, aber keineswegs eine solche Identät herstellen kann. In dieser Szene und auch in der im Game Room hat Kubrick *über* den Zwillingen ein Schild anbringen lassen, auf dem *»EXIT«* steht. Diese Art Schilder sind zwar häufiger im Bildhintergrund zu sehen, es ist hier aber offensichtlich speziell arrangiert worden. Der *Ausgang* wird zu dem entscheidenden Motiv werden, wenn Danny und Wendy vor Jack fliehen müssen. »Exit« hat im englischen auch die Bedeutung des *Abgangs* eines Schauspielers im Theater.

In der nächsten Szene schleicht Danny durch die Tür der Hausmeisterwohnung, um sich sein Feuerwehrauto zu holen. Sein Vater ist unterdessen schon ganz im Bann einer erheblichen psychischen Störung. Er sitzt lethargisch auf dem Bett. Jack wiederholt dann gegenüber Danny nochmals die Phrase der beiden Zwillinge: »I wish, we could stay here forever and ever and ever.« So wird deutlich, wie Jack bereits zu den Geistern des Hotels korrespondiert, oder auch, dass die Zwillinge als ein Zerrbild von ihm gesehen werden können. Danny reagiert sehr ruhig darauf mit der Frage, ob er ihm und seiner Mutter jemals etwas antun könnte. Jack wird misstrauisch und fragt ihn, ob Wendy ihm das gesagt hätte? Das Kind verneint. Der Konflikt zwischen Vater und Mutter ist das Grundproblem. Danny wird darin von Jack zu Recht vor allem als ein Teil von Wendy wahrgenommen. Er erklärt seinem Sohn abschließend, dass er ihn mehr liebt als alles auf der Welt und dass er ihm niemals etwas antun würde.

Jacks gelber Tennisball, welcher in der nächsten Szene zwischen Dannys Spielzeugautos rollt, deutet zum ersten Mal an, dass die Geister auch in die Handlung eingreifen können, denn der lange Flur, aus dem er kommt, ist *augenscheinlich* völlig leer. Danny trägt einen Apollo-Raketen-Pullover, ein Zitat aus *2001*, und erneut ist es hier die Leere des Raumes, aus welcher das Unheimliche kommt. Danny ruft dann nach seiner Mutter, findet aber nur das geöffnete Zimmer 237. Auch dafür, dass dieser Raum plötzlich aufgeschlossen wurde, gibt es *keine* Erklärung, außer der, dass die Gespenster *aktiv* geworden sind. Während Danny nun das verbotene Zimmer betritt, erleidet Jack laut brüllend einen Albtraum, in dem er davon träumt, seinen Sohn und seine Frau zu töten und zu zerstückeln. Wendy ist gerade dabei, die Heizungskessel des Hotels zu überprüfen. Sie rennt zu ihrem Mann, der sehr verstört aufgewacht ist. Dann kommt Danny in die Lounge. Er war in Zimmer 237 und hat einen großen roten Flecken am Hals. Er ist ein wenig auf die orale Phase regrediert und hält sich deshalb schweigend seinen Daumen im Mund. Wendy glaubt sofort, Jack hätte nichts bloß geträumt, sondern ihrem Sohn etwas angetan. Der *Riss* zwischen den Ehepartnern klafft *durch* dieses Misstrauen zum ersten Mal ganz deutlich auf. Aus diesem *Riss*, der aus einer »Lebenskrise, die sehr wohl mit seinen äußeren Beziehungen in Zusammenhang steht« (Lacan 1997, S. 26), tauchen *für* Jack die Gespenster auf. Er *trennt* sich wütend von Wendy, die ihn schließlich zu Unrecht für die Gewalttat verantwortlich macht. Seine Wutausbrüche sind eine Fortsetzung dessen, was er schon im Alkoholrausch herzustellen versuchte hatte: Er möchte ein ungeteiltes Individuum sein (Seeßlen 1999, S. 244). Er kann die Grenze zu den Ansichten seiner Frau mental nicht ziehen. Deshalb geht er wütend davon. Jack geht nun den Korridor zum Gold Room entlang und gestikuliert dabei wild wie ein Obdachloser aus den Straßen von New York mit seinen Armen (Ciment 1982, S. 189).

Die Wut treibt Jack zu dem Wunsch nach dem Betäubungsmittel, welches das Gefühl, vollständig zu sein und Wendy dafür nicht mehr zu benötigen, ihrer Meinung nicht mehr ausgesetzt zu sein, herstellen kann. Er setzt sich verärgert und niedergeschlagen an den leeren Tresen und spricht die Worte: »God! I'd give anything for a drink. My goddamn soul for just a glass of beer.« Unmittelbar darauf erscheint ihm ein Barkeeper (Joe Turkel) und schenkt ihm einen Bourbon ein. Es handelt sich dabei wohl kaum um eine diabolische Szene (Seeßlen 1999, S. 241f. u. 247) als vielmehr um die *Wunscherfüllung* eines psychotisch gestörten Menschen. Der einzige, welcher sich dabei wirklich *ausfallend* verhält, ist schließlich Jack selbst. Der Barkeeper ist keineswegs vom Teufel gesandt, sondern mit seinem zurückhaltenden, höflichen Lächeln ein echter *gentlemen*, wie man ihn in jeder vornehmeren Bar antreffen kann. Jack erkennt ihn auch sofort und nennt ihn *Lloyd*. Weil dieser Geist, wie sich später herausstellt, zum *Imaginären* der 20er/30er Jahre gehört, handelt es sich wie bei den Zwillingen um eine tote, historische Gestalt, die jedoch keineswegs böse Absichten schürrt. Jack freut sich auch offensichtlich sehr darüber, Lloyd und eine gefüllte Bar vor sich zu sehen. Er nennt ihn dann sogleich »the

The Shining (1980)

best goddamned bartender from Timbuktu to Portland, Maine. Or Portland, Oregon, for that matter«. In Portland, Maine, wurde Stephen King 1947 geboren, welcher diesen Satz wie den ganzen Dialog fast wörtlich (ohne das »gottverdammt«) in seinem Roman schrieb (Kap. 28). King gab später zu, dass der Roman auch von seinem eigenen damaligen Problem mit dem Alkohol handele, welches er dort beschrieben habe, *ohne es selbst zu bemerken* (King 2000, S. 106). Kubrick überzeichnet diese Szene mit Nicholsons Hilfe so dermaßen, dass sie voller Ironie Jack mit seinem ganzen spitzbübischen und bizarren Humor zeigt. Er versucht, sich ausgerechnet an einem Thresen, dem klassischen *Männerrevier*, als ganzer Kerl aufzuspielen. Zugleich wird dabei deutlich, dass Jack sich in diesem Milieu bestens auskennt. Und er scheint in diesem Hotel vor allem das anzutreffen, was er sich schon lange mal wieder *gewünscht* hat. Dass er dabei ununterbrochen flucht, ist ein geschickt gewählter, verbaler Ausdruck dafür, dass er sich im »out of order«-Modus befindet. Gegenüber Lloyd ist es das »*goddamm*«, gegenüber Wendy ist es das »*fuck*«, und Danny nennt er nun »*son of a bitch*«. Da Wendy Jack zuvor ebenfalls als einen »*son of a bitch*« bezeichnet hat, zeigt, dass Jack hier den üblichen *Pfad* wählt, die in diesem Fall unberechtigten Agressionen seiner Frau einfach auf seinen Sohn umzuleiten. Jacks Flüche haben aber nicht ganz den Status, welchen europäische Ohren ihnen vorschnell geben würden. Die Amerikaner fluchen bekanntlich viel mehr. Er entfernt sich damit aber im Habitus deutlich von den bürgerlichen Konventionen, gegen welche er schließlich in seinem gesamten Verhalten rebelliert. Jacks gesamte Ausdrucksweise zeigt in seiner Wut deutliche Formen der sozial unterpriviligierten Klasse. Dann erklärt er dem Barkeeper den »*Unfall*«, in dem er Danny aus Versehen den Arm gebrochen hat. Er regt sich darüber auf, dass Wendy ihm diesen Vorfall sein Leben lang vorhalten wird. Jack ist der typische Ehemann, der sich bei Dritten über seine Frau beschwert. Er hat aber tatsächlich wegen Wendy ein schlechtes Gewissen und versteht ihre Vorhaltungen, sonst würde er nicht versuchen, sich so umfangreich zu verteidigen.

Die Szene gehört, wie auch Jacks zweites kürzeres Gespräch mit Lloyd, zu den besten schauspielerischen Leistungen des gesamten Films. Die Darstellung war äußerst schwierig, weil Jacks emotionaler Strom sehr sprunghaft ist. Sie brauchten ungefähr 60 Takes, und Nicholson erreichte seine beste Leistung erst ziemlich am Ende (LoBrutto 1997, S. 431). Die Figur durchläuft dabei rasch eine ganze Skala von extremen Gefühlen. Sie pendelt zwischen argem Misstrauen und totalem Triumph, zwischen zärtlicher Lust und rasender Wut. Es war schwierig hinzubekommen, ohne dass Nicholson eine Einzelheit *verwischte* (Kubrick aus: Ciment 1982, S. 189).

Lloyd und die gefüllte Bar sind wie alle Geistererscheinungen des Films so *flüchtig*, dass sie sofort verschwinden, als Wendy dann heulend dazu kommt. Sie erklärt Jack, dass Danny von einer *verrückten Frau* im Zimmer 237 gewürgt worden sei. Er erklärt ihr ironisch, dass sie wohl selbst diese verrückte Frau sei, doch dann geht er nachsehen. In einer Parallelmontage nimmt Danny nun *telepathischen* Kontakt mit Hallorann auf, der gerade fernsieht. Seine Wohnung im sonnigen Florida ist mit zwei gemalten Bildern üppiger, halbnackter, schwarzer Frauen dekoriert, die beide eine große Afro-Frisur tragen. Die Kamera fährt zweimal zurück, um sie zu zeigen. Der Film nähert sich augenscheinlich dem erotischen Verhältnis. Halloranns freizügig gestaltete Wohnung zeigt, dass er im Gegensatz zu Jack ein Junggeselle ist. Er erfährt über TV, dass die Rocky Mountains völlig eingeschneit sind. Kurz darauf erreicht ihn Dannys Nachricht. Die Kamera fährt dabei langsam auf sein ängstliches Gesicht zu. Akustisch hat Kubrick das Stück *Heart Beat* von Carlos/Elkind darunter gelegt. Es funktioniert vom Stil her ähnlich wie die akustische Verstärkung der Atmung in *2001*. Die Herztöne signalisieren Lebensgefahr. Sie deuten, wie bei Poe das Ticken der Uhren, an, dass die Männer sich in einen Raum begeben, welcher dem mütterlichen Uterus gleicht (Bonaparte 1934, Bd. 3, S. 51). Dieser Raum wird von ihnen als bedrohlich wahrgenommen. Kubrick findet so die wohl abstrakteste Form des klassischen Horrorfilms, in dem so oft vom Weiblichen der wirkliche Schrecken ausgeht.

Nach dem Bick auf Hallorann schneidet er zurück ins Overlook-Hotel zu der offenen Tür von Zimmer 237. Man sieht Danny in seinem Zimmer. Er hat etwas Schaum vor dem Mund. Er kann mithilfe seiner telepathischen Fähigkeiten sehen, was Jack nun erlebt. Es folgt eine der wenigen subjektiven Einstellungen aus Jacks Perspektive. Die Sequenz erinnert daran, wie Dave Bowman ins Raumschiff zurückkehrt, um den Computer abzuschalten. Jack geht erst durch das leere Wohnzimmer,

The Shining (1980)

dann durch das leere Schlafzimmer. Auf dem Teppichboden sind violette phallusartige Symbole in grünen Halbkreisen abgebildet (Nelson 2000, S. 221). Man sieht, wie Jacks Hand die Tür zu einem grünen Badezimmer öffnet. Hinter einem halb zugezogenen Duschvorhang sitzt in einer Badewanne eine Gestalt. Der Vorhang wird zur Seite gezogen, und eine attraktive, junge, nackte Frau (Lia Beldam) tritt aus der Wanne. Die Szene ist das exakte Gegenteil von der Duschszene in *Psycho*. Es handelt sich für Jack erneut um eine Wunscherfüllung: erst der Alkohol und nun eine obsessive Sexualität, die eine völlig anonyme reine Körperlichkeit sucht. In der Musik wird aber bereits eine große Gefahr angekündigt. Es handelt sich erneut um das Stück von Penderecki *Als Jacob erwachte*. Kubrick verwendete es bereits am Anfang, während Danny seine erste Vision in Boulder hatte. Die Frau legt ihre Hände auf Jacks Brust. Daraufhin nimmt er sie in den Arm und küsst sie *wortlos*. Doch plötzlich sieht er im Spiegel, dass er eine alte, hässliche Frau (Billie Gibson) geküsst hat. Ihr Körper ist bereits an einigen Stellen dabei zu verfaulen. Ähnlich wie Bowman im Barockzimmer mit seiner eigenen Vergänglichkeit konfrontiert wurde, löst sich Jacks phallische Fantasie in seinen Händen in eine Figur von Alter und Tod auf. Das Objekt offenbart sich als das, was es eigentlich ist: *vergänglich*. Die alte Frau kann als barocke Vanitas-Ikonografie gedeutet werden (Keitz aus: Kinematograph 2004, S. 189). Der makellose Körper hat sich dabei in einen voller Makel verkehrt. Und die Frau schweigt auch nicht mehr, wie zuvor, sondern *lacht* ihn aus. Der Film zeigt die alte Frau durch einen raschen Schnitt in zwei Positionen. Einmal steht sie als lebendiger Geist vor Jack, ein zweites Mal liegt sie als Leiche tot in der Wanne. Es ist derselbe Ablauf, in dem Danny die Zwillinge gesehen hatte. Nur jetzt kann man auch noch sehen, wie sich die tote Frau langsam aus der Wanne erhebt, also den Übergang einer Toten zum Gespenst. Es handelt sich auch um ein Bild der Kastration (Lacan 1996b, S. 95), weil die Begegnung mit dem Tod auch Jacks eigenen Mangel deutlich werden lässt. Nichts ist für immer. Diese zeitliche Begrenzung stört erheblich seine unbewusste, phallische *Allmachtsfantasie*. Denn auch ihn wird der Tod holen. Erneut ist es *das Begehren* einer weiblichen Toten, welches dem männlichen Lebenden Angst macht. Angepasst an das Alter äußert es sich gegenüber Jack direkt als ein sexuelles, gegenüber Danny ging es darin bloß um einen Spielpartner.

Die Vorstellung, dass eine Person, welche in einem Raum gestorben ist, immer noch darin herumgeistert, gehört zum klassischen Topos der Schauergeschichten. Im Film bringt sie den entscheidenden Wendepunkt innerhalb der Handlung, denn sie zeigt auch deutlich, wie weit sich Jack unterdessen schon von seiner Frau entfernt hat. Zunächst kehrt er aber zu Wendy zurück, welche die Hausmeisterwohnung bereits verriegelt hat. Jack behauptet, das Zimmer sei *leer* gewesen. Seine Erfahrung dort kann er *nicht* kommunizieren. Dann erklärt er ihr resigniert, dass sich Danny die Würgemale wohl selbst zugefügt hat. Als Wendy ihm sagt, dass sie trotzdem das Hotel sofort verlassen möchte, bekommt Jack einen völligen Wutausbruch. Er zeigt absolut kein Verständnis für ihre Ansicht. Dieser Streit führt zum endgültigen *Bruch* zwischen den Eheleuten. Kubrick hat erneut vogelähnliche Laute, wie am Anfang des Films, unterlegt. Danny, der nebenan in seinem Bett liegt, hört Wendys Bitte, den Ort wegen ihm zu verlassen und sieht währenddessen eine weitere Vision: Er sieht kurz eine Tür, auf die spiegelverkehrt »MURDER« geschrieben steht. Und er sieht erneut, wie das Blut aus dem Fahrstuhl tritt und den Flur überschwemmt. *The Shining* ist nicht zuletzt ein Horrorfilm über eine gescheiterte Ehe aus der Sicht eines Kindes. Kubrick verknüpft deshalb immer wieder Dannys Visionen mit dem konflikthaften Verhältnis seiner Eltern.

Und erst jetzt lässt sich das Bild der Blutwelle näher bestimmen. Die Idee zu dieser Sequenz, die es im Roman nicht gibt, steht vermutlich im engeren Zusammenhang mit der Geschichte *The Mask of the Red Death* (1842) von Edgar Allan Poe, auf welche sich der Roman von King auch *ausdrücklich* bezieht. King hat einen längeren Abschnitt aus dieser Geschichte seinem Roman sogar als Zitat vorangestellt. Poe schrieb *The Mask of the Red Death* kurz nachdem seine junge Frau die ersten Symptome von Tuberkulose bekommen hatte und einen Blutsturz erlitt (Bonaparte 1934, Bd. 3, S. 47). Der Rote Tod wird von ihm als ein aus »allen Poren überflutender Blutfluss« (Poe 1979, Bd. 2, S. 689) beschrieben, welche den Kranken binnen einer halben Stunde dahinsiechen lässt. Seine Geschichte enthält außerdem ein wichtiges, königliches Gemach, das nur ein rotes Fenster besitzt, welches so den gesamten Raum in ein blutrotes Licht taucht (Poe 1979, Bd. 2, S. 694). Dieser Raum lässt sich als Uterus und das Blut als das der mütterlichen Menstruation deuten

The Shining (1980)

(Bonaparte 1934, Bd. 3, S. 51). Vor diesem Hintergrund, mit dem sich Kubrick vermutlich intensiv beschäftigt hat, kann man die Sequenz nicht nur als Wiederholung des Geburtstraumas, als Antizipation von Jacks Mord und dem Genozid an den Indianern, sondern vor allem als Bild einer blutigen Kastration interpretieren (Bonaparte 1934, Bd. 3, S. 48), deren Ausdruck die weibliche Menstruationsblutung ist (Cocks 2004, S. 204). Dieses Blut also ist das Zeichen der sexuellen Differenz. »Der privilegierte Ort der Angst ist die Sexualität« (Widmer 2004, S. 99). Freuds berühmtestes Beispiel für die optische Trugwahrnehmung einer Kastration ist der Wolfsmann. Dieser hatte in einer relativ unbekannten Halluzination, nachdem er mit seinem Taschenmesser in einen Baum geschnitten hat, aus diesem Blut rinnen sehen (Freud 2000, Bd. 8, S. 199; Lacan 1994, S. 211). Freud folgert, dass der Baum in diesem Fall ein Weib bedeute und dass es sich um die Blutungen der Frau handele (Freud 2000, Bd. 8, S. 200). Und genau von diesem Bild der Kastration, welches Danny ängstigt, will Jack nichts wissen. Jacks Wut basiert auf der aggressiven Negation der Kastration und des damit einhergehenden Mangels. In dieser Hinsicht sieht Danny auch in dem blutenden Fahrstuhl genau das, was Jack negiert hat. Die unbewusste Verbindung zwischen Vater und Sohn, welche auch King schon beschrieben hatte, wurde von Kubrick in dieses komplexere Modell übertragen.

Man könnte sagen, Jack wandert nun durch eine Art Zeit-Korridor in die Vergangenheit der 20er/30er Jahre zurück. Aber präziser ist, dass die lineare, reale Zeit sich für ihn nun zugunsten eines imaginären Zeitgefühls, in dem alles für immer existiert, endgültig aufzulösen beginnt. Das wird im Roman so beschrieben: »He had no idea what time it was, how long he had spent in the Colorado Lounge or how long he had been here in the ballroom. Time has ceased no matter« (King 1985, S. 324). Kubrick kontrastiert diese Auflösung nach innen mit der äußeren Handlung, in welcher Jack nun durch die immer kürzer werden Zeitangaben in den Zwischentiteln in einer Art Ultimatum zum Mörder wird. Der Gold Room ist nun, anders als bei Jacks erstem Besuch, vollständig mit Menschen gefüllt. Es handelt sich um die einzige *Massenszene* im ganzen Film. Plötzlich ist das leere Hotel angenehm belebt, und es wird nicht mehr die disharmonische und atonale Musik der Avantgarde des 20. Jahrhunderts gespielt, sondern es erklingt heimelige, jazzartige Musik der 30er Jahre

(Bodde 2002, S. 142). Diese Unterhaltungsmusik, welche vor allem aus *Midnight, the Stars and you* (1934) besteht, drückt das Gefühl völliger *Vertrautheit* aus (Sperl 2006, S. 178). Jack ist nun in einem *imaginären* Zuhause angekommen, und Kubrick beschreibt diesen Ort zunächst wieder als den seiner *Wunschbefriedigung* und zugleich als den einer fremden, gespenstischen Macht. Nach dem Bruch mit Wendy bekommen die »*Gespenster*« die Macht über Jack. Nicht nur seine Kleidung, sein ganzes Verhalten passt nicht in dieses noble Ambiente. Auf einmal hat er Geld, um seinen Drink zu bezahlen. Lloyd erklärt ihm aber, dass sein Geld hier nicht gut ist. »Orders from the house«. Damit wird deutlich, dass das Haus selbst nun eine Art Über-Ich-Funktion einnimmt. Jack lässt sich nichts mehr von Wendy sagen, sondern nimmt die Befehle des Overlook-Hotels entgegen.

Er fühlt sich zunächst sehr wohl und unternimmt ein paar glückliche Tanzschritte. Dabei stößt er mit einem Kellner (Philip Stone) zusammen, der ihn mit Eierlikör bekleckert. Der Kellner bittet Jack, ihm zur Toilette zu folgen, um die Flecken zu beseitigen. Wenn schon nicht passend gekleidet, so soll Jack doch wenigstens nicht auch noch *dreckig* sein. Die Handlung zielt hier auf eine wichtige Ursache von Jacks Rebellion ab, die anale Sauberkeitserziehung, innerhalb derer das Subjekt lernt sich zu *disziplinieren*, sich an Regeln zu halten. Er und der Kellner landen deshalb nicht zufällig nun auf einem WC, welches mit seinen roten Wänden sicher sehr ungewöhnlich aussieht.

Es handelt sich um einen exakten Nachbau einer von Frank Lloyd Wright gestalteten Herrentoilette in Phoenix, Arizona (Castle 2005, S. 105) aus dem Biltmore Hotel, welches 1928 erbaut worden ist. Die viereckigen Waschbecken zeigen das Alter an. Die Architektur dieses Ortes sollte auffallen und entsprach Wrights Konzept, das Ganze auf seine einzelnen Teile zu beziehen (Brooks Pfeiffer 2000, S. 33). Auffällig darin sind die durchgängig symmetrischen Proportionen, die ein harmonisches Ganzes ergeben. Der Ort wirkt modern und alt zugleich, wie eine Mischung aus den 70er und 20er Jahren. Die Wandfarbe ähnelt denen der Fahrstuhltüren. Das rote WC ist das Gegenteil zum grünen Badezimmer. Dem Treffen mit der weiblichen, mütterlichen Wasserleiche wird nun das Pendant eines Treffens mit dem väterlichen Kellner hinzugefügt. Und dieser erhebt in der Tat den Zeigefinger, um Jack seine Situation zu erklären. Jacks Ausdruck zeigt dabei ganz deutlich die *Grimassen* des Wahns. Zunächst bewegt er seine Finger sehr eigenwillig, und am Ende hängt ihm die Zunge fast zwischen Zähnen. Er hat seinen Kopf etwas zur Seite geneigt. Die Darstellung ist so übertrieben, das sie *komisch* wirkt. Jack bekommt darin einen *schwachsinnigen* Ausdruck. Seine nun mehr schon unkontrollierten Körperbewegungen stehen im deutlichen Kontrast zum völlig distinguierten, korrekten und höflichen Auftreten des Kellners. Dieser wird teilweise vor einer fast weißen Wandbeleuchtung gezeigt. Die Kameraeinstellungen machen während des Gesprächs einige gezielte Achsensprünge, um Jack und den Kellner in derselben Position im Bild zu zeigen. Der vornehme Mann stellt sich ihm als *Delbert* Grady vor. Jack verwechselt ihn mit *Charles* Grady und glaubt, den ehemaligen Hausmeister vor sich zu haben, der seine Familie ermordet hat. Grady leugnet diese Zuweisung ab, indem er sie auf Jack zurückspiegelt. Bereits im Roman spielt King mit dem doppelten Bedeutung des Wortes »caretaker« (Hausmeister, aber auch vorsichtig handelnder Mensch), die dann wörtlich in den Film übernommen wurde. »›*You're* the caretaker, sir‹, Grady said mildly. ›You've *always* been the caretaker. I should know, sir. I've *always* been here‹« (King 1985, S. 327). Erneut wird dabei die ewige Gültigkeit betont. Es wird immer schon Jack Torrance gewesen sein, der seine Familie umbringen wollte. Er wird immer schon in dem Hotel gewesen sein. Delbert Grady und auch die beiden Mädchen im Flur sprechen einen vornehmen britischen Akzent (Cocks 2004, S. 176). Der Barkeeper Lloyd sprach einen amerikanischen Akzent. Handelt es sich also bei den ermordeten Zwillingen, welche Danny im Flur traf, um die Töchter des Kellners? Er erzählt Jack von seiner Familie, die wie die von Charles Grady aus zwei Töchtern und einer Frau besteht. Er drückt sich gewählt aus, wenn er Jack davon unterrichtet, dass er seine Familie zur »Ordnung« gerufen habe. Eine seiner Töchter habe das Hotel am Anfang sogar mit Zündhölzern in Brand setzen wollen, sodass er sich gezwungen sah, gegen sie vorzugehen. Ebenso musste er wohl gegen seine Frau angehen, welche seine Tochter in Schutz nehmen wollte. Grady drückt sich aber so *»sophisticated«* aus, dass man seiner Rede nicht konkret entnehmen kann, was er tatsächlich unternommen hat. Nur der energische Tonfall und seine unterschwellige Bosheit, weisen darauf hin, dass er Jack tatsächlich eine Art mörderischen Auftrag erteilt, indem er ihm rät, mit seiner Familie bald ähnlich zu verfahren. Kubricks *indirekter* Stil zeigt sich hier sehr deutlich. Grady gibt keine *plumpen* Kommandos, sondern deutet nur an, was Jack machen soll. Das Vorwissen und die Verwechselung mit Charles Grady stellen den eigentlichen Zusammenhang her.

Dass es ein Engländer ist, der einem Amerikaner den Rat zum Mord erteilt, ist dabei historisch gesehen besonders brisant. Man hört dazu im Hintergrund unter anderem *It's All Forgotten Now* (1932), was ein Hinweis darauf sein könnte, dass Jack hier möglichweise mit einer Vergangenheit konfrontiert wird, welche er verdrängt hat. Grady verwendet eine *rassistische* Sprache, als er Jack darauf hinweist, dass sein Sohn Danny einen Außenstehenden, »a nigger cook«, in die Situation hineingezogen hat. In der nächsten Szene sieht man, wie Jack das Funkgerät und das Snow-Cat funktionsunfähig macht.

Die Situation eskaliert nun endgültig, als Wendy Jacks bisher geschriebene Unterlagen betrachtet. Dort steht in unzähligen Variationen immer nur ein und derselbe Satz: »All work and no play makes Jack a dull boy.« Jacks Arbeit hat bloß die sich spiegelnde Leere einer endlosen Wiederholung des ewig Gleichen produziert. Er hat nie angefangen zu schreiben. In diesem Moment hat Wendy die *Gewissheit* darüber, dass ihr Mann verrückt ist. Sie reagiert darauf völlig hysterisch. Für die folgende Szene brauchte Kubrick viele Anläufe, um Duvall in jene *hysterische* Stimmung zu bringen, die notwendig war (Kubrick aus: Ciment 1982, S. 198). In diesem Streit tobt Jack seine ganze Wut in einer extrem sadistischen Form an seiner Frau aus. Er bricht damit nicht nur aus dem Vertrag ihrer Ehe, sondern auch aus der zwischenmenschlichen Relation überhaupt aus. Er fühlt sich von ihr missverstanden und beruflich herabgesetzt. Er möchte in dem Hotel bleiben, um so das Geld für seine Familie zu verdienen. Er möchte nicht als *Hilfsarbeiter* gezwungen sein, irgendwo »schuften« zu gehen. Seinen Status als Lehrer hat er verloren, den als »caretaker« möchte er behalten. Der Moment, als sie völlig verzweifelt vor ihm steht und Jack sich blind und grenzenlos weiter austobt, ist derjenige, in welchem dem Zuschauer endgültig das Lachen vergeht. Zum ersten Mal nimmt Jacks Wut hier eine Form an, die *nicht* mehr komisch ist.

Mit Lacan kann man sagen, dass innerhalb der menschlichen Familie Sozialbeziehungen gebildet werden, die eine originäre Realitätsordnung

The Shining (1980)

herstellen (Lacan 1994, S. 45). Diese Ordnung wird hier erheblich attackiert. Danny sieht in seinem Zimmer erneut das Blut aus dem Aufzug stürzen sowie die Tür, auf der »REDRUM« geschrieben steht. Er hört dabei auch die *verzerrte* Stimme seines Vaters. Der Konflikt der Eltern ist das Trauma des Sohnes. Als Jack Wendy auf der Treppe gegenübersteht, bevor sie sich mit dem Baseballschläger zur Wehr setzt, ist sein Ausdruck nur noch *»böse«* und er ist darauf aus, sie in seinem ganzen Hass *vernichten* zu wollen. Er streckt ihr die Zunge heraus und *spielt* einen Teufel, der er aber keineswegs *ist*. Seine Aggression betrifft dabei auch die erotische Relation, auf welcher seine Frustration teilweise basiert. Zugleich karikiert Kubrick so den klassischen Horrorfilm. Denn Jack ist ja *nicht* vom Teufel besessen. Grady hat ihm zwar zu diesen Handlungen geraten, dabei aber *nicht* die Macht über Jack übernommen. Der gescheiterte Familienvater ist trotz aller Bösartigkeit *kein* Monster mit Verbindungen zur Hölle wie bei King, sondern *nur* ein äußerst beziehungsgestörter und wütender Mann. Kubrick schiebt damit die Verantwortung nicht grundsätzlich von der Figur weg. Vielleicht angestachelt von den Geistern des Hotels (die mehr seine eigenen sein könnten) zieht Jack nur eine für ihn unvermeidliche Konsequenz aus dem, was er *nicht* versteht. Die Differenz muss ausgelöscht, ausgerottet, in jedem Fall beseitigt werden. Die Szene bildet nach meiner Ansicht den dramatischen Höhepunkt der Handlung. Kaum ein anderer Regisseur hat es gewagt, so weit zu gehen und einen Ehestreit in dieser drastischen und skurrilen Form auf die Leinwand zu bringen. Wendy, völlig unfähig, ihrem Mann verbal die Stirn zu bieten und ihn zur Räson zu rufen, schlägt Jack völlig verängstigt mit dem Baseballschläger einfach nieder und sperrt ihn in die Vorratskammer.

Dort versucht er mit einem fiesen Trick, der an die Szenen mit Alex vor der Haustür in *A Clockwork Orange* erinnert, wieder freizukommen. Genau wie Alex täuscht er dabei vor, dass er einen Arzt braucht. Kubrick hat Jack aus einer besonderen Perspektive von unten gefilmt, wie er an der Tür lehnt. Sein Gesichtsausdruck ist voller böser Absichten. Wendy fällt auf seine Vortäuschung aber nicht herein und greift heulend zum Küchenmesser. Als sie ihm dann verzweifelt mitteilt, dass sie Danny mit dem Snow-Cat zu einem Arzt bringen will, schlägt Jacks Versuch, ihr Mitleid zu gewinnen, sofort wieder in einen höhnischen Sadismus um. Triumphierend erklärt er ihr, dass sie ruhig nachsehen soll und dann schon merken werde, dass es keine Fluchtmöglichkeit mehr gibt. Wendy muss kurz darauf feststellen, dass sie nun endgültig Gefangene des Overlook-Hotels geworden sind.

Als dann Jack von Delbert Grady aus der Vorratskammer befreit wird, bekommt der Zuschauer die *Gewissheit* darüber, dass es in diesem Hotel tatsächlich Gespenster gibt. Kubrick zeigt aber weder den Vorgang noch Grady. Es ist nur seine Stimme die zu Jack spricht und das Geräusch, das anzeigt, dass die Tür entriegelt wird. Erst jetzt wird deutlich, dass Grady wirklich *erwartet,* dass Jack gegen seine Familie vorgeht.

Und weil es keine andere Erklärung gibt, wie Jack sonst hätte freikommen sollen, ist damit auch die Existenz der Gespenster bewiesen. Die Szene kommt aber zu spät, um die vorherigen Doppeldeutigkeiten zu tilgen. Vielmehr besteht der Plot darin, endgültig klarzustellen, dass die Handlungen der Gespenster reale Konsequenzen haben. Der Film holt so »*zum letzten großen Schlag*« aus.

In *The Shining* mischte Kubrick an 20 Stellen bis zu drei Klangschichten aus verschiedenen Stücken übereinander (Sperl 2006, S. 197). 16 davon liegen im letzten Drittel des Films und enthalten ausschließlich vier Stücke von Penderecki in verschiedenen Variationen (Sperl 2006, S. 198). Vor allem für Jacks Verfolgungsjagd auf seine Familie wurde aus der bereits existierenden Musik ein eigener Soundtrack zusammengestellt. Diese Form der Verdichtung verläuft parallel zur dramatischen Steigerung der Handlung. Pendereckis Kompositionen, die mit »außergewöhnlichen Klangfarben und Dissonanzen arbeiten«, spiegeln »den auf der Bildebene zu beobachtenden Verlust des vertrauten Realitätsgefüges« wieder (Sperl 2006, S. 196).

In mehreren Zwischenschnitten wurde bisher immer wieder Halloranns Weg zum Hotel gezeigt. Nun fährt er mit einer Snow-Cat durch einen schmalen Pfad in einem Tannenwald. Die Szene erinnert deutlich an Dr. Floyds Flug zur Mondstation in *2001.* In der amerikanischen Fassung ist Danny nun vollständig von seinem zweiten Ich »Tony« besessen, welcher das Kommando über den Jungen übernommen hat. Die krächzende Stimme von »Tony« erschreckt Wendy. Auch sie ähnelt einem Vogel.

»Tony« ist, das wird hier besonders deutlich, ein Substitut für Jack. Er ist nicht nur die Rationalisierung eines telepathischen Warnsystems, er ist

The Shining (1980)

selbst eine Bedrohung. Wendy bittet ihren Sohn, wieder normal mit ihr zu sprechen. In der europäischen Fassung wurde diese Szene entfernt, weil Kubrick dem Publikum nicht zumuten wollte, dass auch das Kind einen bösartigen Ausdruck bekommt. Die Szene, in welcher Danny mit dem Küchenmesser durch das Schlafzimmer rennt und »REDRUM« an die Tür schreibt, hat so in der Originalfassung eine doppelt bedrohlich Bedeutung, weil man nicht ganz genau weiß, was »Tony« mit Danny anstellen kann. Aber die Hauptgefahr ist auch hier, dass Jack wieder freigekommen ist. Danny sagt ununterbrochen »redrum« mit Tonys krächzender Stimme.

Dann zerschlägt Jack die Tür zur Hausmeisterwohnung mit einer Axt. Seine erste Bemerkung nach dieser brachialen Tat lautet völlig ironisch: »Wendy, I'm *home.*« Der weitere Verlauf ist von diesem komischen Tonfall begleitet. Jack macht darin eine Anspielung auf den Disney-Cartoon *The Three Little Pigs* (1933), bevor er die Tür zum Badezimmer ebenfalls mit seinem Beil zerschmettert. So wird der harmlose Cartoon aus dem TV nun zur *brutalen* Wirklichkeit. Jack bricht durch die Türen, welche von außen ins Innere der Wohnung führen, zugleich wird dabei Dannys antizipierte und befürchtete innere Wirklichkeit endgültig zur äußeren Realität. Ähnlich wie in einem Katz-und-Maus-Spiel (Kafka 1983, S. 320) kommentiert Jack seine Handlungen mit absurden, sadistischen Bemerkungen. Er macht sich dabei zu einem »Big Bad Wolf«, der hinter den kleinen Schweinchen mit einer Axt herjagt (Nelson 2000, S. 207). Die Cartoons, welche Kubrick schon in einer Verteidigungsrede für die Darstellung der Gewalt bei *A Clockwork Orange* erwähnte (Ciment 1982, S. 163), werden nun tatsächlich von ihm zitiert. Wie Slavoj Zizek schrieb, basieren Cartoons wie *Tom und Jerry* in erster Linie auf der Vorstellung, dass beide Teilnehmer dieses anal-sadistischen Wettstreits »*unzerstörbar*« sind (Zizek 1991, S. 74f.). Ihre Körper erholen sich immer wieder vollständig, egal was ihnen geschieht. Sie sind also, wie Jack in seiner Vorstellung, *unsterblich.*

Durch diese *irreale* Dimension wird der Angriff des verrückten Ehemanns trotz aller Gewalt zu einem absurden Ereignis. Die Szene arbeitet mit Thrill und Humor zugleich. Und weit besser als in *A Clockwork Orange* gelingt es Kubrick, die archaische, männliche Gewalt zu zeigen und sogleich zu parodieren. Und was in dem anderen Film aufgrund eines Missverständnisses zu einem Skandal geworden war, erreichte den Zuschauer nun, ohne dass die Scheuklappen der inneren Zensur aufgestellt werden mussten. Das hat wahrlich auch damit zu tun, dass dieser Irre hier auch nicht zu seinem Ziel gelangt. Und man kann in Jacks übertriebenen Aktionen immer wieder viel Spaß entdecken. Die Szene wird so völlig anders rezipierbar als es sonst der Fall wäre. Zugleich ist in der folgenden Einstellung nur Wendy zu sehen, die vor Angst im Badezimmer vergeht und völlig verzweifelt und panisch handelt, während Jacks Axt immer wieder mit wuchtigen Schlägen durch die Tür fährt. Kubrick steigert hier die Spannung bis ins *Unerträgliche* und reichert sie zugleich durch komische Kontexte an. So bietet er dem Zuschauer an, dass hysterische Horror-Szenario tatsächlich zu *reflektieren*. Wenn Jack als nächstes den Kopf durch das Loch in der eingeschlagenen Tür steckt erreicht diese Dynamik ihren Gipfel. Er sagt zu Wendy: »Here is Johnny!« Das ist ein Zitat aus der *Tonight Show* mit Johnny Carson, die in den USA von 1962 bis 1992 annähernd täglich ausgestrahlt wurde. Carson pflegte so sein Publikum zu begrüßen. Der Spruch verbindet diese brutale Situation völlig grotesk mit dem TV-Alltag. Jack karikiert so die Verharmlosung, welche die seichte Fernsehunterhaltung stets beinhaltet. Die Verbindung zwischen Disney, Carson und dem Ehemann mit Axt ist eine hervorragende Mischung. Das Wechselbad von Horror und Spannungselementen vermischt mit einem grotesken Täter ließ diese Szene unvergesslich werden. Nicholsons »wahn-witziger« Gesichtsausdruck schrieb Filmgeschichte. An der äußersten Grenze *aller* männlichen Autonomiebestrebungen lauert nur noch der Wahnsinn.

Danny gelingt es schließlich, durch das enge Fenster des Badezimmers zu entfliehen. Wendy ist dort eingeschlossen. Dann vernimmt Jack plötzlich die Geräusche einer Snow-Cat. Hallorann hat das eingeschneite Hotel endlich erreicht. Jack hört ihn und wendet sich im letzten Augenblick von Wendy ab. Kubricks wichtigste Veränderung gegenüber der literarischen Vorlage besteht nun darin, dass Hallorann stirbt und nicht wie im Roman die Restfamilie vor Jack rettet und sich als ein Vaterersatz für Danny anbietet. Jack schlägt Hallorann unmittelbar nach seiner Ankunft die Axt mitten ins Herz. Diese Szene war notwendig, damit der Zuschauer nun ernsthaft davon ausgehen kann, dass er auch Danny töten wird.

Kurz nachdem Wendy Halloranns blutverschmierten Körper entdeckt hat, sieht sie in einer Halluzination ebenfalls, wie das Blut aus dem Fahrstuhl stürzt. Für sie ist diese Vorstellung verbunden mit Halloranns Leiche. Wendy sieht dann, während sie wie von Sinnen durch das Hotel irrt, ein homosexuelles Männerpaar (ihren Ausschluss), einen älteren Herrn mit einem Riss im Gesicht, welcher ihr zuprostet (vielleicht Charles Grady) und in der US-Fassung auch eine paar vollständig angezogene Skelette (die Toten, die das Hotel beherrschen), welche in einem dunklen Saal sitzen.

Die ganze Szene ist mit Chormusik von Penderecki *Utrenja II* unterlegt, die akustisch durch die vielen Stimmen deutlich werden lassen soll, dass dieser Ort *bevölkert* ist.

In einer Parallelmontage dazu zeigt Kubrick, wie Jack Danny durch das Labyrinth im Schnee jagt. Er will ihn offensichtlich mit seinem Beil erschlagen. Deutlicher lässt sich ein archaisches Bild der ödipalen Ebene, in der es um Mord und Kastration geht, kaum mehr inszenieren. Der Minotaurus ist aufgebrochen, um seine Opfer zu fressen. Dannys Ariadnefaden (also der Faden der Mutter) aus dem Labyrinth ist dann seiner eigene Fußpur. »Watch your step«, hatte Hallorann zu ihm und Wendy gesagt, als sie die Stufe zu einer Vorratskammer beachten sollten. Wendy hatte damals von den Brotkrumen gesprochen, die man streuen kann, um sich in der großen Küche nicht zu verlaufen. »Tony« kann rückwärts schreiben und sprechen (»REDRUM«) – Danny kann rückwärts gehen. Er geht in seinen eigenen Fußpuren ein paar Schritte zurück und versteckt sich dann hinter einer Hecke. Jack, der den Spuren seines Sohnes gefolgt ist und sicher ist, ihn so zu erreichen, kommt an die Stelle, wo Dannys Spur endet. Er geht aber trotzdem weiter, obwohl ihm nun jeglicher Anhaltspunkt fehlt, wo dieser sein könnte. Danny findet dann anhand seiner Spuren und der seines Vaters schnell wieder aus dem Labyrinth heraus. Jack kommt nicht auf die Idee, *rückwärts* zu gehen (Seeßlen 1999, S. 246). Sein Wolfsgeheul in der Kälte zeigt an, dass er nicht einmal mehr der Sprache mächtig ist. Der Film ähnelt so dem anarchistischen Kultfilm *Themroc* (1972), in dem Michel Piccoli zum Tier wird. *The Shining* nimmt damit genau die gegenteilige Richtung von *2001* an und zeigt die mögliche *Rückkehr* des Menschen zu seinen archaischen Vorfahren. Es sind die Grenzen der Zivilisation, die Kubrick überschreitet, um zur »Ur-Sache« zu gelangen (Seeßlen 2001,

S. 242), und diese besteht in nichts anderem als darin, die Fähigkeit zur *Symbolisierung* gänzlich zu verlieren. Jacks Aggressionen gegen Wendy führen ihn schließlich zu einer Regression, innerhalb derer er eine Art animalische Position erreicht. Aus dem Knochen des Affen ist dabei nur ein Beil geworden. Jacks Wunsch einer vollständigen, imaginären Präsenz erkennt den Charakter der Spur nicht mehr (an). So endet das Dionysische immer, wenn es sich *gegen* das Apollinische stellt. Jack friert nun endgültig ein.

Das ist sein realer Tod. Sein symbolischer Tod, also seine Beerdigung, findet im Hotel auf einer anderen Ebene statt, die ihm seinen Wunsch, ewig zu *scheinen*, doch noch erfüllt. Es erklingt nochmals *Midnight, the Stars and you*, während die Kamera sehr langsam auf den Gold Room zusteuert. Darin gibt es eine Wand mit zahlreichen Schwarz-Weiß-Fotografien. Mitten auf einer Fotografie ist Jack Torrance abgebildet, umgeben von einer ganzen Gesellschaft aus den 20er Jahren. Kubrick hat Jack Nicholson dafür tatsächlich in ein Foto aus den 20er Jahren hineinkopieren lassen (Ciment 1982, S. 192). Nach zwei Schnitten, die jeweils das Bild näher heran holen, ist nur noch Jack im Smoking mit einer Fliege und zurückgekämmten Haaren zu sehen. Er trägt nun eine korrekte, noble Kleidung, welche aus der Ära stammt, in welcher dieses Erinnerungsfoto gemacht worden ist. Die Kamera fährt herunter. Auf dem Foto steht Ort und Datum: Overlook-Hotel, 4.-Juli-Ball, 1921.

Das Schlussbild zeigt Jack also auf einer Feier anlässlich des amerikanischen Unabhängigkeitstages von 1921. Damit wird sein Verhalten auf eine mysteriöse Weise auch als *Denkmal* der amerikanischen Unabhängigkeit gegenüber England festgehalten. Wie in *Barry Lyndon* beruft sich Kubrick so am Schluss auf ein revolutionäres Datum, welches familiär gesehen den »pubertären« Konflikt der Kinder (Amerikaner) gegen ihre Eltern (Engländer) widerspiegelt. Auch in diesem Szenario war Jack Torrance, der sich hier nun innerhalb seiner ewigen Wiederkehr als sein eigener Vorfahre zeigt, immer schon gefangen. Einmal mehr wird der äußere, in diesem Fall politische, Raum mit dem inneren verbunden, wird die Wand, welche sonst diese beiden Räume trennt, durchbrochen, um einen rätselhaften Hinweis auf einen unglaublichen Zusammenhang herzustellen. Torrance wird für *immer* im Overlook-Hotel bleiben.

Formal *erscheint* mir dieser Film wie eine große Konklusion von Kubricks bisherigem Werk. Er enthält ein Dreieck, wie *Dr. Strangelove*, als Grundstruktur. Er perfektioniert die besondere und witzige Schauspielführung von *A Clockwork Orange*. Er arbeitet mit dem historischen und nostalgischen Empfinden von *Barry Lyndon*. Er reflektiert ebenso wie *2001* die Zeit und hebt die Größe des leeren Raumes sehr beeindruckend hervor. Kurzum, in *The Shining* konnte Kubrick alle Register seines bisherigen Schaffens ziehen und in einer besonders gelungenen Weise miteinander verbinden. So gelang es ihm, wohl einen der *wichtigsten* Filme des Genres herzustellen.

13. Ein später Film über den Vietnamkrieg: *Full Metal Jacket* (1987) ist nicht *Apocalypse Now*

»Is that you, John Wayne? Is this me?«
(Joker)

Sieben Jahre vergingen, bis der Regisseur seinen nächsten Film ins Kino brachte. Aufgrund seiner hohen Ansprüche, welche eher noch weiter gestiegen waren, stellte Kubrick immer weniger Filme her. Ziemlich unerwartet drehte er nun einen Film über den Vietnamkrieg und kehrte damit inhaltlich zum Ende der 60er Jahre zurück. Bei *Dr. Strangelove* hatte Kubrick den Kinostart von Sidney Lumets Film *Fail Safe* (1964), welcher dasselbe Thema verarbeitete, verzögert, indem er der Produktion ein Plagiat des Romans vorwarf. Wegen Kennedys Ermordung kam *Dr. Strangelove* dann auch etwas später, Ende Januar 1964, zur Uraufführung. *Fail Safe* hingegen lief erst Oktober 1964 in den Kinos an (LoBrutto 1997, S. 243). Bei *Full Metal Jacket* waren die Verhältnisse nun genau umgekehrt. Kurz bevor er in die Kinos kam, hatte Oliver Stone mit *Platoon* (1986) schon viele Auszeichnungen gewonnen und weltweit Anerkennung erhalten. Der Start von Kubricks Vietnamfilm wurde daher zunächst zu einem Misserfolg. Erst auf längere Sicht wurde der Stellenwert von Kubricks letzten Kriegsfilm deutlich, und das Werk gehört heute zu den wichtigsten Klassikern dieses Genres. Den Roman zu diesem Film, *The Short Timers* (1979) von Gustav Hasford, erhielt der Regisseur bereits 1982 (Nelson 2000, S. 230). Kubrick recherchierte wie üblich sehr ausgiebig. Dafür hatte er viel Material in mehreren Computern gespeichert (Herr 2000, S. 41). Er mochte es besonders, dass in Hasfords Novelle nichts darüber stand, wie das Leben des Hauptdarstellers aussah, bevor er zu den Marines kam (Castle 2005, S. 108).

Full Metal Jacket enthält außerdem viele Motive, die der Regisseur in anderen Filmen bereits entwickelt hatte, und führt sie weiter. Das Milieu hat Ähnlichkeit mit *A Clockwork Orange*. Es handelt sich dabei *sowohl* um einen Jugendfilm als auch um einen Kriegsfilm. Der wesentlichste Unterschied zu den vorherigen Filmen ist der durchgehend sehr *direkte* und meistens vulgäre Ton in der Sprache. Diese enthält aber wie immer seit *Lolita* viele Anspielungen. *Full Metal Jacket* ist nach meiner Ansicht das erste Spätwerk, der erste Versuch Kubricks, eine Art *Resümee* zu ziehen. Das zeigt sich auch darin, dass der Film in seinen Kriegsszenen seinem allerersten Spielfilm *Fear and Desire* ähnelt. Er kann als Neuauflage dieses der Öffentlichkeit entzogenen Erstlingswerks gesehen werden. Wenn in *Fear and Desire* Sidney (Paul Mazursky), nachdem er ein Mädchen (Virgina Leith) erschossen hat, wahnsinnig wird und glaubt, er sei ein Fisch, ist das schon die Richtung, in welche Kubrick sein Fazit in *Full Metal Jacket* ziehen wird. Das Thema ist nun aber zweifellos die militärische Ausbildung im *Kontrast* zu ihrer Umsetzung. Den Filmtitel entnahm der Regisseur einem Waffenkatalog (Nelson 2000, S. 231). Er taucht in einer *zentralen* Szene wieder auf.

Die Komposition von *Full Metal Jacket* zerbricht zu seinem Nachteil in zwei Teile. Die Ausbildung und der Einsatz finden nicht wirklich zusammen. Der Unterschied zwischen dem Plan und seiner Realisierung, wie ihn der Regisseur schon in *The Killing* behandelt hatte, scheint *zu* groß. Alexander Walker wollte deshalb den ersten Teil als einen *Prolog* zur eigentlichen Handlung verstanden wissen (Walker 1999, S. 331). Dieser Teil entfaltet aber eine derartige *Intensität*, dass im zweiten Teil Längen entstehen, die zu wenig atmosphärische Dichte aufweisen, um sich gegen die vor allem *sprachlichen* Attacken im ersten Teil durchsetzen zu können (außerdem ist dieser Teil mit seinen knapp über 43 Minuten auch viel zu lang für einen Prolog). Das mag auch damit zusammenhängen, dass der zweite Teil zuerst gedreht werden musste, weil aufgrund der kahl geschorenen Köpfe im ersten Teil die Reihenfolge festgelegt war. Die Produktion hatte nicht die Zeit zu warten, bis die Haare wieder nachgewachsen waren (Kubrick aus: Castle 2005, S. 112). Da der Regisseur häufig Szenen durch Improvisationen entwickelte, konnte er das Verhältnis der beiden Teile zueinander so schlechter abschätzen, als wenn er sie chronologisch gedreht hätte.

Erst in den letzten 20 Minuten bekommt *Full Metal Jacket* den Charakter eines *richtigen* Kriegsfilms. Der Schluss liefert dem Zuschauer jene packende und mitreißende Action-Sequenz, welche er erwartet hatte. Und für diese Dynamik gibt es gute Gründe. *Full Metal Jacket* wirkt insgesamt auf beunruhigende Weise reduziert (Walker 1999, S. 321) und ist über weite Strecken episodenartig erzählt. Die Enden der beiden Teile leisten jeweils jene extreme, dramatische Konklusion, welche der Film sonst in einer eigentümlichen Art und Weise verweigert. *Full Metal Jacket* erzählt, wenn überhaupt, *nicht* einfach nur eine Geschichte, sondern zeigt wie *Fear and Desire*, der als eine Art Parabel angelegt war, mehr eine Struktur. Diese Struktur handelt von heranwachsenden, jungen Männern, welche sich in einem extrem militanten Szenario beweisen müssen. Die Situation dieser Jugendlichen, welche in ihrer männlichen Sozialisation zwischen ihrer Kindheit und der Welt der Erwachsenen stehen, zeigt der Film. Dabei einfach nur einen Antikriegsfilm zu drehen, der sagen will: »es darf nie einen Krieg geben«, reichte für den Regisseur nicht aus, weil selbst Generäle dieser Meinung zustimmen würden (Kubrick aus: Castle 2005, S. 111). Kubrick wollte viel weitreichender und subtiler zeigen, wie die Struktur des militärischen Denkens funktioniert und von einigen, jungen Männern angenommen wird.

Für die Rolle des Ausbilders der Rekruten, Sergeant Hartman, nahm der Regisseur Lee Ermey unter Vertrag, welcher in *Apocalypse Now* (1979) den G.I. Bill gespielt hatte und außerdem bis 1969 tatsächlich ein Ausbilder der Marines gewesen war. Für die Besetzung dieser Rolle dachte Kubrick zunächst auch an Robert de Niro. Da Hartman aber am Ende des ersten Teils stirbt, wäre das Publikum über das frühzeitige Ausscheiden eines solches Stars sicherlich enttäuscht gewesen. In die engere Auswahl kam noch Ed Harris, der aber keine Zeit für die langen Dreharbeiten hatte (Herr 2000, S. 57). So entschied man sich schließlich für Ermey, der seine Sprache für den *Drill* bereits mitbrachte und so der Ausbildung ihren speziellen Charakter verlieh. Als Ermey aufgrund eines Autounfalls während der Dreharbeiten fünf Monate ausfiel, stoppte Kubrick das gesamte Projekt und setzte es erst fort, als man wieder mit ihm weiterdrehen konnte. Die Dreharbeiten begannen im August 1985 und dauerten bis September 1986 (Castle 2005, S. 109). Das Thema der männlichen Ausbildung zu Werkzeugen des Kampfes hatte Kubrick bereits in

Spartacus gezeigt. In *Full Metal Jacket* konnte es aber viel rigoroser und weitreichender inszeniert werden als in dem Film über die Antike.

Parris Island, South Carolina 1967, ein Ausbildungslager der U.S. Marines: Sergeant Hartman bildet eine gerade eingetroffene Gruppe von 17 jungen Männern in einem achtwöchigen Crash-Kurs zu Soldaten aus, bevor sie nach Vietnam geschickt werden. Mit viel Ironie zeigt Kubrick gleich zu Beginn, wie allen Rekruten die Haare abrasiert werden. Er spielt dazu das Countrystück *Hello Vietnam* (1964): ein deutliches Zeichen für den Abschied von ihrer bisherigen Existenz und eine demütigende Einbuße ihrer *Männlichkeit*. Sergeant Hartman will aus ihnen eine Art »Mönche« des Todes machen (Nelson 2000, S. 246). Er gibt ihnen dafür auch neue Namen: PVT. Joker (Matthew Modine), PVT. Cowboy (Arliss Howard) und schließlich PVT. Pyle (Vincent D'Onofrio). Das sind die drei entscheidenden Darsteller des ersten Teils. Einen Schwarzen in seiner Truppe nennt er, obwohl er zunächst sagt, dass es bei den Marines keinen Rassismus gibt, »Snowball« (Peter Edmund). Das aber ist eine rassistische Bezeichnung. Homosexuelle und Frauen sind aber die eigentlichen Angriffsziele in Hartmans Diskurs. Joker kann wörtlich als eine Spielkarte verstanden werden (Seeßlen 1999, S. 280). Das heißt, er ist wie der Joker im Kartenspiel *vielseitig* einsetzbar. Pyles Name stammt von einem Komiker aus einer Sitcom und heißt außerdem soviel wie »Mast« (Walker 1999, S. 322). Er wird also nach einem phallischen Attribut benannt. Cowboy wird so genannt, weil er aus Texas kommt. Cowboy wird von Hartman als gleichwertiger Partner zu Joker eingesetzt.

Joker hat in dem Film den Part, durch seine ironische, freche Ehrlichkeit seinem Vorgesetzten als *eigensinniger* Jugendlicher gegenüberzutreten. Sein Spruch: »Is that you, John Wayne? Is this me?« betrifft sofort die Frage seiner Männlichkeit und die seines Gegenübers. So karikiert er Hartmans inszeniert militantes Auftreten und *spiegelt* es mit seinem eigenen. Hartman geht dieser Spiegelung aus dem Weg und beantwortet Jokers Frage, indem er seinen Nachbarn »Cowboy« nennt. Das funktioniert nur, weil John Wayne vor allem als Westernstar bekannt ist. Zugleich ist ein solcher Spruch in einem Kubrick-Film auch eine Anspielung darauf, dass sich der Zuschauer im Moment *nicht* in einem Hollywoodfilm wie beispielsweise *Platoon* befindet und dass es hier um ein *differnzierteres* Männerbild geht als in einem John-Wayne-Film.

Hartmans Sprache gibt im ersten Teil maßgeblich den Ton an. Seine verbalen Attacken bestehen aus einer Mischung von groben, analen Witzen, sexistischen Aussprüchen und brutalem Sadismus. Er stellt eine groteske, komische und aufgrund seiner Macht und Brutalität auch furchterregende Vaterfigur für die jungen Männer dar. Sein cholerischer Sadismus gemischt mit einer völlig naiven Religiosität, sein militanter Stil und seine Fäkalsprache wollen die bisherige Sozialisation der Rekruten *korrigieren*. Es ist das System von Zwang und Begehren auf der analen und genitalen Ebene, das er verändern will. Er schlägt Joker für seinen Spruch über John Wayne sofort in die Magengrube, sodass dieser sich vor Schmerzen krümmt. Und er fordert ihn gleich zu Beginn dazu auf, ein »*Killer*« zu werden. Hartman ist sicherlich die überzogenste Autoritätsfigur in Kubricks Arsenal. Sein Ausdruck ist typisch für ein übertriebenes, militantes Über-Ich. Die Inszenierung bekommt durch ihn sofort komische Züge. Pyle kann sich deshalb das Grinsen gegenüber Hartman nicht verkneifen. Wenn er als Bestrafung dazu gezwungen wird, sich selbst in Hartman Hand zu erwürgen, nimmt der Film sogleich die Bewegung von Pyles späterem Suizid vorweg. Hartman wird es gelingen, Pyle in die Sackgasse eines puren, depressiven Todeswunsches zu zwingen. Pyle vergeht dabei schon in dieser ersten Szene das fröhliche Grinsen. An seine Stelle tritt der Ausdruck einer Verletzung, die sich weiter fortsetzen wird: Pyle wird bei allen Übungen versagen.

Hartmans Diskurs appelliert »*penetrant*« im analen und sexuellen Register für eine Umerziehung. Die Männer müssen von ihrer bisherigen Sozialisation *abgelöst* werden, um in dieser Ausbildung Soldaten werden zu können. Im Kern geht es dabei darum, das normale libidinöse Ziel, die Frau, die durch die Liebe erreicht wird, umzuwandeln in den Mord an dem Feind, der durch einen aggressiven Akt mit der Waffe erreicht werden soll. Alle auf Zuneigung basierenden Emotionen müssen dazu *heruntergefahren werden*, das anale Machtgefühl und die sexuelle Relation als Aggression müssen dabei *hochgefahren werden*. Aus der phallischen und sadistischen Vorstellung des aggressiven Penisses bei der Penetration soll die tödliche Salve aus dem Maschinengewehr werden. Wie in *Dr. Strangelove* wird die militärische Potenz als sexuelle Potenz dargestellt. Doch dazu müssen die Rekruten innerhalb des Militärs ihr Objekt *wechseln*. Dieses eigentlich *ver-rückte* Ziel wird auch nur zum Teil erreicht.

13. Ein später Film über den Vietnamkrieg

Kubrick sah in den Kriegsszenerien des 20. Jahrhunderts immer schon die Form irregeführter, männlicher Sexualitätsfantasien. Schon in *Fear and Desire* tauchte die Frau als Problem des Soldaten auf. In *Path of Glory* wird der weibliche Gesang in der Coda die Soldaten daran erinnern, wo sie eigentlich zu Hause sind, und in *Dr. Strangelove* ist es die Frau als Pin-up, welche Turgidsons und Major King Kongs tödliche Bombenfantasien begleitet. In *Full Metal Jacket* soll nun das Gewehr den Platz des Phallus einnehmen. Hinter Hartmans Sprache steckt dabei kein unerheblicher Reiz für die jungen Männer, denen so die *Abkürzung* über die Waffe angeboten wird: ein Ziel, das wesentlich einfacher zu erreichen ist, als sich mit einem anderen Menschen auseinandersetzten zu müssen. Im Grunde spricht der Ausbilder mit seinen Regeln trotz aller Brutalität vor allem einen sehr rigiden, *libidinösen* Appell an das phallische, perverse Genießen aus, welches ohne den Anderen auskommt. Darin besteht seine eigentliche Macht. Hier werden im Grunde in einer sehr primitiven Form Lustinteressen der Masturbation mit dem Ziel *herausgeschrien*, diese libidinösen Kräfte an das Marinecorps und das eigene Gewehr zu binden. Hartmans Diskurs trimmt die Männer auf ein neues Ziel hin. Er erlaubt, was bisher verboten war, und verbietet, was bisher erlaubt war. Zum Beispiel erklärt er den Soldaten stolz, dass Lee Harvey Oswald, der Mörder von Präsident Kennedy, *ein Marine* war. Die Perfektion des Tötens ist das entscheidende, nicht *wer* vor dem Gewehr steht. Das wesentliche Moment der Ausbildung besteht, neben der körperlichen Ertüchtigung zu Trommelwirbeln, in einer geistigen *Neuorientierung*, welche die Soldaten dazu bringen soll, im Einsatz auch tatsächlich auf den Abzug zu drücken. Der Film heißt *Full Metal Jacket*, weil Kubrick so im Filmtitel bereits das neue Objekt des Begehrens benennen wollte. Ihre Gewehre, welche diese wertvollen, da tödlichen Geschosse abgeben, nehmen die Rekruten in einer Übung sogar mit in ihr Bett. Das Gewehr soll dabei sowohl an die Stelle des früheren Teddybären (Kindheit) als auch der zukünftigen Frau (Pubertät) treten und selbst einen erotischen Phallus aus Metall verkörpern. Demnach sind Pin-ups und Gewehre in diesem Diskurs strukturell gesehen dasselbe. Der Andere soll getötet und so »penetriert«, aber keinesfalls geliebt werden. »Charlie«, wie die Amerikaner den Vietcong im Krieg nannten, wird schon jetzt vor allem weiblich bestimmt. Dieser auffällige, primitive militärische Sexismus wird von Kubrick in einer deutlich überzogenen Art vorgeführt.

Der Film enthält an einigen wenigen Stellen die Off-Stimme von Joker, welcher die Ereignisse meistens mit einfachen Worten kommentiert. Der erste Kommentar befindet sich erst nach Hartmans *brüllender* Begrüßung der Rekruten. Das Individuum hat hier wenig zu sagen. Während der Ausbildung der Soldaten ist häufig eine von ihnen gesungene Militärmusik zu hören.

Weil die Sprechgesänge stets auf dem Grundmodell der Ausbildung basieren, in dem die Rekruten dem ähnlich werden sollen, was Hartman für sie vorsieht, besteht er darauf, dass sie *einfach* nachsingen, was er ihnen vorsingt. Der Gesang sorgt dabei gleichzeitig für den Gleichschritt. Auf der Ebene der Gemeinschaft soll das Aus-der-Reihe-Treten getilgt und eine Gleichschaltung hergestellt werden, in der alle dieselben Grundansichten zu vertreten haben. Die Sprache wird dabei immer wieder mit dem Körper verbunden. Am deutlichsten ist das bei der Szene zu sehen, in der die Soldaten sich abwechselnd an das Genital und an ihr Gewehr fassen und sagen: »This is my rifle, this is my gun! This is for fighting, this is for fun!« Eine Rap-Version von einem dieser Soldatenlieder schaffte es sogar auf den zweiten Platz der englischen Charts (Duncan 2003, S. 179). Die Songs haben alle einen besonderen Inhalt. Sie betonen die sexistische Ebene, wo die Frau zum reinen *Objekt* des männlichen Sexualaktes erniedrigt wird und so als *Subjekt* ausgeschlossen werden kann. Das Weibliche als Charakter ist der unfertige Marinesoldat selbst. »Hartman nennt seine Rekruten unentwegt »*Ladies*« (Seeßlen 1999, S. 264), so wie Crassus in *Spartacus* Rom konsequent verweiblichte. Diese Relation ist aber nur der Ausdruck ihrer Erniedrigung.

Im Gegensatz zu Joker, welcher letztendlich von Anfang an ein militärischer Typ ist, weil er seine Männlichkeit über die Identität als Soldat durchaus definieren *will* – er möchte ein Killer werden –, funktioniert Pyle in diesem militärischen Konzept nicht. Seine libidinösen Energien lassen sich nicht auf Hartmans *beschränkte* Sicht konditionieren. Es handelt sich um den typischen Ausdruck eines lustvollen Es, welches sich *nicht* durch ein militärisches Über-Ich befehligen lässt. Sein feister Körperausdruck, Hartman sagt gleich zu Beginn, er sähe so hässlich aus wie ein modernes Kunstwerk (eine Anspielung auf das Kunstwerk der Cat Lady in *A Clockwork Orange*), zeigt, dass er einer anderen Leidenschaft als der sexuellen nachgeht. Sein phallischer Name und sein Volumen zeigen eine undisziplinierbare Passion für das Essen. Diese *orale* Leidenschaft lässt sich nicht in Sprechgesängen entwöhnen. Pyle sieht schon aus wie ein riesiges Baby. Weil er seine Aufgaben immer wieder falsch macht, bestraft ihn der Sergeant, indem er ihn die Haltung eines Kleinkindes mit dem Daumen im Mund und heruntergelassenen Hosen einnehmen lässt. Hartman will damit zeigen, dass Pyle kein Mann, sondern ein Kind ist. Pyle versagt aber vor allem körperlich, weil er nicht die geforderte Leistung erbringen kann. Er ist ein sehr emotionaler Typ, der sich darüber freut, dass Joker ihm Sonderunterricht auf Hartmans Befehl hin erteilt. Hier zeigt sich, dass hinter Hartmans rohem Sadismus ein Kalkül steckt, das *auch* aus Pyle vor allem einen Soldaten machen möchte.

Der Film, welcher bisher *nur* Gruppenszenen gezeigt hat, findet nun erstmalig zu einer *individuellen Beziehung*, die nur *ohne* Hartman stattfinden kann. Joker nennt Pyle bei seinem richtigen Namen »Leonard«. Er ist die einzige Figur, die so ihren richtigen Namen zurückbekommt. Alle anderen behalten ihre vom Militär verliehen Namen (Walker 1999, S. 333). Hartmans Kommandoton soll in die *Isolation* führen. Das ist ein Ziel, welches die destruktive Wendung des Charakters erst ermöglicht. Man braucht *Distanz* zum Menschen, um ihn zu ermorden.

Der Hauptdarsteller Matthew Modine (Joker) hatte zuvor in *Birdy* (1984) von Alan Parker, ebenfalls ein Film, welcher vom Vietnamkrieg handelt, einen Schizophrenen gespielt, der sich für einen Vogel hielt. Dieser Film handelt von einer engen Männerfreundschaft. Den anderen Part spielte dabei Nicolas Cage, eine Neffe von Francis Ford Coppola. Kubrick hatte den Film gesehen und Modine deswegen die Rolle des Rekruten Joker gegeben (Hill aus: Castle 2005, S. 108). Für die Rolle von Leonard wurde am längsten gesucht. Kubrick wollte neue Gesichter finden. Vincent D'Onofrio war ein alter Freund von Modine. In *A Clockwork Orange* war Warren Clarke (Dim) ebenfalls ein Freund von Malcolm McDowell (Alex) gewesen. Der Schauspieler Vincent D'Onofrio musste für seine Rolle 27 Kilogramm zunehmen (Castle 2005, S. 108). Man sollte ihm ansehen, dass er gutes Essen mag.

Als Hartman bei Pyle einen »*Jelly Doughnut*«, in der deutschen Synchrofassung wird von einem Krapfen gesprochen, findet, müssen alle Rekruten für ihn *geradestehen* und Liegestütze machen. In der folgenden Nacht, Kubrick inszeniert sie in einem kalten, blauen Licht, rächen sie die jungen Männer an Pyle, indem sie ihn jeweils mit einem durch ein Seifenstück beschwerten Handtuch schlagen. Joker zögert zunächst, schlägt dann aber gleich *fünfmal* zu und kann danach Pyles anschließendes Wehklagen nicht ertragen. Er hält sich dann einfach die Ohren zu. Pyle verändert sich kurz darauf. Er nimmt nun die Rolle eines zukünftigen Soldaten an, welche Hartman sehen möchte. Zugleich wird er aber *wahnsinnig* und fängt an, mit seinem Gewehr zu sprechen. Wenn er dabei in eine unbestimmte Leere starrt, erinnert der Ausdruck seines Wahns deutlich an den von Jack Torrance in *The Shining*. Er beginnt damit, die Konditionierung ohne jeden persönlichen Schutz *wörtlich* zu nehmen. Er wird dadurch, dass es Hartman gelungen ist, ihn durch seine Abwertung von der Gruppe vollständig zu isolieren, in einer depressiven Form ein Teil des Wahns, den der Drill eigentlich bedeutet. Er fängt tatsächlich an, ein sehr enges Verhältnis zu seiner Waffe zu suchen.

So führt er schließlich in einer verzweifelten und wütenden Handlung aus, was die Ausbildung vorsieht.

Er beginnt seine Waffe zu *erotisieren*. Wenn er gegenüber Joker langsam in einer deutlichen Betonung der einzelnen Silben sagt: »78,62 millimeter. Full metal jacket«, dann hat Hartman sein Ziel in einer absurden Form tatsächlich erreicht. Pyle ist zu einem zynischen *»minister of death«* geworden. Und zugleich wendet sich dabei seine gesamte Agression gegen seine Abrichtung. Kubrick inszeniert diese Szene genauso wie die Nacht, in welcher die Rekruten Pyle geschlagen haben – im kalten blauen Licht. Es ist eine ähnliche Form der Brutalität, welche Pyle nun austeilt. Der unterlegte Sound, welchen Kubricks Tochter Vivian unter dem Künstlernamen Abigail Mead anfertigte, ist ebenfalls in beiden Szenen fast identisch. Sie klingt so, als atme jemand angestrengt ein und aus (Walker 1999, S. 326). Das ganze findet nicht zufällig auf einem WC statt. Die Symmetrie der Toiletten erinnert an den roten Toilettenraum in *The Shining*. Sie hat dieselbe geometrische Ordnung wie der Schlafraum. Es handelt sich um zwei Reihen mit Toiletten bzw. Betten mit einem großen Gang dazwischen. Für Pyle geht es darum, den Befehlen nachzukommen und zugleich ihnen für immer zu entfliehen. Er will zurück zu einer *normalen* Welt. Er kann nicht leben in dieser *Scheiß-Welt*, wie er sie selbst nennt, die von einem verzerrten, väterlichen Regime organisiert wird. Hartman fragt Pyle nochmals im vulgären Ton, bevor dieser ihn mutwillig erschießt, was die ganze »Mickey-Maus-Scheiße« soll und ob seine Eltern sich nicht genug um ihn gekümmert hätten. Die Mickey Mouse taucht am Ende des Films erneut auf, welcher ohnhin viele Paralellen zu dem Schluss des ersten Abschnitts aufweist. Damit drückt Hartman hier erneut aus, dass er Pyle noch für ein Kind hält. In Pyles Ausdruck ist dann nur noch pure Wut zu sehen. Er freut sich darüber, sich endlich für die gesamte Misshandlung an dem Sergeant rächen zu können, und zwar in der erlernten Form. Kubrick zeigt in Zeitlupe, wie er abfeuert, und Hartmans Todesschrei klingt seltsam verzerrt (Sperl 2006, S. 216), um der Szene einen besonderen, fast schon *surrealen* Akzent zu geben. Danach richtet Pyle das Gewehr gegen sich selbst. Seine Rache ist gleichzeitig ein Selbstmord.

Man könnte die gesamte Sequenz etwas spekulativer auch als einen Traum von Joker deuten. Darin würden dann das militante Über-Ich (Hartman) und das Es (Pyle) einen letzten Kampf austragen, in dem beide sterben. Dafür spricht, dass in dem Film über diese Szene *direkt* kein Wort mehr verloren wird. In jedem Fall erinnert sie heute an die seltsamen Amokläufer in deutschen und amerikanischen Schulen, welche allerdings keineswegs eine derartige Ausbildung erhalten haben. Mit Pyles Tod und Jokers Überleben ist die Ausbildung abgeschlossen.

Das, was die jungen Männer dabei gelernt haben, werden sie in Vietnam nur sehr begrenzt anwenden können. Die »*Laborversuche*« haben auf den ersten Blick *nur* wenig mit der Realität gemeinsam (Walker 1999, S. 331). Die strenge Ordnung von Hartman funktioniert nicht im Chaos eines Krieges, aber sie schafft doch eine wichtige Grundlage für den Zuschauer, der die Handlungsmotive der Soldaten so viel besser nachvollziehen kann.

Auch der zweite Teil wurde fast vollständig in England gedreht. Ein aufgegebenes Gaswerk aus den 30er Jahren an der Themse stellt darin die ausgebombte Stadt Hué dar. Kubrick verzichtete damit auf die sonst üblichen Bilder von Vietnam aus dem Dschungel und zeigt den Krieg vor allem als Kampf um eine Stadt. Ein wesentlicher Nachteil, welcher die Atmosphäre des Films nicht unerheblich verändert hat, ist nach meiner Ansicht die schlichte Tatsache, dass sich so keineswegs die *Hitze* des tropischen Klimas von Vietnam nachstellen ließ. Die verschwitzen Körper anderer Vietnamfilme, die oft ganz entscheidend zum Ausdruck dieser Filme beigetragen haben, konnte Kubrick so nicht zeigen. Das war auch sicher ein Grund, weshalb *Full Metal Jacket* sich gegenüber *Platoon*, der in sechs Wochen auf den Philippinen gedreht wurde, so schwer durchsetzten konnte.

Der zweite Teil beginnt mit *These boots are made for walkin'* (1966) von Nancy Sinatra, dazu wird eine Prostituierte gezeigt, welche Joker und seinen Kollegen Rafterman (Kevyn Major Howard) in einem Straßencafé *»anmacht«*. Die beiden sind Journalisten bei *Stars and Stripes*. Jokers Haare sind wieder gewachsen. Während er sich bereits *abfällig* über das Mädchen auslässt, sie gehöre entweder zum Vietcong oder habe Tuberkulose und sei nur für Sex gut, wird Raftermans Fotokamera von einem jungen Vietnamesen gestohlen. Der asiatische Dieb springt in die Luft wie ein Kung-Fu-Star. Joker ahmt ihn aus Angst und Unerfahrenheit nach und brüllt einen Kampfschrei. Das ist erneut eine Form der männlichen Spiegelung, die seine Männlichkeit definieren soll. Er hätte auch sagen können: »Is that you, Bruce Lee? Is this me?«

Der Vietnamkrieg hat bis heute in Amerika, das zeigen annähernd alle Filme über ihn, eine *traumatische* Wirkung, weil er ganz offensichtlich keineswegs mit einer demokratischen Weltauffassung übereinstimmen kann. Es wurde hier zum ersten Mal für jedermann einsehbar, dass es sich um einen völlig *unsinnigen Einsatz* handelte, bei dem vor allem Zivilbevölkerung getötet wurde. Wie Kubrick sagte und auch in einer Szene zeigt, war potenziell jede Person, auch Kinder und Frauen, ein gegnerischer, kommunistischer Vietcong. So wurde das Land selbst zum Feind (Kinematograph 2004, S. 219). Hartmans Ausbildung etablierte bereits genau diese Weltsicht.

In der nächsten Szene sagt Joker zu Rafterman, der unbedingt in den Kampf will, dass er nicht wüsste, wie er es seiner Mutter erklären solle, wenn Rafterman dabei stürbe. In der Redaktion von *Stars and Stripes* hängt eine Snoopy-Figur, neben der steht: »FIRST TO GO. LAST TO KNOW.« Es ist besser, *nicht* an die Front zu gehen. Das ist ein typisches Beispiel für die plakative Form, in der viele Aussagen des Filmes stehen. Nach einer kurzen Besprechung in der Redaktion der Zeitung, die zeigt, dass es nicht darum geht, das zu schreiben, was wirklich draußen passiert, sondern Propaganda für den Krieg zu machen, findet das *Neujahrsfest* der Vietnamesen statt. An diesem Tag, dem 30. Januar 1968, griff der Vietcong in der sogenannten »Tet-Offensive« die Amerikaner auf breiter Fläche trotz der Waffenruhe der Feiertage an. Er erreichte damit den Zusammenbruch der amerikanischen Kampfmoral und das endgültige Umschlagen der öffentlichen Auffassung über diesen Krieg in den USA. Innerhalb der Ausbildung der Rekruten gab es ein *Weihnachtsfest*, welches diesen Neujahrstermin im Film vorbereitete. Außerdem hatte Hartman Joker einmal gefragt, ob er an die Jungfrau Maria glauben würde. Er hatte einen deftigen Schlag ins Gesicht erhalten, als er ihm erklärte, dass er *nicht* an sie glaubt. Kubrick spielt nun im Hintergrund den von Frauen gesungenen Popsong *Chapel of Love* (1964). und stellt so eine assoziative Verbindung zu dieser anderen Szene her.

Die Offensive hat noch nicht begonnen, obwohl Joker im Off-Kommentar bereits von ihr gesprochen hat. Die Soldaten liegen auf ihren Betten in der Baracke und tauschen sich über ihre Kriegserfahrungen aus. Das Licht der Lampen im Bild ist wie bei den späten melodramatischen Filmen von Rainer Werner Fassbinder durch einen Gitterfilter gebrochen. Es bekommt so *kreuzförmige* Linien. Joker wiederholt seinen John-Wayne-Spruch gegenüber Payback (Kirk Taylor), der gerade ein Porno-Magazin liest. Er nennt ihn auch »pilgrim«. Joker hat den religiösen Hintergrund des Militärs begriffen, den Hartman ihm einprügeln wollte. Religion und Militär sind zwei Gebiete, welche schon für Freud beide im Bereich des Zwangs lagen. In beiden ist vor allem intensive *Berührung*, also körperliche Nähe, ein Tabu. Verbal drückt sich das aus, indem man den anderen *anschreit*, was eigentlich nur bei größeren Entfernungen notwendig ist. Payback erklärt dann, dass Joker vom Kriegsfeld nicht die geringste Ahnung habe. Die weiteren deftigen Sprüche handeln davon, wer schon im Kampfgebiet war, das nur als »*shit*« bezeichnet wird. Joker will nun auch endlich den *Mutterschoß* verlassen, wie er sagt, und ins Kampfgebiet gelangen. Payback erzählt ihm, dass ein Marine den *starren Blick* bekommt, wenn er zu lange in der »*Scheiße*« sitzt. Es ist so, als hätte er ins Jenseits, in den Tod geschaut. Ein noch deutlicherer Rückbezug auf Pyle ist kaum vorstellbar. Sein Schicksal bildet also vielleicht doch nicht einfach eine Ausnahme, sondern zeigt eine Regel. Der Einbruch der Tet-Offensive beendet die Szene. Joker sammelt dabei Erfahrungen an einem Maschinengewehr.

Full Metal Jacket (1987) ist nicht *Apocalypse Now*

Am nächsten Tag werden er und Rafterman *endlich* weiter vor ins Kriegsgebiet geschickt. Bei dem folgenden Flug mit einem Hubschrauber muss sich Rafterman dauernd übergeben. Ein Schütze (Tim Colceri) erschießt mit seinem Maschinengewehr alle asiatischen Menschen, die sich am Boden bewegen, egal, ob es sich um Kinder, Frauen oder männliche Zivilisten handelt. *Jeder* Vietnamese ist ein potenzieller Vietcong. Joker und Rafterman besuchen dann ein *Massengrab*. Joker stellt dabei fest, dass es besser ist zu leben als tot zu sein. Das ist seine erste Reaktion auf Pyles Tod in der Form einer *indirekten* Aussage. Dann entdeckt ein Offizier, dass Joker »Born to Kill« auf seinen Helm geschrieben hat und ein Peace-Zeichen auf seiner Jacke trägt. Joker soll ihm diese gegensätzlichen Zeichen erklären. Er antwortet, dass sie die Dualität des Menschen, also die beiden Pole, den Lebens- und den Todestrieb, ausdrücken. Joker zitiert dabei Jung, der von dem Menschen und seinem Schatten spricht. Kubrick sagte dazu: »Wir werden nie etwas gegen die wirklich schlimmen Dinge in der Welt ausrichten, solange wir nicht einsehen, dass auch zu unserer Natur eine dunkle Seite gehört, die Schattenseite« (Castle 2005, S. 110). Für den Regisseur war die Faszination am Krieg ein ungeschriebenes Gesetz. Er zitierte in einem Interview bei der italienischen Zeitung *CIAK* die Worte eines General der Südstaaten, Robert Lee, welcher gesagt hat, dass es eine Gnade sei, dass der Krieg so schrecklich sei, denn sonst wäre die Leidenschaft für ihn grenzenlos (Seeßlen 1999, S. 274). Auf dem Plakat zu dem Film war Jokers Helm mit dieser Aufschrift und dem Peace-Zeichen abgebildet, dazu noch eine Kette mit »*Full Metal Jacket*«-Patronen. So war dieser Gegensatz schon in der Ankündigung des Films enthalten.

Kubrick war sich sehr bewusst darüber, dass sein Vietnamfilm sofort mit Coppolas berühmtem Film *Apocalypse Now* (1979) verglichen werden würde, welcher acht Jahre zuvor in die Kinos gekommen war. *Full Metal Jacket* enthält viele Anspielungen an dieses Meisterwerk. Bereits die optische Lösung für die Szene im Ausbildungslager, wo der Regisseur die an Seilen hängenden Soldaten vor der aufgehenden Sonne zeigt und im Text »Ho Chi Minh« gesungen wird, war ein Zitat aus *Apocalypse Now*. Auch Raftermans und Jokers Flug mit dem Hubschrauber begann vor einer aufgehenden Sonne so wie in Coppolas Film. Die bekannteste Szene aus *Apocalypse Now* besteht darin, wie die amerikanischen Soldaten bei einem Hubschrauberangriff auf ein vietnamesisches Dorf Wagners *Walkürenritt* aus großen Lautsprechern spielen, um die Vietnamesen zu erschrecken. Am Anfang dieser Sequenz, die auch auf den Plakaten zu dem Film zu sehen war, sieht man die aufsteigenden Hubschrauber als Silhouette vor der gerade aufgehenden Sonne. Wie *Platoon* versucht so auch *Full Metal Jacket* visuell an Coppolas erfolgreichen Film anzuschließen. Der Co-Drehbuchautor von *Full Metal Jacket*, Michael Herr, hatte auch die Erzählung des Captain Willard (Martin Sheen) für *Apocalypse Now* geschrieben (Duncan 2003, S. 170). Kubrick antwortete in einem Interview auf die Frage, ob er eine Vergleichsebene zwischen ihm und Coppolas Film sehe: »Wenn man einen musikalischen Vergleich wagte, könnte man sagen, dass Coppola gerne Wagner gewesen wäre, ich mir aber lieber vorstellen möchte, Mozart gewesen zu sein« (Castle 2005, S. 113). Neben dem versteckten Hinweis auf Milos Formans *Amadeus* (1984), der sehr *verwandt* ist mit *Barry Lyndon*, verbirgt sich hinter dieser Aussage vor allem die Feststellung, dass beide Regisseure völlig *unterschiedliche Mentalitäten* verkörpern. Kubrick hielt zwar Coppolas Film *The Godfather* (1972) für einen der größten Filme aller Zeiten (Herr 2000, S. 43), aber er selbst hätte ihn keinesfalls drehen können.

Wenn man Jokers Philosophie begreifen will, muss man sie vielleicht einfach vor dem Hintergrund von Coppolas Film sehen. Die unterschiedliche Ausrichtung der beiden Regisseure betrifft vor allem die Inszenierung der Vaterfiguren. Während in *Full Metal Jacket* durch den Ausbilder Hartman eine *skurrile, zwangsneurotische* väterliche Autorität gezeigt wird, deren Rang mehr als zweifelhaft ist, stellt Coppola den Vater in einer *mythologischen* Form tatsächlich als eine seriöse und zugleich dunkle Gestalt dar. Dieser Vater-Imago lässt sich, anders als Hartman, keinerlei Komik abgewinnen. Sie ist der faszinierende und tödliche *Schatten* des Sohnes. Coppola besetzte die Rolle des Colonels, welcher fast während des gesamten Films nur ein gejagtes *Phantom* ist, mit Marlon Brando, der zuvor den *Godfather* gespielt hatte. Der Sohn, Captain Willard (Martin Sheen), findet den verloren gegangen Vater des Landes, Kurtz, in der Mitte eines äußerst primitiven Stammes Eingeborener im Dschungel wieder und tötet ihn in einem Ritual. Coppolas Film basiert auf dem berühmten Roman von Joseph Conrad *Heart of Darkness*

(1911). Es handelt sich um die Geschichte von Kapitän Marlow, der in der tiefsten Wildnis auf den zwielichtigen Elfenbeinhändler Kurtz stößt. Kurtz ist ein Mann, *der jeden ethischen Standpunkt* verloren hat. Er ist ein »Schatten, der unersättlich nach äußerem Prunk, nach furchtbarer Wirklichkeit lechzte; ein Schatten finsterer als der Schatten der Nacht und vornehm in die Falten einer glänzenden Beredsamkeit gehüllt« (Conrad 1993, S. 174). Sein Gesetz ist *die Lust* am Töten, seine Faszination das Grauen. Dieses primitive, einfache, barbarische Bild ist Coppolas Angebot, den Krieg zu verstehen. Anders als Kubrick begreift er ihn nicht als einen *umgeleiteten* Sexualtrieb, sondern direkter als einen reinen Todestrieb. Der Vatermord wollte immer schon das Blut des Krieges sehen. Die gewöhnlichen, amerikanischen Soldaten sind zu dumm, zu *infantil*, um bis zu der Aussage von Kurtz, Willard und den *Doors* vorzudringen. Sie verstehen die Lust am Töten, das Stück *The End* (1971), welches die Hippies mit Vietnam in einer destruktiven, dunklen Form verbindet, nicht. Kubrick setzt den Widerspruch zwischen den Lebens- und den Todestrieben dagegen. Sein Vietnamkriegsfilm handelt nicht davon, wie ein Mann dem düsteren, bösen Schatten eines anderen Mannes folgt (Nelson 2000, S. 237). Bei ihm gibt es keinen Rausch des Tötens, und er zeigt auch nicht wie in *Platoon*, wie der gute Vater gegen den bösen Vater kämpft. In *Full Metal Jacket* trägt Joker seinen Schatten in sich selbst. Er hat die Möglichkeit zu töten ebenso wie die, den Frieden zu wollen. Es bleibt wie bei *A Clockwork Orange* bei einer Wahl, ohne die jeglicher moralischer Anspruch sinnlos ist. Das Böse ist *kein* abgespaltener Teil, der sich in einer düsteren Vater-Imago befindet. Es ist auch keineswegs die letzte Wahrheit, weil das Leben mehr wert ist. Es handelt sich um eine Möglichkeit, über die das Subjekt verfügt, und es ist keineswegs die bessere, sondern die *»beschissenere«* Wahl. In *Full Metal Jacket* wird die Destruktion, das Dunkle nicht mystifiziert, sondern vielmehr als das *»anale Böse«* gedeutet. Es handelt sich also tatsächlich um *»Scheiße«*, wie die Soldaten auch die Front bezeichnen.

In der nächsten Szene spielt Kubrick den Popsong *Wooly Bully* (1964). Das ist ein temporeiches »Surf Rock Stück« (Sperl 2006, S. 211) mit einer ziemlich schrägen Gesangsstimme. Joker trifft Cowboy wieder. Beide freuen sich über ihr Wiedersehen. Als Joker zu Cowboy im Spaß sagt, er habe es mit dessen Schwester getrieben, ist dies ein Reflex auf die erste Szene, in der Hartman, bevor er Joker in die Magengrube schlug, sagte, er könne zu ihm nach Hause, um mit seiner Schwester zu schlafen. Die Szene am Anfang, in welcher Hartman zunächst Cowboy für Jokers Spruch über John Wayne verantwortlich machen wollte, hatte die beiden jungen Männer zum ersten Mal verbunden. Dann trifft Joker auf Animal Mother (Adam Baldwin). Der Name zeigt, dass es sich um eine Mischung aus kultivierter Mütterlichkeit und wilden Tier handelt. Er ist wie Joker also beides. Aber Joker kann nur »talk the talk but not walk the walk«, sagt Animal Mother, der so auf den Unterschied zwischen einem Reporter und einem Soldaten hinweist. Diese Figur wurde oft mit John Rambo (Sylvester Stallone) verglichen, der in der Tat in *First Blood* (1982) das Vietnam-Problem auf seine Weise löst, indem er die im Krieg freigesetzten, destruktiven Kräfte in der Heimat weiterhin anwendet. Animal Mother ist eine genauso einfache, naive und deshalb nicht unsympathische Figur.

Es sind *nicht* die großen Heldentaten, es ist der gewöhnliche, aber schreckliche Kriegsalltag, den Kubrick zeigt. Der Einmarsch in die Stadt Hué wurde in mehreren langen Einstellungen mit wackliger Handkamera gefilmt. Die Szene bekam so einen *dokumentarischen* Charakter. In einem überraschenden Gegenschlag wird dann Leutnant Touchdown (Ed O'Ross) getötet. Nach einem kurzen Gefecht spielt Kubrick das Surferlied *Surfin' Birds* (1963). Das ist eine weitere Anspielung auf *Apocalype Now*, in dem Colonel Kilgore (Robert Duvall) eben zu jener Musik von Wagner ein ganzes vietnamesiches Dorf in Brand steckt, nur um dann mit seinen Soldaten am dortigen Strand *surfen* zu können. Der Kontrast zwischen dem fröhlichen *Surfin' Birds* und den Bildern eines Hubschraubers, welcher die Verletzten abtransportiert, wiederholt auch inhaltlich ein wenig diese absurde Szene aus Coppolas Film.

Full Metal Jacket, der bisher auch kaum das Gefecht gezeigt hat, verfolgt tatsächlich eine andere Intension als ein gewöhnlicher Kriegsfilm. Das zeigt sich in der gesamten nächsten Episode, die wie im Godard-Stil vollständig aus einer einfachen Narration aussteigt und den Rahmen der bisherigen Aktionskette völlig hinter sich lässt. Gezeigt wird ein Filmteam, welches eine Dokumentation über Vietnam dreht. Dabei wird aus dem Kriegsschauplatz ein Ort für Show- und Selbstdarstellung. Mit diesem coolen und zum Teil arg naiven Entertainment wollte Kubrick den Irrsinn der Berichterstattung über diesen Krieg nachzeichnen. Es handelt sich um die Nachahmung einer TV-Dokumentation über den Vietnamkrieg. Alle Soldaten geben nun ironische Sätze von sich, die aufeinander reagieren. Einer hält sich ironisch für General Custer, der Nächste fragt, wer die Indianer sind, wobei der Dritte ihm antortet, das die Vietnamesen hier die Indianer spielen.

Diese Art der Aussagen wird dann noch einige Male wiederholt, wobei jeder Soldat weitere kurze *Statements* abgibt. In dieser *Reportage* erhält man nur wenige Informationen über Vietnam. Es wird eigentlich nur deutlich, dass keiner der Soldaten so recht weiß, was er hier eigentlich soll. Und genau in dieser platten Sinnlosigkeit liegt das verstörende Moment. Anders als im Zweiten Weltkrieg sind die Amerikaner in dem Land nicht einmal erwünscht. Die Passage gehört sicherlich dramaturgisch gesehen zu den *schwächsten* des Films, weil sie die Handlung komplett verlässt. Sie zeigt aber zugleich die völlige Desorientierung der amerikanischen Soldaten.

Außerdem sind die plakativen Aussagen, mit welchen die Soldaten ihre Lage beschreiben, mit Absicht eindeutig. Der Film lässt damit in Bezug auf die Bewertung dieses Krieges keinen Zweifel aufkommen. Die nächste Szene, in der sich erneut eine Prostituierte anbietet, die wie ein amerikanisches Mädchen gekleidet ist (Nelson 2000, S. 254), zeigt erneut die Spielregeln des *Ausschlusses*, unter denen sich diese Gemeinschaft gebildet hat. Ganz unten kommt die vietnamesische Prostiuierte, darauf folgt der schwarze Soldat, welcher nicht zuerst mit ihr schlafen darf, weil der weiße Soldat in der Hierachie über ihm steht. Boom-Boom ist das Wort für den Geschlechtsverkehr, das hier an die sexistische Sichtweise von Alex in *A Clockwork Orange* erinnert. Auch zeigen die Soldaten kaum ein Verständnis für das Land, in dem sie sich befinden. Das ganze erinnert an eine Art gewaltsamen Tourismus. Wenn Joker ironisch sagt, er wäre gekommen, um eine andere Kultur zu zerstören, berichtet er tatsächlich von einem wichtigen Nebeneffekt des Krieges.

In den letzten 20 Minuten inszeniert Kubrick dann einen konventionellen Kriegsfilm, welcher aber in einer sehr speziellen Pointe mündet. Es ist auch das Szenario, in dem sich Jokers Schicksal endgültig erfüllt und er anders als zuvor zu *einem Killer* wird. Die Szene beginnt damit, dass Crazy Earl (Keiron Jecchinis) von einer Sprengfalle, die aus einem großen *Plüschhasen* besteht, tödlich verletzt wird. Doc Jay (John Stanford) versucht ihn zu retten, aber es hat keinen Sinn mehr. Cowboy wird damit neuer Gruppenführer, und die Truppe verläuft sich sogleich und muss die Richtung wechseln. Der Schwarze Eightball (Dorian Harewood) macht Cowboy auf diesen Fehler aufmerksam. Eightball ist nach der *schwarzen* Kugel beim Billardspiel benannt. Sein Name erinnert an den von Snowball (Peter Edmund) im ersten Teil. Kubrick arbeitet so immer wieder die unterschwellige, rassistische Dimension des Militärs heraus, welches über diese Kategorie schließlich auch den zu tötenden Gegner massgeblich definiert. Als Cowboy den Schwarzen auffordert, allein vorauszugehen, um zu sehen, ob die Luft rein ist, sagt er nur: »Put a nigger behind the trigger«, bevor er loszieht. Eightball wird von einem *»sniper«* (Scharfschützen) am Bein getroffen. Kubrick zeigt diese sehr schmerzhafte Verletzung in Zeitlupe. Die anderen Soldaten flippen daraufhin vor Panik vollkommen aus und schießen aus allen Gewehren auf den gesamten Gebäudekomplex. Diese Reaktion ist vollkommen *irrational* und zeigt, dass hier wirklich *überall* der Feind gesehen wird. Cowboy, der für sie keine Autoritätsfigur ist, hat Schwierigkeiten, sie zurückzuhalten. Er bestellt per Funk einen Panzer. Eightball bekommt währenddessen weitere schmerzhafte Schüsse in seine Extremitäten, welche die anderen aus der Reserve locken soll. Doc Jay widersetzt sich Cowboys Befehl und rennt los, um den verwundeten Mann zu retten. Er wird ebenfalls sofort angeschossen. Cowboy will die beiden nun dort liegen lassen, um keine weiteren Männer mehr zu verlieren. Er hat eine solche Situation schon einmal erlebt und weiß, dass die verwundeten Männer gezielt als Lockvögel verwendet werden. Seine Entscheidung ist sicher richtig. Kubrick zeigt so eine extrem schockierende Situation, in welcher die verwundeten Männer ähnlich wie Geiseln fungieren. Dann widersetzt sich auch Animal Mother Cowboys Befehl und rennt los. Wie ein Wilder *ballert* er dabei auf den großen Gebäudekomplex, in welchem sich der Gegner versteckt hält. Er kann nichts mehr für die verwundeten Männer tun, erkennt aber, dass sich in dem Gelände nur ein *einziger* »sniper« verschanzt hat. Cowboy und einige Männer sind so gezwungen, ihm zu folgen. Durch eine Lücke in der Mauer kann der »sniper« auch Cowboy treffen. Er stirbt in Jokers Armen. Unter der Leitung von Animal Mother kann die Jagd auf den »sniper« beginnen.

Full Metal Jacket (1987) ist nicht *Apocalypse Now*

Der Regisseur spielt dazu *Industrial Sounds*, die erneut Vivian Kubrick komponiert hat. Im Inneren eines brennenden Gebäudes kann Joker den Schützen schließlich stellen. Es handelt sich zu seiner Überraschung um eine 15-jährige Vietnamesin (Ngoc Le). Jokers Magazin ist aber leer. Das Mädchen schießt auf die Säule, hinter der er steht, und erwischt ihn um ein Haar. Da taucht Rafterman auf und schießt auf sie. Das Mädchen fällt getroffen zu Boden. Er freut sich darüber und flippt, etwas verrückt, total aus. »Am I bad? Am I a life-taker? Am I a heart-breaker?«, schreit er. Die anderen Männer kommen dazu, aber keiner teilt seine Freude. Dass es sich um ein attraktives, noch sehr junges Mädchen handelt, macht ihnen schwer zu schaffen. Sie lebt noch. Animal Mother will sie einfach liegen lassen. Joker sagt, das ginge nicht. Es ist nun tatsächlich auf einmal vollkommen egal, dass sie gerade zuvor die halbe Truppe getötet hat. Dieses mutige Mädchen, das schwer verwundet und mit vor Angst aufgerissen Augen die Soldaten anwinselt, sie zu töten, erzeugt einfach *tiefes Mitleid*. Sie sagt immer wieder »Shoot ... me«. Auf einen solchen Fall war Joker in seiner Ausbildung nicht vorbereitet worden. Die jungen Soldaten können nicht übersehen, dass hier das vor ihnen liegt, was sie eigentlich zutiefst *lieben*. Kubrick spielt dieselbe Musik wie bei Pyles Tod. So werden die beiden Szenen durch ihre akustische Verklammerung in einen engeren Zusammenhang gestellt (Sperl 2006, S. 215). Die Schützin atmet schwer. Animal Mother sagt, Joker könne sie beseitigen. Die Kamera zeigt in einer *langen* Einstellung nur noch Jokers Gesicht, während er überlegt und dann das Mädchen erschießt. Rafterman und ein anderer Soldat loben ihn für seine Tat. Es ist der Mord an diesem Mädchen, auf welche die ganze Inszenierung hinauslief. Es war nicht Coppolas mythischer Mord an dem Vater oder Oliver Stones paranoider Kampf gegen die eigenen Leute; es war der Kampf gegen eine sehr weise, feminine, asiatische Kultur, die Vietnam zum Trauma für die Amerikaner werden ließ. Steven Spielberg hat in seinem Kriegsfilm *Saving Private Ryan* (1998) die Szene mit einem männlichen, *deutschen* Scharfschützen übernommen. Freilich entfällt dabei dieser Schluss, denn in diesem Krieg waren die Amerikaner noch die Helden, welche Europa von einem parasitären »Schurkenstaat« befreien konnten.

Die Coda von *Full Metal Jacket* zeigt, wie die Soldaten durch die brennenden Ruinen weiter marschieren. Sie singen den »Mickey Mouse

March« von Jimmie Dood aus ihrer Kindheit. Sie ahmen dabei sogar die hohe quirlige Stimme der Maus aus dem *Cartoon* nach. Der Song macht deutlich, dass diese Männer vor ein paar Jahren noch Kinder waren (Kubrick aus: Sperl 2006, S. 216). Er zeigt, dass sie immer noch verspielt sind und kein Hartman und auch kein Krieg ihnen ihre Kindheit austreiben konnte. Der Marsch gehört zum *Mickey Mouse Club*, einem einstündigen TV-Varieté für Kinder, welches schon zwischen 1955 und 1959 bereits täglich im amerikanischen Fernsehen lief (in der Wiederaufnahme dieser Show begann die Karriere von Britney Spears am Anfang der neunziger Jahre). Zugleich ist Mickey Mouse aber eine äußerst *artifizielle* Figur, »welche auch noch als Kreatur bestehen bleibt, wenn sie alles Menschenähnliche von sich abgelegt hat« (Benjamin 1986, S. 144). In den Disney-Trickfilmen kann alles belebt werden und zugleich stirbt die Maus niemals, egal was ihr widerfährt. Vielleicht ist der Marsch für Joker nur eine Verdrängung und eine pietätlose Verwandlung seiner Erfahrungen in einen Zeichtrickfilm, welcher wie das Marinecorps den Traum der Unsterblichkeit enthält. Vor seinem Tod erklärte Pyle ihm: »I am in a world of shit.« So sagt Joker nun zu sich selbst: »I'm in a world of shit, yes. But I am alive. And I am not afraid.« Der junge Mann bleibt ein humaner, optimistischer Charakter. Kubrick malt nicht das naive Bild einer Unschuld, welche es hier nicht geben kann.

Der Regisseur hatte die Liste der Charts zwischen 1962 und 1968 durchgehört, bevor er sich für die im Film enthaltenen Musikstücke entschied. Erst im Abspann kommt er zu dem einzig substanziellen Stück. Durch *Paint it Black* (1966) von den *Rolling Stones* wird das düstere Ende des Films zynisch verlängert (Sperl 2006, S. 214) und erneut *Apocalypse Now* eine letzte Reminiszenz erwiesen. Aber völlig anders als Coppolas Einsatz von *The End* der *Doors* am Anfang und am Höhepunkt seines Films, als Willard Kurtz tötet, verweigert Kubrick dieser Art von Musik die Bilder. Gezeigt werden schlicht die weißen Titelbuchstaben auf schwarzem Grund. Die kraftvolle und wilde Musik dient nur als ironischer Abgesang im Abspann und ihre eindeutige Affinität zum *schwarzen* Herzen der Finsternis gehört bereits nicht mehr zur Story des Films.

14. Ein misslungener Film über die Subversion des Begehrens: *Eyes Wide Shut* (1999)

Alice: »Millions of years of evolution, right? Right? Men have to stick it every place they can ... but for women, it is just about security and commitment ... and whatever the fuck else!«
Bill: »A little oversimplified, Alice. But yes, something like that.«
(Dialogsequenz aus Eyes Wide Shut)

Zwischen *Full Metal Jacket* und *Eyes Wide Shut* liegen mehr als zehn Jahre. Alle Projekte, die dazwischen lagen, wurden von Kubrick wieder *verworfen*. Das hatte Gründe. Bereits 1969 beschwerte sich der Regisseur über die Anstrengung, die darin besteht, an einem Filmset wirklich *kreativ* arbeiten zu können:

»Es ist ein lauter technischer Apparat, man kann sich nur schwer konzentrieren – und man muss es täglich von halb neun bis halb sieben tun, fünf Tage die Woche. So eine Umgebung würde sich kein Künstler je für seine Arbeit aussuchen. Ihr einziger Vorteil: man ist gezwungen zu arbeiten und kann nicht zaudern.«

Die Quintessenz lautete: »Dreharbeiten sind das schlechteste Milieu für kreative Arbeit, das sich der Mensch jemals ausgedacht hat« (Kubrick aus: Jansen 1984, S. 246). Die Folge war, dass er immer mehr zögerte, dieses Set überhaupt noch zu betreten. Auf der anderen Seite war Kubrick aber *unglücklich*, wenn er nicht mit einem Filmprojekt beschäftigt war (LoBrutto 1997, S. 495). Deshalb wurden die Planungsphasen und die Kriterien zur Auswahl des richtigen Stoffes immer länger. Der Regisseur *plante* unterdessen mehr als er *realisierte*.

Die Aufgabe von zwei Projekten hängt mit Steven Spielberg zusammen, mit dem Kubrick seit 1980 befreundet war. Zunächst stellte Kubrick die Arbeit an *Aryan Papers* ein, nachdem er und Terry Semel, eine der Führungskräfte von Warner Brothers, zu dem Ergebnis gelangt

14. Ein misslungener Film über die Subversion des Begehrens

waren, dass der Stoff zuviel Ähnlichkeit mit *Schindler's List* (1993) hatte (Harlan aus: Castle 2005, S. 130). Außerdem entschloss sich Kubrick, ein anderes Projekt über einen Roboterjungen, welcher ein richtiger Mensch werden *wollte*, schließlich Spielberg *direkt* anzubieten. Er war durch dessen Film *Jurassic Park* davon überzeugt (1993), dass dieser Regisseur über die richtigen technischen Möglichkeiten verfügte, um *dieses* Projekt realisieren zu können. Er selbst hatte es aber bereits bis in viele Details hinein ausgearbeitet. Spielberg drehte diesen Film erst nach Kubricks Tod unter dem Titel *Artificial Intelligence* (2001). Es wurde daraus gut gemachtes Unterhaltungskino ohne höhere Ansprüche mit der für Spielberg üblichen Faszination für die kindliche Welt. Beide von Kubrick lange geplanten Projekte erzählen die Welt aus der Sicht eines kleinen Jungen. Sie knüpften so an die Figur von Danny in *The Shining* an. Vor allem das Projekt über den Holocaust, *Aryan Papers*, wäre vermutlich im Resultat von allergrößter Bedeutung gewesen. Stattdessen begann der Regisseur mit einer äußerst schwierigen Verfilmung über Erotik, die nach meiner Ansicht nicht zu seinen besten Arbeiten gehört, obwohl gerade sein letztes realisiertes Projekt handwerklich mit einer sehr beeindruckenden Perfektion hergestellt worden ist.

Kubrick hatte bereits am Anfang der 70er Jahre die Rechte dafür gekauft, die *Traumnovelle* (1926) von Arthur Schnitzler zu verfilmen, aus der dann *Eyes Wide Shut* werden sollte. Ein wichtiger Vorläufer besteht in Stefan Zweigs Novelle *Brennendes Geheimnis* (1911), mit der er sich bereits 1957 eingehender beschäftigt hatte (LoBrutto 1997, S. 131), allerdings ohne dass es je zur Verfilmung kam. In Zweigs Novelle wird der Seitensprung einer Ehefrau weitgehend aus der Sicht eines zwölfjährigen Jungen beschrieben. Schnitzler, ebenso wie Zweig, ist Wiener Schriftsteller des »*fin-de-siècle*« und damit einer extrem dekadenten und vor allem hysterischen Lesart der Sexualität verpflichtet. Das laszive Element, welches im »Fremdgehen« besteht, wird in beiden Geschichten sehr betont. Christiane Kubrick, die Ehefrau des Regisseurs, mochte aus guten Gründen schon den Roman von Schnitzler nicht besonders (Dokumentation, Joyce 1999).

Kubricks Verfilmung hielt sich im Kern sehr konkret an Schnitzlers Vorlage. Er verlegte nur Ort und Zeitpunkt vom Wien der 20er Jahre ins New York der 90er. Aber die Aussagen des Autors über *Hysterie*, welche

Hand in Hand mit den Erkenntnissen seines ebenfalls in Wien lebenden Zeitgenossen Sigmund Freud gingen, wurden vollständig in den Film übernommen. Kubrick war sich bewusst, dass Schnitzler Freud kannte (Raphael 1999, S. 32), und umgekehrt hatte Freud in Schnitzler eine Art *Doppelgänger* gesehen (Seeßlen 1999, S. 280). *Die Traumnovelle* basiert auf Freuds *Traumdeutung* (1900), deren Kernsatz darin besteht, dass alle Träume *unbewusste Wünsche* erfüllen (Freud 2000, Bd. 2, S. 141ff.). Aber die Erbsünde der Psychoanalyse, die Tatsache, dass Freud seine *eigene* Affinität zur hysterischen Disposition nicht zu Ende analysieren konnte (Lacan 1996b, S. 19), lässt sich auch in Schnitzlers literarischer Verarbeitung des Themas erkennen.

Kubrick hatte diesen Umstand wohl zunächst auch sehr deutlich gesehen. Am Anfang der 80er Jahre redete er davon, den Stoff als eine deftige *Sex-Komödie* in Szene setzen zu wollen. Er sprach mit Michael Herr und auch Diane Johnson darüber, für die sich daraus wenig Sinn ergab, weil sie in Schnitzlers Geschichte wenig *komische* Seiten entdecken konnten (Herr 2000, S. 8). Kubrick plante also, die von ihren Lüsten getriebenen Gestalten einer gründlichen Reflexion zu unterziehen und den Stoff dabei ins *Lächerliche* zu ziehen. Er änderte jedoch seine Meinung und verband in seiner letzten Fassung die Erotik mit dem Tod, eine Konstellation, welche dem Original sehr viel näher kam. Man kann in dem Film immer noch die komischen Elemente erkennen, die so typisch sind für den Stil des Regisseurs (Nelson 2000, S. 270). Leider dominiert aber ein perverser, erotischer Aspekt die gesamte Handlung, was nach meiner Ansicht ein erhebliches Manko darstellt.

Die Arbeit am Drehbuch, welche Kubrick zusammen mit dem renommierten Autor Frederic Raphael unternahm, zog sich vom November 1994 bis zum Frühjahr 1996 hin (Hill aus: Castle 2005, S. 115). Raphael schildert in seinem Buch, dass sie stets in einem sehr *angespannten Verhältnis* zum Regisseur stattfand (Raphael 1999). Außerdem hätte seine Aufgabe auch *jeder* andere übernehmen können, weil Kubrick möglichst *wenig* Veränderungen wollte (Castle 2005, S. 115). Ein häufiger Kritikpunkt, dass *der Staub* von Schnitzlers Novelle bei ihrer Verlegung ins aktuelle New York nicht genügend beseitigt worden wäre, ist nach meiner Ansicht durchaus berechtigt. Es ist fraglich, ob die *Hysterie*, welche die viel zu freizügige Novelle durchzieht, in dieser Form *noch* ein weit verbreitetes Phänomen ist und ob dieser Stoff eine echte Auseinandersetzung damit anbietet. Kubricks Stärke hatte immer darin bestanden, den Ausdruck einer *degenerierten* Sexualität in der für ihn typischen Weise ins Absurde zu ziehen. In *Eyes Wide Shut* gelang ihm dies *weniger* als jemals zuvor. Der Stoff hätte weniger nur eine Modernisierung als eine gründliche Aufarbeitung gebraucht. Kubrick hingegen hatte von Schnitzler bereits 1960 als einem Autoren gesprochen, der über ein tiefes Einfühlungsvermögen verfügt, das sich nur etwas *zynisch* äußert (Castle 2005, S. 115). Für ihn war der Stoff im Grunde bereits perfekt und auch *zeitlos.* Die New Yorker Wohnung der Hartfords war beispielsweise dem Appartement nachempfunden, in dem seine Familie in den frühen 60er Jahren gelebt hatte (Castle 2005, S. 117). Der Film könnte nun in den 70er, 80er oder 90er Jahren spielen, wenn man vom regen Gebrauch des Handys einmal absieht.

Für die Besetzung der beiden Hauptrollen versuchte der Regisseur, ein *echtes* Ehepaar zu bekommen. Nicole Kidman sagte dazu, dass Kubrick damit die *Hemmschwelle* von vornherein niedrig halten wollte (Kohler 2004, S. 97). Sie und Tom Cruise, der damals bereits zu den erfolgreichsten Schauspielern der Filmindustrie gehörte, bekamen die Hauptrollen nicht zuletzt deshalb, weil Kubrick eine Aura von *Prominenz* für diesen Film benötigte (Walker 1999, S. 344). Er konnte so nicht nur die Klatschgeschichten, welche immer um die Intimität der Filmstars kreisen, für seine Zwecke verwenden, sondern auch leicht ein attraktives Ehepaar zeigen, das zu einer *privilegierten Klasse* gehört (Nelson 2000, S. 264). Der Trailer warb dann mit den drei großen und bekannten Namen: Cruise – Kidman – Kubrick. Der Regisseur setzte die einzige Sexszene – sie hat einen sehr diskreten Charakter – *zwischen* Cruise und Kidman in seinem Film gezielt als Werbemittel ein. *Eyes Wide Shut* gelang es sofort, zu einem Kassenschlager zu werden (Castle 2005, S. 118). Ob es sich wie bei vielen anderen Filmen des Regisseurs um einen Klassiker der Filmgeschichte handelt, halte ich aber zumindest für *zweifelhaft.*

Sein Thema ist die Gefährdung der Ehe durch die Untreue (Kohler 2004, S. 99). Der Hype der Lüste in den 90er Jahren war ein Grund, wie Jan Harlan mir sagte, welcher dazu führte, dass Kubrick gerade auf dieses alte Projekt zurückkam. Der fortlaufende Sexboom war in den 90ern endgültig bei der äußerst dubiosen, öffentlichen Akzeptanz der *Perversionen*

Eyes Wide Shut (1999)

angekommen. Und das deutliche Interesse der Kultur an diesen *Irrwegen* zeigte, dass die angeblich fortschreitende Liberalität in diesem Bereich die Menschen keineswegs glücklicher oder souveräner im Umgang mit ihrer Sexualität werden ließ. Im Kino waren es vor allem die Filme von David Lynch – von *Blue Velvet* (1986), *Wild at Heart* (1990), dem Kinofilm und der TV-Serie *Twin Peaks* (1990–1992) bis zu *Lost Highway* (1996) –, die eine fortlaufende Beschäftigung mit den Albträumen innerhalb *perverser* Strukturen des Begehrens darstellten. *Lolita* von Kubrick ist zwar einer von Lynchs Lieblingsfilmen (Fischer 1992, S. 262), aber zu einer humorvollen *Auflösung* perverser Strukturen zeigte sich dieser amerikanische Regisseur überhaupt nicht in der Lage. Im Gegenteil besteht der *Thrill* eines Films von Lynch gerade darin, »*die Hauptstraße*« zu verlassen und das Geschlechterverhältnis nicht mehr unter dem Signifikanten dessen, was »*Vater sein*« heißt, herzustellen (Lacan 1997, S. 346). Lynchs Filme sehen in dem Feuer der Perversion die eigentliche Wahrheit, über die nur der dünne Mantel bürgerlicher Konvention gelegt worden ist. Seine Filme schreiten so von einem hysterischen System des Missbrauchs zu einem psychotischen des Identitätsverlustes fort. Es ist anzunehmen, dass Kubricks letzter Film darauf eine sehr wichtige Antwort geben wollte. Bedauerlicherweise ist ihm dies nicht ganz gelungen.

Schon der Trailer zu *Eyes Wide Shut* schließt an den Filmhit *Wicked Game* (1989) aus *Wild at Heart* an, der von Chris Isaak komponiert wurde. Isaak übernahm in Lynchs nächsten Kinofilm *Twin Peaks: Fire Walk With Me* (1992) sogar eine Nebenrolle. Kubrick kaufte von ihm das Stück *Baby Did A Bad Bad Thing* (1995) und unterlegte damit den Trailer für seinen Film, der in Deutschland fast nur die eigentümliche Sexszene zwischen Cruise und Kidman vor dem Spiegel zeigt. Die Szene birgt in sich den Grund für *die Ehekrise*, welche zur eigentlichen Filmhandlung führen wird. Dasselbe zeigt sich auf dem Filmplakat, wo Cruise Kidman küsst und ihr Blick sich an den Betrachter, also nach außen richtet. Die Szene im Trailer zeigt, wie Bill Hartford völlig in der erotischen Bewegung mit seiner Frau aufgeht, während ihr Blick in die Ferne schweift. So deutet Kubrick an, dass Alice Hartford ein »*brennendes Geheimnis*« besitzt, von dem Bill (noch) nichts weiß. Der Song, eine Art sublimer »dirty talk«, untermalt den Gestus einer *Überschreitung*, welche aber nicht einfach *nur* im sexuellen Akt, sondern tatsächlich in den für Alice damit verbundenen *hysterischen* Fantasien besteht, in welchen sie von einem fremden, unbekannten Mann träumt (Jacke 2005, S. 183). Die Lyrics betonen die Nähe zwischen dieser Überschreitung und einer tief empfundenen Traurigkeit.

Das Drama von Alice korrespondiert im Film zu dem ihres Ehemannes, obwohl beide in gänzlich verschiedenen Diskursen zueinander stehen. Bill Hartford folgt zwangsneurotischen Motiven, die ihren Gipfel darin finden, dass er auf ein *perverses Gesetz* trifft, während Alice in ihren hysterischen Fantasien schließlich bei der völligen *Promiskuität* in einem paradiesischen Garten landet. Sie reagiert auf diese abwegigen Wünsche mit großer Trauer. In dieser *klassischen* Konstellation von Hysterie (Weiblich) und Zwang (Männlich) werden häufig Mann/Frau-Geschichten erzählt. Die oft von Kritikern verwendete Interpretation, die sehr wohl auf *Blue Velvet*, aber *nicht* auf *Eyes Wide Shut* zutrifft, ist, dass »*das Karussel der Perversion*« in dem Film auch am Schluss weiter am Laufen gehalten wird. Im Gegenteil: Kubricks Film geht sehr ernsthaft von der Ehe aus und kehrt auch zu ihr als dem stabilsten Beziehungssystem zurück, welches perverse Strukturen weitgehend auszuschließen vermag. In der Perversion *fehlt* die Anerkennung des Anderen. Es handelt sich tatsächlich um ein bloß vorgestelltes, um ein *geträumtes* Verhältnis (Lacan 1978, S. 280).

Für die Besetzung waren zunächst Kim Basinger und Alec Baldwin im Gespräch, welche damals ebenfalls ein Schauspielerehepaar waren (Raphael 1999, S. 99). Basinger hatte sehr überzeugend in *Nine 1/2 Weeks* (1986) von Adrian Lyne die Galeristin Elisabeth an der Seite des perversen Börsenmaklers John (Mickey Rourke) gespielt. Dieser Film bewältigt das Thema, weil Elisabeth sich schließlich von dem perversen John trennt. Allerdings kam der etwas stabilere Baldwin wohl kaum für die Rolle des Dr. Hartford ernsthaft in Frage. Kubrick forderte den Drehbuchautor auf, der Figur des »Fridolin« aus dem Roman im Film einen Namen zu geben, der an Harrison Ford erinnern sollte (Seeßlen 1999, S. 296). Ford hat eine gewisse Ähnlichkeit mit Baldwin und tatsächlich 1992 in *Patriot Games (Die Stunde der Patrioten)* eine Rolle übernommen, die Baldwin aufgrund anderer Verpflichtungen ablehnen musste (Tesche 2002 S. 71). Aber wie Jan Harlan mir schrieb, war Harrison Ford niemals für die Rolle im Gespräch gewesen. Ebenso wenig kann man sich Baldwin in ihr vorstellen. Vermutlich hängt diese Idee, ebenso wie Kubricks Aussage, dass er für die männliche Hauptrolle einen »Harrison-Ford-goy«, haben wollte, wobei »goy« der jüdische Name für einen Nicht-Juden ist (Raphael 1999, S. 57), mit dem zuvor aufgegebenen Projekt *Aryan Papers* zusammen.

Die Entscheidung für den weichen Tom Cruise passt *grundsätzlich* gut ins Konzept. Aus ihr ergaben sich nur im Detail einige Probleme. Laut Jan Harlan hatte Kubrick in den 70er Jahren sogar kurzfristig den Plan gehabt, den Stoff mit Woody Allen in der Hauptrolle als einen *ernsthaften*, jüdischen Arzt in New York zu besetzen (Castle 2005, S. 130). Das wäre sicherlich die beste Wahl gewesen. Jetzt aber sollten alle semtischen Elemente aus dem Film herausgehalten werden.

Kubrick fragte Cruise dann persönlich. Der Kontakt wurde durch den Regisseur Sidney Pollack hergestellt, der mit Cruise *The Firm* (1993) gedreht hatte. Pollack sprang am Ende selbst auch für die Rolle des Victor Ziegler ein, den eigentlich Harvey Keitel spielen sollte. Keitel musste das Projekt aufgrund anderer Termine vorzeitig verlassen (Castle 2005, S. 117). Kubrick war von Pollacks darstellerischen Leistungen durch seine Rolle als Ehemann in Woody Allens *Husbands and Wives* (1992) sehr angetan gewesen (Duncan 2003, S. 184). Pollack, der hervorragend spielt, konnte aber das *destruktive* Potenzial eines Keitel nicht ersetzen. Seine Darstellung fiel sublimer und auch humaner aus, was eine Schwäche innerhalb der Inszenierung ist und jedes *parodistische* Element, welches Keitels Darstellung von schrägen Typen so oft hervor gebracht hat, nicht zeigt.

Dafür gab es durch die Besetzung mit Nicole Kidman eine weibliche Glanzleistung in einem Kubrick-Film. Ihre Rolle kann nach *Lolita* als die stärkste emanzipierte weibliche Rolle in einem Film des Regisseurs gesehen werden. Kidman hatte zuvor vor allem durch *Portrait of a Lady* (1996), eine Verfilmung des gleichnamigen berühmten Romans von Henry James durch Jane Campion, den Ruf einer ernsthaften Schauspielerin mit starken *feministischen* Standpunkten erworben. Darin leidet Isabel Archer (Kidman) ebenfalls an hysterischen Fantasien. Diese Thematik taucht im Rollenrepertoire der Schauspielerin ohnehin häufiger auf. Ihre Darstellung in *Eyes Wide Shut* wurde von allen Kritikern gelobt (Nelson 2000, S. 296) und war für sie selbst ein enormer Sprung, welcher es ihr ermöglichte, zur wichtigsten Hollywoodschauspielerin des nächsten Jahrzehnts aufzusteigen. Kubrick perfektionierte in der Tat ihre Schauspielkunst (Castle 2005, S. 119) und brachte ihr bei, ihr Talent *hundertprozentig* einzusetzen. Sie hatte mit Tom Cruise schon in *Days of Thunder* (1990) und *Far and Away* (1992) zusammen gespielt. Beim ersten Film hatten sie sich kennengelernt, der zweite sollte bereits ihre Ehe vermarkten, wurde aber kein großer Erfolg. Erst in *Eyes Wide Shut* kamen sie als Paar erfolgreich auf die Leinwand. Kurz darauf wurde ihre Ehe jedoch geschieden.

Im Gegensatz zu Kidman, die hier erstmals ihr wirkliches Potenzial zeigen konnte, erweist sich die Darstellung von Tom Cruise als problematisch. Der immer noch eher jugendliche Schauspieler war nicht unbedingt dafür geeignet, die Souveränität eines Arztes darzustellen. Seine häufigste Bewegung, in der er mit verschränkten Armen die verschlossene Autorität der Figur auszudrücken versucht, wirkt aufgesetzt. Cruise, der sonst mehr Rebellen, die *gegen* die bürgerlichen Konventionen verstoßen, gespielt hatte, wirkt in dieser seriösen Rolle manieriert. Seine Darstellung trägt sehr dazu dabei, dass der Film eine Ernsthaftigkeit bekommt, die ihm jede Möglichkeit nimmt, einen *ironischen* Ausdruck zu finden. Für Cruise ist der Vater-Sohn-Konflikt im Gegensatz zu Kubricks sonstiger Herangehensweise eine äußerst ernstzunehmende und ungebrochene Sache.

Anders als die Novelle, die fast am Ende der Karnevalszeit beginnt (Schnitzler 1999, S. 11), unterstreicht Kubrick die *familiäre Atmosphäre*, indem er die Handlung in die Vorweihnachtszeit verlegt hat. Wie Michael Herr aufgefallen ist, »*wimmelt*« es in dem Film nur so von Weihnachtsbäumen (Herr 2000, S. 86). Dieses christliche Fest ist, wie das Ende, wo Bill und Alice Hartford Geschenke für ihre Tochter einkaufen gehen müssen, dann auch zeigt, emotional sehr eng mit der Familie verbunden. Mit einer ähnlichen Intension hatte Coppola es in *The Godfather* (1972) im ersten Drittel des Films verwendet, wo Michael (Al Pacino) seinen verletzten Vater (Marlon Brando), welcher im Krankenhaus liegt, vor den Killern beschützen muss. Auch hier ist Weihnachtszeit, und die Großfamilie bangt um ihr autoritäres Oberhaupt. Sogar die einfachen Klaviertöne, welche hier zu hören sind, finden sich in einer ähnlichen Form in *Eyes Wide Shut* wieder.

Eyes Wide Shut (1999)

Kubrick benutzt auch den Unterschied zwischen Weihnachten und Sylvester, wenn er immer wieder die erotischen Elemente des zweiten Festes im Rahmen des ersten auftauchen lässt (dieser Trick wird jährlich in Plakaten, welche für weibliche Unterwäsche als Weihnachtsgeschenk werben, wiederholt). Der Film *spielt* also keineswegs in einem bloß privaten Raum, sondern steht durchaus im Spannungsfeld zwischen öffentlich und privat, zwischen Beruf und Ehe. Dass es sich dabei um Kubricks persönlichstes Werk handelt (Nelson 2000, S. 328), glaube ich kaum.

Der Regisseur und sein Kameramann Larry Smith experimentierten mit unterschiedlichen Filmmaterialien und drehten schließlich absichtlich *unterhalb* der gewöhnlichen Lichtverhältnisse, sodass der gesamte Film aufgehellt werden musste (Castle 2005, S. 117). So erzeugten sie die besondere Atmosphäre. Insbesondere in den Nachtaufnahmen konnte so eine hohe Bildtiefe und differenzierte Wiedergabe der Schwarztöne erreicht werden (Castle 2005, S. 118). *Eyes Wide Shut* ist exzellent fotografiert und zeigt opulente, perfekte Bilder, die oft von vielen kleinen Lampen der Weihnachtsbeleuchtungen getragen sind. Die sehr langen Drehzeiten von November 1996 bis zum Januar 1998 und der Nachdreh im April 1998 stellten mit 52 Arbeitswochen einen neuen Rekord auf (Castle 2005, S. 118).

Die Handlung beginnt damit, dass die Hartfords sich am Abend für eine Weihnachtsparty umziehen. Kubrick zeigt in der ersten Szene, wie Alice (Nicole Kidman) ihr Kleid fallen lässt und nichts darunter trägt. Das Thema des Films wird so in der *ersten Sekunde* vorgeführt, das erotische Feld, welches sich sehr gut für die wildesten Fantasien eignet, ist damit bereits eingeführt. Während nun Bill (Tom Cruise) seine Geldbörse sucht (»Honey, have you seen my wallet?«), sitzt seine Frau auf dem WC. Kubrick erzeugt so eine Privatspähre. Er will den Alltag einer Ehe zeigen. Alice weiß als sorgsame Ehefrau, dass sich das Portemonnaie ihres Gatten auf seinem Nachtisch befindet. Auf ihre Frage, ob sie gut aussieht, bestätigt Bill dies nur, ohne sie überhaupt anzusehen. Dann küsst er sie auf den Hals und sagt: »You always look beautiful.« Für ihn ist seine schlanke, zierliche, graziöse Frau *immer* attraktiv. Die beiden verabschieden sich von ihrer Tochter Helena (Madison Eginton) und dem Kindermädchen (Jackie Sawiris) und verlassen ihr Heim. Die

14. Ein misslungener Film über die Subversion des Begehrens

Szene ist fast vollständig in eleganten *Steadycam*-Aufnahmen aufgelöst, welche die Gänge der Protagonisten verfolgen und so die nicht besonders große Wohnung zeigen.

Wie Arthur Schnitzler ist Bill Hartford ein praktizierender Arzt. Alice war bis vor kurzer Zeit Managerin einer Kunstgalerie in Soho. Hartfords Diskurs entscheidet über Krankheiten und manchmal über Leben und Tod (Nelson 2000, S. 293). Alice hingegen trifft Entscheidungen über den guten Geschmack, über Schönheit und Kunst. Kunst ist laut Lacan die Sublimierung der Hysterie, so wie Religion die Sublimation des Zwangs darstellt (Lacan 1996a, S. 159). Auf das Religiöse wird Bill Hartford im Zentrum des Films treffen.

Hartford hat bereits erreicht, was er wollte. Er ist zufrieden mit dem Wohlstand seines Heimes und der Sicherheit seines Berufes. Doch auf der folgenden Weihnachtsparty kommt er mit Dingen in »*Berührung*«, die nicht zu seinem Lebensstil passen. Sein reicher Freund Ziegler (Sydney Pollack) und dessen Frau (Leslie Lowe) begrüßen die Hartfords in einer großen Halle. Die Zieglers wohnen in einem Palast mit *Wasserfällen* aus Lichterketten. Der üppige, luxuriöse Rahmen erinnert an die Ballszene in *The Shining*, und auch die Musik steht der in dem früheren Film sehr nahe (Sperl 2006, S. 222). Im Kino verwöhnt diese luxuriöse Kulisse mit ihren vielen Lichtern die Augen. Kubrick zeigt die Hartfords beim Tanzen und löst dann die Szene in einer Parallelmontage weiter auf, nachdem sich das Paar entzweit hat. Obwohl es sich um eine Weihnachtsparty handelt, wirkt es mehr wie eine prunkvolle Galaparty an Sylvester. Ihr Sinn ist die *Versuchung* für das Ehepaar.

Denn Bill trifft hier nicht nur auf seinen Studienkollegen Nick Nightingale (Todd Field), sondern auch auf zwei junge Models, die er schon bald wie Alex in *A Clockwork Orange* links und rechts im Arm hält. Sie heißen Gayle (Louise Taylor) und Nuala (Stewart Thorndike) und flirten beide heftig mit ihm. Auf die Frage, wo sie hingehen, antworten die Mädchen: »where the rainbow ends«. Der Kostümverleih, in dem Bill ein paar Tage später nachts landen wird, heißt »Rainbow Fashions«. An dieser Stelle wird damit auch das märchenhafte des Verführungsspiels angedeutet. Auch Alice flirtet mit einem noblen, *ungarischen* »Lebemann« names Sandor Szavost (Sky du Mont). Er trinkt absichtlich aus ihrem Sektglas, und sie erwidert seine Avancen mit freudigem Enthusiasmus.

316

Eyes Wide Shut (1999)

Beide Ehepartner sind etwas angetrunken und genießen offensichtlich das *trügerische* Gefühl, von Fremden *begehrt* zu werden. Alice lehnt es dann ab, mit Szavost die Etage zu wechseln, um sich gemeinsam mit ihm Zieglers Renaissance-Skulpturen anzusehen, und deutet schließlich auf ihren Ehering. Sie würde mit Szavost niemals eine Affäre eingehen, weil sie verheiratet ist.

Bill wird von dem Gastgeber während seines Flirts gestört. Ziegler braucht ihn. Dessen eigentliche Interessen (die denen seiner Gäste gleichen) werden nun rasch deutlich. Im Badezimmer des Gastgebers, wohin der Arzt gerufen wird, befindet sich eine nackte, junge, ohnmächtige Frau, welche eine Überdosis Drogen zu sich genommen hat. Sie heißt Mandy (Julienne Davis). Ziegler wollte mit ihr schlafen. Bill kehrt vom vorherigen Amüsement unmittelbar in die Realität seiner beruflichen Aufgabe als Arzt zurück. Er sieht in Mandy *kein* nacktes Objekt seines Begehrens, sondern eine Patientin. Der Diskurs wechselt. Die *Party* ist vorbei. Es geht nun nicht mehr um Sex oder Schönheit, sondern um Leben und Tod. Dem leichtsinnigen, erotischen Spiel, dem *nicht* nur Mandy unter dem Einfluss von Betäubungsmitteln nachgegangen ist, wird eine Gefahr, ein tödlicher Ausgang entgegengesetzt. Nachdem es Hartford gelungen ist, Mandy wach zu bekommen, sagt Ziegler zu ihr: »That was really one hell of a scare you gave us, kiddo.« Das Moment der Angst stellt aber genau jene *reale zwischenmenschliche* Relation her, die innerhalb der rein erotischen Obsession fehlt. Hartford versucht Mandy klar zu machen, dass sie sich bald einem *Drogenentzug* unterziehen muss, wenn sie noch länger leben möchte. Er sagt, sie habe heute nochmals *viel Glück* und keineswegs, wie in der deutschen Synchronfassung, sie habe einen Schutzengel gehabt. Er erteilt Ziegler die präzisen Anweisungen, dass Mandy noch eine Stunde in seinem Haus bleiben muss und sie danach nach Hause gefahren werden kann. An Zieglers vulgärem Ton lässt sich bereits eine *provozierende, perverse* Haltung ablesen, innerhalb derer er ohne alle Illusionen seinen niedrigen Lüsten nachgeht. Es handelt sich hier keinesfalls um den einmaligen Seitensprung eines Ehemannes, sondern um die kultivierte, alltägliche Neigung eines Perversen, der seinen Sexualverkehr gern mit jungen, attraktiven, käuflichen Frauen ohne große Gefühle ausübt. Zieglers Vokabular ähnelt dem von Hartman in *Full Metal Jacket*. Bill reagiert sehr nüchtern auf Zieglers Haltung, ist aber bereit, seine bizarren Interessen zu decken. Diese unsinnige, männliche Solidarität wirft ein seltsames Licht auf den sonst so verantwortungsvollen Arzt.

Die folgende Szene zeigt die Hartfords am selben Abend wieder in ihrer Wohnung. Es folgt nun die Sequenz aus dem Trailer. Die Szene findet vor einem Spiegel statt, aus dem heraus der Zuschauer die Gesichter von Cruise und Kidman betrachten kann. Bill merkt nicht, dass der Blick seiner Frau in dieses Spiegelbild abgleitet und sie sich so von *ihm* distanziert. Sein Begehren wird für ihn von der Frau, welche er liebt, vollständig befriedigt.

Der nächste Tag: Alice zieht sich erneut um. Sie und ihre Tochter putzen sich die Zähne. Bill geht in seine Praxis und arbeitet dort. Zum zweiten Mal erklingt, wie bereits ganz am Anfang, als das Pärchen sich auf die Party vorbereitete, der *Walzer Nr. 2* aus der *Jazz Suite Nr. 2* (1938) von Dmitri Schostakowisch. Kubrick hatte diesen harmonischen und festlichen Walzer, welcher an den Donauwalzer in *2001* erinnert, bereits für den Film fest eingeplant, als es noch nicht einmal ein Drehbuch gab (Sperl 2006, S. 228). Im Abspann wird er zum dritten Mal zu hören sein und so die ganze Handlung abrunden. Er unterstreicht die glückliche, *kreisende*, alltägliche Bewegung eines Ehepaares. Alice und ihre Tochter packen ein Buch über Vincent van Gogh ein. Der Film betont damit Alices Beruf als Kunstgaleristin. Bill untersucht in seiner Praxis währenddessen eine halbentblößte Frau, welche Mandy ähnlich sieht.

Schließlich ist es Abend, und Bill und Alice haben ihr Tagewerk vollbracht. Sie sitzen kurz vor dem Fernseher, als Alice, erneut mit einem rätselhaften Blick auf sich selbst, etwas Gras und Papier aus dem Spiegelschrank im Badezimmer holt. Beide rauchen nun zusammen einen Joint. Erneut wird die Pforte zur Subversion des Begehrens im *Rausch* geöffnet. In der folgenden Szene wird zum ersten Mal die Farbdramaturgie der Bilder sehr deutlich. Alice ist zunächst vor dem blauen Bad und dann vor den roten Vorhängen und dem blauen Fenster zur Straße gefilmt. Blau betont immer Kälte und Ferne, während Rot das erotische Moment hervorhebt. Rasch wird nun ausgeführt, was der Trailer und das Filmplakat bereits angedeutet hatten. Bekifft kommen die Hartfords nochmals auf die gestrige Party zu sprechen und tauschen sich über ihre Erlebnisse dort aus. Es folgt ein Ehestreit, der auf der Eifersucht basiert, welche Alice gegenüber den Interessen anderer Frauen an ihrem attraktiven Mann hegt. Sie glaubt nicht, dass er den erotischen Diskurs von seinem beruflichen trennen kann. Im Zwang gibt es aber diese Vorstellung einer *vollständigen* Trennung, mit der Bill nun auch selbst argumentiert. Er erklärt ihr, dass er gegenüber seinen Patienten *keinerlei* erotische Interessen habe. Daraufhin erklärt sie ihm, dass dies aber umgekehrt ganz sicher nicht immer für seine Patientinnen gilt. Er äußert schließlich die These, dass Männer immer in Richtung Erotik denken, Frauen aber nicht. Alice flippt daraufhin zu Recht völlig aus. Wie Blanche in *A Streetcar Named Desire* (1947) erklärt sie Bill, dass die Männer trotz der langen Evolutionsgeschichte im Grunde *affenartige* Tiere geblieben sind (Williams 1988, S. 69). Daraufhin klärt sie Bill über ihr weibliches Begehren auf. Es handelt sich um die hysterische Vorstellung, dass sie für eine perfekte Nacht mit einem fremden Mann alles in Frage stellen würde. Sowohl ihre Tochter als auch ihren Mann wäre sie bereit, für eine solche Nacht aufzugeben. Ihre Fantasien stehen völlig konträr zu ihren realen Beziehungen und kommen aus dem *imaginären* Bereich. Sie haben also nur wenig Konsistenz und sie leidet mehr darunter, als das sie ihnen nachgeht. Das versteht Bill nicht. Alices hysterisches Begehren, welches von seinem Inhalt her bereits ganz aus der Feder von Schnitzler stammt (Schnitzler 1999, S. 13f.), enthält einen traumhaften Wunsch, der im Gegesatz zur Realität steht. Sie erzählt davon, dass sie während des gemeinsamen Urlaubs in Cap Cod im letzten Jahr das heftige Verlangen gehabt habe, mit einem anderen, fremden Gast des Hotels, einem Marineoffizier, eine Affäre zu haben. Der militärische Aufzug zeigt die *Maskerade* an, innerhalb derer dieses fremde Objekt als ein unbekanntes, männliches begehrt wird (Lacan 1991b, S. 132). Bill schweigt vor sich hin. In ihm zerbricht der bisherige Glaube an ihre gemeinsame Ehe.

Die schwierige Szene ist von Kidman so gelungen gespielt, dass Kubrick völlig darauf verzichten konnte, Bilder aus ihrem Urlaub zu zeigen. Ihre Art der Darstellung schließt sich an die von Malcolm McDowell und Jack Nicholson an. Sie spielt den Part einer ausgeflippten Persönlichkeit, deren Verhalten zugleich subversiv, aber auch komisch und deshalb keinesfalls *unsympathisch* ist. Kidmans Mischung aus Aggression, Komik, Traurigkeit und Zärtlichkeit gibt dieser Sequenz eine besondere Bedeutung. Durch ihre hemmungslose Ehrlichkeit wird erreicht, dass der Zuschauer sie tatsächlich *verstehen* kann. Es ist schade, dass der Regisseur in seinem letzten Film dieser *exzentrischen Figur* nur eine Nebenrolle gegeben hat.

Bereits sehr früh fragte der Drehbuchautor Frederic Raphael Kubrick, ob er »Träume« in seinem Film haben wollte, und der Regisseur wich der Antwort darauf zunächst aus (Raphael 1999, S. 24), entschied sich dann aber dafür, *komplett* auf die Visualisierung von Alices Sehnsüchten und Träumen zu verzichten. Das einzige *explizite* Traummaterial, welches der Film nun enthält, besteht in sehr kurzen Einstellungen, die zeigen, wie Bill sich Alice in dem *niemals* stattgefundenen Seitensprung vorstellt. Diese direkte Vorstellung wird in der Novelle aber nur angedeutet. Die sehr kurzen, sich linear fortsetzenden Sequenzen mit dem Marineoffizier (Gary Goba) sind monochrom im kalten, blauen Licht gehalten. Es handelt sich wohl um die provokativsten erotischen Szenen des Films (Herr 2000, S. 88). Sie zeigen den Grund, weshalb Bill Alice nicht versteht.

Er kann ihre Fantasie vor allem deshalb nicht deuten, weil sie ihn selbst betrifft. Er liest sie eifersüchtig als einen *Affront* gegen sich, weil es eine *perverse Fantasie* ist, in der *er* sich seine Frau mit einem fremden Mann sehr gut vorstellen kann. Diese versteckte Vorstellung kommt *nicht* erst durch Alice zustande und ist keine bloß reflexive Reaktion (Zizek 2001, S. 228). Vielmehr besaß sie Bill schon am Anfang des Gesprächs, wo er ungewöhnlich viel Verständnis dafür gezeigt hatte, dass ein *anderer* Mann mit seiner attraktiven Frau schlafen möchte. »Just wanted to fuck my wife« – »Well, I guess that's understandable.« Es sind *die Klauen* einer perversen Vater-Imago, die sich in Ziegler manifestiert, von der sich Bill nicht nachdrücklich genug *distanziert*. Es ist die Vorstellung, dass alle Männer umgehend den Akzent auf die sexuelle Relation gegenüber einer schönen Frau legen. Diese Vorstellung ist genauso falsch wie sein Glaube, diese Relation vollständig aus seinem Berufsleben ausschließen zu können. Es ist eine Lüge, dass er in seinem Beruf vollständig jeden erotischen Reflex ausschließen kann, ebenso wie es eine Lüge ist, dass der *»typische Mann«*, wie der perverse Ziegler, gleich mit jeder schönen Frau schlafen möchte. Diese beiden Totalitäten sind der Irrtum, auf dem die gesamte folgende Odyssee basiert.

Bills bisherige Ruhe und Sicherheit ist also doppelt gestört. Einerseits hält Kubrick an der Oberfläche seine Aktionen durch den Motor der

Eifersucht am Laufen. Andererseits sucht Bill nun von *sich* aus nach der Perversion, um die er Ziegler beneidet. Er wird darin zu seinem Ziel gelangen. Bills Versuche werden aber permanent *unterbrochen* (Nelson 2000, S. 271), weil das perverse Begehren gar keine wirkliche Befriedigung erreichen kann. Und da Bills Mentalität vornehmlich von Empfindungen gegenüber seiner Frau bestimmt ist, ist es ihm nur gestattet, seine *subversiven* Wünsche unter dem Denkmantel der Vergeltung zu erfüllen. Er sucht das in der Realität, wovon Alice *nur* träumt. Dieser Unterschied ist nicht ganz unerheblich, obwohl beide an ihrer Verirrung in den subversiven, erotischen Raum leiden. Alice hat aber eine Zensur, welche sie daran hindert, ihre Träume zu realisieren. Das übersieht Bill. Der Film zeigt es aber schon in der Szene mit Szavost, wo sie ihren Ehering als die entscheidende Bindung hervorhebt, welche ihr andere erotische Kontakte untersagt, weil sie diese Ebene nicht erfüllen.

Während Alice Bill von ihrem hysterischen und damit *unbefriedigten* Begehren erzählt (Lacan 1996b, S. 18), erreicht ihn der Anruf von der Tochter eines Klienten. Ihr Vater (Kevin Connealy) ist gerade gestorben. Bill nutzt die Gelegenheit und fährt zu ihr. Im Auto hat er zum ersten Mal die Vision von Alices Seitensprung. Kubrick hat darunter das eigens dafür angefertigte Stück *Naval Officer* der Komponistin und Violinistin Jocelyn Pook gelegt. Man hat es zuvor bereits gehört, als Alice von ihren Wünschen im Urlaub berichtet hat. Es handelt sich um ein trauriges Stück, das bereits die Verzweiflung hörbar werden lässt, die sich für Alice letztendlich aus ihren Wünschen ergibt. Das Kubrick es in beiden Szenen benutzt, verbindet Alice und Bills Probleme akustisch.

In der nächsten Szene, in welcher Hartford Marion (Marie Richardson) tröstet, die ihm daraufhin ihre Liebe erklärt, wird Bill selbst zu einer Art *Marineoffizier* für eine Frau. Schnitzler schreibt wörtlich, dass in ihrem Interesse offensichtlich *Hysterie* enthalten ist (Schnitzler 1999, S. 24), welche dazu führt, dem relativ unbekannten Arzt am Totenbett ihres Vaters ein solches Geständnis zu machen. Die etwas ausgemergelte Marion erinnert an den berühmten Fall der 21-jährigen Anna O., deren hysterische Krankheit durch *die Sorge* um ihren geliebten, sterbenden Vaters bedingt war (Freud 1987, S. 21ff.). Die Szene ist in grün gehalten. Die Farbe steht für die Erinnerung an den Toten, welche die Handlungen Marions überschattet. Sie war eigentlich mit Jennifer Jason Leigh gedreht worden. Diese stand aber für einen Nachdreh nicht mehr zur Verfügung, weshalb sie nochmals *komplett* neu mit Richardson, einer bekannten schwedischen Film- und TV-Darstellerin, aufgenommen werden musste (Castle 2005, S. 117). Sie ist etwas stoisch ausgefallen. In keinem Film des Regisseurs gab es so viele Umbesetzungen, was mit der langen Drehzeit zusammenhängt. Hartford nutzt die Gelegenheit, das Apartment so rasch wie möglich zu verlassen, als Marions misstrauischer Freund Carl (Thomas Gibson) dazukommt.

Hartford geht daraufhin in den nächtlichen Straßen spazieren. Seine Visionen von Alice und dem Offizier verfolgen ihn erneut, nachdem er ein Pärchen gesehen hat, welches sich lange küsst. Kubrick zeigt nun in einer perfekten Rückprojektion Bill von vorne, wie er durch eine Straße von New York geht. Die Technik ist unterdessen so ausgereift, dass man es nicht erkennt, wenn man es nicht weiß. An der nächsten Ecke wird er von Jugendlichen angepöbelt, die den Tonfall von Alex und seinen Droogs aus *A Clockwork Orange* anschlagen. Sie beschimpfen ihn *als Schwulen*. In Schnitzlers Novelle handelt es sich um eine *antisemitische* Anspielung, weil Fridolin dort von einer Gruppe aus einer Studentenbewegung, den blauen Alemannen, die eine antisemitische Einstellung hatten, angerempelt wird (Raphael 1999, S. 57). Der gesamte jüdische Kontext des originalen Textes ist aber aus dem Film heraus genommen worden.

Sein folgender Besuch bei der Prostituierten Domino (Vinessa Shaw) wird unterbrochen, als ihn Alice auf seinem Handy anruft. Bill bricht den Kontakt zu Domino danach umgehend freundlich ab. Er wird von der Prostituierten nun ganz als Eheman wahrgenommen, und diese Situation ist ihm sehr peinlich. Freundlich und charmant zugleich, aber auch unzugänglich und distanziert, entfernt er sich wieder. Unübersehbar steht auch in Dominos Wohnung wie in seiner eigenen ein Weihnachtsbaum.

Wieder auf den Straßen von New York kommt er zufällig an einem Club vorbei, in dem Nick Nightingale auftritt. Auch dieser Club ist voller kleiner, bunter Weihnachtslämpchen. Die beiden Männer begrüßen sich sehr herzlich. Nightingale ist aber *kein* Arzt, sondern, wie sein Name schon andeutet, Musiker geworden. In dem folgenden Gespräch ist es die Solidarität ihrer Jugendzeit, die Nightingale letztendlich dazu bringen wird, Bill das Passwort und den Ort eines mysteriösen, erotischen *Maskenballs* zu verraten, auf dem er noch in dieser Nacht mit verbundenen

Augen Klavier spielen wird. Bill glaubt dort zu finden, was er sucht. Er benötigt nun aber noch eine Verkleidung.

Das Passwort heißt »Fidelio« nach der Oper von Beethoven (1805). Die Parole zum Maskenball lautet in der Novelle »Dänemark« (Schnitzler 1999, S. 44) und ist abgeleitet von dem gemeinsamen Urlaub in Dänemark, in dem sich die Vorstellung Albertins (Alice Hartford) zum Seitensprung mit einem Offizier gebildet hatte (Raphael 1999, S. 37). Kubricks Wahl für »*Fidelio*« ist dem Bedeutungsreichtum geschuldet, den dieses Wort enthält. Der Regisseur hatte schließlich ein Faible für Verschlüsselungen. Das Passwort ist eine gute Gelegenheit für Kubrick, eines seiner Lieblingsthemen, die Überschreitung der Türschwelle, präzise *zu codieren*. Zunächst hat der Name »Fidelio« im Englischen eine Nähe zu »fidelity« (Herr 2000, S. 82). Dann ist er in der gleichnamigen Oper von Beethoven schon selbst ein Codewort, hinter dem sich »*Leonore*« versteckt, weshalb die Oper in der ursprünglichen Version auch tatsächlich »Leonore« hieß. Die Oper ist das Gegenteil zum folgenden Maskenball, eine Hymne auf das bürgerliche Konzept der Liebe (Seeßlen 1999, S. 290). *Pervertieren* heißt aber im eigentlichen Wortsinn etwas verkehren. Außerdem kann Kubrick damit nochmals auf Beethoven zurückkommen, mit dem in *A Clockwork Orange* die perversen und gewalttätigen Ausschweifungen von Alex verbunden waren.

In der nächsten Etappe leiht sich Hartford nun in dem Kostümverleih »*Rainbow Fashion*« nachts bei Milich (Rade Sherbedgia), einem bärtigen Händler mit schwerem *slawischem* Akzent (Schnitzler 1999, S. 139), ein schwarzes, mönchsartiges Kostüm mit einer weißen Maske im venezianischen Stil aus. Diese spezielle Präparierung in Bezug auf die Ausübung der Erotik erinnert ebenfalls an *A Clockwork Orange*. Milich, ein kauziger Typ, nimmt dafür einen deutlich überhöhten Preis, den Bill sich aber ohne Probleme leisten kann. Seine frühreife Tochter (Leele Sobieski) vergnügt sich derweil im Laden ihres Vaters mit zwei als Frauen *verkleideten* Japanern. Ihre Perücken erinnern an die Transvestie von Alex' Mutter in *A Clockwork Orange*, das junge Mädchen mit ihrem Puppengesicht an das Grundmotiv aus *Lolita*. Sie versteckt sich hinter Bill, als ihr Vater sie bei diesen Auschweifungen entdeckt, und flüstert ihm etwas ins Ohr. Überall, wo Hartford in dieser Nacht hingeht, lauert das perverse Begehren, welches zugleich *auch* sein eigenes ist. Die vielen

Schaufensterpuppen in Milichs Laden erinnern an *Killer's Kiss* und weisen den Weg auf das, was noch kommen wird.

Dann steigt Bill erneut in sein Taxi und fährt zu dem Maskenball auf Long Island. Das feudale Schloss Somerton, wo er stattfindet, ist ähnlich wie das Overlook-Hotel eine Kombination aus unterschiedlichen realen Fassadenansichten und Interieurs (Castle 2005, S. 117). Der Drehbuchautor Frederic Raphael versuchte Kubrick davon zu überzeugen, dass dieser Ball als *ein Traum* verstanden werden sollte. Kubrick gab ihm zwar zunächst Recht, erklärte aber dann, dass man sogar die *gesamte* Novelle als ein Traum verstehen könnte, es aber dann unmöglich wäre, daraus einen Spielfilm zu machen: »If there's no reality, there's no movie« (Raphael 1999, S. 38). Darin bestand durchaus ein wesentliches Problem für einen Regisseur, der für den Realismus seiner Filme so bekannt ist. Trotzdem erreicht der Film in Somerton sein *imaginäres Zentrum*. Und Kubrick dreht den Sachverhalt nun genau um. Wie der Filmtitel *Eyes Wide Shut* sehr präzise aussagt (Castle 2005, S. 133), handelt es sich um die Vorstellung, dass genau umgekehrt zum Traum der reale Raum sich in einen imaginären verwandelt, wenn darin die Funktion eines *perversen* Begehrens völlig ausgespielt wird.

Die Maskierung, welche Alex und seine Droogs trugen, hatte Ähnlichkeit mit der aus der *commedia dell'arte*. Jetzt verwendet Kubrick als eine Art Fortsetzung dazu die tragischen und unheimlichen Masken des venezianischen Karnevals. Wie Bachtin betont hat, war das ganze theatralisch-schauhafte Leben des Mittelalters karnevalistisch geartet und verband Geburt und Tod ineinander (Bachtin 1990, S. 51 u. 57). Während Alex noch weiße Kleidung trug, hat Bill nun schwarze an. »Der Maskenball« ist ein Thema mit einer langen Tradition innerhalb der darstellenden Künste. Eine der populärsten Versionen ist Giuseppe Verdis gleichnamige Oper. Hier wird der Gouverneur Richard, welcher eine Liebesbeziehung zu der Frau (Amelia) seines besten Freundes René unterhält, von diesem auf einem Maskenball erdolcht. Auch diese Mischung aus Erotik und Tod ist der von *Eyes Wide Shut* nicht unähnlich. Und der Gouverneur wird mehrfach von der für ihn so reizenden Frau Amelia gewarnt, das für ihn gefährliche Fest doch sofort zu verlassen. Die Ballgäste besingen das Fest als einen »Traum voller Lust und Freude« (Verdi 1988, S. 48).

Stephen King hatt in seinem Roman *The Shining* in einer Anlehnung an Poes Geschichte *The Mask of the Red Death* (1842) einen Maskenball verwendet, auf den sich Jack Torrance auch in Kubricks Film verirrt. Allerdings ließ Kubrick die Masken weg. In Poes Geschichte wird die ganze Gesellschaft am Ende vom Tod geholt, und auch er erwähnt die geisterhaften Truggebilde, welche sich aus den Maskierungen ergeben (Poe 1979, Bd. 2, S. 695). Der Karneval stellt ja überhaupt den Ausnahmezustand gegenüber der gewöhnlichen Ordnung dar, es handelt sich um eine »umgestülpte Welt« (Bachtin 1990, S. 48). Das Fest lässt sich bei Poe als Revolte *gegen* den Vater deuten (Bonaparte 1934, Bd. 3, S. 56). Die Maskierung stellt darin Anonymität her und betont zugleich, dass es sich um eine *Täuschung* handelt.

Wesentlich ist auch, dass Kubrick die Perversion in den Rahmen einer streng geordneten Zeremonie stellt, die anscheinend eine präzise Abfolge besitzt. Wie schon in *A Clockwork Orange* ist die Sexualität darin ganz offensichtlich *inszeniert*. Nur auf dieser Ebene kann die Perversion gedeihen. Bill wird dank des Passworts in den Garten und auch in das feudale Haus eingelassen. Er sieht nun zehn maskierte Frauen, die auf einem *roten* Teppich im Kreis auf dem Boden knien. In der Mitte dieses Kreises steht eine Art mittelalterlicher Priester (Leon Vitali), der, ebenfalls in ein *rotes, priesterliches* Gewand gehüllt, mit einem Weihrauchgefäß in der Hand herumschwenkt und in der anderen einen Holzstab hält. Die Frauen gehorchen *seinen Befehlen*, die ihnen durch das Aufstampfen des Stabes gegeben werden. Der Stab ist das zentrale Symbol dieses Kreises. Er symbolisiert den Phallus.

Der Raum wird nun betont, während es im Film bisher um den Weg ging. Kubrick ändert die Einstellungsgrößen. Wenn man von Zieglers Party am Anfang absieht, ging er bisher nur bis zur Halbtotalen; jetzt gibt es Panorama-Einstellungen, die das Geschehen auf der Leinwand als einen großen Raum eröffnen sollen (Kirchmann 2001, S. 262). Raphael griff in der Organisation des Maskenballs nicht nur auf Schnitzler, sondern auch auf tatsächliches Material aus dem Mittelalter zurück. Es wurden Elemente von einer perversen Orgie 1501 im Vatikan mit Papst Alexander VI. herangezogen (Raphael 1999, S. 97f.). Es ist also ein Teil der kranken Auswüchse der christlichen Religion im Mittelalter, die hier für die *Verkehrung* der normalen Moralvorstellungen verwendet wurde.

Ähnlich wie die vielen filmischen Darstellungen der *Inquisition* oder einer *schwarzen Messe* handelt es sich hier um eine sadomasochistische Veranstaltung. Dass der Regisseur dabei wie in *A Clockwork Orange* christliche Motive heranzieht, welche die Perversion strukturieren, ist keineswegs ein Zufall.

Kubrick war sich der europäischen Tradition, innerhalb derer tatsächlich die Heiligen auf einer kollektiven Ebene den Zugang des Menschen zum Begehren verwalten, wohl bewusst (Lacan 1996a, S. 315). Im Grunde geht also der Zusammenhang auf eine *perverse* Zelebration der Leiden von Christus zurück, die hier ähnlich wie bei Alex zu einem eigensinnigen Mythos umgedeutet werden. In *Eyes Wide Shut* ist es aber ein *gewöhnlicher* Mann, der in die Fänge eines perversen Festes gerät. Das Motiv befindet sich so schon in Schnitzlers Vorlage.

Um die Frauen herum steht eine Menschenmenge. Alle tragen so wie Bill schwarze Gewänder und weiße, leichenblasse Masken im venezianischen Stil. Nachdem die Frauen ihre schwarzen Umhänge abgeworfen haben, stehen sie bis auf einen Tanga und ihre Gesichtsmasken unbekleidet da. Der Maskenball inszeniert ihre Unterwerfung unter die sadistische Machtfantasie völliger erotischer Besitznahme. Zugleich symbolisieren ihre Körper die Unvergänglichkeit phallischer Vollkommenheit. Die Körper der Frauen haben Ähnlichkeit mit Fotografien von Helmut Newton, von denen sich Kubrick auch beeinflussen ließ (Raphael 1999, S. 109). Durch die *starren* Masken auf der einen Seite und ihre *lebendigen* Körper auf der anderen bilden sie genau jene Mitte zwischen lebendig und tot, die den Fetischisten anzieht (Benjamin 1983, S. 118). Es handelt sich um den »Sex-Appeal des Anorganischen« (Benjamin 1983, S. 130), im Grunde eine Form von *Nekrophilie* innerhalb derer der Tod mit der Erotik vermischt wird. »Das perverse Begehren stützt sich auf das Ideal eines unbelebten Objekts«, doch es kann dabei niemals zu seinem Ziel gelangen. Denn in dem Moment, wo es seine Befriedigung erreichen könnte, ist entweder das Objekt nicht mehr da oder das Begehren verschwunden (Lacan 1978, S. 280). Daher bedarf es des Kunstgriffs, das Objekt *künstlich* auf Distanz zu halten.

Zu Bill dreht sich nun ein Paar um, das auf einem Balkon hinter einer Balustrade steht. Kubrick zoomt es näher heran. Es handelt sich um einen maskierten Mann und eine Frau. Sie haben Bill trotz seiner

Maske erkannt und vor allem der Mann grüßt ihn. Bill grüßt verhalten zurück. Man ahnt sofort, obwohl der Film keinen weiteren Hinweis dafür gibt, dass es sich um Victor Ziegler und seine Frau handelt. Der optische Zusammenhang mit Ziegler und der nackten Mandy in seinem Badezimmer allein stellt schon diese Relation her. Die zurückhaltende Begrüßung und die skurrilen Masken enthalten etwas Drohendes. Schon hier wird deutlich, dass Bill hier nicht erwünscht ist. Kubrick kann durch die Masken den Akzent ganz auf die Augen legen, weil sie das einzig Lebendige in den sonst *»toten Gesichtern«* sind. Der Blick der Voyeure wird so herausgestellt.

In Milos Formans *Amadeus* (1984) verkleidet sich Salieri (F. Murray Abraham) mit einem schwarzen Gewand und einer Maske, um seinem Konkurrenten Mozart (Tom Hulce) den mysteriösen Auftrag für ein *Requiem* zu geben. Salieris Verkleidung hatte Mozarts Vater Leopold (Roy Dotrice) einige Jahre zuvor auf einem Maskenball getragen. Mozart muss also davon ausgehen, dass er im Grunde eine *Totenmesse* für seinen strengen und gefürchteten, toten Vater schreibt. Salieri berichtet zuvor, dass er als einziger die größte Angst des Wiener Komponisten erkannt habe. Der Auftritt des Komtur, des berühmten »steinernen Gastes« am Ende des *Don Giovanni* (1787), stelle eigentlich die Rückkehr des verstorbenen Vaters dar, der sich an seinem Sohn, Mozart als Don Giovanni, rächen will. Die Psychoanalytikerin Marie Bonaparte zog eine Parallele zwischen dem steinernen Gast bei Mozart und dem Roten Tod bei Poe (Bonaparte 1934, Bd. 3, S. 58). Es handelt sich in beiden Fällen um Vaterfiguren, welche den Tod bringen. In einer ähnlichen, wenn auch etwas abgeschwächten Form lassen sich für Bill die folgenden Konsequenzen aus dem Ball erklären, die alle seine verinnerlichte Vater-Imago als Vertreter des Gesetzes betreffen.

Kulturell gesehen ist die Ordnung des Balls eine Fusion aus *zwei* Strömungen. Die Komposition von Jocelyn Pook – es handelt sich um die Stücke *Masked Ball*, während Bill Somerton betritt und dieser Zeremonie beiwohnt, und *Migration*, wenn er anschließend durch die Räume von Somerton geht – enthält deutlich *orientalische* Elemente. Beide Stücke enthalten liturgische Texte, beim ersten den rückwärts abgespielten Gesang zweier Priester auf Latein, beim zweiten den Gesang einer Frau aus dem heiligen Buch der Hindus (Sperl 2006, S. 230f.). Das religiöse Feld wird so als Über-Ich zur Organisation der *perversen* Erotik verwendet. Die Innenarchitektur dieses Saals mit seinen orientalischen Bögen verweist nochmals deutlich auf den Mittelmeerraum des alten Europas, der hier im moderneren Amerika eingerichtet wird (Nelson 2000, S. 288). Der Film hatte auch sicher nicht zufällig seine internationale Premiere 1999 als Eröffnungsfilm auf den Filmfestspielen in Venedig (Castle 2005, S. 118). Sonst waren die Filme des Regisseurs nie auf Festivals gestartet worden. Das Besondere ist, dass Kubrick zu zeigen versucht, dass die Perversion überhaupt keine Freiheit bringt, sondern im Gegenteil einem starren und *veralteten* Gesetz unterworfen ist. Der Film ist bemüht, dieses Schema zu zeigen.

Bill wird nun, während der Ball sich zur Orgie ausdehnt, mehrfach von einer maskierten Frau (Abigail Good) gewarnt, sofort das Gebäude zu verlassen. Er will aber nur wissen, wer sie ist. Beide brechen so aus der Ordnung der befohlenen Anonymität aus. Schließlich wird Bill auch als *unrechtmäßiger* Teilnehmer erkannt und gestellt. Hier liegt der entscheidende Wendepunkt der Geschichte. Bill landet nun selbst *mitten* auf dem roten Teppich, wo zuvor die Frauen gestanden haben. Wie in einigen der besten Szenen aus *Le Pròces* (1962) von Orson Welles wird er jetzt von einer Menschenmasse angestarrt, die hier allerdings maskiert ist. Der Raum wird zu *einem* Gerichtssaal.

Noch mehr hat Welles in *The Merchant of Venice* (1969) eine sehr ähnliche Situation inszeniert. Diesen Film hatte er für CBS zwar fertiggestellt, aber er kam nicht zur Aufführung, weil die Tonspuren der letzten beiden Akte in Rom gestohlen wurden (Bogdanovich 1984, S. 592). 1995 erschien eine offizielle Dokumentation über Welles' Nachlass, welche Ausschnitte aus dem ersten Akt zeigt (Dokumentation, Silovic 1995). Man sieht darin Shylock (Welles) in Venedig auf dem Weg von seinem zu Antonios Haus. Es ist gerade Karneval. Shylock sieht dabei so aus, als wäre er eine Figur aus einem deutschen, expressionistischen Film. Es sind um ihn herum viele Menschen mit weißen Masken postiert, welche ihn nur *starr* anblicken. Ihr Blick soll den stummen Vorwurf des *Antisemitismus* ausdrücken, dem er täglich als Jude ausgesetzt ist. Aus Kostengründen handelt es sich bei diesen *bewegungslosen Betrachtern* tatsächlich weitgehend um hölzerne Puppen. Sie häufen sich vor und in Antonios Haus. Wie Welles gelingt es Kubrick mithilfe von Masken nun den *Blick* der Masse als eine *Beschuldigung* in Szene zu setzen.

Eyes Wide Shut (1999)

Nach der Überschreitung, welche für Bill in dem massiven Verlassen seiner gewöhnlichen Bahn der Ehe besteht, kommt nun *die Schuld*. Der musikalische Reichtum der orientalisch klingenden Musik wird nun auf einen äußerst kargen, anklagenden Ton reduziert. Kubrick spielt das von Ligeti komponierte kleine Musikstück *Musica Ricercata II*, das lediglich aus *drei* Klaviertönen besteht (Bodde 2002, S. 146). Es wurde von seinem Neffen Dominic Harlan eigens für den Film neu eingespielt. Die Dramatik wird dabei vor allem durch die mehrfache Wiederholung eines anklagend wirkenden, einfachen Tones erzeugt. Harlans Version wirkt gegenüber anderen Einspielungen etwas gedehnt und insgesamt deutlicher akzentuiert. Das Stück erklingt als *Schuldmotiv*, welches Bill von nun an im Zusammenhang mit der Orgie verfolgen wird.

Der Priester mit dem roten Mantel sitzt jetzt flankiert von zwei maskieren Männern in dunkelblauen Gewändern mitten im Raum auf einem Thron, welcher eine Krone mit einem Kreuz darauf trägt. Er hält sein goldenes Zepter, das Zeichen seiner Macht, weiterhin in der Hand. Er fragt Bill nach *zwei* Passwörtern. Es scheint ein zweites Passwort für das Haus zu geben, das Bill nicht kennt. Das erinnert deutlich an die berühmte Türhüter-Parabel in Kafkas Roman *Der Prozess*, wo es angeblich nach dem ersten Türhüter noch *mindestens* zwei weitere gibt (Kafka 1985, S. 182). Bill hatte tatsächlich beim Eintreten einfach zweimal *dasselbe* Passwort verwendet und war eingelassen worden. Später wird Victor Ziegler ihm erklären, dass es sich bei dem zweiten Passwort um eine reine Erfindung handelt.

Bill sagte, er habe das zweite Passwort vergessen. Er wird daraufhin gebeten, seine Maske abzunehmen. Er nimmt, anders als in der Novelle, die Maske tatsächlich ab (Schnitzler 1999, S. 53). Damit wird er zum *einzigen, sichtbaren Menschen* in dieser skurrilen Runde. Als nächstes soll er sich, ebenfalls anders als in der Novelle, vollständig *ausziehen*. Dieser Augenblick ist der völlig reale Moment einer Endkleidung, bei der Dr. Hartford am Ende tatsächlich nackt – und das heißt *schutzlos* – dastehen würde. Bill appelliert an die Würde unter Männern: »Gentlemen, please ...« Doch die perverse Inszenierung wird fortgesetzt, die Illusion erneut aufgebaut, indem sich die Frau, die Bill zuvor gewarnt hatte, sich nun in einem übermäßig *theatralen* Akt als eine Art Opfer für ihn bereitstellt. Ihre Aussage, sie ist bereit ihn »*auszulösen*«, hat im Englischen

»I am ready to redeem him« eine Nähe zu dem Begriff »*Redeemer*« (Erlöser). In der deutschen Synchronfassung will sie sich für ihn opfern, von auslösen ist hier keine Rede mehr. Der Stil ihrer Rede lässt deutlich werden, dass es sich um einen arrangierten Teil im Stil der bisherigen Inszenierung perverser Lüste handelt.

Ziegler wird ihm zwar später erklären, dass diese Frau Mandy war, die Bill schon am nächsten Tag im Leichenschauhaus findet, ob es sich aber tatsächlich um dieselbe Frau handelt, ist unklar. Sicher ist nur, dass sie für Bill dieselbe Position einnimmt. Und wahrscheinlich handelt es sich *nicht* um dieselbe Schauspielerin, wobei der im Abspann erwähnte Name Abigail Good für die mysteriöse Frau sehr gut ein Tarnname sein kann, um dieses Geheimnis des Films nicht zu verraten. Die Frau wird abgeführt von einem maskierten Mann, der einen langen Schnabel und damit die typische Schutzkleidung eines Arztes im Mittelalter trägt, welcher die Pest behandelt. Dieses Motiv verdoppelt sich, wenn Hartford am nächsten Tag erfährt, dass auch die Prostituierte Domino, welche er zuvor getroffen hatte, mit dem HI-Virus infiziert war. Eros und Tod werden so nochmals deutlich zusammengebracht.

Der Priester in rot warnt Bill nun, alles, was er gesehen hat, für sich zu behalten und keine weiteren Nachforschungen darüber anzustellen, sonst würde dies schwerwiegende Folgen für ihn und seine Familie haben. Diese Warnung bringt die Dimension, dass Hartford letztendlich Vater und Ehemann ist, deutlich ins Spiel. Bill fragt noch, was mit der Frau passieren wird, erhält aber keine klare Antwort darauf. Er fährt nach Hause.

Ähnlich wie Roman Polanskis Film *Bitter Moon* (1992), der eine bösartige Satire auf den Sadomasochismus sein sollte, liegt das Defizit darin, dass Kubrick zu viele *pornografische* Elemente zeigt und damit der Perversion zu viel Raum gibt. Wie Polanski eigentlich Position bezieht *für* das konservative Ehepaar (Feeney 2005, S. 144), so ist auch Kubricks Standpunkt, dass der Maskenball mit einem Gemälde *der Hölle* von Hieronymus Bosch vergleichbar ist (Harlan aus: Castle 2005, S. 131), nicht überzeugend genug umgesetzt. Aus diesem Grund sind nach meiner Ansicht viele Kritiker der Meinung, dass Kubricks letzter Film *nicht* von der ehelichen Treue handeln kann (Kirchmann 2001, S. 256). Gerade der Maskenball stellt als solches eine massive Überschreitung des üblichen Rahmens eines Spielfilms dar, und der Inszenierung fehlt leider jegliche Ironie, welche diese Bewegung brechen würde. Hätte Kubrick eine sublimere, indirektere Form für den Maskenball gefunden und dieses perverse Zentrum mit Humor ausstaffiert, wäre der Film entschieden besser. Polanski hatte mit *What?* (1973), Kubrick mit *A Clockwork Orange* einen viel überzeugenderen Film über dieses Thema gedreht. In beiden Fällen tritt das skurrile Element so deutlich hervor, dass es den perversen Rahmen aufhebt, indem es ihn karikiert. *Eyes Wide Shut* fällt demgegenüber durch seine Ernsthaftigkeit ab. Und dass der Regisseur eine ganze Reihe von Szenen, welche das *Familienidyll* zeigen, im fertigen Film gar nicht verwendet hat (Castle 2005, S. 119), zeigt deutlich, dass ihm die Darstellung einer normalen Familie als Kontrast zur perversen Welt zu wenig gelungen ist.

Bevor Bill ins Bett geht, schaut er noch in das Zimmer seiner Tochter. Er ist offensichtlich sehr niedergeschlagen und weiß, dass er einen Fehler gemacht hat. Er weckt dann Alice, die anfängt zu heulen, weil sie gerade etwas Schlimmes geträumt hat. Es ist dem sehr ähnlich, was Bill erlebt hat. Sie hat von einem Ort geträumt, an dem viele nackte Menschen *wahllos* miteinander schlafen. Sie selbst ist mitten unter ihnen und Bill kann sie bei ihren Handlungen beobachten. Es handelt sich um die hysterische Fantasie völliger *sexueller Hingabe*, auf welche sie *wach* dann traurig mit dem Gefühl des Ausgeliefertseins reagiert. Im Schlaf versuchte sie Bill trotzig auszulachen. Im Wachzustand hingegen fängt sie an zu weinen und ist bestürzt über ihre unbewussten Wünsche. Sie nimmt ihren Mann fest in die Arme, als sie ihm erzählt, von welchen schlimmen Dingen sie geträumt hat. Auch in diesem Fall verzichtete Kubrick auf eine Visualisierung des Traums, obwohl es bereits Zeichnungen von Chris Baker als Vorlagen dafür gab (Castle 2005, S. 119). Es ist kein Zufall, dass immer dann der Film ein *höheres Niveau* bekommt, wenn er die Sexualität *nicht* explizit vorführt, sondern eine diskretere Form findet. Bill versteht aber seine Frau immer noch nicht (und dabei wird es im Grunde auch bleiben). Er fühlt sich deshalb erneut in seiner Eifersucht bestätigt und so provoziert, seinen eigenen *abenteuerlichen* Weg zu gehen.

Am nächsten Tag durchläuft er alle Stationen seiner nächtlichen Tour erneut. Er versucht Nightingale zu treffen und wird in dessen Hotel von einem homosexuellen Mitarbeiter an der Rezeption über sein Verbleiben unterrichtet. Nightingale ist abgereist und hatte eine Prellung auf der Wange. Bill bringt dann sein Kostüm zurück, hat aber seine Maske zuhause liegen lassen. Milich berechnet sie extra und *bietet* ihm dann noch seine Tochter an, welche unterdessen den erotischen Kontakt zu den Japanern mit seiner Zustimmung pflegen kann. Bill ist sprachlos angesichts dieser Einladung. Er fährt nach Somerton und bekommt dort von einem älteren Herrn die Nachricht, dass er sofort mit seinen Recherchen aufhören soll. Diese kafkaeske Szene, in der auch deutlich wird, dass Bill hier keineswegs erwünscht ist, wirkt erneut sehr bedrohlich. Der ältere Herr ist schon etwas krank, und das kleine Klaviermotiv von Ligeti lässt erneut Bills Schuldgeständnis ertönen. Am Abend wird er dann offensichtlich von einem Mann auf den Straßen verfolgt. Er flieht in ein Café. Dort erklingt das *Rex tremendae* von Mozarts *Requiem*, eine Anspielung auf Wien (Bodde 2002, S. 149), und zugleich ist diese opernhafte Chormusik einer Totenmesse eine Antizipation dessen, was Bill in dem Café in einer Zeitung entdecken wird. Er liest dort, dass eine Ex-Schönheitskönigin auf ihrem Zimmer an einer Überdosis gestorben ist. Er glaubt sofort, dass es die Frau ist, welche ihn ausgelöst hat. Als Bill den Artikel entdeckt, erklingt erneut Ligetis Klaviermusik, und die Kamera fährt langsam auf sein Gesicht zu.

Er geht zu dem Krankenhaus, in dem die Ex-Schönheitskönigin, sie heißt Amanda Curen (Mandy), gestorben ist. Er gibt sich als ihr Arzt aus. Kubrick spielt dann Franz Liszts *Nuages Gris*, als Bill sich in der Pathologie die nackte Leiche von Miss Curen ansieht (Bodde 2002, S. 147). Diese ebenfalls spärliche Klaviermusik ist zunächst erfüllt von einer langsam ansteigenden, unheimlichen Dramatik, die sich aber dann zu einem taumelnd vibrierenden Höhepunkt verdichtet. Dieser Höhepunkt ereignet sich genau dann, als Bill sich dem Gesicht der Leiche mit dem Kopf nähert, um sie *zu küssen*. Er hält aber dann inne, die Musik pausiert kurz und nimmt dann eine andere Form an (Sperl 2006, S. 233). Der Totenkult des Maskenballs findet in dieser Szene seinen Abschluss. Der perversen Obsession, welcher Bill hinterherjagt, hätte Kubrick kaum einen deutlicheren Ausdruck geben können. Dieser Kult ist nicht so selten, wie man annimmt. Er hat in dem zunehmenden, universalen Interesse an den *sprachlosen* Models seit den 90ziger Jahren eine breite, gesellschaftliche Akzeptanz gefunden. Und in diesem Sinn wollte Ku-

Eyes Wide Shut (1999)

bricks Film eine sehr populäre Verfehlung zeigen und ihren Hintergrund deutlich werden lassen. Deshalb stellte er diesen Zusammenhang zwischen einer modelartigen Frau und ihrer Leiche her, welche das Begehren des Mannes weiter auf sich ziehen kann.

Unmittelbar darauf wird Bill zu Ziegler bestellt, der ebenfalls auf dem Ball war und ihm dann eine umfassende Erklärung gibt. In der Novelle gibt es die Figur des Ziegler nicht. Sie ist eine Beigabe des Films. Anders als in dem Gespräch zwischen Hugh Grant und Peter Coyote in *Bitter Moon* (1992) oder zwischen Kyle MacLachlan und Dennis Hopper in *Blue Velvet* (1986) klärt Ziegler Bill nun über die *Trivialität* der Inszenierung des perversen Balls auf. Der Billardtisch, an dem er steht, erinnert an den Schluss von *A Clockwork Orange* und zugleich an *The Color of Money* (1986), in dem Tom Cruise an der Seite von Paul Newman zu einem erstklassigen Profibilliardspieler aufsteigt. Martin Scorsese hatte diese Fortsetzung von dem berühmtesten Film über einen Billardspieler, *The Hustler* (1961), mit dem für Cruise typischen Vater-Sohn-Konflikt hervorragend inszeniert. Dieser letzte Dialog in *Eyes Wide Shut*, welcher eine ähnliche Situation zeigt, gehört zu den gelungensten des Films. Der rote Filz des Tisches evoziert optisch erneut die Ausstattung der Orgie.

Durch Zieglers Rede wird der gesamte Zusammenhang entmystifiziert und heruntergespielt. Er beruhigt Bill, dass Mandy *nicht* für ihn gestorben ist, sondern tatsächlich eine Überdosis genommen hat. Es ist so unglaublich simpel, was er sagt. Der Zuschauer wird dabei ebenso wie Bill *nie* erfahren, was tatsächlich passiert ist. Zugleich wird aber deutlich, wie einfach es ist, im Rahmen der perversen Inszenierung alles rasch in Nichts aufzulösen. Das ist nur möglich aufgrund ihres *imaginären* Charakters. Alles war nur dazu da, eine bizarre, erotische Atmosphäre zu inszenieren. Die Kongruenz zwischen dem Totenkult der Party und einer tatsächlichen Leiche ist das problematische Moment, welches Zieglers Rede versucht *unkenntlich* zu machen. Es ist vielleicht eine *glatte Lüge*, wenn er behauptet, dass die Warnungen, die Bill von der Frau bekommen hatte, *nur* ein Teil der Inszenierung waren. Ziegler versucht dabei erneut unter dem fragwürdigen Vorzeichen eines allgemeinen, männlichen, sexuellen Begehrens ein Bündnis zwischen ihm und Hartford herzustellen, was ihm auch gelingt. Er versichert ihm dann, dass niemand getötet worden ist. Ohne große Verschwörungstheorien aufzustellen bleibt es zweifelhaft, ob man seinen Worten, wie Bill es schließlich tut, wirklich vertrauen kann. Aber eine Bemerkung Zieglers trifft dabei jedoch auf jeden Fall ins Herz der Sache, und das ist seine Feststellung, dass Bill auf dieser Party *nichts* verloren hatte. Schließlich ist Hartford glücklich verheiratet und hat so seine Ehe in Frage gestellt. Zugleich handelt es sich bei den Teilnehmern dieser Party um Personen der Stadt, welche in einer höheren Klasse rangieren als Bill. Er darf also gar nicht wissen, wer sich hinter den Masken verbirgt.

Als er nach Hause kommt, liegt *seine* Maske auf seinem Kopfkissen neben seiner schlafenden Frau. Dieses Bild ist erneut sehr gezielt gewählt. Seine Frau ist *keine* maskierte Puppe. Sie hat ein lebendiges Anlitz mit einem zärtlichen Ausdruck. Das tote Gesicht liegt aber bedrohlich nah neben ihr. Und so führt dieses Komposition auch Bills Fantasie über Alices Fantasie vom Seitensprung zu Ende und verzahnt sie mit seinem gefährlichen Abenteuer. Er gesteht ihr nun weinend alles, was passiert ist.

Die Coda des Films besteht darin, dass das Ehepaar nun Weihnachtsgeschenke für ihre Tochter Helena einkaufen geht und Alice beschließt, dass sie in Zukunft öfter miteinander schlafen sollen.

Dass Helena dabei neben einem Kinderwagen und einem riesigen Teddybären eine Barbie-Puppe in der Hand hat, ist ein letzter Reflex auf die Party. Die gesamte Sequenz wirkt bedrückend und sehr merkwürdig. Der Film hatte bisher kaum eine Familienszene *zu dritt* gezeigt. Und auch hier kümmert sich nur Alice um Helena und Bill überhaupt nicht. Es ist unklar, ob Alices Plan für die Zukunft tatsächlich funktionieren wird. Außerdem äußert sie auch Zweifel darüber, ob sie es schaffen werden, für immer *wach* zu bleiben, also nicht mehr mit offenen Augen von erotischen Obsessionen zu träumen. Alice findet das Wort »forever«, welches Bill in diesem Zusammenhang verwendet, in einer letzten Reminiszenz an *The Shining* unheimlich. »It frightens me«, sagt sie.

Kubrick selbst bezeichnete *Eyes Wide Shut* kurz vor seinem Tod als seinen besten Film (Duncan 2003, S. 184), so wie wohl jeder Regisseur seinen *letzten* Film häufig für seinen besten hält. Tatsächlich war es auch sein *schwierigster*, weil, wie Jan Harlan mir sagte, die Ausarbeitung dieses Inhalts für ihren Transport auf eine Leinwand nicht gerade besonders gut geeignet war. Darin besteht schon das eigentliche Problem. Schnitzlers Vorlage liefert nach meiner Ansicht keinen guten Ausgangspunkt, weil sie im Gegensatz zu Nabokovs *Lolita* kaum *Sprachspiele* enthält, die den imaginären Raum des Erotischen tatsächlich im symbolischen Raum des Gesetzes *auflösen*. Der Film hätte so, wie er einstmals geplant gewesen war, nämlich als eine derbe Komödie, sicherlich besser funktioniert und den *Reigen* erotischer Obsessionen so vielleicht fundamentaler kritisiert.

15. Der Film über den Holocaust, der fehlt: *Aryan Papers* (1993)

»I'm living in a silent film portraying
Himmlers scared realm of dream reality.«
*(David Bowie in dem Song Quicksand
auf dem Album Hunky Dory, 1971)*

Eigentlich wird stets der geplante Film über »*Napoleon*« als das *große Projekt* angeführt, das Kubrick *nicht* realisieren konnte. Dazu ist aber zu sagen, dass zumindest einige der Ideen für dieses Projekt in andere Filme eingeflossen sind. Das Ballett der Gewalt ist im verkleinerten Stil in *A Clockwork Orange*, die bereits für *Napoleon* geplanten Szenen im reinen *Kerzenlicht* und der Plan, die Innenaufnahmen *ausschließlich* an Originalschauplätzen zu drehen (Magel aus: Kinematograph 2004, S. 159/166), wurden in *Barry Lyndon* realisiert. Die 1970 geplante Besetzung mit Jack Nicholson als Napoleon (Kinematograph 2004, S. 165) holte Kubrick mit *The Shining* nach. Der größenwahnsinnige Blick von Jack Torrance auf das Modell des Labyrinths im Overlook-Hotel war *vielleicht* einmal der Blick des späten Napoleons auf die Karten seiner Schlachtfelder. Und schließlich wurde die Sexorgie, die schon Napoleon erleben sollte, in *Eyes Wide Shut* vollzogen (Castle 2005, S. 120), wobei sich der junge Soldat mehr für die junge, hübsche Witwe Josephine de Beauharnais als für die anderen zynischen und lebensüberdrüssigen Partygäste interessieren sollte (Castle 2005, S. 122). Einige Elemente aus dem Konzept für *Napoleon* konnten so gerettet werden, während der Film als solches allerdings für immer verloren ist.

Völlig anders ist die Situation bei einem Thema, für das sich der Regisseur ebenfalls über Jahre hinweg interessierte. Er wollte einen Film über den *Holocaust* drehen. 1976 gab es aufgrund einiger Geschichten von Isaac Beshevis Singer, der für Kubrick ein Drehbuch schreiben sollte, einen ersten Anlauf dazu. Singer lehnte dies jedoch ab (Harlan aus: Castle 2005, S. 509). In Kubricks Nachlass befinden sich sehr viele Bücher über den Zweiten Weltkrieg, teilweise auch auf *Deutsch*, wie das Stanley Kubrick Estate mir mitteilte. Außerdem besaß er viele Bücher über den Holocaust, darunter viele der Erinnerungsliteratur von Überlebenden (Loewy aus: Kinematograph 2004, S. 231).

Der Regisseur hatte in seinen Filmen zuvor bereits ein deutliches Interesse an der Auseinandersetzung mit dem deutschen Faschismus gezeigt, dessen *Denkart* er aber weder für topografisch begrenzt noch für zeitlich abgeschlossen hielt. So ist *Dr. Strangelove* selbst ein ehemaliger Nazi und auch der militante Gefängniswärter in *A Clockwork Orange* hat Ähnlichkeit mit Hitler. Und die Affinität dafür hatte auch private Hintergründe, denn Kubrick war mit einer deutschen Frau verheiratet. Außerdem ist seine Ehefrau Christiane Kubrick die Nichte des bekannten deutschen Naziregisseurs Veit Harlan. Dieser drehte *Jud Süss* (1940) für Goebbels (Raphael 1999, S. 38). Kubrick traf Veit Harlan 1957 und wollte damals sogar einen Film über ihn drehen (Cocks 2004, S. 69). Laut Jan Harlan hatte Kubrick ein sehr positives Verhältnis zu Deutschland und keinerlei Neigung zu Vorurteilen. Er liebte die Küche aus dem Schwarzwald (Cocks 2004, S. 69 u. 76).

Auch die eigene, jüdische Herkunft des Regisseurs spielt in seinem Werk eine nicht zu unterschätzende Rolle. Sein letzter Drehbuchautor Raphael meint dazu: »It is, however, absurd to try to understand Stanley Kubrick without reckoning on Jewishness as a fundamental aspect of his mentality, if not of his work in general« (Raphael 1999, S. 105). Das ist sicher richtig und wird sofort verständlich, wenn man betrachtet, wie viele wichtige Arbeitskontakte des Regisseurs auf dieser Grundlage basierten. In seinen Filmen und auch privat nahm Kubrick aber vor allem eine *religionskritische* Sicht zugunsten der Aufklärung ein. Er fand, dass Theologie »der Versuch ist, das zu erklären, was sich dem Wissen entzieht« (Castle 2005, S. 133).

1993 wollte er dann endgültig einen Film über den Holocaust drehen und war darin bereits sehr weit fortgeschritten. Warner Brothers hatte ihm den ersten Roman des 58 Jahre alten Louis Begley bereits einige Monate, bevor er im Mai 1991 offiziell erscheinen würde, geschickt und auch die Rechte für die Verfilmung gekauft (Kinematograph 2004, S. 224).

Aryan Papers (1993)

Der Roman hieß *Wartime Lies* (Lügen in den Zeiten des Krieges) und sollte unter dem Namen *Aryan Papers* (Arierpapiere) nach umfassenden Vorarbeiten noch im selben Jahr verfilmt werden. Kubrick und Begley haben sich nie getroffen. Der gesamte Kontakt lief über Jan Harlan. Dieser hielt telefonisch den Kontakt zu Begley, um alle weiteren Informationen, die sie für den Film brauchten, von ihm zu bekommen (Dokumentation, Leva 2007d). Begley mochte Kubricks Filme sehr, wie er mir mitteilte. Er war sehr begeistert, als er erfuhr, wer seinen Roman verfilmen wollte (Begley aus: Dokumentation, Leva 2007d).

Der Drehbeginn wurde dann zunächst auf September oder Oktober 1993 festgelegt und schließlich auf das Frühjahr 1994 verschoben. Im November kündigt Warner Brothers aber an, dass Kubricks nächster Film *A. I.* sein wird und dass er höchstens danach *Aryan Papers* umsetzen beziehungsweise diesen Film vielleicht auch nur *produzieren* würde (Castle 2005, S. 155). Im Dezember schrieb Kubrick noch an Barbara Baum, die deutsche Kostümdesignerin von Aryan Papers: »I will keep you informed. All the work will not have been in vain« (Kinematograph 2004, S. 231). Das Projekt wurde aber schließlich komplett aufgegeben. Begleys exzellenter Roman ist bis heute nicht verfilmt worden. Die Rechte liegen immer noch bei Warner Brothers (Kinematograph 2004, S. 231). Der offizielle Grund, weshalb Kubrick die Arbeit an diesem Film einstellte, lautete, dass ihm Steven Spielberg mit *Schindler's List* (1993) dazwischengekommen sei. Kubrick, der mit Spielberg persönlich befreundet war, wusste aber sicherlich frühzeitig von dessen Projekt. Er sah sich sogar für die Besetzung seines Films »screen tests« der Firma Heritage an, die für *Schindler's List* angefertigt worden waren (Kinematograph 2004, S. 229). Außerdem besetzte er die Hauptrolle in *Aryan Papers* mit einem Kinderstar aus Spielbergs Film *Jurassic Park* (1993). Aber beide Filme hatten zu viel gemeinsam. In beiden Geschichten handelt es sich um polnische Juden, die vor dem Genozid allein durch ihre *Papiere* gerettet werden. Und Spielbergs Film wäre entschieden früher, mindestens ein Jahr vorher, ins Kino gegangen. Nach den Einbußen bei *Full Metal Jacket* durch Oliver Stones Film *Platoon* (1986) wollte Kubrick dem Risiko aus dem Weg gehen, den ein solcher Vorsprung bedeutet hätte. Und in der Tat erhielt Spielbergs Film zahlreiche Auszeichnungen, unter denen sich allein sieben Oscars befanden. Außerdem wollte Kubrick nicht dieselbe Geschichte noch mal erzählen, wie Harlan mir schrieb.

Der Erfolg von *Schindler's List* ist nach meiner Ansicht aber nicht ganz unproblematisch. Denn der Zuschauer entwickelt dabei häufig eine *ungewollte* Sympathie zu dem sadistischen Lagerkommandanten und Hauptsturmführer Amon Göth (Ralph Fiennes). Und diese unbewusste Sympathie gehört zur Strategie der Inszenierung, denn bei näherem Hinsehen besitzt diese Figur eine *unverschämte* Nähe zu Harrison Fords Darstellung des »Indiana Jones«, also einer der berühmtesten *Heldenfigur* aus Spielbergs sehr gutem, aber auch purem Unterhaltungskino. Sicherlich hat Spielberg Göth als bösen Unhold inszeniert, doch Fiennes' Attraktivität, die in ungestümer Männlichkeit besteht, fällt doch auf. Ähnlich zweifelhaft ist die Rolle der jüdischen Opfer, allen voran Itzhak Stern (Ben Kingsley), die wie so häufig fast *ohne* jede Sexualität dargestellt werden. Einzig Oskar Schindler (Liam Neeson), der fast mehr ein Geschäftemacher als ein Held ist, wurde mit einer interessanten, ehrlichen *Ambivalenz* ausgestattet. Das Kubrick in Zusammenhang mit der Besetzung bei *Eyes Wide Shut*, wie bereits erwähnt, von einem »Harrison Ford goy« sprach (Raphael 1999, S. 57), könnte damit zusammenhängen, dass er Spielbergs Inszenierungsstrategie bei *Schindler's List* vielleicht doch durschaut hatte. Aber das ist selbstverständlich *reine* Spekulation. Während Göth in *Schindler's List* seine »sexuelle Macht benutzt« (Seeßlen 2001, S. 141) und somit zwar ein gemeiner Mörder, aber doch auch attraktiv wirkt, hätte *Aryan Papers* gezeigt, wie es einer jüdischen Frau gelingt, mittels ihres Sex-Appeals und der so hergestellten *imaginären* Relation innerhalb der Erotik die Nazis zu täuschen. Kubricks kritischer Blick auf die Erotik hätte jene protzende, phallische Potenz von Göth, auf der Spielbergs Dramaturgie letztendlich basiert, *dekonstruiert*. Kubricks *»Lügen des Krieges«*, nicht umsonst wollte er den Titel des Buches für den Film ändern, hätten vermutlich deutlich mehr *Wahrheit* in die Darstellung der *faschistischen Perversion* gebracht als Spielbergs *konventioneller* Spielfilm.

Spielberg war zur Zeit von *E. T.*, also 1982, bereits auf den Stoff gestoßen und hatte sich die Rechte dafür gesichert. Er hatte lange gezögert, denn »es ist praktisch unmöglich, Humor in diesem Thema unterzubringen« (Spielberg aus: Seeßlen 2001, S. 140). Darin zeigt sich ein Problem, welches Kubrick bei *Aryan Papers* ebenfalls bewältigen musste. Der Regisseur hatte schon bei *Dr. Strangelove* behauptet, dass der Film sich mit Dingen beschäftigt, »die in jeder anderen Form unerträglich gewesen wären« (Castle 2005, S. 50). Wie kann man einen Film über den *Holocaust* drehen, ohne jenen Grad an Unerträglichkeit zu erreichen, der den Zuschauer davon abhält, sich mit dem Stoff wirklich auseinanderzusetzen? Den Verdrängungsvorgang zu umgehen, welcher die gezeigten Filmszenen nur noch unter dem Vorzeichen der Betroffenheit oder als Trauma rezipiert, ist bei diesem Stoff besonders schwierig. Aber ohne diesen Versuch zu wagen, wäre kaum etwas gewonnen gewesen. Nach öffentlichen Aussagen von Christiane Kubrick bei der Berlinale 2006 hatte ihren Mann das Thema sehr *deprimiert*. Zugleich gibt es aber kaum einen Zweifel darüber, dass Kubrick sich mit der Planung dieses Films der größten Herausforderung seit *2001* gestellt hat. *Aryan Papers* hätte, wäre er gedreht worden, vermutlich ein völlig neues Licht auf sein Gesamtwerk geworfen.

Der Regisseur war mit Louis Begleys Roman, welcher eine sehr gute Story aufweist, äußerst zufrieden. Mit ihm könnte es gelingen, den Stoff angemessen ins Kino zu bringen. Die ungewöhnliche Mischung besteht hier darin, dass die verheerende politische Situation im Polen der Nazizeit aus der Sicht eines kleinen jüdischen Jungen geschildert wird, dessen Sexualität gerade erblüht. Insofern vermischen sich Strukturen des Begehrens mit den grausamen Ereignissen der Geschichte. Diese Besonderheit war in der Tat etwas Neues. Kubrick schrieb die Entwürfe zur Verfilmung von *Aryan Papers* wie bei *A Clockwork Orange* selbst. Es hat *nie* ein fertiges Drehbuch gegeben (Kinematograph 2004, S. 226). Für den Regisseur reichten seine Entwürfe aus. Für die Besetzung sprach Kubrick mit Julia Roberts und Uma Thurman (Herr 2000, S. 17). Er engagierte aber schließlich die Holländerin Johanna ter Steege für die Rolle der Tania. Sie hatte zuvor wie Shelley Duvall mit Robert Altman zusammengearbeitet. Ausschlaggebend war aber laut Harlan ihre Hauptrolle in *Édes Emma, drága Böbe* (Süße Emma, liebe Böbe, 1982) von István Szabó. Kubrick sah in ihr ein großes Talent (Castle 2005, S. 509). Für die Rolle des Jungen Maciek holte er sich Joseph Mazzello, der eine Hauptrolle in Spielbergs sehr erfolgreicher Reanimation lebensechter

Dinosaurier *Jurassic Park* gespielt hatte. Die weitere Besetzung stand, wie Jan Harlan mir mitteilte, noch nicht fest.

Alle Pläne zu diesem Film wurden unter größter Geheimhaltung verhandelt (Kinematograph 2004, S. 227). Kubrick ließ wie immer eine große Sammlung von Bildern über diese Zeit zusammenstellen (Kinematograph 2004, S. 228). Fritz Bauer, der Setdesigner von der TV-Serie *Heimat* (1984), wurde engagiert, um zusammen mit Harlan Drehorte zu suchen. Die kleine Stadt T. mit ihren 40.000 Einwohnern, in welcher Maciek im Roman aufwächst, heißt in Kubricks Script Nikolaev (Kinematograph 2004, S. 227). Für sie waren als Drehorte etliche kleine Dörfer in der Slowakei und für die Interieurs ein Studio in Bratislava vorgesehen. Es kamen grundsätzlich *unzählige* Dörfer zwischen Polen und Ungarn in Frage, die vom Krieg nicht zerstört worden waren.

Bevor Maciek und Tania nach dem Krieg in ihre Heimatstadt zurückkehren, spielt ein wesentlicher Teil der Handlung in Warschau, wohin zunächst Macieks Großvater und dann auch er und Tania entfliehen können. Diese zentrale Passage sollte in der Stadt Brno (Brünn), der zweitgrößten Stadt im heutigen Tschechien, gedreht werden. Brno sollte das durch den Krieg völlig zerstörte Warschau ersetzen, in dem es unmöglich gewesen wäre, nach dem Wiederaufbau einen historischen Film zu drehen. Brno war das historische Zentrum Mährens gewesen. Kubricks Vorbereitungen waren schon so weit ausgeführt worden, dass man wohl alle notwendigen Genehmigungen, um in der Stadmitte zu drehen, eingeholt hatte. Diese Stadt war als Drehort vorgesehen, weil sie gerade *nicht* von der österreichisch-ungarischen Architektur beherrscht wird. Im *Hollywood Reporter* wurde berichtet, dass der Regisseur den Film in Aarhus, der zweitgrößten Stadt Dänemarks, drehen wollte. Er hatte einen Brief an den dortigen Bürgermeister geschrieben (LoBrutto 1997, S. 498). In Aarhus befand sich eine alte Militärbaracke mit einem Exerzierplatz, die laut Roy Walker verwendet werden sollte (Dokumentation, Leva 2007d). Brno war aber laut Harlan Kubricks erste Wahl gewesen. Vermutlich wäre an beiden Orten gedreht worden. Ein Teil des vorletzten Abschnitts des Romans, in dem Maciek und Tania nach ihrer Flucht aus Warschau in einem abgeschiedenen Dorf in Polen auf dem Land leben, sollte auf jeden Fall in Dänemarks Wäldern gedreht werden. Es wurde deshalb neben unzähligen aktuellen Fotos möglicher Drehorte ein historisches Fotoarchiv angelegt, in dem sich auch zahlreiche Fotos aus den Wäldern Dänemarks befinden (Kinematograph 2004, S. 227). Kubrick fand es angenehmer in Dänemark als in Polen zu drehen. Er äußerte den *Witz*, dass es dort zu viele Glühwürmchen gab, welche die Dreharbeiten stören würden, wie Begley mir schrieb. England kam ebenfalls nicht in Frage, weil die Wälder dort einen anderen Charakter haben. Also hätte Kubrick für dieses Projekt seinen Wohnsitz und seine Familie verlassen müssen. Er war aber seit *Barry Lyndon* für keinen Film mehr auf Reisen gegangen.

Spielberg realisiert seinen Film in Polen, »neben Krakau wurde auch direkt in Auschwitz-Birkenau gedreht« (Seeßlen 2001, S. 141). Kubricks Film wäre aber sicherlich mehr an *aktuellen Übertragungen* interessiert gewesen, während Spielbergs Film ganz im Zeichen der Verantwortung eines kulturellen Gedächtnisses steht. Diesen Ansatz wiederholte er dann nochmals explizit in *Saving Private Ryan* (1998), bei dem diese Haltung aufgrund der nachfolgenden amerikanischen Kriegsaktionen *etwas* naiv war und unfreiwillig zu deren Interessen beitrug. Man muss sich ohnehin fragen, ob Spielbergs Konzept bei ernsthaften Stoffen nicht versagen muss, weil es keine intellektuelle Auseinandersetzung anbietet. Was in einem Unterhaltungsfilm sehr viel Spaß macht, kann in einem ernsthaften Film rasch unseriös werden.

Begleys Buch beginnt mit der Beschreibung von einem Mann in der Gegenwart, der seiner eigenen Kindheit aus dem Weg gehen will und nur *geheim* für sich allein Bücher über Verhöre von politischen Verfolgten während des Dritten Reiches liest. Er ist dabei zu einem »Voyeur des Bösen« geworden. Manchmal weiß dieser Mann nicht, welchen Part er darin spielt, wenn er gebannt auf die grausamen, inneren Bilder schaut, welche in ihm ablaufen (Begley 1992, S. 3). Er hat sich, wie er am Ende sagt, eine neue Kindheit *ausgedacht*, weil er es nicht ertragen konnte, sich an die eigene zu erinnern (Begley 1992, S. 181). Diese verständliche Haltung versucht Distanz zur eigenen Geschichte zu finden, um sie so reflektieren zu können.

Sowohl Marcel Reich-Ranicki als auch Ronny Loewy weisen auf das Problem hin, dass Begley, der 40 Jahre schwieg, bevor er seine Erinnerungen aufgeschrieben hat, *auch* ein großartiger Geschichtenerzähler ist (Kinematograph 2004, S. 224f.). Kurzum, der Roman besteht aus einer

Mischung aus Fakten und Fiktionen. Unterdessen hat Begley berichtet, welche Elemente seines Romans erfunden sind und welche er tatsächlich erlebt hat (Begley 2008 S. 13ff.). Da er *nicht* mit seiner Tante, sondern mit seinen Mutter geflohen ist, welcher er seinen Roman auch gewidmet hat (Begley 2002, S. 2), hat er seine Tante Tania fast vollständig erfunden, ebenso das Kindermädchen. Den Großvater hingegen hat er streng nach seinem Erinnerungsbild entworfen. Für die Hauptperson Maciek wurden die Konturen schärfer gezogen, weil das Selbstbild zu verschwommen war. Die Vaterfigur wurde verändert (Begley 2008, S. 13). Der Autor zählt dann auf, welche Ereignisse seines Romans tatsächlich ungefähr in der Form stattgefunden haben, wie er sie beschrieben hat; ein Großteil der schrecklichen Ereignisse hat sich aber in der erzählten Form zugetragen (Begley 2002, S. 14). Daraus ergibt sich folgende Struktur: die angenehmen, erotischen Teile des Romans sind erfunden worden, alle grauenhaften und schrecklichen Ereignisse stimmen aber mit der Realität überein.

Und die Anreicherung durch Fiktionen hätte sich bei einer Verfilmung ohnehin fortgesetzt. Wie Roman Polanski es genau auf den Punkt brachte, als er seinen Film über den Holocaust, *Der Pianist* (2002), fertigstellte: »Filme sind Filme, Leben ist Leben« (Feeney 2005, S. 167). Ein Film, ebenso wie ein Roman (im Gegensatz zu einem Bericht), stellt immer eine *künstlerische Verarbeitung* dar. Kubrick war laut Harlan an einem rein *dokumentarischen* Film auch gar *nicht* interessiert (Castle 2005, S. 509). Vielmehr besteht die Stärke von Begleys Roman darin, dass er in einer exzellenten Form das Thema dramaturgisch aufarbeitet. Kubrick sah grundsätzlich ein sehr großes Problem darin, das existierende, sehr umfassende Material überhaupt in einem Film von zwei Stunden abhandeln zu können (Herr 2000, S. 7). Mit dieser Vorlage wäre es ihm vielleicht gelungen.

Begley spricht im Roman einige Male davon, wie er das Stück *Lili Marleen* hört (Begley 1992, S. 54, 59 u. 132). Am Ende wird dieses Lied in neun oder zehn Wiederholungen von der Wehrmacht in der Nähe des Warschauer Hauptbahnhofs durch die Lautsprecher gespielt. Das erinnert sehr an den gleichnamigen Film (1980) von Rainer Werner Fassbinder, weshalb Kubrick das Stück sicher auch keineswegs verwendet hätte. Das deutsche Lieblingslied von Maciek war *Auf dem Posten in einsamer*

Nacht, ein hoffnungsvolles Lied darüber, dass auch dieser Krieg ein Ende haben würde, in dessen Refrain es heißt: »Es geht alles vorüber, es geht alles vorbei. Doch zwei die sich lieben, die bleiben sich treu« (Begley 1992, S. 55). Es gab davon auch antifaschistische Versionen, die gezielt einen Text hatten, in dem *diese* Zweisamkeit des Liebespaares auch die Nazizeit überdauern würde. Dieses Lied hätte Kubrick vermutlich benutzt. Es handelt im Grunde wie in der Coda von *Path of Glory* von der Erinnerung an das geliebte Mädchen in der Heimat.

Der Regisseur engagierte Fassbinders Kostümbildnerin Barbara Baum, welche auch *Lili Marleen* begleitet hatte. Baum hatte Schwierigkeiten, die Wünsche des genauen Regisseurs zu erfüllen. Im Gegensatz zu Fassbinder wollte Kubrick in der Tat Originaluniformen aus dieser Zeit in einer beachtlichen Anzahl, welche unmöglich aufzutreiben waren (Kinematograph 2004, S. 229).

Begleys Geschichte erzählt im Grunde von einer langen *Flucht* vor einer immer größer werdenden tödlichen Gefahr, welche jederzeit die Protagonisten vernichten kann. Das *paranoide* Moment wird darin sehr deutlich. Es basiert aber auf einer echten Gefahr, die stets präsent ist. Die sehr berechtigte Angst, dass es nicht gut ausgehen wird, durchzieht den ganzen Roman. Maciek liest zum Beispiel *Die Schatzinsel*, und Jims Verfolgung durch John Silver macht ihm Angst. »It was bound to end badly« (Begley 1992, S. 58). Der Roman handelt von einem permanenten *Versteckspiel*, in dem der Schutzmantel der Lüge schließlich zur eigenen Identität wird. Diese Veränderung geht an die Substanz. Einem älteren Herrn fällt auf, dass Maciek immer lächelt, auch wenn es gar nichts zum Lachen gibt. Sein Gesicht ist zu einer *Maske* geworden (Begley 1992, S. 100). Das Lügen wird zur fesselnden, unfreiwilligen, jedoch keineswegs »zwanghaften« Angewohnheit, wie es in der deutschen Übersetzung heißt (Begley 1992, S. 156; Begley 2002, S. 193). Und nur so besteht für Maciek und seine Angehörigen überhaupt eine *Chance*, den Krieg zu Überleben. Die Lügen müssen dabei, wie Tania Maciek erklärt, *konsistenter* sein als die Wahrheit (Begley 1992, S. 95). Durch dieses Element des *Vorspielens* eignet sich die Handlung sehr gut für einen *selbstreflexiven* Film.

Weil jeder Film *immer* auch ein Zaubertrick ist, wie Orson Welles es so oft in seinem Leben vorgeführt hat, bevor er es in *Vérites et Mensonges* (1974) endlich zum Thema eines essayistischen Films gemacht hat, ist die

15. Der Film über den Holocaust, der fehlt

Täuschung ein zentrales Thema jeder Fiktion. In Begleys Roman wird dieser Trick der Vortäuschung zur Überlebensstrategie.

Es fängt damit an, dass eine wohlhabende jüdische Familie in Polen ihre großbürgerliche *Identität* ablegen muss, weil die einmarschierten Russen sie sonst als Klassenfeind denunzieren würden (Begley 1992, S. 28). Der Vater, ein wichtiger Arzt des Dorfes, wird sogleich dazu gezwungen, sich der russischen Armee anzuschließen, wo er die Verletzten verarzten soll. Und schon sehr bald muss diese Familie auch ihre jüdische Identität verleugnen, weil nun die deutschen Soldaten gekommen sind und das ganze Land mit ihren rassistischen Verfolgungen beherrschen. Der Genozid betrifft das ganze Dorf. Auch der polnischen Kirche mit ihrer sehr katholischen Ausrichtung kam der Antisemitismus der Deutschen nicht ungelegen. Nach ihrer Ansicht war jeder Jude verdammt, weil sie den Bund mit Gott gebrochen haben, als sie seinen Sohn kreuzigen ließen und seiner Lehre widersprachen (Begley 1992, S. 104).

Mitten in den Wirren dieser völlig vom brutalsten Horror gestalteten Welt versucht ein kleiner Junge erwachsen zu werden. Und Begley erzählt die männliche Sozialisation dieses Jungen keineswegs ohne dabei *völlig den* Humor zu verlieren. Außerdem wechselt Maciek *wenigstens* in seiner Fantasie einige Male die Seite und identifiziert sich mit dem *deutschen Aggressor*, um so die schrecklichen Ereignisse verarbeiten zu können. Der Junge tötet Wanzen in den Betten in Warschau, wie die SS die rebellischen Juden im Ghetto oder die Partisanen im Wald ermordet hat (Begley 1992, S. 84). Da oftmals beim Töten der Wanzen Geheimaktionen notwendig waren, weil die Vermieter nichts von dem Ungeziefer in ihren Wohnungen wissen wollten, entsprachen dabei die notwenigen Maßnahmen ebenfalls denen des deutschen Reichs: Mit *chemischen* Waffen ließ sich der Mord am besten geheimhalten. So kann der Verfolgte selbst wenigstens einmal zum Verfolger werden. Reinhard, ein deutscher Soldat, schenkt dem Jungen zum Geburtstag einen Baukasten, mit dem er Zinnsoldaten gießen kann. Sie stellen zusammen die Schlacht von Stalingrad nach. Mit Trockenerbsen aus einer kleinen Feldhaubitze werden die Soldaten beschossen. Sie fallen dabei reihenweise um (Begley 1992, S. 69f.). Auch später verwendet Maciek seine Soldaten, um die Realität nachzustellen, und nimmt dabei die Position eines Colonels in *seinem* Wehrmachtsregiment ein (Begley 1992, S. 96). Jahre zuvor hat ihm sein Großvater beigebracht, wie man eine Schleuder baut und auf Krähen schießt (Begley 1992, S. 32). Später ist es der Großvater, der alle Daten über größere Bombardierungen von deutschen Städten im Kopf hat, welcher sagt: »Although the Germans did not know it, they were becoming hunted animals, like Jews« (Begley 1992, S. 98). Es sind diese Umkehrungen, die eine starke Sichtweise liefern, welche den Kern des Problems betreffen.

Die zweite Hauptperson des Romans ist ebenfalls das Gegenteil von einem Opfer: Tania, Macieks Tante, wird als eine »starke Frau« beschrieben. Sie hat eine scharfe Zunge, ist sehr eigensinnig und neigt zum Jähzorn (Begley 1992, S. 6). Tania will nicht warten, bis die Gestapo sie und ihre Familie holen kommt, sondern kämpft von Anfang an mit allen ihr zur Verfügung stehenden Mitteln dagegen. Es gelingt ihr, für die Deutschen als Schreibkraft unentbehrlich zu werden. Ein Soldat, Reinhard, der nicht in der Partei ist und seinen Arm bei einem Arbeitsunfall verloren hat, *verliebt* sich in sie. Er ist dabei durchaus von ihrer Attraktivität fasziniert. Er will sie und ihre Familie beschützen (Begley 1992, S. 40f.). Doch Reinhard kann auch nur begrenzt weiterhelfen. Es ist Macieks Großvater, der für alle falsche Pässe organisiert, die sie als polnische Arier ausweisen. Dieser Ariernachweis wird einen Teil der Familie letztendlich retten, aber von diesem Moment an beginnt auch die Angst vor dem Aufdecken ihrer falschen Identität. Sie sind von nun an erpressbar und jedem ausgeliefert, der ihre Lage durchschaut und drohen könnte, sie zu denunzieren. Die Angst vor einer Aufdeckung mit tödlichen Folgen beschäftigt Tania im Roman weit mehr als Maciek. Vielleicht hat Kubrick deshalb ihre Figur von Entwurf zu Entwurf immer weiter ausgebaut, sodass der Eindruck entsteht, dass sie im Film die Hauptrolle gespielt hätte und nicht wie im Roman Maciek (Kinematograph 2004, S. 227). Tania, welche die Ereignisse aus der Sicht einer erwachsenen Frau erlebt, hätte dabei auch eine andere Ebene der Identifikation für den Zuschauer angeboten. Ich vermute aber, dass Kubricks Film *mehrere* Perspektiven gezeigt hätte und die des Großvaters dabei auch sehr wichtig gewesen wäre. *Aryan Papers* wäre jedenfalls nicht durchgehend wie der Roman von Macieks Standpunkt aus erzählt worden.

Der erotische Aspekt hat im Roman eine wichtige Funktion. Maciek und sein Großvater haben eine Vorliebe für die *Schönheit* der Frauen

(Begley 1992, S. 11/18), und für Maciek bietet der Körper seiner Tante auch einen Schutzwall gegen die Gefahr: »Her body could never be close enough to mine; she was the fortress against danger« (Begley 1992, S. 154). Es handelt sich um ein schamvolles Verhältnis: »Reciting the word ›breast‹ in front of Tania made me blush« (Begley 1992, S. 71). Der Roman beschreibt, dass die *Beschneidung* ein Kennzeichen war, mit dem Deutsche hemmungslos einen jüdischen Mann überführen konnten (Begley 1992, S. 48). Schon aus diesem Grunde ist Maciek niemals sicher (Begley 1992, S. 83). Als sein Großvater einmal von einem Polen gebeten wird, die Hosen herunter zulassen, zückt der mutige, alte Mann sein Klappmesser und sagt zu dem Polen: »Here is my penis if you want to check it, and take yours out, so I can cut it off« (Begley 1992, S. 102). Die Beschneidung führt also keineswegs zur *Entmannung*, sondern im Gegenteil: Der Großvater zeigt einen sehr aggressiven Widerstand und droht dem anderen Mann mit der Kastration. Er ist es, der zuerst mit den gefälschten Papieren nach Warschau flieht. Tania, Maciek und die Großmutter ziehen zu Reinhard, als kurz vor Weihnachten 1941 alle noch übrig gebliebenen Juden aus T. deportiert werden (Begley 1992, S. 50). Maciek trinkt mit dem einarmigen Reinhard dann einen Cognac darauf, dass sie beide dieselbe Frau *verehren*. »We would drink *Brüderschaft*« (Begley 1992, S. 51). Tania und Maciek ziehen kurz darauf in die nächste Stadt, Lwów, wo Reinhard sie regelmäßig besuchen kann. Da er ihr vor allem teure Unterwäsche schenkt und sie keine andere Aufgabe hat, als ihm für die Liebe zur Verfügung zu stehen, richtet sich Tania ein wenig wie eine *Kurtisane* ein. Diese Tarnung erfüllt nicht nur seine Wünsche, sie versteckt so auch am besten ihre Herkunft (Begley 1992, S. 60ff.). Das ist natürlich eine Fantasie, welche sich Begley, wie die meisten erotischen Motive in seinem Roman, ausgedacht hat.

Die kranke Großmutter, welche nicht transportfähig ist, bleibt bei Reinhard. Er macht sich Sorgen. Ihr Zustand verschlechtert sich, doch er will sie nicht dem *katholischen* Chirurgen von T. ausliefern. Er träumt davon auszuwandern. »If only he could emigrate to Palestine with us! This became his favorite joke« (Begley 1992, S. 64). Schließlich wird Tania von einem anderen Juden, Hertz, der sie erkannt hat, *erpresst*. Sein Name gibt die pulsierende Frequenz der Angst an. Tania befürchtet, dass er sie und Maciek bis aufs Blut auspressen und dann trotzdem an die Deutschen verraten wird.

Kurze Zeit darauf klingelt es an ihrer Wohnungstür. Tania schickt Maciek in sein Zimmer. Er soll die Tür schließen und dort bleiben (Begley 1992, S. 72). Maciek kann dann an den Schritten hören, dass es sich *nicht* um die Gestapo handelt. So öffnet er seine Zimmertür. Er sieht, wie seine Tante zu weinen anfängt, und erfährt, was vorgefallen ist (Begley 1992, S. 72). Die gesamte Konstellation, insbesondere *die Tür*, hinter der der Junge auf den Eintritt der Gestapo wartet, kehrt bald wieder. Vorerst war es aber nur Hertz. Er hat Tania berichtet, dass Reinhard verraten worden ist. Die Gestapo kam am frühen Morgen in Reinhards Wohnung. Sie brachen die Tür auf, aber er war zu schnell für sie. Er konnte die Großmutter erschießen, bevor sie kamen. Er saß bei ihr auf dem Bett und schoss sich vor den Augen der Gestapo selbst eine Kugel in den Kopf (Begley 1992, S. 73). Hertz rät Tania sofort umzuziehen.

Tania und Maciek ziehen daraufhin sofort in eine andere Wohnung. Tania soll sich nun besser als Macieks Mutter ausgeben, um weniger Verdacht zu erregen. Hertz, der sich immer mehr als sehr guter Freund erweist, will ihnen neue und bessere Papiere besorgen. In der neuen Pension, in welche sie nun flüchten, haben alle vermieteten Wohnungen über eine Galerie direkten Zugang zum Hof. Tania und Maciek machen hier zum ersten Mal die Bekanntschaft mit Wanzen in ihrem Bett. Es dauert sehr lange, bis Hertz ihnen die neuen Papiere und auch zwei Kapseln mit Zyanid bringt, damit sie sich, falls sie entdeckt werden, sofort umbringen können. Obwohl in der langen Zeit nichts mehr vorgefallen ist, sollen die beiden die Stadt umgehend verlassen. Die Gestapo habe sicher längst herausgefunden, dass Reinhard seine Wochenenden hier verbracht hat, und die Angelegenheit würde auf jeden Fall weiter verfolgt werden (Begley 1992, S. 76).

Alles wird für ihre Abreise vorbereitet. Tania lässt sich ihre Haare kürzer schneiden und locken, damit sie der Frau in ihrem neuen Pass ähnlicher sieht. Sie wollen den Nachtzug nehmen. Am Nachmittag vor der geplanten Abreise sieht Tania durch das Fenster zwei Gestapomänner in Uniform und einen »dritten Mann« die Stiegen zu ihrer Wohnung hochsteigen. Dieser »dritte Mann« trägt Stiefel wie die beiden anderen, aber sonst eine schwarze Reiterhose und einen Zivilmantel (Begley

15. Der Film über den Holocaust, der fehlt

1992, S. 77). Die Benennung dieses Mannes hat Kubrick vielleicht dazu inspiriert, die Szene mit einer berühmten Filmszene aus dem gleichnamigen Film *The Third Man* (1949) von Carol Reed zu vergleichen. Reeds Tochter spielte die einzige weibliche Rolle in *Dr. Strangelove*. In Kubricks Script ist an dieser Stelle von zwei Gestapomännern und einem in Anführungsstrichen gesetzten »Third Man«, also Harry Lime, die Rede. Sonst wurde im Drehbuch aber kein Ausdruck in Anführungszeichen gesetzt. Außerdem gibt es ein Foto, auf dem schräg von unten mit Blick auf einen Teil der Decke zwei Türen im feudalen Stil abgebildet sind, von denen die eine als »Harry Lime's door« und die andere als »Left door« bezeichnet worden sind (Kinematograph 2004, S. 228). Genau diese Konstellation ist es, welche nun entscheidend ist.

Tania bittet Maciek, sich wie zuvor hinter der Tür zu ihrem Schlafzimmer zu verstecken, dieses Mal mit einer Giftkapsel in der Hand. Wenn die Männer in das Zimmer kommen und sie schreit oder wenn die Männer sie mitnehmen, soll er sofort das Zyanid nehmen. Die Gestapomänner kommen in die Wohnung. Alle gehen durch »Harry Lime's door«. Hinter der »Left door« steht Maciek. Zunächst wollen sie Tanias Papiere sehen. Das Verhör wird dann vor allem von dem »dritten Mann« in ziviler Kleidung geführt. Er erklärt ihr, dass sie eine Frau mit schulterlangen Haaren mit einem kleinen Jungen suchen. Die Vermieterin habe eine solche Frau bei der polnischen Polizei gemeldet. Die Männer sprechen selbst kein polnisch und Tania verstellt sich und antwortet ihnen im ungehobelten, gebrochenen Deutsch und benutzt dabei das familiäre *»Du«*. Sie sagt, dass eine solche Frau in der Nachbarwohnung leben würde. Sie sei dort mit ihrem Jungen bereits vor Monaten eingezogen. Sie wären aber jetzt nicht da. Die Männer unterhalten sich nun untereinander, anschließend will der Mann in Zivil nochmals Tanias Ausweis sehen. Sie prüfen ihn nun sehr genau. Sie muss sich in die Tür stellen, weil das Licht dort besser ist. Sie vergleichen ihr Gesicht mit einem Foto, welches sie mitgebracht haben, und dem Foto auf ihrer *»Kennkarte«* (Begley 1992, S. 78).

Dieser Moment, wo Tania nun in »Harry Lime's door« steht, hat eine besonders große Ähnlichkeit zu einer Szene in dem Film *The Third Man*. In der berühmtesten Szene des Films steht der von allen für tot gehaltene Harry Lime (Orson Welles) in einem Türeingang. Plötzlich fällt ein Lichtstrahl aus einer anderen Wohnung auf sein Gesicht, und sein Freund kann ihn erkennen. Welles, der alle Wörter für Harry Lime selbst umschrieb (Bogdanovich 1984, S. 354), aber sonst mit der Dramaturgie des Films kaum etwas zu tun hatte, beschrieb dieses Szene so: »Jeder Satz, der in dem Film gesprochen wird, dreht sich um Harry Lime – zehn Akte lang spricht niemand von etwas anderem. Und dann kommt die Aufnahme mit dem Hauseingang – was für ein Starauftritt« (Welles 1984, S. 356). Bazin hatte diese eindrucksvolle Szene so wiedergegeben: »Wenn er, den Mantelkragen hochgeschlagen, in der halbgeöffneten Tür steht, macht er tatsächlich den Eindruck, als trete er aus dem Privatleben hervor« (Bazin 1980, S. 157).

Dieser berühmte Auftritt von Lime war es, den Kubrick im Kopf hatte, als er sich die Szene mit Tania *im* Türeingang vorgestellt hat. Es geht dabei um den Augenblick, wo ihr Gesicht viel deutlicher als zuvor für die Jäger sichtbar wird. Kubrick wollte diesen Moment sehr präzise inszenieren, welcher von der Skepsis der Männer an ihrer Identität geprägt ist. Die Deutschen glauben nun doch, in Tania die gesuchte Frau erkannt zu haben. Der Mann in Zivil fragt sie erneut und sehr viel kritischer als zuvor, ob sie einen Jungen oder sonst jemanden bei sich habe. Tania beginnt schallend zu Lachen. Dann fordert sie die Männer auf doch nachzusehen, wenn sie neugierig wären. Sie fügt hinzu, sie habe zu viel mit *erwachsenen* Männern zu tun, um sich um kleine Jungen kümmern zu können. Wenn man von ihnen Dreien absähe, wäre sie auch ganz alleine. Aber ihr Freund würde bald nach Hause kommen. Er sei *ein Mann*, keine Frau oder Junge, und er habe auch keine langen Haare. Wenn sie warten würden, könnten sie es selbst sehen. Sie flirtet mit den Männern, um sie zu täuschen. Die Deutschen lachen über Tanias speziellen Humor. Ihre Tarnung besteht wie auch schon zuvor darin, durch die erotische Ebene jene imaginäre Welt zu erzeugen, auf der auch das Unglaubliche Glaubwürdigkeit bekommt. Die deutschen Männer sagen noch, dass sie vielleicht wieder kommen, um sie zu überraschen, wenn sie am wenigsten mit ihnen rechnet, und gehen treppab. Tania stürzt ins Schlafzimmer und sagt zu Maciek, dass sie sofort fliehen müssen.

Die Dramaturgie der Szene lässt die zwei Perspektiven erahnen, die Kubrick gezeigt hätte: der Junge mit der Gifkapsel in seiner Hand hinter der Tür, während Tania von den Männern um ein Haar erkannt wird. Im Roman ist diese Schlüsselszene mit einer ganzen Serie von Szenen aus Macieks Kindheit noch vor Kriegsbeginn verbunden. Darin träumte er davon, dass ein »*white giant*« (weißer Riese) nach ihm sucht. Er kam manchmal aus der gepolsterten, großen, weißen Tür des Sprechzimmers seines Vaters, wenn er nicht aus der Nische hinter dem Kachelofen trat (Begley 1992, S. 7). Hinter der Tür warteten tagsüber die Patienten seines Vaters, welcher der angesehenste Arzt in T. war. Diese Angstträume werden für den kleinen Maciek, welcher viel zu wenig isst, zu einem ernsthaften Problem. Nur mithilfe der körperlichen Nähe eines Kindermädchens, die diesen Riesen vertreiben kann, ist er in der Lage, seine Angst zu überwinden, und beginnt wieder richtig zu essen (Begley 1992, S. 12f. u. 20ff.). Und so wie das Kindermädchen Maciek vor dem bösen Riesen bewahrt, so schützt nun Tania ihn vor der Entdeckung durch die Gestapo. Nur ist jetzt an die Stelle eines nur geträumten »*Riesen*«, also einem Erwachsenen aus der Perspektive eines Kindes, die ernsthafte Bedrohung durch die SS getreten. In beiden Fällen schützt aber eine Frau den Jungen vor den bösen Männern.

In einer weiteren zentralen Szene des Romans wird Tania ihre gesamten Künste der Verstellung benutzen müssen, um sich und den Jungen zu retten. Diese Szene spielt eine ganze Zeit später, nachdem den beiden schon längst gelungen ist, nach Warschau zu flüchten. Dort erleben sie schließlich den Kampf um die Stadt mit und werden dann von deutschen Soldaten in einer langen Kolonne zum Hauptbahnhof geführt, von wo aus sie zu den tödlichen Lagern gebracht werden sollen. Begley beschreibt das unbarmherzige Vorgehen der Soldaten gegen Frauen und Kinder. Tania, die ahnt, was sonst mit ihr passieren würde, hat sich Kohlenstaub ins Gesicht geschmiert und ein Kopftuch umgebunden (Begley 1992, S. 127). So erreicht sie, als *unattraktive* Frau getarnt, mit Maciek den Bahnhof. Hier angekommen kann sie einen Kamm, einen Lippenstift, einen Spiegel und etwas zu Essen besorgen (Begley 1992, S. 131). Am nächsten Morgen putzt sie sich und ihren Neffen auf Hochglanz heraus und geht zu einem stämmigen Hauptmann der Wehrmacht, um ihm deutlich zu machen, dass sie und das Kind hier völlig *falsch* sind. Erneut sind es Tanias gute Deutschkenntnisse und ihr attraktives Aussehen, die ihr weiterhelfen. Der Hauptmann fühlt sich durch ihr elegantes Auftreten und ihre nun besonders gepflegte, deutsche Aussprache sehr angesprochen. Sie behauptet, sie habe sogar früher Thomas Mann gelesen, obwohl sie wisse, dass dieser

Autor nun verboten sei. Ihr Kommandoton erinnert den Hauptmann außerdem an seine eigene Ehefrau. Er bringt sie schließlich zu einem anderen Zug (Begley 1992, S. 135f.). So können sie der Deportation nach Auschwitz nochmals im letzten Augenblick entkommen.

Die beiden verstecken sich auf dem Land. Dann erfahren sie von dem schlimmen Tod des Großvaters, welcher ebenfalls aufs Land hat entfliehen können. Hier wurde er von einem polnischen Bauern verraten und dann von deutschen Soldaten erschossen (Begley 1992, S. 167). Dieser Moment ist für Tania der eines ernsthaften Zusammenbruchs, weil es der Mut des Großvaters gewesen war, der ihr stets Hoffnung gemacht hatte. Sie reizt nun einen polnischen Bauern so sehr, dass sie ebenfalls fürchten muss, verraten zu werden.

Deshalb fliehen die beiden erneut und gelangen schließlich nach Kielce. Dort angekommen, ist der Krieg schon bald vorbei.

Kubrick plante in seinem zweiten Entwurf, den Film nicht mit dem Ende des Holocausts abzuschließen, sondern darüber hinaus ein polnisches Pogrom in Kielce am 4. Juli 1946 zu zeigen (Kinematograph 2004, S. 226). Dieses Pogrom wird im Roman auf den letzten Seiten ebenfalls erwähnt, aber keineswegs eingehender beschrieben (Begley 2002, S. 175ff.). Dort ist auch die Rede von weiteren massiven, antisemitischen Ausschreitungen in Krakau (Begley 2002, S. 176). Tania, Maciek und sein zurückgekehrter Vater können ihre wahre jüdische Identität auch nach dem Abzug der Deutschen nicht offiziell preisgeben. Sie tarnen sich weiter als polnische Christen. Maciek wird sogar ein katholischer Messdiener (Begley 2002, S. 178). Sie verlassen schließlich Polen. Begley selbst emigrierte 1947 in die USA und wurde dort ein angesehener Anwalt (Kinematograph 2004, S. 224). Kubrick wollte seinen Film auch zunächst mit dieser Auswanderung enden lassen, allerdings änderte er seine Meinung, und bereits die nächste und letzte vorliegende Fassung endet mit einem Epilog in einem Wald irgendwo in Polen (Kinematograph 2004, S. 226).

Als eine Musik für *Eyes Wide Shut* war laut Jan Harlan zunächst eines der *Wesedonk-Lieder* (1857) von Richard Wagner vorgesehen. Es handelt sich um das Lied Nr. 3 *Im Treibhaus*, welches Wagner als letztes dieser Lieder komponiert hat. Kubrick wollte es als Klavierstück ohne Singstimme und mit einem Streichertrio verwenden. Es lagen auch bereits zwei Fassungen für Orchester von Motti und Henze vor. Für Wagner war dieses Lied *aber* auch eine Studie zu seiner *wichtigsten* Oper *Tristan und Isolde* (1865) und wurde darin zu dem Motiv für Tristans Sterben umgearbeitet. Sehr eindrucksvoll beginnt die Orchestereinleitung zum Dritten Aufzug mit einer instrumentalen Version dieses Liedes, die Kubrick vielleicht im Ohr gehabt haben mag. Nach Harlan fand er es *zu schön*, um es zu verwenden, und entschied sich deshalb für ein Klavierstück, welches von Ligeti stammte. Nach meiner Ansicht hätte dieses Wagner-Stück, welches eine tiefe Trauer ausdrückt, tatsächlich viel besser zu *Aryan Papers* gepasst und so bei einer solchen Verwendung den üblichen historischen Ballast bei der populären Verwendung von Wagners Musik grundlegend verändert. Anders als in *Valkyrie* (2008) von Bryan Singer *(Operation Walküre)* und völlig konträr zum berühmten Einsatz des Walkürenritts in *Apocalypse Now* (1979), welcher den Vietnamkrieg mit dem Zweiten Weltkrieg verbindet, wäre Wagners Musik dann einmal nicht als militante Kampfmusik, sondern als Ausdruck tiefster Verzweiflung zur Geltung gekommen. *Sogar* Nietzsche schrieb über den dritten Akt von *Tristan und Isolde*, dass seine Rezeption, wenn man Wort und Bild wegließe und nur der bloßen Musik ausgesetzt wäre, kaum möglich wäre, »ohne unter einem krampfartigen Ausspannen aller Seelenflügel zu verrathmen« (Nietzsche 1988, Bd. 1, S. 135). Es ist Tristans Sterben in Sehnsucht nach Isolde, welche diesen Akt *inhaltlich* bestimmt. Die liebevolle Bindung des kleinen Jungen an seine Tante ist zweifellos eines der grundlegenden Themen in *Aryan Papers*. Es hätte so musikalisch hervorragend ausgedrückt werden können. Außerdem wäre damit eine der traurigsten Melodien der Musikgeschichte einmal sehr sinnvoll in einen neuen Bezug gestellt worden. Schade, dass es nie zu diesem Film kam. Man *müsste* ihn selber drehen.

Literatur

Arbus, Diane (2003): Revelations. New York.
Adorno, Theodor W. (1993): Beethoven. Frankfurt am Main.
Baudrillard, Jean (1991): Der symbolische Tausch und der Tod. München.
Bachtin, Michail M. (1990): Die Literatur des Karneval. Frankfurt am Main.
Bazin, André (1980): Orson Welles. Wetzlar.
Barthes, Roland (1988): Der Baum des Verbrechens. In: Barthes, Roland; Damisch, Hubert & Klossowski, Pierre: Das Denken des Marquis de Sade. Frankfurt am Main.
Beatles, The (2000): The Beatles Anthologie. München.
Begley, Louis (1992): Wartime Lies. New York.
Begley, Louis (2002): Lügen in den Zeiten des Krieges. München.
Begley, Louis (2008): Zwischen Fakten und Fiktion. Frankfurt am Main.
Beier, Lars-Olav (Hg.) (1999): Stanley Kubrick. Berlin.
Benjamin, Walter (1983): Das Passagen-Werk. Frankfurt am Main.
Benjamin, Walter (1986): Gesammelte Schriften Bd. 6.
Benjamin, Walter (1990): Ursprung des deutschen Trauerspiels. Frankfurt am Main.
Bizony, Piers (1994): 2001: Filming the Future. London.
Blumenberg, Hans-Christoph (1984): Gegenschuss. Frankfurt am Main.
Bogdanovich, Peter & Welles, Orson (1984): Hier spricht Orson Welles. Weinheim.
Bodde, Gerrit (2002): Die Musik in den Filmen von Stanley Kubrick. Osnabrück.
Bolz, Norbert & Rüffler, Ulrich (Hg.) (1996): Das große stille Bild. München.
Bonaparte, Marie (1934): Edgar Poe Bd. 1–3. Wien.
Brooks Pfeiffer, Bruce (2000): Frank Lloyd Wright. Köln.
Burgess, Anthony (1996): A Clockwork Orange. London.
Carr, Roy & Tyler, Tony (1975): Die Beatles. Gütersloh.
Clark, Arthur C. (1983): Aufbruch zu verlorenen Welten. München.
Campbell, Joseph (1978): Der Heros in tausend Gestalten. Frankfurt am Main.
Castle, Alison (2005): The Stanley Kubrick Archives. Fast alle Seitenangaben (S. 6–155) sind aus dem Beiheft mit den deutschen Übersetzungen der Texte. Köln.
Crane, Stephen (1964): Das blaue Hotel. Köln.

Ciment, Michel (1982): Kubrick. München.
Conrad, Joseph (1993): Das Herz der Finsternis. Zürich.
Corliss, Richard (1994): Lolita. London.
Crone, Rainer & Graf Schaesberg, Petrus (1999): Stanley Kubrick. Still Moving Pictures. Fotografien 1945–1950. München.
Crone, Rainer (2005): Stanley Kubrick: Drama & Schatten: Fotografien 1945–1950. Berlin.
Dehrmann, Mark-Georg (2002): Rebellion in Hollywood. In: Korenjak, Martin & Töchterle, Karlheinz: Pontes II. Antike im Film. Innsbruck, S. 163–176.
Derrida, Jacques (1976): Die Schrift und die Differenz. Frankfurt am Main.
Derrida, Jacques (1987): Die Postkarte von Sokrates bis an Freud und jenseits. 2. Lieferung. Berlin.
Derrida, Jacques (1993): Vom Geist. Frankfurt am Main.
Derrida, Jacques (1996): Marx' Gespenster. Frankfurt am Main.
Derrida, Jacques (1997): Dem Archiv verschrieben. Berlin.
Derrida, Jacques (2002): Politik der Freundschaft. Frankfurt am Main.
Derrida, Jacques (2003a): Eine gewisse unmögliche Möglichkeit vom Ereignis zu sprechen. Berlin.
Derrida, Jacques (2003b): Schurken. Frankfurt am Main.
Derrida, Jacques (2006): Glas. München.
Deleuze, Gilles (1991): Das Zeit-Bild. Kino 2. Frankfurt am Main.
Duncan, Paul (2003): Stanley Kubrick. Köln.
Douglas, Kirk (1988): Wege zum Ruhm. Frankfurt am Main.
Drössler, Stefan (2004): The Unknown Orson Welles. München.
Elsaesser, Thomas & Hagener, Malte (2007): Filmtheorie zur Einführung. Hamburg.
Ettedgui, Peter (2001): Filmkünste: Produktionsdesigner. Reinbek bei Hamburg.
Feeney, F. X. & Duncan, Paul (2005): Roman Polanski. Köln.
Fischer, Robert (1992): David Lynch. Die dunkle Seite der Seele. München.
Freud, Sigmund (1972): Gesammelte Werke Bd. 17. Schriften aus dem Nachlass. Frankfurt am Main.
Freud, Sigmund (1987): Studien zur Hysterie. Frankfurt am Main.
Freud, Sigmund (2000): Studienausgabe. Frankfurt am Main.
Frewin, Anthony (2005): Are We Alone? The Stanley Kubrick Extraterrestrial-Intelligence Interviews. London.
García Mainar, Luis M. (1999): Narrative and stylistic patterns in the films of Stanley Kubrick. New York.
Gortschakow, N. (1959): Regie. Unterricht bei Stanislawski. Berlin.
Hegel, G. W. F. (1997): Vorlesungen über die Ästhetik. Bd. 1, Werke 13. Frankfurt am Main.
Hegel, G. W. F. (2002): Vorlesungen über die Philosophie der Geschichte. Stuttgart.
Herr, Michael (2000): Kubrick. London.
Jacke, Andreas (2005): Marilyn Monroe und die Psychoanalyse. Gießen.
Jansen, Peter W. & Schütte, Wolfram (1984): Stanley Kubrick. Reihe Film 18. München/Wien.
Jansen, Peter W. & Schütte, Wolfram (1987): Andrej Tarkowskij. Reihe Film 39. München/Wien.

Johnson, Diane (1975): The Shadow Knows. London.
Kant, Immanuel (1995): Kritik der Urteilskraft. Köln.
Kafka, Franz (1983): Sämtliche Erzählungen. Frankfurt am Main.
Kafka, Franz (1985): Der Prozess. Frankfurt am Main.
Kafka, Franz (1992): Das Schloss. Frankfurt am Main.
Kappelhoff, Hermann (2004): Matrix der Gefühle. Berlin.
Kappelhoff, Hermann (2008): Realismus: das Kino und die Politik des Ästhetischen. Berlin.
Kilzer, Annette (2005): *Dr. Seltsam oder: Wie ich lernte die Bombe zu lieben* Holighaus, Alfred et al. (Hg.): Der Filmkanon. Berlin, S. 143–150.
Kinematograph (2004): Nr. 19. Stanley Kubrick. Frankfurt am Main.
King, Stephen (1985): The Shining. London.
King, Stephen (1988): Angst pur. Gespräche mit dem »King des Horrors«. München.
King, Stephen (2000): Das Leben und das Schreiben. München.
Kirchmann, Kay (1995): Stanley Kubrick. Das Schweigen der Bilder. Marburg.
Kirchmann, Kay (2001): Stanley Kubrick. Das Schweigen der Bilder. Erweiterte Auflage. Bochum.
Kittler, Friedrich (1993): Draculas Vermächtnis. Leipzig.
Koch, Gertrud (1989): Zeitsprünge. In: Jansen, Peter W. & Schütte, Wolfram: Max Ophüls. Reihe Film 42. München/Wien, S. 7–26.
Köhler, Hans Jürgen (2005): Unheimliche Begegnung der dritten Art. In: Müller, Jürgen (Hg.): Die besten Filme der 70er. Köln.
Kohler, Michael (2004): Nicole Kidman. Berlin.
Kolker, Robert (2001): Allein im Licht. München/Zürich.
Lacan, Jacques (1978): Freuds technische Schriften. Olten.
Lacan, Jacques (1986): Encore. Weinheim/Berlin.
Lacan, Jacques (1991a): Schriften I. Weinheim/Berlin.
Lacan, Jacques (1991b): Schriften II. Weinheim/Berlin.
Lacan, Jacques (1994): Schriften III. Weinheim/Berlin.
Lacan, Jacques (1996a): Die Ethik der Psychoanalyse. Weinheim/Berlin.
Lacan, Jacques (1996b): Die vier Grundbegriffe der Psychoanalyse. Weinheim/Berlin.
Lacan, Jacques (1997): Die Psychosen. Weinheim/Berlin.
Lacan, Jacques (2007): Die Objektbeziehungen. Wien.
Lehman, Hans-Thies (1983): Die Raumfabrik – Mythos im Kino und Kinomythos. In: Bohrer, Karl-Heinz (Hg.): Mythos und Moderne. Frankfurt am Main.
LeShan, Lawrence (1986): Von Newton zu PSI. Reinbek bei Hamburg.
LoBrutto, Vincent (1997): Stanley Kubrick. A Biography. London.
Nelson, Thomas Allen (2000): Kubrick: Inside a Film Artist's Maze. Bloomington.
Nabokov, Vladimir (1980): Lolita. Middlesex.
Nabokov, Vladimir (1989): Gesammelte Werke Bd. 8, Lolita. Reinbek bei Hamburg.
Nabokov, Vladimir (1999): Gesammelte Werke Bd. 15.2, Lolita. Ein Drehbuch. Reinbek bei Hamburg.
Nagel, Uwe (1997): Der rote Faden aus Blut. Erzählstrukturen bei Quentin Tarantino. Marburg.
Nietzsche, Friedrich (1988): Kritische Studienausgabe. München/Berlin/New York.

Phillips, Gene D. (2002): The Encyclopedia of Stanley Kubrick. New York.
Plaß, Robert (2004): Raumklangbilder. In: Kiefer, Bernd & Stiglegger, Marcus: Pop und Kino. Mainz.
Pudowkin, Wsewolod (1983): Die Zeit in der Großaufnahme. Aufsätze, Erinnerungen, Werkstattnotizen. Berlin.
Proust, Marcel (1981): In Swanns Welt. Frankfurt am Main.
Poe, Edgar Allan (1979): In: Schumann/Müller (Hg.): Das gesamte Werk in zehn Bänden. Herrsching.
Pynchon, Thomas (1999): Die Enden der Parabel. Reinbek.
Reich-Ranicki, Marcel (1998): Vladimir Nabokov. Frankfurt am Main.
Raphael, Frederic (1999): Eyes Wide Open. London.
Roudinesco, Elisabeth; Plon, Michel (2004): Wörterbuch der Psychoanalyse. Wien/New York.
Salomé, Lou-Andreas (1958): In der Schule bei Freud. Zürich.
Schnitzler, Arthur et al. (1999): Die Traumnovelle/Eyes Wide Shut. Die Novelle/Das Drehbuch. Frankfurt am Main.
Schmitt, Carl (1950): Ex Captivitate Salus. Köln.
Skinner, B.F. (1983): Futurum Zwei »Walden Two«, Die Vision einer aggressionsfreien Gesellschaft. Reinbek bei Hamburg.
Seeßlen, Georg & Jung, Ferdinand (1999): Stanley Kubrick und seine Filme. Marburg.
Seeßlen, Georg (2001): Steven Spielberg und seine Filme. Marburg.
Shakespeare, William (2006): Sämtliche Werke. Frankfurt am Main.
Sinclair, Marianne (1989): Hollywood Lolita. München.
Silver, Alain & Ursini, James (Hg.) (2004): Duncan, Paul. Film Noir. Köln.
Simmel, Georg (1995): Aufsätze und Abhandlungen 1901–1908. Frankfurt am Main.
Smoltczyk, Alexander (2002): Die Welten des Ken Adam. Berlin.
Sperb, Jason, (2006): The Kubrick Facade. Lanham (Maryland).
Sperl, Stephan, (2006): Die Semantisierung der Musik im filmischen Werk Stanley Kubricks. Würzburg.
Spielmann, Yvonne (1994): Intermedialität. Das System Peter Greenaway. München.
Spoto, Donald (2005): Alfred Hitchcock. München/Zürich.
Tarkowskij, Andrej (1989): Die versiegelte Zeit. Frankfurt am Main/Berlin.
Taubes, Jacob (1991): Abendländische Eschatologie. München.
Tesche, Siegfried (2002): Harrison Ford. Seine Filme, sein Leben. Berlin.
Truffaut, Francois (2003): Mr. Hitchcock, wie haben Sie das gemacht? München.
Verdi, Giuseppe (1988): Ein Maskenball. Stuttgart.
Victor, Adam (2000): Marilyn Monroe Enzyklopädie. Köln.
Walker, Alexander (1999): Stanley Kubrick: Leben und Werk. Berlin.
Warwick, Christopher (1992): Peter Ustinov. München.
Werner, Paul (1981): Roman Polanski. Frankfurt am Main.
Widmer, Peter (2004): Angst. Erläuterungen zu Lacans Seminar X. Bielefeld.
Williams, Tennessee (1988): Endstation Sehnsucht. Frankfurt am Main.
Zeit, Die (2006): Welt- und Kulturgeschichte, Bd. 1. Anfänge der Menschheit und altes Ägypten. Hamburg.
Zizek, Slavoj (1991): Liebe Dein Symptom wie Dich selbst! Berlin.

Zizek, Slavoj (1992). Ein Triumph des Blicks über das Auge. Psychoanalyse bei Alfred Hitchcock. Wien.
Zizek, Slavoj (2001): Die Furcht vor echten Tränen. Berlin.

Dokumentationen

Becker, Edith & Burns, Kevin (2004): Empire of Dreams.
Bouzereau, Laurent (1997): The Making of Close Encounters of the Third Kind.
Cork, John (2000): Inside The Spy Who Loves Me.
Harlan, Jan (2001): Stanley Kubrick: A Life in Pictures.
Harlan, Jan (2006): O Lucky Malcolm!
Joyce, Paul (1999): The Last Movie: Stanley Kubrick and Eyes Wide Shut.
Joyce, Paul (2001): 2001: The Making Of A Myth.
Kubrick, Vivian (1980): The Making of The Shining.
Leva, Gary (2007a): View from the Overlook.
Leva, Gary (2007b): The Visions of Stanley Kubrick.
Leva, Gary (2007c): Standing On The Shoulders Of Kubrick. The Legacy of 2001.
Leva, Gary (2007d): Lost Kubrick. The Unfinished Films of Stanley Kubrick.
Naylor, David (2000): Making of Dr. Strangelove.
Schickel, Richard (2005): Watch The Skies! Science Fiction, the 1950 and Us.
Silovic, Vassili (1995): Orson Welles: The One-Man Band.

Interview (auf CD)

Kubrick, Stanley (1966): Interview with Stanley Kubrick by Jeremy Bernstein, November 27, 1966.

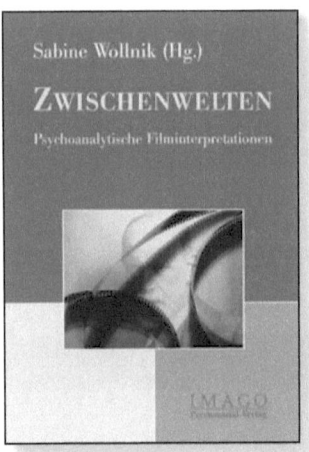

2008 · 268 Seiten · broschiert
ISBN 978-3-89806-742-3

2006 · 196 Seiten · broschiert
ISBN 978-3-89806-450-7

Filme eignen sich wie vielleicht keine andere Kunstform zur psychoanalytischen Interpretation. Dies mag nicht zuletzt daran liegen, dass zwischen Filmen und den Äußerungen des menschlichen Seelenlebens Ähnlichkeiten bestehen. Die Autoren, Psychoanalytiker in freier Praxis, eint eine Liebe zum Kino. Sie haben sich in einer Gruppe zusammengeschlossen und diskutieren ihre Filminterpretationen mit einem größeren Publikum in zwei Kinos. Aus dieser Arbeit entstand das Buch, dessen Ziel es ist, mit Hilfe einer psychoanalytischen Interpretation einen erweiterten Blick auf den jeweiligen Film zu ermöglichen. Die einzelnen Autoren verfolgen unterschiedliche theoretische Konzepte und geben dadurch etwas von der Bandbreite der heutigen modernen Psychoanalyse wieder.

14 Autoren, vor allem Psychoanalytikerinnen und Psychoanalytiker, interpretieren Filme unterschiedlichster Genres: Dramen, Krimis, Komödien, frühe Experimentalfilme, Semidokumentationen, Science-Fiction, Horror und Animation. Die Analysen lassen sich ohne fachliche Vorbildung lesen und zeigen verschiedene Ansätze modernen psychoanalytischen Denkens.

Psychosozial-Verlag

Goethestr. 29 · 35390 Gießen · Tel. 0641/9716903 · Fax 77742
bestellung@psychosozial-verlag.de
www.psychosozial-verlag.de

2008 · 681 Seiten · Gebunden
ISBN 978-3-89806-870-3

2008 · 156 Seiten · Broschur
ISBN 978-3-89806-755-3

Der Autor räumt mit dem Vorurteil auf, dass Mozarts Kompositionen nichts mit seiner Person zu tun hätten. Diese Fehleinschätzung konnte nur dadurch entstehen, dass man den Zusammenhang zwischen Schöpfer und Schöpfung auf der Ebene des bewussten Kalküls suchte. Doch dort ist er nicht zu finden. Erst ein Abstieg in tiefere Schichten von Komponist und Werk lässt erkennen, wo Mozarts Musik von ihrem Schöpfer spricht. Der Autor macht Ernst mit Robert Schumanns Ausspruch: »Wir würden schreckliche Dinge erfahren, würden wir bei allen Werken bis auf den Grund ihrer Entstehung sehen können.« Oberhoff wagt in seiner Mozartmonografie einen Abstieg in jene inneren Räume von Person und Werk, die bislang noch niemand betreten hat.

Bachs Musik verbindet in unnachahmlicher Weise den Text mit Affekten des Dramas, die im Hörer hervorgerufen werden. Die Passionsgeschichte nach Matthäus zeigt das Leiden Jesu Christi. Aus psychoanalytischer Sicht ist sie ein Beziehungsdrama, in dem Liebe, Verrat und Verlassenwerden Schuld erzeugen und dank der (nicht zuletzt musikalischen) Verarbeitung durch Reue schließlich Versöhnung entsteht. Die Matthäus-Passion ist musikalische Trauerarbeit, konfrontiert mit dem eigenen Tod und erreicht mit musikalischen Mitteln die Versöhnung mit der Begrenztheit der Conditio Humana.

»Wer sich mit Bach beschäftigt, wird um Hirschs Buch nicht herumkommen.«
Rheinische Post

P V
Psychosozial-Verlag

Goethestr. 29 · 35390 Gießen · Tel. 0641/9716903 · Fax 77742
bestellung@psychosozial-verlag.de
www.psychosozial-verlag.de

2002 · 270 Seiten · gebunden	2005 · 200 Seiten · Broschur
ISBN 978-3-89806-405-7	ISBN 978-3-89806-398-2

Justin Frank, angesehener Washingtoner Psychoanalytiker und Professor für Psychiatrie, erstellt mit Hilfe der Angewandten Psychoanalyse – der Disziplin zur Analyse öffentlicher und historischer Persönlichkeiten, deren Pionier Sigmund Freud ist – ein umfassendes psychologisches Profil von George W. Bush. Kenntnisreich, leicht zugänglich, mutig und kontrovers wirft Frank ein neues Licht auf die derzeitige Regierung und die labile Psyche des Mannes an ihrer Spitze: Ist Bush psychisch überhaupt in der Lage, die USA zu führen?

»Ein hervorragender und mutiger Psychotherapeut liefert uns eine scharfsinnige Beschreibung der psychischen Veranlagung des mächtigsten Mannes der Welt. Sie ist fesselnd und überzeugend und absolut beängstigend.«
Irvin Yalom, Prof. em. für Psychiatrie, Universität Stanford

Marylin Monroe war die letzten acht Jahre ihres Lebens fast kontinuierlich in psychoanalytischer Behandlung. Andreas Jacke unternimmt ausgehend von den zu Lebzeiten vorgenommenen Diagnosen und mit Hilfe der Theorie des französischen Psychoanalytikers Jacques Lacan eine eingehende psychoanalytische Re-Konstruktion ihrer Persönlichkeit. Er untersucht und interpretiert dazu wichtige Stationen ihrer Kindheit und Jugend, die oft und gut dokumentiert worden sind, ebenso wie ihre langwierige psychische Problematik, die ihrem Selbstmord vorausging.

Goethestr. 29 · 35390 Gießen · Tel. 0641/9716903 · Fax 77742
bestellung@psychosozial-verlag.de
www.psychosozial-verlag.de

www.ingramcontent.com/pod-product-compliance
Lightning Source LLC
LaVergne TN
LVHW041655060526
838201LV00043B/442